KB263402

세계화시대와
다자외교

세계화시대와 다자외교

초판 1쇄 인쇄 2002. 12. 10
초판 1쇄 발행 2002. 12. 16

지은이　　최영진 외
펴낸이　　김경희
펴낸곳　　(주)지식산업사
주소　　　서울시 종로구 통의동 35-18
전화　　　(02)734-1978(대)
팩스　　　(02)720-7900
홈페이지　www.jisik.co.kr
e-mail　　jsp@jisik.co.kr, jisikco@chollian.net

등록번호　1-363
등록날짜　1969. 5. 8

ⓒ 최영진, 2002
ISBN 89-423-3054-1 03340

책값 20,000원

이 책을 읽고 지은이에게 문의하고자 하는 이는 지식산업사 e-mail로 연락 바랍니다.

세계화시대와
다자외교

최영진 외

지식산업사

2000년 1월 새해 외교정책실 업무를 계획하는 자리였다. 정기적으로 세미나를 하자는 아이디어가 나왔다. 새로운 문제들이 등장하는데 마땅한 자료들이 없으니 정책실 내에서 직접 토론을 하여 내용을 파악하고 사안별로 정리해두자는 것이었다. 이렇게 시작된 "토요 정책세미나"가 1년을 넘겼다.

자발적 참여를 유도하기 위하여 토요 세미나는 각자 도시락을 지참하는 "브라운 백 세미나"(brown bag seminar) 형식을 취하였다. 많은 동료들의 적극적인 참여를 고맙게 생각한다. 분주한 외교부 일정에도 불구하고 토론은 항상 성황을 이루었다.

발표 원고들은 동료들이 사전에 검토하고 조언하였다. 토요일 발표가 끝나면 그 내용을 반영하여 다시 원고를 가다듬었다. 한가지 예상이 어긋난 것은, 정책실에 근무하는 많은 젊은 외교관들이 논문 발표를 자원할 것으로 생각했는데 실제로는 업무가 과중해서인지 그렇지 못했다. 그 대신 토론회에는 적극 참여하였고 중견 동료들이 수준 높은 논문을 발표하여 책으로 발간하기에 충분한 양이 되었다.

  이 책은 외교부 예산을 쓰지 않고 일반 저서로 출간한다. 이 책에 수록한 논문들은 필자 각자의 개인적인 견해를 담고 있을 뿐이지 외교부의 공식 견해와는 무관하다. 자신의 논문이 활자화되는 것을 보는 일은 기쁨이다. 지식산업사의 김경희 사장이 초고를 읽고 이번에도 선뜻 발간을 제의하였다. 이 자리를 빌려 고마운 마음을 표한다.

2002년 1월

외교통상부 정책실장 최영진

차 례

제 3 부 한반도와 다자외교

제 4 부 세계화와 다자협력

제1부

유엔 외교

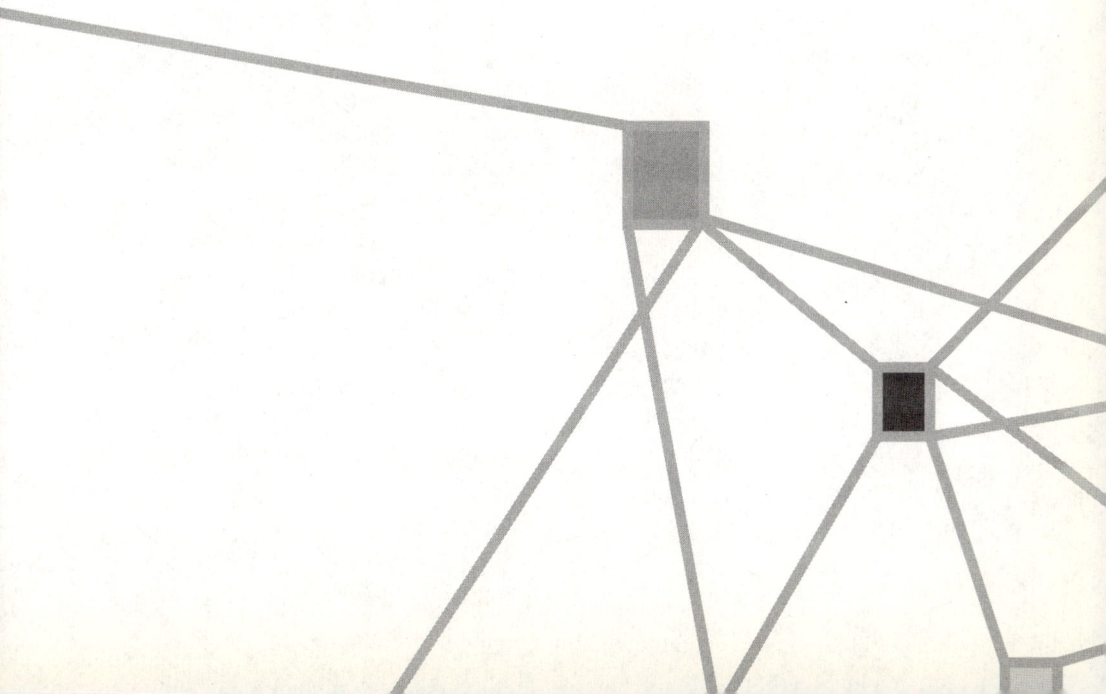

유엔총회 의장의 역할과 활동 | 정달호

1. 유엔총회의 기능과 권한

〈유엔헌장〉을 보면 유엔은 6개의 주요기관, 즉 총회(General Assembly), 안전보장이사회(Security Council), 경제사회이사회(Economic and Social Council), 신탁통치이사회(Trusteeship Council), 국제사법재판소(International Court of Justice) 및 사무국(Secretariat)으로 구성되어 있다.[1]

이 가운데 총회는 모든 회원국으로 구성되며, 전반적인 국제문제를 심의하고 결정하는 중추적 기관이다. 각 회원국은 의사결정에서 1표의 투표권을 가진다. 국제평화 및 안전, 안전보장이사회 비상임이사국 및 경제사회이사회 이사국 선출, 회원국 가입 및 축출, 예산문제 등 중요 문제는 3분의 2 이상의 찬성으로 결정하며, 여타 문제는 단순과반수 찬성으로 결정한다.[2]

〈유엔헌장〉에 규정된 총회의 기능과 권한은 다음과 같다.[3]

① 군축 및 군비통제에 관한 원칙 등 국제평화 및 안전유지를 위한 협력 방안을 심의하고 권고함.

② 국제평화와 안전에 관련된 어떠한 문제도 토의할 수 있으며, 안전보장
　　이사회에서 이미 다루고 있는 경우를 제외하고는 그러한 문제에 대하
　　여 권고할 수 있음.

③ 〈유엔헌장〉 범위 내의 모든 문제, 또는 유엔 산하기관의 권한과 기능
　　에 영향을 미치는 어떠한 문제에 대해서도 토의할 수 있으며, 안전보
　　장이사회에서 다루고 있는 상기 경우를 제외하고는 권고할 수 있음.

④ 국제정치, 경제, 사회, 문화, 교육 및 보건분야에서 국제협력을 촉진
　　하며, 국제법의 발전 및 성문화(成文化)를 장려하고 인권과 기본적 자
　　유를 실현하기 위해 연구를 발의하거나 권고함.

④ 국가간의 우호관계를 해칠 수 있는 사태에 대해 그 평화적 해결을 위
　　해 권고함.

⑤ 안보리 및 여타 유엔 산하기관의 보고서를 접수하고 심의함.

⑥ 유엔의 예산을 심의, 승인하며 회원국의 예산분담률을 결정함.

⑦ 안전보장이사회 비상임이사국, 경제사회이사회 이사국 및 신탁통치이
　　사회 이사국을 선출하고, 안전보장이사회와 합동으로 국제사법재판소
　　판사를 선출하며, 안전보장이사회의 추천에 따라 사무총장을 임명함.

한편 총회는 1950년 11월 채택한 〈평화를 위한 단결(Uniting for
Peace) 결의〉에 따라, 안전보장이사회가 평화에 대한 위협, 평화 파괴,
또는 침략행위가 있음에도 제대로 기능을 하지 못할 경우, 필요한 조치
를 취할 수 있는 가능성을 열어 놓았다. 총회는 평화 파괴 또는 침략행위
발생시 국제평화와 안전유지, 또는 평화회복에 필요할 경우에는 무력사
용을 포함한 집단적 조치를 회원국에 권고할 수 있다.

총회의 정규회기는 매년 9월 둘째 주 화요일에 시작되어 통상 12월 중
순까지 계속된다. 정기총회 개막시에 총회는 신임의장, 21명의 부의장,
그리고 총회 산하 6개 주요 위원회 의장을 선출한다. 또한 총회 산하에는

총회 의장, 부의장 21명과 6개 주요 위원회 의장으로 구성되는 운영위원회(General Committee)가 있으며, 회기 초마다 총회 의장의 제의에 따라 총회가 9명의 위원을 선출하여 신임장위원회를 구성한다. 정기총회 외에 안보리나 회원국 과반수의 요청이 있을 경우 특별총회가 소집된다. 긴급특별총회는 안전보장이사회 9개 이사국 또는 회원국 과반수의 요청이 있을 경우 24시간 이내에 소집된다. 정기총회 개막 후 통상 국가 및 정부수반이 기조연설을 하는 일반토의(General Debate)가 시작되며, 각 회원국은 이때 전반적 국제문제에 대한 자국의 생각을 개진한다.

의제 가운데는 6개 주요 위원회를 거치지 않고 본회의(Plenary Meeting)에서만 토의되는 의제도 있으나, 총회에 상정되는 의제 수가 많은 관계로(2001년 제56차 총회 의제 수는 177개) 총회는 대부분의 의제를 산하 6개 주요 위원회에 배정하여 실질적인 토의를 하도록 하고 있다. 6개 주요 위원회는 군축 및 국제안보위원회(제1위원회), 경제 및 재정위원회(제2위원회), 사회, 인권 및 문화위원회(제3위원회), 특별정치 및 탈식민위원회(제4위원회), 행정 및 예산위원회(제5위원회), 법률위원회(제6위원회)를 말한다. 6개 위원회는 주요 의제를 심의한 뒤 결의안을 본회의에 제출한다. 각 위원회에서 표결이 필요할 경우에는 단순과반수로 결정하며, 본회의에 제출된 결의안은 회원국들의 요청에 따라 표결로 채택하거나, 또는 표결 없이 만장일치로 채택한다.

총회의 결정은 각 회원국 정부에 대한 권고적 효력 외에 법적 구속력은 없으나 주요 국제문제에 대한 국제사회의 합의로서 도덕적 권위와 영향력을 가진다. 유엔의 여러 활동은 총회의 결정, 즉 회원국 대다수의 의지가 집약된 결의안을 기반으로 하고 있다. 이러한 유엔 업무는 평화유지, 군축, 탈식민, 인권, 국제법 등 특정 주제의 연구 및 보고를 위해 총회가 설치한 위원회나 기구들, 총회가 소집한 국제회의 또는 유엔사무국에서 실제로 집행한다.

2. 유엔총회 의장의 위상과 역할

유엔총회 의장은 정기총회마다 개막 때 총회에서 선출되며 임기는 1년이다. 적절한 지리적 안배를 위해 총회 의장은 5개 지역그룹, 즉 아시아, 서구, 동구, 중남미, 아프리카그룹에서 교대로 선출된다. 통상 각 지역그룹에서 사전 조정을 거쳐 단일 후보를 추천하기 때문에 총회에서는 만장일치로 선출되는 것이 관례이다.

유엔총회 의장은 189개 전 유엔 회원국으로 구성된 총회를 대표하기 때문에, 유엔에서 최고의 권위를 갖는다. 유엔이 아난(Kofi Annan) 사무총장과 함께 2001년도 노벨평화상 수상자로 선정되었을 때, 유엔을 대표하여 총회 의장이 수상식에 참석한 것도 이러한 맥락에서이다.

총회 의장은 대내외적으로 유엔총회를 대표하기 때문에 주요 국제문제에 대해 의장성명을 발표할 수 있고, 유엔 안팎의 주요 국제행사에 참석하며, 유엔의 관심지역을 순방하기도 한다. 특히, 각국 정상들이 기조연설을 하기 위해 참석하는 일반토의 기간에는 각국 수석대표들의 예방을 받는다.

총회 의장은 총회 본회의를 주재하며, 그 밖에 유엔 특별총회, 안전보장이사회 개편 실무회의, 총회 운영위원회 등 주요 유엔회의의 의장직을 수행한다. 전 회원국을 대표하기 때문에 주요 의제나 결의안 채택시 회원국간, 선·후진국간 또는 주요 그룹간 입장이 맞설 경우 공정한 중재자(honest broker) 역할을 수행한다. 이를 위해 유엔사무총장, 안전보장이사회 의장, 유엔 지역그룹 의장, 77그룹, EU, 비동맹 대표들과 수시로 협의하면서 주요 국제문제 해결에 기여한다.

유엔총회는 총회 의장 이외에 21명의 총회 부의장을 적절한 지리적 배분에 따라 선출한다. 총회 본회의만 하더라도 회의 일정이 많기 때문에, 총회 부의장이 교대로 총회 의장을 대신하여 회의를 주재하기도 한다. 총회 의장은 개인자격으로 선출되지만, 총회 부의장은 국가별로 선출되며, 대체적으로 각국의 주유엔대사가 부의장 역할을 수행한다.

역대 유엔총회 의장 56명의 경력을 보면 각국 외교장관, 주유엔대사 등 외교부 소속 인사가 47명으로 압도적이며, 냉전종식 후 유엔의 위상과 역할이 강화됨에 따라 총회 의장의 역할과 위상도 이에 상응하여 높아지고 있다. 이러한 배경에서 최근 각국의 외교장관이 총회 의장을 수임하는 경향이 확산되고 있다. 최근 10년 동안에는 6명의 외교장관과 1명의 전직 외교장관이 총회 의장을 역임했다.

3. 제56차 총회 의장 활동

2001년 9월 12일 한승수 외교통상부 장관은 유엔총회에서 제56대 총회 의장으로 만장일치로 선출되었다. 우리나라는 높아진 국력과 위상을 바탕으로 외교장관이 직접 유엔 외교의 중심에서 세계문제를 주재하면서 우리의 발언권과 외교적 영향력을 높이는 것이 바람직하다고 판단하여 한승수 외교통상부장관을 총회 의장으로 천거하였다.

한승수 총회 의장은 취임연설을 통해 9월 11일 미국에서 발생한 테러 사건을 강력히 규탄하는 한편 희생자에 대한 애도를 표명하고, 테러리즘에 대한 국제적 공동대처 필요성을 강조하였다. 한국과 유엔의 역사적인 특별한 관계에 비추어, 유엔가입 10년 만에 유엔총회 의장직을 맡게된 의의가 크다는 점을 언급하고, 향후 중점 추진과제로서 〈밀레니엄선언〉 이행, 유엔총회의 활성화, PKO 강화, 인권·민주주의 확산, 테러 근절대책 수립, 정보화 격차 해소, 아프리카 개발 등을 제시했다.

제56차 유엔총회는 예정된 개막일에 전대미문의 테러 공격이 발생하여 개막을 하루 연기할 수밖에 없었을 뿐 아니라 시종 긴박한 상황에서 진행되었다는 점에서 매우 특별한 총회로 기록될 것이다.

한승수 의장은 9·11 테러가 국제사회 전반에 미치는 심각한 영향을 감안하여, 총회 의장 취임 즉시, 〈테러규탄 결의안〉을 총회 의장 발의로 총회에서 채택시킴으로써 테러 근절을 위한 국제사회의 단호한 결의와 회원국의 테러 근절 협력의지를 천명하는 데 기여하였다. 한편 당초 제6위원회(법률위원회) 소관 의제인 "국제테러리즘 근절대책" 토의의 중요성과 시급성을 감안하여, 이 의제를 총회 본회의에서 토의토록 긴급 상정함으로써, 테러문제에 대한 국제적 관심을 부각시켰다. 10월 1일부터 5일 동안 열린 이 회의에서는 유엔총회 단일 의제로는 사상 최대인 167개 유엔 회원국이 발언에 참여, 테러리즘을 규탄하고 테러 근절을 위한 국제법 체제 정비 등을 강조함으로써, 테러대응 국제협력을 위한 전 국제사회의 의지를 결집시켰다. 또한 총회 의장의 제안으로 초청된 쥴리아니(Giuliani) 뉴욕시장은 뉴욕시장으로서는 유엔 사상 처음으로 본회의 단상에 서서 테러 근절을 국제사회에 호소하는 연설을 하였고, 미국 언론에서 이를 대대적으로 보도함으로써 미국 일반 국민에게 유엔의 역할을 새롭게 인식시키는 좋은 계기가 되었다.

제56차 총회는 9·11 테러로 말미암아 총회 개막일을 하루 늦춘 데 이어 경호 및 안전을 이유로 아동 특별총회를 2002년으로 연기하였으며, 각국 정상이 많이 참석하는 기조연설 일정도 불가피하게 11월로 조정하였다. 하지만 9·11 테러와 같은 예상치 못한 긴급사태에도 불구하고 총회 의장은 유엔사무총장, 6개 주요 위원회 의장, 유엔 각 지역그룹 의장, 77그룹, EU 등 주요 국가 및 그룹대표들과 긴밀히 협의하여, 총회 일정을 신축적이고 능률적으로 재조정함으로써, 제56차 총회 운영을 신속하게 정상화시켰다

통상 2주 동안 계속되는 총회 일반토의 기조연설은 9·11 테러의 여파로 제56차 총회의 경우에는 예외적으로 7일 동안 행해졌는데, 각국 정상

급 인사 41명, 부총리급 12명, 외교장관 96명을 포함, 187국이 참석하여 기조연설을 하였다. 대다수 국가들이 9월 11일 테러공격을 〈유엔헌장〉에 명시된 목적과 원칙에 대한 도전이며 인류사회에 반하는 범죄행위로 규탄하고, 테러에 대처하기 위한 국제적 연대(international coalition)가 필요하다고 역설하였다. 개도국들은 세계화에 수반되는 여러 가지 도전에 대응하는 방안을 시급히 모색해야 한다고 지적하는 한편, 개도국의 개발재원 확보를 위한 선진국의 지원확대를 중점적으로 강조하였다.

제56차 총회 의제 가운데 특기할 만한 의제로는 '문명간 대화', '밀레니엄 정상회의 후속조치', '아프간 사태' 등을 들 수 있으며, 팔레스타인 관련 긴급특별총회도 열려 어느 총회보다도 더 국제적 관심을 크게 받은 총회가 되었다. 문명간 대화 의제는 이란이 제안한 것으로서 각 문명이 지닌 다양성과 특수성을 인정하고 다양성과 관용에 기초한 문명간 대화를 증진하자는 취지에서 발의한 것으로, 총회는 이 의제를 토의한 후 결의안(Global Agenda for Dialogue among Civilizations)을 만장일치로 채택하였다. 밀레니엄 정상회의 후속조치 의제는, 2000년 9월 147국의 정상을 포함 191국이 참석한 밀레니엄 정상회의에서 채택한 〈밀레니엄선언〉의 후속조치를 이행하기 위한 회의로써, 총회는 사무총장이 제출한 〈밀레니엄선언 이행보고서〉(Road Map Report)에 제시된 구체적 추진전략을 기초로 향후 이행방향을 토의하고 결의안을 채택하였다. 아프간사태 의제와 관련, 총회는 9·11 테러 이후 미국 주도의 공격으로 탈레반 정권이 붕괴한 다음에 아프간 임시정부 수립 등 향후 아프간 정세 전망에 관해 토의하고 아프간 난민에 대한 인도적 지원사업에 적극적인 관심을 표명하였다.

경제, 사회 분야에서는 9월 20일부터 이틀 동안 국제 경제협력 증진에 관한 고위급 대화를 총회 의장이 주재하였다. 이 회의에는 국제개발재원 동원 및 정보통신기술(ICT)을 개도국으로 확산하는 방안에 대해 총 47국이 발언하였으며, 한승수 의장은 회의결과를 〈의장 요약문〉(Presidential Summary)으로 발표하였다. 주요 요지는, 세계화의 이점을 최대한 활용하되 세계화에 뒤따르는 도전은 국제협력 강화를 통해 보완해야 한다는 것과, 국가간 정보화 격차(Digital Divide)를 해소하기 위해서는 국제협력이 중요하며 유엔이 이에 기여할 수 있는 방안을 강구해야 한다는 것이었다.

한편 11월 20일 한승수 의장은 세계 정보화 격차 해소를 목적으로 하는 유엔 정보통신기술 실무작업반(ICT Task Force)의 발족식에 유엔사무총장과 함께 참석하였으며 개회사를 통해, 정보화 격차 해소가 선진국과 개도국 사이의 빈부격차 해소에 기여함은 물론, 개도국 내 여성지위 향상, 노인과 장애자들의 적극적인 사회참여, 도시와 농촌간 격차 해소 등 사회적 현안 문제 해결에 중요하며, 세계시장으로의 편입을 통한 경제개발추진에도 크게 기여함을 강조하고, 앞으로 실무작업반이 적극적으로 기여할 것을 기대한다고 격려했다.

제56차 총회 의장 활동으로 특기할 사실은 2001년도 노벨평화상을 유엔과 아난 유엔사무총장이 공동으로 수상하게 됨으로써, 유엔사무총장과는 별도로 유엔을 대표하여 한승수 의장이 노벨평화상을 수상하였다. 유엔의 노벨평화상 수상은 오늘날 국제사회에서 유엔이 수행하는 역할에 대한 인식을 새롭게 하는 동시에 유엔의 미래에 대한 세계의 기대와 희망을 드높인 것으로 평가된다.

한승수 총회 의장은 총회 본회기 기간(2001년 9~12월) 동안 부시 미국 대통령을 비롯하여 각국 정상급 인사, 외교장관들의 예방을 받고, 그들과 회담을 하는 등 활발한 외교활동을 전개했다. 테러 근절을 위한 범세계적 연대를 위해 9월 18일 워싱턴을 방문하여, 테러 이후 세계 각국의 외교장관 가운데 첫 번째로 파월 국무장관과 테러대응 문제를 논의하였고, 아난 사무총장과는 9차례 면담하였으며, 안전보장이사회 의장과는 주기적 협의를 통해 테러대처와 관련하여 유엔차원에서 대응방안을 협의하였다. 한편 국제사법재판소장, 화학무기금지기구 사무총장, IAEA 사무총장, 아랍연맹 사무총장 등 주요 국제기구 대표와 테러대처 관련 공조방안을 협의하였으며, 11월 11일 테러 현장인 세계무역센터에서 거행된 추모식에 부시 미국 대통령의 특별 초청으로 아난 사무총장과 함께 유엔을 대표하여 참석하고 희생자 가족들을 위로하였다. 또한 한승수 의장은 9·14 평화의 종 타종식, '유엔의 날' 기념식 등 총 42차례 유엔 관련 행사에 참석하였으며, 이 밖에도 테러 희생자 추모행사와 구호요원 격려 행사 등 총 20회의 대외행사에 참여, 유엔의 역할과 위상을 일반인에게 널리 인식시키는 데 기여하였다.

2002년 총회 의장 주요 활동으로는 2월 초 뉴욕 세계경제포럼회의, 3월 멕시코 유엔개발재원회의, 4월 스페인 노령화에 관한 세계회의, 5월 아동특별총회, 8월 요하네스버그 지속개발을 위한 세계정상회의 참석 등이 예정되어 있다. 또한 아프리카 개발에 대한 관심을 높이기 위해 시에라리온, 앙골라, 감비아, 세네갈, 앙골라, 나미비아, 잠비아, 짐바브웨, 남아공 등 9국을 순방할 계획이 포함되어 있으며, 일본을 비롯하여 아랍제국, 중구 각국 등 전세계 회원국 다수로부터 공식방문 초청을 받아놓고 있다.

주
────────

1) 〈유엔헌장〉 7조 1항.
2) 〈유엔헌장〉 18조.
3) The United Nations Department of Public Information, *Basic Facts About the United Nations*(1999), pp.6~7.

1. 문제 제기

1945년 창설 이후 냉전기간에는 동서 양진영의 대립으로 제 구실을 다하지 못했던 유엔은 냉전의 종식과 함께 그 기능이 괄목할 만큼 활성화했다. 그 결과 국제사회는 21세기 세계가 맞닥뜨린 산적한 문제 해결에 유엔이 주도적 역할을 수행할 수 있음을 인정하게 되었고, 이와 함께 유엔에 거는 기대 또한 커졌다.

동시에, 유엔의 역할에 대한 기대만큼이나 유엔 체제의 전반적인 개편에 대한 요구도 커지고 있다. 제2차세계대전 직후의 상황과 세계질서를 기초로 구축된 현행 체제를 탈냉전시대의 새로운 국제현실에 맞게 개편하지 않고서는 유엔의 효과적인 역할수행을 기대하기 어렵다는 것이 개편요구의 주된 논리이다.

이러한 요구에 부응하여 지난 수년 동안 유엔에서는 체제 전반에 대한 개혁 논의를 계속해왔으며, 유엔안전보장이사회(이하 안보리) 개편문제는 유엔개혁 논의 가운데서도 핵심이다. 1993년 총회결의에 따라 안보리 개편을 전담할 실무작업반이 설치[1]되면서 본격적으로 시작된 안보리 개편논의는, 회원국들의 기대와 노력에도 불구하고 아직 많은 쟁점들에서 국가들간의 견해 차이가 좁혀지지 않고 있다. 이 같은 진통은 무엇보다도 유엔에서 안보리만이 누리고 있는 독특한 권한과 지위와 밀접한 관련이 있다고 볼 수 있다.

〈유엔헌장〉은 국제평화와 안전유지의 일차적 책임을 안보리에 지우면서, 그 기능을 수행하도록 하기 위해 유엔기관들 가운데서는 유일하게 무력행사를 포함, 모든 회원국을 구속하는 조치를 취할 수 있는 강력한 권능을 부여하였다.[2] 그 결과, 안보리는 유엔에서 우월적인 지위를 누리게 되었으며, 투표로 선출되는 비상임이사국 당락 여부는 국가의 위신과도 직결되는 중요 외교사안으로 간주되고,[3] 선거에 유리한 입지를 선점하기 위해 10년 뒤에 있을 안보리 선거에 미리 입후보해 두는 것이 관행이 되어가고 있는 실정이다.

유엔 회원국들은 안보리가 일단 개편되고 나면 상당기간 개편된 체제가 존속하면서 세계질서의 판도 형성에 영향을 미칠 수도 있다는 판단 아래, 안보리 개편논의에서 자국의 견해와 이해를 최대한 반영시키기 위해 양보 없이 맞서왔으며, 이런 이유로 협상이 아직도 뚜렷한 진전 없이 8년 동안이나 계속되고 있는 것이다. 이 과정에서 안보리 개편논의의 성격도 새로운 세기의 안보리의 역할에 대한 비전보다는, 각 회원국과 그룹의 이해관계를 절충해 나가는 방향으로 변질되어 온 것이 현실이다.

우리나라는 안보리 개편논의를 주도하고 있는 4개 그룹[4] 가운데 중견국가들로 구성된 커피클럽[5]의 창설 및 주도국으로 적극 활동하면서, 우리의 입장을 최대한 반영하기 위해 노력하고 있다. 안보리 개편논의가 시작되고 진행되어 온 과정을 짚어보면서 현재 우리가 취하고 있는 태도를 살펴보고자 한다.

2. 안보리 개편논의 현황

1) 안보리 개편논의의 발단 : 개편을 위한 상황변화

안보리 개편논의는, 유엔 창설 당시와 지금은 국제상황이 다르므로 그 변화된 상황을 현행체제에 적절히 반영해야만 한다는 인식에서 시작되었다. 특히 거부권을 가진 미국, 영국, 프랑스, 러시아, 중국의 5개 상임이사국(흔히 P-5로 약칭)이 의사결정을 좌우하는 현재의 체제[6]는 제2차세계대전 전승국들이 전후 세계질서를 과도적으로 관리하기 위해 고안한 것으로서, 전후 반세기가 지난 현 국제사회 현실과는 일치하지 않는다.

또한 유엔 창설 당시 51국에 불과하던 회원국이 2001년 현재 189국으로 늘어났음에도, 안보리는 1963년 비상임이사국을 6국에서 10국으로 단 한번 늘린 데 불과하다는 사실은 안보리의 대표성과 관련, 문제점으로 지적[7]되고 있다. 즉, 단순 산술 계산으로도 65년 당시 전체 회원국 수 대비 안보리 이사국 수는 15 : 114로 약 0.13의 비율을 유지하고 있었으나, 현 회원국 수 대비 비율은 15 : 189, 약 0.08로 하락하였으므로 안보리가 1965년 수준의 대표성을 유지하기 위해서는 비상임이사국 수를 최소한 24국(0.13×189)으로 확대할 필요가 있다는 논리이다.

제2차세계대전의 패전국인 일본과 독일이 전후 경제성장을 바탕으로 유엔에 대한 재정기여도에서 미국에 버금가는 최대 공여국으로 부상하면서 자신들의 국제역량에 걸맞는 책임과 지위를 요구하고 있는 것도 안보리 개편의 무시할 수 없는 동인이 되고 있다. 2001년도 유엔 정규예산에서 차지하는 각국의 재정 분담률을 살펴보면, 일본과 독일은 1위인 미국의 22퍼센트에 이어 각각 19.6퍼센트와 9.8퍼센트로 2위와 3위를 차지하고 있다. 일본과 독일이 상임이사국인 영국이나 프랑스, 러시아, 중국을 훨씬 상회[8]하는 막대한 예산 부담을 지면서도 이에 상응하는 대우를 받지 못하는 데 불만을 품고 재정 부담에 상응하는 지위를 확보하려는 것은 어쩌면 당연한 시도일지도 모른다.

　이 밖에도 냉전기간 동안 안보리의 기능을 마비시킨 미국과 소련의 거부권 남발사례가 탈냉전시대에 크게 감소하였음에도 안보리의 역할이 기대에 못 미치고 있는 것과 관련해서, 안보리 의사결정 과정과 안보리 운영에서 비민주적인 제도나 관행, 그리고 투명성 문제에 대한 회원국들의 비판의식이 고조된 것도 개편논의가 본격화하는 데 큰 몫을 하였다.

2) 논의의 경과

　이러한 배경 아래 1992년 제47차 유엔총회는 안보리 개편문제에 관해 서면으로 각국의 견해를 제출토록 회원국에 요청[9]하였으며, 1993년에 우리나라를 포함한 80여 국으로부터 서면 의견서를 받았다. 이 같은 의견수렴 과정을 거쳐 제48차 유엔총회는 〈유엔총회결의〉 48/26을 채택, 안보리 개편 실무작업반을 설치하고 현재까지 개편논의를 진행해오고 있다. 안보리 개편 실무작업반은 의제를 크게 두 가지로 분류(Cluster)하고 있는데, 의제 1(Cluster Ⅰ)은 안보리 확대개편(규모 및 구성)에 관한 것이며 의제 2(Cluster Ⅱ)는 안보리 운영방식 개선(거부권, 투명성, 민주성 제고)에 관한 것이다.

　안보리 개편 실무작업반과 총회 본회의에서 지난 8년 동안 안보리 확대 규모, 상임이사국 증설 여부 및 방식, 신규 상임이사국에 대한 거부권 부여문제, 비상임이사국 증설문제 등의 쟁점에 대해 열띤 논의를 계속해 왔지만, 각 회원국들의 견해가 워낙 첨예하게 대립하여 특별한 진전을 보지 못하고 있는 상황이다. 이 과정에서 구체적 개편안으로서 일·독의 상임이사국화 문제를 먼저 해결하자는 임시조치(Quick Fix)안과 상임 5, 비상임 4, 총 9석 증설을 요지로 하는 라잘리(제51차 유엔총회 의장) 안이 제안되어, 비중있게 논의된 바 있으나 두 안 모두 회원국들의 다수 지지를 확보하는 데는 실패하였다.

하지만 그동안 다음과 같은 몇 가지 원칙적인 문제에서는 회원국들의 합의가 이루어졌다고 볼 수 있다. 첫째, 안보리 이사국 수를 확대해야 한다는 데는 대체로 공감하고 있다. 둘째, 안보리 개편문제를 다룰 때 각 세부사안들을 일괄 처리해야 하며 부분적 해결을 통한 점진적 접근방식은 받아들일 수 없다는 것이다. 셋째, 안보리 개편안은 회원국들의 '총체적 합의'(general agreement)에 기초해야 한다는 것이다. '총체적 합의'는 대체로 회원국 2/3 이상의 지지를 의미하는 것으로 이해되어 왔다. 특히 1998년 제53차 유엔총회에서 〈유엔총회결의〉 53/30을 컨센서스(consensus)로 채택, 안보리 개편과 관련된 어떠한 결의 또는 결정도 회원국 2/3 이상의 지지 없이는 채택하지 않기로 결정함으로써 총체적 합의의 의미는 더욱 명확해졌다.

[표 1-1] 안보리 개편 관련 각 그룹별 입장

문제 \ 그룹		P-5	상임이사국 진출희망국	커피클럽	비동맹
의제 I	이사국 전체 규모	24국으로 수렴	라잘리 안 (24국)	미정	최소한 26국 이상
	상임이사국 확대 규모	5국으로 수렴	라잘리 안 (5국)	신중	분열
	비상임 이사국 확대	4국 증설로 수렴	라잘리 안 (4국 증설)	"비상임이사국 증설 지지" 또는 "상임 증설에 관한 합의가 안 될 경우 우선 비상임 이사국 증설 지지"	예비 입장으로 상임증설 합의 실패시 우선 비상임 증설 지지
의제 II	거부권	현상유지	기존 상임이사국과 신규 상임이사국 비차별	합리화	궁극적 폐지를 목표로 한 현 단계에서의 제한
	기타 운영 방식	현상유지	투명성과 효율성의 균형	점진적인 투명성 제고	완전한 투명성 확보

유엔에서 실무작업반 토의를 중심으로 한 안보리 개편논의는 5개 안보리 상임이사국(P-5), 비동맹그룹(NAM), 일본, 독일, 인도, 브라질, 남아공 등 상임이사국 진출 희망국[10] 및 중견국가모임(Coffee Club) 등 4개 그룹이 주도하고 있다. 이 그룹들은 대체로 그룹마다 같은 견해를 갖고 있으나 모든 사안에서 견해가 일치하는 것은 아니며, 개별사안에 대해서는 그룹 안에서도 견해가 엇갈리고 있어 매우 복잡한 상황이 전개되고 있는 실정이다. 이들 그룹의 견해는 대략 〔표1-1〕과 같이 정리할 수 있다.[11]

이 가운데 우리나라가 속해 있는 그룹은 흔히 커피클럽으로 불리는 중견국가 그룹으로서, 우리나라는 이 클럽의 창설에 참여했고 현재 주도적인 참가국으로 활동하고 있다. 커피클럽에는 우리를 비롯하여 파키스탄, 이탈리아, 캐나다, 스페인, 뉴질랜드, 멕시코, 아르헨티나, 싱가포르, 터키, 이집트 등 20여 국이 주로 참여하고 있으며, 안보리 개편 실무작업반에서 논의를 시작할 때부터 비슷한 견해를 가진 국가(like-minded countries)끼리 회동하기 시작하여 발전한 것이다. 커피클럽은 안보리 상임이사국 확대에는 유보 내지 신중한 입장을 견지하면서, 안보리 확대 개편논의를 진전시키기 위해 거부권 문제를 우선적으로 처리할 것을 주장하고 있고, 비상임이사국의 증설 또는 상임이사국 확대문제를 합의하기 어려울 경우 우선 비상임이사국만을 증설하자는 입장을 취하고 있다.

3) 주요 쟁점별 논의 동향

가. 안보리 전체 규모

안보리 전체 규모는 상임이사국 증설문제, 상임·비상임이사국의 구성비, 지역간 이해 등과 맞물려 있어 많은 논란이 있었던 분야이나, 최근에는 대체적으로 24~26석으로 의견이 모아지고 있는 추세이다. 안보리 전체 의석수에 대해서는, 안보리 의사결정의 민주화와 안보리 구성의 대표성 제고를 위해 최고 26석까지 증설하자는 비동맹의 주장과, 각종 분쟁발생에 대한 신속한 안보리 결정의 필요성과 운영의 효율성을 강조하며 증설에 반대하는 미국과 러시아 등의 주장이 맞서왔다. 그런데 상임이사국 진출을 추진하고 있는 독일과 일본 등은 안보리 개편에 대한 비동맹측의 지지를 얻기 위해서는 최소한 24석 정도로 확대가 불가피한 것으로 보고, 24석안을 내세우면서 우선 영국, 프랑스의 지지를 확보하고 미국이 좀더 신축적인 태도를 취해줄 것을 희망해왔다. 그 결과 미국은 2000년 4월 3일 실무작업반회의에서 종래의 태도를 다소 완화, "21석보다 약간 많은 의석수"[12]를 받아들일 수 있음을 밝힘으로써 이 문제에서 진전을 보게 되었다.

나. 상임이사국 확대문제

안보리 개편논의 가운데서도 핵심쟁점은 상임이사국 증설문제이다. 이 문제는 그 국제정치적 의미 때문에 많은 국가들의 초미의 관심사가 되고 있으며, 고려해야 할 요인도 많고 안보리 개편의 여타 사안들과도 밀접하게 맞물려 있어 매우 복잡한 문제이기도 하다. 우선 상임이사국 수 확대 여부를 결정해야 할 것이며, 확대한다면 몇 석이나 확대할 것인지, 새로 상임이사국이 되는 국가들을 선진국과 개도국 사이에 어떻게 배분할 것인지를 검토해야 한다. 이어서 구체적으로 어떤 국가에 새로 상임이사국의 지위를 부여할 것인지를 결정해야 하며, 신규 상임이사국에게도 기존 상임이사국들과 같이 거부권을 부여해야 하는지 하는 민감하고 어려운 문제를 해결해야 한다. 또한 상임이사국을 확대할 때 비상임이사국의 규모는 어떻게 유지해야 하는지, 상임이사국 확대문제를 합의하기 어려울 경우 우선 비상임이사국이라도 확대할 것인지 하는 문제도 있다.

이 같은 논의는 앞서 말한 4대 그룹 가운데, 상임이사국 확대와 관련하여 공세적인 입장을 취하고 있는 상임이사국 진출 희망그룹과 이에 맞서는 커피클럽의 대립형태로 진행되고 있는데, 이는 양 그룹 소속국가들

사이의 전통적인 경쟁관계와도 무관하지 않다.[13]

상임이사국 확대 여부 논의　　상임이사국 증설에 반대하는 목소리도 높다. 우선 상임이사국 확대는 안보리의 민주화와 대표성(representativity), 그리고 책임성(accountability)을 저해한다는 것이다. 또한 새로운 특권국가군을 창조함으로써, 그동안 유엔의 명분과 활동에 적극적으로 기여해온 이른바 중견국가군의 주변화(marginalization)와 소외를 초래할 수 있다는 논리도 제기하고 있다.[14] 아울러 독일의 상임이사국 진출은 안보리의 지역적 불균형, 즉 서구 지역 편중(over-representation) 현상을 초래한다는 점도 지적하고 있다. 독일이 상임이사국으로 진출할 경우, EU 15개 회원국 가운데 3국(영국, 독일, 프랑스), 나토(NATO, 북대서양조약기구) 16국 가운데 4국(미국, 영국, 프랑스, 독일)이 상임이사국이 되고, 이에 일본이 가세할 경우에는 G-8 회원국 가운데 6국(미국, 영국, 프랑스, 독일, 일본, 러시아)이 상임이사국이 되는 것으로 형평에 맞지 않는다는 것이다.

이와 같은 반대논리에도 불구하고 현실적으로는 상임이사국 확대안이 꾸준하게 지지기반을 넓혀가고 있는 것으로 보인다. 일본과 독일을 중심으로 한 상임이사국 진출 희망국들이 교섭활동을 강력히 편 결과, 중국을 제외[15]한 4개 상임이사국이 상임이사국 확대를 지지하고 있으며, 2000년 제55차 유엔총회 안보리 개편의제 토의에서 발언한 110국 가운데, "상임·비상임이사국 동시증설안"을 포함하여 상임이사국 증설에 원칙적인 지지입장을 밝힌 국가가 60국에 이르러 이러한 추세를 반영하였다.[16]

상임이사국 증설폭과 방식　　만일 상임이사국을 증설한다면 그 증설폭은 얼마나 되어야 할 것인가? 아프리카그룹(53국)은 거부권을 갖는 상임

2석을 아프리카 지역에 배정할 것을 주장하고 있고, 아랍그룹은 자기 그룹에 거부권을 갖는 상임 1석을 배정할 것을 요구하는 등, 여러 가지 제안은 나와 있지만 구체적인 안보리 상임이사국 증설 폭에 대해서는 아직 합의된 바가 없다. 다만 그동안 비중 있게 논의한 안보리 개편방안들은, 대체적으로 일본과 독일이 상임이사국이 된다는 것을 기본 전제로 하고 개도국 3국을 추가하는 방식에 기초하고 있는 것으로 보인다. 즉, 일본·독일과 더불어 개도국 3국(아시아, 중남미, 아프리카 각 1국)을 상임이사국으로 지정하거나(2+3안), 개도국 지역에 순환상임이사국을 배정하되, 순환방식과 구체적인 국가 선정은 각 지역에 일임하자는 방안(2+3PRRS 안)[17]이 그것이다. 상임이사국 진출희망 개도국들이 2+3안을 지지하고 있으며, 2+3PRRS 안은 미국, 영국, 프랑스, 노르딕국가 및 대다수 아프리카 국가들이 지지하고 있다. 이 2+3안과 2+3PRRS 방안은, 임시조치안—개도국 상임이사국 문제에 대한 합의가 지연되고 있으므로 일·독의 상임이사국 문제를 먼저 해결하자는—이 대다수 국가들의 반대로 무산된 이후, 가장 유력한 안보리 상임이사국 확대 방안으로 떠오르고 있으며 앞으로의 안보리 개편논의에서도 최우선적으로 논의될 것으로 보인다.

　라잘리 제51차 유엔총회 의장이 97년 3월 안보리 개편안으로 제시하여, 비록 비동맹 등 다수 국가의 지지를 확보하는 데는 실패했으나, 한때 미국, 영국, 일본, 독일 등 상임증설 지지국들의 후원을 배경으로 상당히 유력한 안으로 논의되었던 이른바 라잘리 안[18]도, 선진국 2국과 아시아, 중남미, 아프리카 지역에서 각각 개도국 1국씩을 상임이사국화(단, 지역그룹에 상임이사국 선임방식을 결정할 수 있게 함으로써 2+3PRRS 방식도 가능)하고, 비상임이사국을 4국 증설하자는 것이 골자로, 기본적으로는 2+3방식에 기초한 것이었다.

신규 상임이사국 거부권 부여문제　　상임이사국 신설문제와 관련하여 가장 민감하고 합의가 어려운 부분은 신규 상임이사국에게도 기존 상임이사국들과 같이 거부권을 부여할 것인지 하는 문제이다. 물론 일본과 독일은 상임이사국간 무차별 원칙을 주장하면서 신규 상임이사국에도 거부권을 부여할 것을 요망하고 있고, 아프리카와 아랍 등 상당수 개도국들도 같은 입장이다.

그러나, 상임이사국 확대 자체에는 호의적인 기존 P-5들도 신규 상임이사국에 거부권을 부여하는 것에는 강력히 반대하고 있어, 지역순환 상임이사국(PRRS)에 거부권을 주는 방안은 더욱 수용이 불가능할 것으로 보인다. 또한 우리나라를 포함한 커피클럽도 신규 상임이사국에 거부권을 부여하는 것을 반대하고, 안보리 확대논의를 진전시키기 위해서는 거부권 사용제한 문제를 선결해야 함을 주장하면서, 이를 안보리 개편논의의 핵심문제로 부각코자 노력해왔다. 이 같은 노력은, 2000년 제55차 총회 발언국 가운데 93국[19]이 거부권 제한 필요성을 언급함으로써 소기의 성과를 거두었다. 이처럼 여타 유엔 회원국의 대부분이 거부권 부여에는 부정적 입장을 취하고 있어, 신규 상임이사국이 거부권을 갖는 것은 많은 어려움이 있을 것으로 보인다. 상임이사국 진출 희망국이 가운데서도 상당수가 내심 거부권 없는 상임이사국 확대방안을 받아들일 용의가 있으나 국내외적인 요인 때문에 거부권 문제에 강한 태도를 고수하고 있다는 관측도 있다. 따라서 궁극적으로 신규 상임이사국의 거부권 보유문제는, 이를 보유치 않는 방향으로 타결될 가능성이 높다.

다. 비상임이사국 증설문제

안보리 비상임이사국 증설 필요성에 이의를 제기하는 국가는 없다. 비상임이사국 확대방안에는 여러 가지 안[20]이 있는데, 그 증설폭은 4석에서 10석까지 다양하며, 아프리카, 동구, 아랍그룹 등 특정지역에 반드시 몇 석을 배분해야 한다는 제안도 있다. 또 이탈리아, 호주, 멕시코 등도 순환이사국이나 장기 임기 비상임이사국과 같은 제3의 범주(category) 신설안[21]을 제안한 바 있다.

비상임이사국 증설문제는 상임이사국 확대와도 밀접하게 연계되어 논의되고 있다. 앞서 말한 것처럼 일본과 독일은 안보리의석 총 24석 증설안을 주장하고 있는데, 상임이사국을 5석 증설하기를 원하므로 비상임이사국은 4석 증설을 상정하고 있는 것이다. 따라서 일본과 독일측의 안보리 개편방안은 라잘리 안과 같이 2+3+4안이라고 할 수 있으며, 안보리 개편논의 초기에 상임 5석과 비상임 1석 증설을 지지했던 영국과 프랑스도 현재 이 안을 지지하고 있다.

최근 상임이사국 진출 희망국들의 움직임을 살펴보면, 상임이사국 확대와 관련한 여러 현안 가운데 가장 해결이 쉬운 "상임이사국 확대 여부와 확대규모 문제"에 우선 주력하고, 가장 까다로운 문제인 "거부권문제"는 상임이사국 확대를 결정한 이후로 미루는 전략을 추진하고 있는 것으로 보인다. 이와 같은 전략에 따라 일본과 독일은 2000년 유엔 밀레니엄정상회의와 55, 56차 총회를 계기로 활발한 교섭활동을 전개하여, 그들이 내세운 "상임·비상임이사국 동시 증가안"에 대한 상당수[22]의 지지발언을 유도함으로써, 상임이사국 증설 원칙에 힘을 실을 수 있었다.

반면, 커피클럽은 일본·독일의 상임이사국증설에 대항하기 위한 제안으로 '비상임이사국만 증설' 또는 '상임이사국 확대방식에 대한 합의 실패시 우선 비상임만 확대' 방안을 제안하고 있는데, 구체적인 비상임이사국 증설 규모에 관해서는 이탈리아만이 6석 증설을 제안하고 있다. 비동맹측도 이를 예비입장(fall-back position)으로 제시하고 있으며 미국과 일·독측은 비상임만 증설하는 데는 반대하고 있다.

4) 향후 논의 전망

현재까지 진행된 논의 결과를 보면, 우선 일본과 독일만 상임이사국으로 한다는 임시조치안은 채택이 불가능할 것으로 보인다. 따라서 앞으로 일본과 독일은 개도국 가운데 상임이사국 진출희망국들을 감싸안을 수 있는 2+3+4 또는 2+3(PRRS)+4안을 중점 추진해 나갈 것으로 보인다. 단기적으로 추진 가능한 방안으로는 두 가지를 상정할 수 있다. 라잘리안에 따른 안보리 개편안을 총회결의안으로 직접 제출하거나, 또는 구체적인 확대 방안의 명시 없이 상임·비상임이사국의 동시 증가를 포함한 일반적인 원칙만을 확인하는 총회결의안을 제출하는 것인데, 이른바 "프레임워크(Framework) 결의안"으로 일컬어지는 후자의 방안이 좀더 현실적인 것으로 보인다.[23]

프레임워크 결의안으로는 5개 상임이사국과 4개 비상임이사국 증설원칙만 언급하는 것과, 2개 상임이사국과 3개 지역순환 상임이사국 및 4개 비상임이사국 증설 원칙을 내용으로 하는 결의안을 생각해볼 수 있는데, 일·독측은 자신들의 주장에 대한 지지도를 가늠하면서 구체적인 추진방안을 결정할 것으로 보인다.

이 같은 프레임워크 결의안은 상임이사국 증설원칙에 대한 회원국들의 지지를 확보하여 이에 반대하는 국가들의 기선을 우선 제압하고 이후 구체적인 문제를 해결하겠다는 단계적 접근방식으로서 과거 이미 시도한 바 있다. 즉, 제53차 유엔총회 벽두에 일본과 독일이 프레임워크 결의안을 제출하려는 움직임을 보였으며, 커피클럽은 이를 방지하기 위해 "헌장개정을 함축하는 내용의 총회결의안 채택에는 〈유엔헌장〉 108조를 적용(재적 2/3 이상의 지지 필요)한다"는 요지의 결의안을 제출, 결의 53/30으로 채택되도록 하였다

〈유엔총회결의〉 53/30은 일본과 독일이 프레임워크 결의안을 통과시

키기 위해 넘어야할 문턱(threshold)으로 작용하고 있다. 지난 제55차 총회에서도 많은 국가들이 상임·비상임이사국 동시 증가안을 지지하는 발언을 했지만 재적 2/3에 해당하는 126국의 지지를 확보하지 못해 프레임워크 결의안 제출은 어려웠다. 따라서 일본과 독일은 앞으로도 이 문턱을 넘기 위한 지지 확보에 우선 주력할 것이며, 유엔을 비롯한 다자무대에서는 물론 각국과 개별 교섭을 통해 지지를 확보하려는 노력을 계속해나갈 것으로 보인다. 이와 관련하여 일본이 제56차 총회에서, 안보리 개편 실무작업반 설치 10주년이 되는 2003년까지 개편논의에 별다른 진전이 없으면 '고위급 대화'로 해결을 모색하겠다는 입장을 표명한 것은 주목할 만하다. 일본으로서는 고위급 대화 준비과정 등에서 참가국들과 개별적으로 집중 교섭, 자국 입장에 대한 지지 분위기를 유도하여 돌파구를 마련하려고 시도할 것이다.

앞으로 안보리 개편논의의 향배와 관련해서는 미국이 취할 태도에 특히 주목할 필요가 있다. 물론 여타 P-5의 입장도 아울러 감안해야 하겠지만, 아직 명확한 입장을 정하지 못하고 있는 다수 회원국들에게는 미국의 태도가 가장 큰 영향을 미칠 것으로 보이기 때문이다. 2001년 제56차 유엔총회 본회의 발언에서 미국은 일본과 독일의 상임이사국 수임과 순환의석(rotating seats) 증설을 지지하고, 거부권 철폐 또는 제한(limit or eliminate)에 반대하는 기존 입장을 재확인하였다. 안보리 개편의 세부 쟁점에 대한 미국 공화당 행정부의 구체적 입장은 안보리 개편 실무작업 반회의 등을 통해 서서히 밝혀질 것이다. 민주당에 비해 유엔에 대결적인 자세를 취해온 공화당이 안보리 개편, 특히 거부권 확대부여에 전향적인 태도를 취하지는 않을 것이다.[24]

3. 대처방안 제안

1) 상임이사국 확대문제

상임이사국 확대는 우리나라 같은 중견국가에게는 여러모로 불리한 측면이 있다. 확대된 상임이사국들을 중심으로 국제평화와 안전에 관한 세계 차원의 정책 결정과정이 형성되고, 이 과정에서 중견국가들이 배제 내지 주변화됨으로써 국제사회에서 발언권이 현저하게 약화되지 않을까 우려된다. 특히 개도국 3국에게까지 상임이사국 지위를 부여하는 것은 중견국가들에게는 불리한 안이다.

그러나 전술한 대로 최근의 토의 결과를 보면, 상임이사국 확대 원칙은 상당한 지지를 확보하면서 하나의 대세를 형성하고 있다. 우리로서는 커피클럽의 주축인 중견국가들과 함께 프레임워크 결의안 통과 시도로 구체화할 이 같은 움직임을 계속 견제해나가야 할 것이다. 그러나, 현재와 같이 상임이사국 확대논의가 어떤 방향으로 진전될지 불투명한 상황에서는, 일본·독일과의 양자관계, 우리나라의 안보리 진출 가능성 등 여러 가지 요인을 감안한 외교적 기술이 필요하다.

따라서, 우리는 대외적으로는 "상임이사국 증설에 관한 유엔회원국의 중론이 도출될 경우 이를 수용할 수 있다"는 신축적인 입장을 견지하면서, 실질적으로는 커피클럽 활동을 통해 회원국들 사이에서 어느 정도 지지기반을 갖고 있는 "거부권문제 선결 없이는 상임이사국 확대논의의 진전을 기대할 수 없다"는 주장과, "비상임이사국만 증가" 또는 "상임이사국 확대방식에 대한 합의 실패시 우선 비상임만 확대" 방안에 대한 회원국들의 지지를 모색함으로써 프레임워크 결의안을 견제하는 방법이 좋을 것이다.

일본·독일측을 견제하기 위해 비동맹측과 연대하여 "비상임이사국만 우선 증설" 결의안을 통과시키는 적극적인 방안을 고려할 수도 있지만,

이를 위해서는 회원국 2/3의 지지를 확보해야 한다는 높은 장벽이 존재함을 염두에 두고 논의의 추이를 잘 살펴야 할 것이다. 비동맹측으로서는 비상임이사국 우선 증설 방안은 예비입장(fall-back position)이므로 다른 방안들이 합의를 보지 못해야 한다는 전제조건이 있다. 따라서, 일·독과 연대한 비동맹 그룹 내 상임이사국 진출 희망국들이 강력히 반발할 경우 회원국 2/3의 지지를 확보하기 어려울 수도 있기 때문이다.[25]

이러한 노력을 계속하면서 우리는 일·독측이 현재의 대세를 몰아 상임이사국 확대 원칙이 우선 합의될 가능성에도 대비할 필요가 있다. 커피클럽 국가들과는 달리, 대다수 군소회원국들에게는 상임이사국 증설문제가 그다지 중대한 문제는 아니며, 현재의 교착상태를 타결하는 방안으로 상임·비상임이사국 증설원칙을 지지할 수도 있다. 그러므로 상임·비상임 동시 증설에 대한 현재의 지지세가 앞으로 더욱 커질 가능성이 높다는 점에 유념해야 할 것이다.

2) 안보리 확대방안

가. 일본과 독일의 상임이사국 진출문제

일본과 독일은 유엔 정규 재정분담률에서 미국에 이어 각각 2위와 3위를 차지하고 있다. 이러한 경제력을 바탕으로 상임이사국 진출을 위해 강력한 캠페인을 전개하고 있으며, 많은 국가들이 이들 양국이 상임이사국이 되는 것을 하나의 현실로 받아들이고 있는 것으로 보인다.[26] 이 같은 상황에서 우리와 역사·정치·경제적으로 특수한 관계에 있는 일본의 상임이사국 진출노력에 대처하는 문제는 우리가 안보리 개편논의와 관련하여 신중하게 고려해야 할 요소이다.

유엔에 대한 막대한 재정적 기여에도 불구하고 이에 걸맞는 지위를 갖지 못한 일본이, 이를 안보리 상임이사국이 아니라는 사실과 관련이 있다고 보면서, 상임이사국 진출에 감정적이라고 할 수도 있는 집착[27]을 보이는 것은 이해하지 못할 바 아니다. 또, 해마다 300만 명의 인적교류, 400억 불에 달하는 교역량, 한반도와 동북아의 평화와 안정을 위해 긴밀하게 협력하고 있는 양국관계를 감안해서, 이미 대세가 되어가고 있는 일본의 상임이사국 진출에 일찌감치 지지를 천명하고 양국간 우호·협력관계를 다지는 계기로 삼자는 견해도 설득력이 있다.

하지만 일본이 안보리상임이사국으로서 역할을 다할 준비가 되어 있는지는 의문스러운 것 또한 사실이다. 특히 한국, 중국 등 과거 일본 군국주의의 피해자인 아시아국가들은 과거사를 청산하지 못한 일본이 세계평화와 안전을 책임지는 안보리 상임이사국이 될 수 있는지 하는 의구심을 떨치지 못하고 있으며, 많은 국가들이 일본의 상임이사국 진출을 지지하고 있어도 이에 쉽게 동조하지 못하고 있다. 일본은 언제든지 군국주의로 복귀가 가능한 패권주의 성향을 가졌으며, 특히 최근에는 우경화 경향까지 보이고 있으므로 일본이 상임이사국이 되는 것은 기필코 저지해야 한다는 견해가 우리 국민들 사이에서 공감을 얻고 있는 것도 이러한 이유이다. 일본의 과거사 청산노력과 함께 우리 국민들의 시각 변화가 있을 때까지는, 과거사 문제가 가장 중요한 고려사항으로 작용할 것으로 보인다.

따라서, 한·일 양국관계와 안보리 개편논의에서 우리의 협상 전략상 이 문제를 대하는 우리의 태도는 당분간 적절한 모호성(ambiguity)을 유지하는 게 좋을 것이다. 현재 유엔에서 안보리 개편논의가 계속 진행 중이며 아직까지 어떠한 개편안도 회원국의 총체적 합의(general agreement)를 얻지 못하고 있는 상황에서 일본의 상임이사국 진출에 대한 명시적 지지나 반대표명은 시기상조일 수 있다. 특히 상임이사국 우선 증설을 의미할 수도 있는 일본의 상임이사국화에 대한 공식지지 표명은 매우 신중할 필요가 있다. 따라서 일본의 상임이사국 진출에 대한 우리의 견해는 전체 개편안의 윤곽이 드러난 후 밝히는 것이 옳다고 본다.

이는 우리가 현재 중견국가들의 안보리 진출기회 확대를 지지하는 국가
의 모임인 커피클럽의 주요 일원으로서 이 그룹 참여국가들과 공동보조
를 취할 필요성도 있음을 감안할 때 더욱 그러하다.

국내적으로도 국민의 다수가 일본의 진정한 과거사 청산이 이루어지
지 않았다고 판단하고 있는 현실에서, 정부가 앞장서서 일본의 상임이사
국 진출을 지지할 경우 여론의 강한 비판에 부딪쳐 오히려 한·일관계에
부정적 영향을 미칠 가능성이 크므로 섣부른 지지입장 표명은 결코 현명
한 선택이 될 수 없을 것이다.

나. 개도국 상임이사국 증설 및 비상임이사국 증설문제

일본과 독일에 더해 개도국 상임이사국을 추가하는 문제도 상당한 지
지세력을 모은 것으로 판단된다. P-5 가운데 미국, 프랑스, 영국, 러시아
가 이를 지지하고 있고, 중국은 구체적인 지지표명은 없었으나 안보리
내 개도국의 대표성 제고 필요성에 대해서는 확고한 태도를 보이고 있
다. 다수 개도국들도 개도국 출신의 상임이사국 증설을 지지하고 있다.

따라서 상임이사국 확대문제에서는 우리에게 불리하게 상황이 전개되
고 있다고 보는 것이 현실적인 판단이다. 이러한 상황에서 상임이사국
확대 저지라는 제1선이 무너질 경우, 개도국 상임이사국 증설방식 가운
데 어떤 방식이 우리의 국익에 유리한지 구체적인 방안을 보아가며 미리
검토해둘 필요가 있다. 즉, 개도국에 할당되는 3개 상임이사국으로 특정
국가를 선정하는 것이 나을지, 또는 PRRS 안이 우리에게 유리할지를 검
토하고, 우리의 태도를 정해야 할 것이다. 개도국 상임이사국으로 특정 3
국을 선정하는 안은, 이들 국가들이 우리와 긴밀한 우호협력 관계를 맺
고 있다면 오히려 우리 외교에 도움이 될 수 있겠지만, 그렇지 않은 경우
도 있을 것이다. 또한 아시아, 미주, 아프리카에 1석씩 배정하되 지역 내
국가가 순환하여 수임토록하는 방안도, 우리가 이 방안으로 더 빈번하게

이사국에 진출할 수 있다면 지지하는 것이 좋겠지만, 우리가 개도국 순환 상임이사국 자리를 주장할 자격이 되는지, 우리와 관계가 소원한 국가가 상임이사국이 될 가능성이 더 높지 않을지도 가늠해보아야 할 것이므로, 구체적인 방안들을 신중하게 검토하여 우리의 대처방안을 결정해야 할 것이다.

또한 신규 상임이사국들이 정기적으로 상임이사국 자격을 검토받는 제도(periodic review)를 확보하는 것이 중요하다. 안보리 상임이사국은 한번 선출되면 문자 그대로 영구적(permanent) 임기를 가질 수도 있으므로 일본과 독일측이 내세우는 대로 정기적 검토를 통해 이를 보완토록 해야 할 것이다. 정기적 검토 제도와 관련, 많은 국가들이 〈유엔헌장〉 제109조에 규정되어 있는 헌장 재검토 제도가 지난 55년 동안 단 한번도 시행된 적이 없음을 지적하면서 정기적 재검토 제도에 회의적인 것 또한 사실이다. 그러나, 정기적 재검토를 제도화하고 이를 시행하는 방안을 마련하면 안보리 상임이사국 증설에 대한 중요한 보완장치가 될 수 있을 것이다. 특히 앞으로 우리의 국력이 더욱 신장될 가능성이 크고, 통일한 국이 세계에서 차지할 위상을 반영할 수 있도록 하기 위해서는 이행가능한 재검토 제도의 설치에 더 큰 관심을 가져야 할 것이다.

물론 비상임이사국의 증설에 대해서는, 중견국가들의 안보리 참가를 확대해야 한다는 우리의 일관된 노선에 따라 찬성 입장을 유지하고 가능한 한 증설폭을 넓히는 방안을 추구해야 할 것이다.

3) 신규 상임이사국에 대한 거부권 부여 여부

우리는 신규 상임이사국에 대한 거부권 부여문제에는 반대 입장을 견지해왔다. 대다수 회원국이 현 상임이사국의 거부권 행사도 제한해야 한다고 생각하는데, 이러한 제도를 신규 상임이사국에게 확대부여하는 것은 시대의 흐름에 역행한다는 논리이다. 실질적으로 거부권이 안보리의 효율성과 관련하여 일부 순기능이 없는 것은 아니나, 우리로서는 신규 상임이사국에 대한 거부권 부여에는 위와 같은 논리로 반대 입장을 견지해야 할 것이다. P-5가 이를 강하게 반대하고 있으며 다수 회원국이 거부권 확대에 문제의식을 갖고 있으므로 큰 도움이 될 것이다.

4. 맺음말

안보리 개편논의는 아직 획기적인 진전은 없으나 2+3(2+3안 또는 2+3PRRS 안)방안을 추진하는 상임이사국 진출 희망국들이 점차 힘을 얻어가고 있는 것으로 보인다. 이러한 추세는 우리가 안보리 개편에서 원하는 방향은 아니지만, 세계 2, 3위의 경제력을 바탕으로, 안보리 상임이사국 가운데 4국과 다수 회원국의 지지를 받고 있는 일본과 독일의 강력한 캠페인에 직면한 우리에게는 선택의 여지가 없는 것이 현실이다.

이 문제에서 우리는 수시로 변동하는 상황을 정확히 판단하여 국익을 최대한 보장할 수 있는 방안을 끊임없이 모색하는 접근방식을 취하는 것이 현명할 것이다. 이 같은 태도를 수동적이라고 지적할 수도 있겠지만 우리 중견국가의 외교에서는 "무엇을 원하는가"와 "무엇을 할 수 있는가"를 구분하는 것이 필요하다. 안보리 개편논의에서, 나아가 유엔무대에서, 우리가 우리에게 유리한 상황을 만드는 데는 명백한 한계가 있다. 개도국들은 비동맹이나 77그룹이라는 집단적 협상체라도 있지만 우리와 같은 중견국가들은 속할 수 있는 그룹도 많지 않으며 그 규모들도 작다. 이 같은 어려운 상황에서 우리의 국익을 확보하기 위해서는 남다른 현실감각과 지혜가 필요하다.

1) 1993년 12월 3일 채택된 〈유엔총회결의〉 48/26에 따라 설치된 실무작업반의 영문 명칭은 "The Open-ended Working Group on the Question of Equitable Representation on and Increase in the Membership of the Security Council and Other Matters related to the Security Council"이다.

2) 안보리의 권능은 주로 〈유엔헌장〉 제5, 6, 7장에 규정되어 있으며 7장이 강행조치에 관한 것이다.

3) 호주, 이탈리아와 같은 선진국도 안보리 선거에서 낙선하여 국내정치적인 충격이 매우 컸다.

4) 유엔 내 안보리 개편논의는 ①5개 상임이사국 ②상임이사국 진출희망국 ③비동맹 ④커피클럽을 중심으로 이루어지고 있다.

5) 커피클럽은 안보리 상임이사국 확대에 신중 내지 유보적 태도를 보이고 있는 중견국가들로 구성되어 있으며, 적극적으로 참여하고 있는 국가는 한국, 이탈리아, 파키스탄, 캐나다, 스페인, 뉴질랜드, 몰타, 멕시코, 아르헨티나, 콜롬비아, 우루과이, 베네수엘라, 에콰도르, 싱가포르, 터키, 카타르, 레바논, 이집트, 알제리, 시에라리온, 감비아 등이다.

6) 유엔안전보장이사회는 5개 상임이사국과 투표로 선출되는 임기 2년의 10개 비상임이사국으로 구성되며, 이 가운데 5개 상임이사국은 안보리 결정에서 거부권(veto)을 인정받고 있다.

7) 아시아·아프리카 신생독립국가의 유엔가입에 따른 회원국 수 증가를 감안한 〈헌장개정안〉은 〈유엔총회결의〉 1991A(XVIII)를 1963년 12월 17일 채택하고, 1965년 8월 안보리 상임이사국 5국을 포함 총 95국이 비준함으로써 발효되었다.

8) 영국, 프랑스, 러시아, 중국의 2001년도 유엔 정규예산분담률은 각각 5.38, 6.28, 1.2, 1.4퍼센트이다.

9) 〈유엔총회결의〉 47/62(1992년 12월 11일 채택).

10) 흔히 일본과 독일은 지망국(Aspirants)이라 불리고 브라질, 나이지리아, 남아공, 인도 등 개도국출신의 상임이사국 진출희망국은 희망국(Pretender)이라 불린다.

11) 김원수, 〈유엔의 미래—안전보장이사회의 개혁〉, 《현대국제법》, 박영사, 2001, p.102.

12) 2000년 4월 3일 안보리 개편 실무작업반회의에서 홀부르크(Holbrooke) 미국 대사가 한 발언으로 발언 원문은 "slightly larger number than 21 seats"이다.

13) 일본과 한국, 독일과 이탈리아, 인도와 파키스탄, 브라질과 아르헨티나, 남아공·나이지리아에 맞서는 이집트의 관계를 예로 들 수 있다.

14) 이는 독일과 일본이 상임이사국이 될 경우 초래될 가능성으로 이탈리아가 특히 강조하고 있다. 상세 내용은 Marco Pedrazzi, "Italy's Approach to UN Security Council Reform", *The International Spectator*, Volume XXXV, No. 3(July~September 2000), p.51 참조.

15) 중국은 안보리 구성에서 선진국과 개도국의 불균형 시정을 중점 요구하면서 상임이사국 증설문제에 대한 구체적인 입장을 밝히지 않았으나, 2001년 5월 7~11일 안보리 개편 실무작업반회의에서 "대다수 회원국이 동의한다면" 비상임이사국만의 증설을 수용할 수 있다는 입장을 표명하였다.

16) 2001년 제56차 유엔총회 안보리 개편의제 토의(10월 30일~11월 1일) 때 발언국은 67국으로 제55차 총회 당시 110국보다 크게 감소하여 전체 회원국의 생각을 파악하는 계기가 되지 못하였다. 그러나 발언한 국가들의 입장에 변화가 없었고 2001년 안보리개편 실무회의에서 표명된 입장에 비추어 전반적인 지지동향에는 변화가 없는 것으로 보인다.

17) PRRS : Permanent Regional Rotating Seats(상임지역순환석).

18) 라잘리 안은 기본적으로 2+3 방식에 기초하고 있으나, 지역그룹에 상임이사국 후보 선정 방식을 결정할 수 있게 함으로써 2+3PRRS 방식도 가능하게 하였다.

19) 커피클럽의 일원인 스페인 대표단이 산정한 수치.

20) 〈유엔총회문서〉 A/54/47(안보리 개편 실무작업반의 제54차 총회 앞 보고서), pp.41~43.

21) 대표적인 안은 새로운 형태의 윤번제 이사국제 신설안으로, 30개 후보국가군을 선출하며 10국씩 윤번제로 수임토록 한다는 이탈리아의 "순환이사국(rotational membership)안"을 들 수 있는데, 이탈리아는 순환이사국안과 비상임만 6석 증설하는 방안을 계속 비교 검토 중인 것으로 보인다. 한때 우리도 4년 임기의 8개 비상임이사국 신설방안을 검토한 바 있다.

22) 제55차 유엔총회 본회의 의제 59(안보리 개편)토의에서 발언한 110국 가운데 우리측 계산으로 60국이 상임·비상임이사국 동시 증가안을 지지(일본측은 70국으로 산정)하였으며, 제56차 총회에서는 76개 발언국 가운데 커피클럽 소속 발언국(16국)을 제외한 대부분이 상임·비상임 동시증설안을 지지하였다.

23) 김원수, 앞의 글, pp.114~115.

24) 보수적 연구기관인 헤리티지 재단(Heritage Foundation)은 안보리 확대 자체가 미국의 영향력을 약화시키고 미국의 가치와 이익에 배치된다고 지적해 왔다. 자세한 내용은 Stanley Meister, *United Nation : The First Fifty Years*(Pub Group West, 1997), p.337을 참조.

25) 제55차 총회본회의 토의에서 110개 발언국 가운데 비상임이사국만의 증설을 언급한 국가는 23국이었다.

26) 유엔총회 등에서 일본과 독일의 상임이사국 진출을 지지하고 있는 국가들은 유엔에 대한 일·독의 재정적 기여를 특히 중시하고 있다.

27) Fujita Hiroshi, "UN Reform and Japan's Permanent Security Council Seat", *Japan Quarterly*(October~December 1995), pp.440~441.

유엔개혁 동향 및 향후 전망 황준국 · 박해윤

1. 유엔개혁

2000년 9월 유엔에서 열린 밀레니엄정상회의(Millennium Summit)에서는 〈밀레니엄선언〉을 채택, 국제평화, 개발, 환경, 인권, 민주주의, 아동, 노인복지 등 여러 분야에서 21세기 국제사회가 나아갈 비전을 제시했다.[1] 그와 함께 이러한 비전을 실현하기 위해서는 유엔이 21세기의 새로운 기회와 도전에 효율적으로 대처할 수 있도록 개혁해야 함을 분명히 했다.

아난(Kofi Annan) 유엔사무총장은, 밀레니엄정상회의에 제출한 보고서에서 유엔을 더욱 효율적인 기구로 만들기 위한 개혁방안으로 안전보장이사회 개혁, 유엔 임무(mandate) 수행에 필요한 충분한 재원확보, 예산·행정의 효율성 제고와 민간분야의 참여확대를 들었다.[2] 실제로 아난 사무총장은 1997년 1월 취임한 이래 역대 어느 사무총장보다도 유엔개혁을 적극적으로 수행해왔다. 각국의 이해가 첨예하게 대립하고 있는 안전보장이사회 개혁을 제외하면, 유엔평화유지활동(PKO) 개혁을 위한 〈브라히미(Brahimi) 보고서〉 도입, 유엔 정규예산과 PKO 분담금제도 개편을 통한 재정개혁, 그리고 사무국 조직개편과 행정개혁 등에서 주목할 만한 성과를 이룩했다.

유엔을 개혁하려는 노력은 아난 사무총장에게만 국한된 것은 아니며, 1945년 유엔 창설 이래 역대 사무총장의 주도 아래, 또는 회원국의 요구에 따라 끊임없이 계속되어 왔으며, 이러한 개혁노력은 당시의 국제정세를 민감히 반영하는 경우가 대부분이었다. 유엔개혁 역사는 아난 사무총장이 강조했듯이 개혁이 "일과성 사건이 아니며, 계속되는 과정"[3]임을 보여주고 있다. 이 글에서는 아난 사무총장이 주도해 온 유엔개혁 동향을 살펴보면서, 유엔개혁의 연혁, 최근 유엔개혁의 배경, 현재 진행되고 있는 개혁에 대한 평가와 향후 전망을 간략히 정리한다.

2. 냉전종식 이후 유엔의 역할 및 기능 강화

냉전종식 이후 국제정세의 급변으로 유엔의 기능과 역할도 현저하게 변하였다. 냉전시대 미·소의 갈등으로 주요 국제분쟁마다 안전보장이사회에서 계속 거부권을 행사하여 유엔의 역할이 마비되었으며, 유엔재정의 3분의 1을 부담하고 있던 미국은 유엔예산의 방만한 운영에 대한 불만과 함께, 70년대 이후 제3세계 국가들에 의해 유엔이 서구 비난의 장으로 전락하였다는 인식에 따라, 정치적 고려에서 유엔분담금 납부를 연체하기 시작했다. 유엔재정 최대공여국의 분담금 연체는 그 이후 고질적인 유엔재정위기의 원인이 되었다.

1980년대 말 소련의 붕괴와 동서냉전의 종식으로 새로운 국제질서가 형성되었으며, 이와 함께 유엔의 역할도 커졌다. 소련의 와해로 세계대전의 위험은 낮아졌지만, 그동안 양극체제 아래 억제되어 있던 민족·종교·지역갈등이 분출되어 아프리카 및 보스니아 등 세계도처에서 국지적 분쟁이 발생하였다. 이러한 국제분쟁에 대한 안전보장이사회의 대응도 이전과 달라졌다. 상임이사국들의 협조 아래 안전보장이사회는 국지적 분쟁해결을 위해 유엔평화유지활동(PKO) 파견에 적극적으로 나섰다. 유엔 창설 이후 40년 동안 유엔 PKO 파견은 13번에 불과하였지만, 1988~1989년 사이에 5개 PKO를 신설한 데 이어, 1991~1993년에는 무려 15개의 PKO를 신설하였다. PKO 예산도 1988년에는 2억 3,000만 불 수준에서 1992년에는 16억 불, PKO 활동이 정점에 달한 1995년에는 36억 불로 급증하였다.

한편, 아프리카를 비롯한 저개발국의 빈곤퇴치와 분쟁지역의 전후 경제재건 및 인도적 지원에 대한 유엔의 역할증대 요구도 그 어느 때보다 높아졌다. 1945년 유엔 창설 당시 51국이었던 유엔회원국은 189국으로 대폭 늘어나, 유엔 활동의 폭과 깊이가 과거와는 비교할 수 없을 정도로 확대되었으며, 특히 냉전종식 이후 다양한 새로운 도전에 효율적으로 대응할 수 있도록 유엔을 새롭게 정비할 필요가 있었다.

유엔 PKO 파견의 급증과 함께 효과적인 PKO 임무수행을 위한 행정지원과 재원확보 문제가 대두되었으며, 지금까지의 유엔 운영체제로는 새로운 도전에 능동적으로 대응할 수 없다는 점이 지적되었다. 한편 최근 다극화와 세계화 진전에 따라 국가간 상호의존성이 심화되고 있으며, 이러한 국제환경의 변화는 군축, 환경, 인권, 개발, 테러, 국제금융, 국제범죄, 마약, 여성, 아동 등 범세계적 문제(global issues)를 부각시켰고, 개별국가들 스스로 대응하기 힘든 이러한 범세계적 문제를 해결하는 데 유엔이 더 적극적인 역할을 맡아야 한다는 것이 국제사회의 여론으로 표출되었다.

따라서 이러한 유엔의 역할강화 요구에 부응하고, 21세기의 새로운 도전에 효과적으로 대처하기 위해서는 유엔의 기능과 역할강화를 위한 포괄적 개혁이 필요했다.

3. 유엔개혁 연혁

최근 유엔개혁에 앞서 지난 반세기 동안에도 유엔 내 주요한 개혁시도를 볼 수 있다. 1960년 이전에는 주로 신생 국제기구인 유엔의 조직을 정비하는 차원에서 개혁 노력이 있었다. 1954년 리(Trygve Lie) 사무총장은 자문단 그룹을 설치하고 조직개편에 관한 자문을 받았으며, 함마슐트(Hammarskjold) 사무총장도 1960년 유엔 조직 활성화를 위한 자문단 그룹을 확대하여 운영했다.[4] 당시 함마슐트 사무총장의 콩고 사태 처리에 불만을 품은 소련은 3명의 사무총장(Troika) 제도를 제안했으나, 자문관 그룹에서 반대의견을 제출한 바 있다.

1960년대 유엔개혁은 콩고 사태로 불거진 소련 및 동구권의 분담금 체납과 그에 따른 유엔재정위기와 밀접한 연관이 있다. 1966년 총회는 유엔재정위기에 대처하기 위해 특별위원회를 설치하고 대책을 검토하도록 하였으며, 1968년에는 합동감사기구(JIU)를 설치하여, 인력채용, 중장기 사업계획 채택, 실적 평가제도 개선 등 행정·예산 분야의 제반 개혁조치 이행사항을 점검하도록 하였다.

1970년대 이후 유엔에서 제3세계 국가들이 득세하자, 미국 의회는 "반유엔" 분위기로 돌아섰고, 팔레스타인 지원사업 등에 대한 유엔분담금 납부를 거부하기 시작하였다. 미국은 한편 유엔의 방만한 예산운영을 비판하고, 분담금 규모에 관계없이 1국 1표주의를 채택하고 있는 유엔예산 표결방식에 이의를 제기했다. 미국 의회는 1985년 캐서바움(Nancy Kassebaum) 상원의원이 제안한 법안(Kassebaum Amendment)—유엔이 각국의 분담금 규모에 상응하는 가중 투표방식을 채택하지 않으면 미국의 대유엔 기여를 25퍼센트에서 20퍼센트로 삭감하는—을 통과시켰다. 미국의 분담금 연체로 심각한 재정위기에 직면한 유엔은 1986년 총회결의로 특별자문단을 설치하고 유엔개혁보고서를 제출할 것을 요청하였다. 그 결과, 유엔의 고위직 25퍼센트 축소 등 인력 및 예산 삭감과 함께, 예산문제는 표결 대신 합의(consensus)로 결정한다는 예산절차를 채택하였다.

1980년대 말 냉전종식에 따라 새로운 국제환경에서 유엔의 역할증대 및 기능강화 필요성이 제기되었고, 특히 PKO 기능 활성화, 안보리의 효율성과 대표성 강화, 개도국의 개발지원을 위해 경제사회이사회의 기능을 강화해야 한다는 요구가 드높아졌다. 한편 미국, EU 등은 유엔사무국 조직 축소와 예산절감을 강하게 요구하였으며, 이에 따라 부트로스 갈리(Boutros-Ghali) 사무총장은 사무차장보 이상 고위직을 대폭 축소하는 조치를 취했다.

최근 유엔개혁 요구는 1992년 1월에 열린 안보리 정상회의에서 재차 제기되었으며, 유엔은 새로운 국제환경에 능동적으로 대응하는 체제를 갖추기 위하여 1992년부터 5개 고위급 실무회의(Working Group)를 구성하고, 유엔개혁 문제를 논의하기 시작했다. 개혁 5개 분야 실무회의는 예방외교와 PKO 분야의 "평화를 위한 과제"(Agenda for Peace) 실무회의, "개발을 위한 과제"(Agenda for Development) 실무회의, 안전보장이사회 개편 실무회의, 유엔체제 강화 실무회의 및 유엔재정상황 개선 실무회의를 말한다.

부트로스 갈리 사무총장의 개혁노력에도, 미국은 전반적으로 유엔의 예산절감 노력이 미흡하다며 불만스러워 했다. 특히 PKO 파견과 개발재원 문제에서 주로 개도국의 입장을 역설해온 부트로스 갈리 사무총장에 대해서 강한 불만을 표명하였다. 미국은 부트로스 갈리가 비효율적으로 운영되는 유엔을 개혁하려는 의지가 빈약하며 개혁의 시기도 놓쳤다고 비판했으며, 그의 사무총장직 연임을 반대하기도 했다.

유엔의 개혁노력이 불만족스러웠던 미국 의회는 1995년 미국의 유엔 PKO 예산분담률을 31.7퍼센트에서 25퍼센트로 일방적으로 인하하는 법안을 통과시켰으며, 1996년 3월 울브라이트(Madeleine Albright) 유엔 대사는 미국의 유엔 정규분담률을 25퍼센트에서 20퍼센트로, PKO 분담률을 31.7퍼센트에서 25퍼센트로 인하하는 조치를 취한다면 미국이 그동안 연체해온 미납분담금을 모두 납부하겠다고 제안하였다. 그 뒤로 미국은 연체분담금 납부를 유엔개혁과 연계하여, 미국이 제시한 유엔개혁 조건이 충족될 경우 미납분담금 문제를 해결하겠다는 입장을 견지했다.

1997년 1월 취임한 아난 사무총장은 냉전종식 이후 현저히 변한 국제정세 아래서 유엔의 역할과 기능을 강화해야 한다는 회원국들의 열망을 잘 알고 있었다. 한편으로는 30년 넘게 유엔에서 전문관료로 재직하고 있었기 때문에 미국, EU 등 선진국들이 가해오는 행정효율화를 통한 조직축소 및 예산절감 압력을 절실히 느끼고 있었다. 첫 5년 임기 동안 가장 큰 현안이 유엔개혁 문제임을 깊이 인식하고 있었던 아난은 사무총장 취임 후 지체하지 않고 개혁조치를 취하기 시작했다. 1997년 3월 사무총장 권한 범위 내에서 추진 가능한 사무국 내부 개혁방안을 발표한 데 이어,[5] 1997년 7월 유엔개혁 종합보고서("Renewing the United Nations : A Programme for Reform")를 총회에 제출하였다.[6]

4. 아난 사무총장의 개혁조치

아난 사무총장이 발표한 유엔개혁 종합보고서는 1992년부터 활동해
온 유엔개혁 5개 실무회의의 토의 결과를 집약적으로 반영하고 있다. 아
난 사무총장은 개혁 추진 방향을 단기개혁(Track 1)과 장기개혁(Track 2)
2단계로 구분하고, 사무총장 권한으로 추진 가능한 사무국 내부개혁인
단기개혁에 대해서는 즉각적인 조치를 취해 나가겠다고 하였다. 한편 회
원국과 협의 또는 승인이 필요한 개혁 사안은 장기개혁으로 구분했다.

단기개혁의 1단계 조치로서 아난 사무총장은 사무국 조직을 대대적으
로 개편했으며, 1억 2,300만 불의 예산과 천 명의 유엔직원을 감축하는
등 유례 없이 강력한 조치를 취하였다. 조직개편에서 세분화된 지휘관리
체계를 정비하기 위해 사무부총장(Deputy Secretary-General)직을 신설
하고, 최고간부회의(Executive Committee) 등의 기능을 강화하였으며,
조직의 기능강화 차원에서 경제사회분야 3개 실무국을 1개 실무국으로
통합하는 등, 전반적으로 필수적 기능을 유지하되 합리적인 범위 안에서
조직을 축소, 재편했다. 그 밖에 행정·재정·인사·구매제도에서 유엔
전문기구와 산하기관의 통합서비스체제를 강화하여, 행정의 효율화와 비
용절감을 기하는 등, 단기개혁은 전반적인 행정·예산분야 개혁을 목표
로 한 것이었다.

단기개혁은 사무총장의 결단에 따라 과단성 있게 진행되었으나, 총회
의 승인이 필요한 장기개혁은 순조롭지만은 않았다. 행정예산을 절약하
여 2억 불의 개발재원 기금을 마련한다는 개발계정(Development
Account)은, 궁극적으로 개발재원을 삭감하려는 저의가 있다고 보는 개
도국들의 강력한 반대에 부딪쳐, 3년 동안의 총회토의 끝에 1,300만 불

만 합의가 이루어졌다. 유엔의 현금부족위기(cash flow crisis)를 해결하기 위해 제안된 10억 불 규모의 신용기금(Revolving Credit Fund) 조성방안은 현실적 타당성이 없다는 이유로 사실상 폐기된 상태다. 그 밖에 실적에 바탕한 예산편성제도(Results-Based Budgeting)와 모든 유엔사업에 별도 결의가 없으면 자동 폐지되는 시한도입 방안(Sunset Provisions) 등도 개도국 지원 사업을 축소시킬 것을 우려한 개도국측의 강력한 반대를 받았다.

PKO 분야에서는 아난 사무총장이, 2000년 3월 브라히미 전 알제리 외교장관을 위원장으로 하는 10명의 자문단에게 PKO 활동을 전반적으로 검토한 뒤 권고의견을 제출해 줄 것을 요청하였으며, 이에 따라 2000년 8월 PKO의 전반적 개혁에 관한 58페이지 분량의 〈브라히미 보고서〉가 발표되었다. 〈브라히미 보고서〉의 이행방안은 현재 총회에서 논의하고 있지만, 채택된다면 앞으로 PKO 분야에 폭넓은 영향을 미칠 것으로 예상된다.

회원국의 동의가 꼭 필요한 개혁으로는 안전보장이사회의 개혁과 유엔재정 개혁이 있다. 안전보장이사회의 개혁은 각국의 이해가 얽혀 있어 가까운 장래에 타결되기는 어려울 것으로 보이지만, 유엔재정개혁은 2000년 제55차 유엔총회에서 중요한 진전이 있었다. 미국의 연체 미납분담금 납부를 조건으로, 미국의 유엔 정규분담률을 25퍼센트에서 22퍼센트로 인하하였으며, 1973년 채택된 이래 그동안 변한 각국의 경제력을 정확히 반영하지 못한다는 이유로 비판받았던 PKO 예산분담금제도를 개편하는 데 회원국들이 합의하였다.

5. 유엔개혁 평가와 전망

아난 사무총장은 30년이 넘는 유엔 재직 경험에 비추어 유엔이 직면한 어려움과 문제점을 가장 잘 파악하고 있고, 그러한 배경에서 유엔개혁을 중장기적 차원에서 체계적으로 추진해나가는 데 가장 적임자라고 평가받고 있다. 실제 그가 취임한 다음에 취한 일련의 개혁조치는 회원국들에게 높은 평가를 받고 있으며, 더구나 과거 유엔에 비판적인 태도를 가져온 미국 의회에서도 긍정적으로 평가하고 있다. 다만 1997년부터 계속된 유엔예산 동결(zero nominal growth), 사무국 조직과 인원 축소로 말미암아 개도국 지원 유엔사업이 축소, 폐지될 것을 우려하는 개도국의 비판적 시각도 있다.

아난 사무총장의 적극적인 개혁의지와 회원국들의 강한 개혁요구에도 불구하고 개혁 이행에서는 제약요인도 적지 않다. 지난 50년 동안 유엔개혁이 계속되었지만 그 성과가 미미한 까닭은 유엔사무국 관료조직의 병폐가 시정되지 않았기 때문이라는 비판이 높다. 이러한 관료조직 때문에 유엔은 "항상 변하고 있으며 개혁하고 있지만, 결코 개혁되지 않는다"[7]는 지적을 받기도 한다. 한편 안전보장이사회 개편, PKO 개혁, 유엔재정문제와 같은 중요한 문제에서는 회원국의 이해가 상충하기 때문에 합의를 이끌어내는 데 큰 어려움이 있다.

그럼에도 아난 사무총장의 개혁노력은 주목할 만하다. 그가 단행한 사무국 조직 개편과 예산 절감노력은 유례 없는 규모이며, 그의 포괄적 개혁방안은 다양한 분야에서 개혁 실무회의의 오랜 검토결과에 바탕한 것으로 설득력이 있다고 평가된다. 미국의 연체 미납분담금 해결, PKO 분담금제도 개편과 PKO 개혁 관련 〈브라히미 보고서〉 도입 등은 그가 이룬

성과이다. 유엔총회는 2000년 6월, 아난 사무총장의 5년 연임을 결정하였는데, 그의 연임은 유엔개혁을 지속하는 데 기여할 것으로 전망된다.

주

1) 〈유엔총회결의〉 A/Res/55/2, "United Nations Millennium Declaration."
2) 〈유엔사무총장 보고서〉 A/54/2000, "We the Peoples : the Role of the United Nations in the 21st Century."
3) 아난 사무총장은 공식 연설에서 여러 차례에 걸쳐 "개혁이 일과성 사건이 아니라 계속되는 과정임"(Reform is not an event, it is a process)을 강조하였으며, 자신의 1997년 7월 14일자 유엔개혁보고서 "Renewing the United Nations : A Programme for Reform(A/51/950)", p.14에서도 이를 언급하였다.
4) 리 사무총장은 1954년 3인 전문가그룹(Group of Three Experts)을 설치하고, 1957년에는 보수조사위원회(Salaries Survey Committee)를 설치하였으며, 함마슐트 사무총장은 1960년 8인 전문가그룹(Group of Eight Experts)을 설치하여 사무국 조직 개편 자문을 받았다.
5) 사무총장의 총회 의장 앞 공식서한 A/51/829 : "Strengthening of the United Nations System : Programme Budget for the Biennium 1996~1997."
6) 〈사무총장 보고서〉 A/51/950.
7) Edward C. Luck, "Is Reform Possible?", *The World & I*(Sep. 2001). "The United Nations, it seems, is always changing, always reforming, but never reformed."

PKO와 새 국제질서

최영진

　최근 아프가니스탄 처리 문제가 국제사회의 주요 관심사가 되었다. 질서유지 역할은 아프간 자체의 병력, 다음이 다국적군, 그리고 유엔 PKO(Peace Keeping Operation)의 순서가 바람직한 것으로 의견이 모아졌다. 이것은 사실 1990년대에 모양이 갖춰진 실패한 국가에 대한 국제사회의 처리방법을 따른 것이기도 하다. 이러한 자리매김은 세계평화와 안정에 대한 유엔 PKO의 기여와 한계를 보여주는 것이기도 하다.

　UN PKO는 1948년 중동에서 최초의 활동을 시작하였다. 그 뒤 약 반세기가 지난 지금까지 PKO는 52번 사용하였고, 아직도 16개가 활동 중이다. 우리의 뇌리 속에는 중요한 PKO 활동들이 각인되어 있다. 1961년 콩고(Congo) PKO에서 정력적으로 활동하던 함마슐트 유엔사무총장 사망, 1992년 캄보디아에서 대규모 PKO의 성공, 1993년의 소말리아 PKO의 실패, 1994년 르완다에서 80만 명 인종학살과 그에 얽힌 PKO, 1995년 스레브레니차(Srebrenica) 비극을 맞은 보스니아 PKO, 그리고 1999년의 코소보(Kosovo)와 동티모르(East Timor) PKO가 있고, 2000년 시에라리온(Sierra Leone)과 콩고민주공화국(DRC : Democratic Republic of Congo)의 PKO가 있다. 이들 PKO는 당시 국제사회가 당면한 주요 문제를 떠맡았다. 그 소용돌이 속에서 성공과 실패를 거듭하며 PKO는 오늘날의 모습을 갖추게 되었다. 그리고 이러한 현재의 모습은 21세기 PKO의 앞날을 예견해 주는 것이기도 하다.

이들 각종 활동이 PKO에 끼친 영향을 살펴보기 앞서, 왜 PKO가 1990년대에 갑자기 대량으로 활동하게 되었는지 알아볼 필요가 있다. 왜냐하면 52개의 PKO 활동 가운데 40개 정도가 1990년대 10년 동안에 집중되었기 때문이다. 1990년대에 국제사회가 어떻게 유엔 PKO라는 메커니즘을 대폭 활용하게 되었고, 어떠한 시행착오를 거치면서 변천해 왔는지 살펴보자.

1. 냉전종식과 PKO 활동의 확장

1990년대 PKO 활동의 갑작스러운 확장은 냉전종식과 그 시기가 일치한다. 반세기에 걸친 냉전기간에는 미·소 두 진영의 대결로 유엔, 특히 안전보장이사회가 마비상태에 있었다. 따라서 냉전이 끝나면서 거부권 행사 횟수가 급격히 줄어든 것과 PKO 활동의 갑작스런 확장은 밀접한 연관이 있다. 그러나 이런 표면적인 이유의 저변에는 더 근본적인 이유가 있다. 그것은 약소국이나 실패한 국가에 왜 개별국가들이 개입하지 않고, PKO와 같은 메커니즘을 활용하게 되었나 하는 데서 찾을 수 있다.

인류의 역사를 되돌아보면, 전쟁과 정복은 항상 한 집단이나 국가의 부와 힘을 크게 해주는 가장 확실한 수단이었다. 승리는 곧 인구와 자원의 증가를 의미했다. 정복한 민족은 노예로 쓸 수 있었고, 자원은 마음대로 취할 수 있었다. 또 노예로 만드는 대신 배상금을 받기도 하였다. 그리스 도시국가도 노예제도 위에 설립된 것이고, 로마제국도 마찬가지다. 정복과 승리를 추구하는 행태는 고대에서 히틀러의 이른바 제3제국(Third

Reich)에 이르기까지 기본적으로 변하지 않았다. 그래서 정복자들은 영웅으로 숭앙받았고, 그들은 부와 영광을 가져다주는 자로 떠받들어졌다.

20세기 전반기는 이러한 전쟁과 착취의 경향이 정점에 달했던 시기이다. 19세기에 세계 구석구석까지 식민지화를 끝낸 제국주의 국가들이 서로 전쟁을 벌이는 시기가 온 것이다. 그것도 파시즘과 공산주의 등 각종 이념으로 무장하여, 전쟁의 강도를 더욱 높게 끌어올렸다. 20세기 전반은 인류역사상 가장 피비린내 나는 시기로 기록되고 있다.

그러나 물극필반(物極必反), 제2차세계대전을 분기점으로 이러한 수천 년 묵은 행태에 본질적인 변화가 오기 시작했다. 냉전기간에도 이미, "전리품은 모두 승자에게 귀속된다"[1]는 경구가 더는 통하지 않았다. 인류역사상 처음으로 정복과 영토 획득이 이득을 가져오기는커녕 부담이 되는 기현상이 생긴 것이다. 예를 들면 소련과 위성국가들의 관계가 그러했다. 막강한 군사력을 가지고 있었으면서도, 소련은 과거의 수많은 정복국가가 그랬던 것처럼 위성국가들을 착취할 수 없었다. 오히려 곡식과 석유를 싼 값에 공급하는 형식의 보조금을 주면서 자기편으로 끌어들여야 했다. 순전히 경제적인 측면에서 보면 위성국가를 유지하는 것은 소련에게 막대한 출혈을 의미했다. 소련은 재정적인 부담을 더는 견딜 수 없게 되자 이들 위성국가들을 놓아버렸다.

인도차이나 반도도 좋은 예다. 베트남전에서 승리한 베트남은 오랜 역사적 팽창 욕구를 따라 캄보디아와 라오스를 정복하였다. 그러나 베트남은 이들을 착취할 수 없다는 것을 알게 되었다. 거꾸로 피정복민이 굶을 경우 자국의 책임을 피할 수 없기에 그리고 친베트남 정권을 유지하기 위해 원조를 해야 했다. 이처럼 경제적으로 부담이 될 뿐, 아무런 실익이 없다는 것이 판명되었다. 10년도 못 가 베트남은 이들 국가에서 철수했다.

어떻게 이런 일이 일어났는가? 그 대답은 아마도 우리 시대를 규정짓는 세계화 현상에서 찾을 수 있을 것이다. 세계화는 무엇보다 교통과 통신의 혁명적 발달로 대표된다. 세계가 모두 지켜보는 가운데 이제 더는 다른 민족을 노예로 삼을 수도 없고, 남의 민족을 가혹하게 착취할 수도 없다. 그리고 피정복 국가의 자원을 무작정 실어나를 수도 없게 되었다. 인류역사상 처음으로 정복이 남지 않는 장사가 된 것이다.

정복과 승리가 남지 않는 장사라는 것은, 핵무기의 존재와 맞물려, 전쟁과 평화라는 중요한 문제에 커다란 변화를 가져왔다. 핵무기는 냉전기간에 초강대국 사이에 전쟁을 억제하는 중요 수단이 되었다. 인류역사에서 청동제 무기, 철제무기, 기마부대, 총포 등 모든 무기는 전쟁을 촉발하는 결정적인 촉진제였다. 그러나 핵무기만은 역설적으로 전쟁을 억제하는 구실을 한 것이다. 이 역시 핵전쟁으로는 얻을 것이 없다는, 다시 말하면 핵전쟁으로는 승리를 해도 이득이 없다는 간단한 사실 때문이다.

전쟁으로 이득을 볼 수 없다는 것은, 국제사회에서 국가간의 전쟁이 거의 사라지게 되었다는 것을 의미한다. 그러나 이는 동시에 개별국가들이 실패한 국가들을 관리해야 할 아무런 유인(incentive)도 없다는 것을 의미한다. 왜 국가들이 개별적으로 실패한 국가에 개입하겠는가? 식민시대의 약소국들은 개별국가들에게 경쟁적으로 정복과 착취의 대상이 되었으나 세계화시대에 실패한 국가들은 개별국가들에게 부담만 되므로 무관심의 대상이 된 것이다.

문제는 실패한 국가 안에서 분쟁이 생기면 어떻게 할 것인가 하는 점이다. 냉전이라는 틀이 사라지면서, 실패한 국가 또는 실패해가는 국가들은 아무런 제약 없이 손쉽게 내전과 분쟁으로 빠져들었다. 이것이 1990년대에 수십 건의 내전이 발생한 이유이다. 국제사회, 더 정확하게는 성공한 국가들이 개별적으로 개입하기는 싫고, 그렇다고 사람들이 싸우고, 죽어가는데, 시종일관 무관심으로 대할 수도 없는 어색한 상황이 생긴 것이다. 실패한 국가는 과거에는 전리품으로 경쟁의 대상이었으나, 이제는 모두가 회피하는 국제사회의 부담[2]이 된 것이다. 이러한 부담을 어떻게 처리할 것인가?

이에 대처하는 손쉬운 방법이 바로 유엔 PKO였다. 그래서 PKO는 1990년대 약 40건의 주요 분쟁에 활용된 것이다. 1993년에 정점에 달하여 18개 활동에, 8만 명의 평화유지군, 36억 불의 예산(유엔 정규예산의 약 4배)을 사용하였다. 이같이 유엔 PKO는 냉전 후 국제질서 수립에 중요한 기능을 하였다. 그 기능의 변천은 최근 국제테러에 임하는 국제질서 형성에도 커다란 영향을 미쳤다.

유엔 PKO는 많은 성공도 거두었다. 캄보디아, 나미비아, 엘살바도르, 모잠비크, 동슬로베니아 등 세계 곳곳에서 성공하였다. 유엔 PKO는 외국군대의 철수를 감시하였고, 전투원들의 무장해제, 피난민 정착 그리고 민주주의 선거를 도왔다. 그러나 PKO는 이러한 성공사례보다 실패한 사례가 더 많았다. 소말리아, 르완다, 보스니아가 대표적인 사례이다. 유엔 평화유지군은 종종 치욕적인 상황에 처하기도 하고, 포로가 되는 등 위험한 상황에 빠졌으며, 때로는 살해되기까지 하였다. 이러한 실패 사례는 크고 중요한 활동이었고, 언론에서 크게 다루었기 때문에, 유엔 PKO의 능력에 대하여 많은 의구심을 불러일으켰다고, 마침내는 PKO에 대한 국제사회의 지지도가 크게 떨어지는 계기가 되었다. 일부에서는 성급하게 PKO의 종말을 논하기도 하였다. 왜 이들 활동은 실패하였는가? 그리고 PKO의 미래에 어떤 영향을 끼쳤는가?

2. PKO 사례

1) 1993 소말리아 PKO(UNOSOM : UN Observer Mission in Somalia)

UN이 소말리아(Somalia)에 PKO를 파견한 것은, 처음에는 인도적 지원 활동을 하기 위해서였다. 그러나 시간이 가고 상황이 변함에 따라

PKO의 임무가 변하게 되었다. 결국 유엔안전보장이사회는 역사상 최대 규모의 PKO를 다루게 되었다. 3만 명이 넘는 대규모 병력을 관할하게 된 것이다. 그리고 소말리아 활동은 〈유엔헌장〉 제7장에 따른 것이었다. 곧 평화강제(平和强制, peace-enforcement) 활동을 하게 된 것이다. 당시 PKO는 연이은 성공, 특히 캄보디아에서 거둔 성공으로 국제사회의 기대를 한몸에 받고 있었다. 이런 중요한 순간에 유엔 PKO가 실패하였다. 소말리아는 PKO가 실패하고 물러난 최초의 지역이 되었다. 소말리아의 PKO는 왜 실패하였는가?

그것은 무엇보다도 군의 지휘통제(command and control) 때문이었다. 여러 국가의 군대로 구성된 군 조직은 항상 지휘통제에 문제가 있기 마련이다. 심지어 나토도 문제가 있는데 급조한 PKO에서 지휘통제 문제가 발생한 것은 어쩌면 당연한 일이었다. 나토를 예로 들어보자. 코소보에서 공습이 끝나고, 지상군으로 나토군이 KFOR(Kosovo force, 코소보 평화유지군)이라는 이름으로 진주(進駐)하고 있었다. 이때 예고 없이 러시아 부대가 코소보의 수도 프리스티나(Pristina) 국제공항에 진주한 것이다.[3] 이때 KFOR의 사령관인 영국 장군은 지휘통제 계통에 따라 브뤼셀(Brussels)에 있는 나토 사령관인 미국 장군에게 명령을 받았다. 러시아군을 몰아내라는 명령이었다. 현지 KFOR 사령관은 이에 동의할 수 없었다. 타협하는 것이 좋겠다는 의견이었다. KFOR 사령관은 런던과 협의하였다. 결국 영국이 미국을 설득하여 러시아군을 몰아내라는 명령은 시행되지 않았다. 나토는 전 세계 다국적군 가운데 가장 막강한 동맹 체제를 자랑하고 있는 조직이다. 그런데 나토에서도 이런 일이 일어날 수 있다면 임시로 모아놓은 PKO는 어떠하겠는가?

소말리아 PKO는 실제 지휘통제 문제가 실험대에 올랐다. 그 결과 문제가 심하여 〈유엔헌장〉 제7장 상황에서는 PKO가 하나의 군 조직으로 작동하지 못한다는 것을 결정적으로 입증하였다. 파키스탄, 인도, 이탈리아, 미국 등 수많은 국가의 군대로 구성된 3만여 명의 PKO에 위험이 닥칠 수도 있다고 생각되는 때 지휘통제체제가 제대로 작동하지 못한 것이다. 많은 경우 각 군대는 위기 순간에 현지 PKO 사령관의 명령을 따르기보다는 자국 국방부의 지시를 기다렸고, 그 지휘통솔 체제의 명령을 따랐다. 이는 주권을 가지고 있지 않은 유엔이 겪어야 하는 어쩔 수 없는 한계이다. PKO는 각국이 자의로 파견한 군대이고, 아무 때나 원할 때 철수할 수 있는 권한을 유보한 채 파병한 것이니 어찌 보면 당연한 결과라고 할 수 있다.

두 번째 실패 원인은 UNOSOM(유엔 소말리아 활동단)의 임무(안보리에서 부과한 임무)에 관한 것이다. UNOSOM은 그 이름처럼, 처음에는 평화를 감시하고 인도적 지원을 보호하기 위한 것이었다. 그리고 이러한 임무를 훌륭히 수행하기도 하였다. 그러나 안보리의 결정에 따라 상황에 맞추어 수시로 임무가 바뀌었다. 소말리아 내 여러 정파의 정치적 타결을 지원하는 임무를 부과했는가 하면, "안전한 여건"을 유지하는 수준으로 임무를 확대하였고, 한 민병대 대장을 체포하는 임무를 부여했는가 하면, 얼마 뒤에는 같은 민병대 대장과 협상하는 임무를 내리기도 하였다. 이런 여건에서 UNOSOM은 성공할 수 없었다.

이렇게 하여 UNOSOM은 유엔 PKO 역사상 처음으로 임무를 완수하지 못하고 철수한 사례가 되었다. 그리고 언론매체에서 생생히 방영한 PKO의 실패 광경, 특히 미군 특수부대원에 관한 것은 유엔의 권위와 PKO의 미래에 치명타가 되었다. "CNN 효과"가 위력을 발휘한 케이스다. 소말리아를 마지막으로 〈유엔헌장〉 제7장에 의한 PKO는 다시는 파견하지 않게 되었다.[4] 소말리아 활동 이후 국제사회는 위험한 무력사용이 예견되는 상황에서는 평화유지군을 파견치 않게 되었다. 이것은 1995년 보스니아(Bosnia)에서 겪은 실패로 더욱 확실한 원칙이 되었다. 이것이 소말리아 활동이 남긴 유산이다.

2) 1994 르완다 PKO(UNAMIR : UN Assistance Mission in Rwanda)

당초 르완다(Rwanda) 활동은, 르완다의 후투(Hutu)족과 투치(Tutsi)족 사이의 〈평화협정〉 이행을 도울 목적으로 경무장한 평화유지군으로 시작되었다. 그러나 두 부족 사이의 〈평화협정〉은 잘 이행되지 않았다. 상황은 더욱 악화되기만 하였다. 르완다에서 평화를 지키겠다는 더욱 확고한 국제사회의 의지가 필요한 시기였다. 그러나 르완다 활동에 참여하고 있던 국가들은 첫 위험신호에 앞다투어 병력을 철수하였다. 자국 군인의 인명이 손상될 것을 우려한 조치였다. 마침내 약 400명의 PKO 병력만이 공항을 지키고 있을 정도였다. 이렇게 국제사회가 르완다를 외면한 가운데, 1993년 봄 약 3개월 동안 소수종족인 투치족 80만 명이 다수종족인 후투족에게 학살당한 사건이 일어났다.

1993년 소말리아에서 쓰디쓴 경험을 한 국가들은 위험한 지역에 평화유지군을 파병하는 것을 극도로 꺼렸다. 그런데 당초 르완다는 위험하지 않을 것으로 예상하여 일부 서구국가들도 파병에 응한 것이다. 그러나 최초의 위험신호에 이들의 의지력은 여지없이 사라지고 말았다. 앞다투어 철수하면서 PKO는 공중분해된 것이다. 그리고 엄청난 인종학살이 뒤따랐다. 80만 명이 학살당하자 국제사회는 그저 눈만 감고 있을 수는 없었다. 책임 소재에 대한 의문이 뒤따랐고, 일부는 유엔 자체에 화살을 돌렸다.

몇몇 전문가들은 르완다에서 유엔이 한 역할에 대해서 아주 흥미로운 가설을 제기했다. 르완다에서 유엔이 실수를 한 것은 변명의 여지가 없다. 달라이레즈(Dallaires, 캐나다 장군) PKO 사령관이 지적한 것처럼, 유엔이 좀더 과감하고 확고한 태도를 취했더라면 인종학살을 막을 수 있었다는 것이 정설이다. 그러나 유엔이 과감하고 결연한 태도를 취했다면 과연 국제사회의 지지를 받았겠는가 하는 의문이 남는다. 만약 유엔이 결연한 의지를 과시하여 학살을 막기 위한 행동에 나섰고, 그 과정에서 수백 명에서 수천 명의 과격 후투족 행동대원들을 살해했다고 가정하자. 국제여론과 유엔안보리가 이를 지지하였을까? 유엔사무국이 이러한 과 감한 행동을 취하였고, 그 결과 80만 명의 투치족 대학살을 막아냈다고 가정하자. 그러나 대학살이 일어나지 않았기 때문에 유엔안보리는 "80만 명의 인종 대학살을 방지하기 위하여"라는 가정을 용납하기 힘들 것이 다. 따라서 결국 남는 것은 "후투족 과격분자들이 투치족을 학살하려는 음모를 꾸몄다는 정황증거"와 함께 "유엔군이 저지른 수백 명에서 수천 명의 후투족 살해"만 현실로 남게 된다. 시간이 갈수록 결국 후자에 무게 가 실릴 것이다. 그렇다면 유엔사무국의 과감한 행동이 어떤 평가를 받 게 될까? 유엔안보리의 임무에 합당한 것이었느냐 하는 문제로 돌아갈 개연성이 높다. 그리고 결국은 유엔 임무 밖의 행동을 하였다는 식으로 결론이 날 가능성이 크다.

　이러한 가상은 1년 뒤 스레브레니차(Srebrenica)에서 다시 되풀이된 다. 보스니아에서 유엔평화유지군은 몇 곳에 안전지대(safe heaven)를 설 치했다. 군사적으로 우세한 구유고 세르비아 민족으로부터 회교도 보스 니아인들을 보호하기 위한 조치였다. 그 안전지대 가운데 하나가 스레브 레니차에 있었다. 안전지대에는 수백 명의 경무장한 유엔평화유지군이 지키고 있었다. 직접적인 무력보다 유엔의 권위에 의지하자는 것이었다. 긴장이 고조된 상황에서는 매우 위험한 생각이었다. 바로 이런 우려가 스레브레니차에서 현실로 일어났다. 세르비아 정규군이 불과 수백 명의 경무장한 유엔평화유지군을 무장해제하고, 안전지대를 장악한 뒤 수천 명의 보스니아 회교도들을 학살해버린 것이다. 유엔을 믿고 안전지대에 피신한 보스니아 회교도들이 그대로 유엔평화유지군이 보는 앞에서 학살 된 것이다. 유엔의 권위가 땅에 떨어지고 책임문제가 제기되었다. 문제 의 핵심은 나토의 공습을 유엔이 허용하지 않아서 세르비아군이 유엔을 무시하고 그러한 만행을 저질렀다는 것이다. 그러나 만약 유엔이 나토 공군의 공습을 요청하고, 그 결과로 공습을 받은 세르비아군이 수백 명의 유엔평화유지군을 죽였다면 어떤 결과가 나왔을까? 스레브레니차에서 "수천 명 회교도의 학살을 막기 위하여" 유엔이 나토의 공습을 요청하였다고 가정하자. 공격을 받은 세르비아군이 절대 우위에 있는 지상군을 동원하여 경무장한 유엔평화유지군 수백 명을 죽이는 상황이 벌어졌다면 유엔사무국은 어떤 평가를 받았을까? 르완다에서 "미래에 있을지도 모를 인종학살 방지를 위한 단호한 유엔 PKO의 행동"이 인정받지 못할 것이라는 가설과 마찬가지로, "미래에 일어날지 모를 수천 명의 보스니아 회교도 학살을 막기 위한 과감한 공습요청"이라는 가설은 인정받기 힘들 것이다. 오히려 수백 명의 평화유지군이 살해된 엄연한 현실이 계속 부각되고 그 무게에 눌려버리고 말 것이다. 결국 시간이 흐르면서 "나토에 대한 성급한 공습요청은 세르비아군을 자극하였고 유엔평화유지군에 대한 공격을 자초한 무모한 판단"으로 국제사회와 유엔안보리의 비판을 받게 되었을 가능성이 크다.

르완다와 스레브레니차의 비극은 유엔 PKO에 결정적인 타격을 주었다. 더불어 유엔 PKO의 실패는 결국 주권을 가지고 있지 않은 유엔, 한 명의 군대나 한 푼의 독자 재정도 가지고 있지 못한 유엔의 원초적인 약점을 더욱 부각시켜 준다. 그리고 이러한 유엔 PKO의 태생적인 약점은 유엔을 구성하고 있는 민족국가들이 그들의 주권을 일부 유엔에 이양하거나 공유하지 않는 한 극복될 가능성이 없다. 따라서 이러한 전제조건이 근본적으로 변하지 않는 한, 21세기 국제질서에 유엔 PKO가 기여할 수 있는 정도는 이러한 한계 내에서만 설정하는 것이 현실적이다.

어쨌든 르완다 사태 이후 국제사회는—좀더 정확하게 이른바 성공한 국가들은—조금이라도 위험이 예상되면, 곧 〈유엔헌장〉 제6장에 의한 평화유지활동(peace-keeping mission)에도 전략적 이득이 없으면 참여하지 않게 되었다. 이것이 르완다 활동이 남긴 유산이다. 소말리아와 르완다 활동의 유산이 합쳐져 결국 실패한 국가들은 국제사회의 무관심 속에 방치되었다. 우리가 뒤에 살펴보겠지만 이러한 유산 때문에 PKO는 아프리카에서 극복하기 힘든 상황에 또다시 처하게 된다. 아프가니스탄도 마찬가지였다. 적어도 2001년 9월 11일 이전에는……

3) 1995 보스니아 PKO(UNPROFOR : UN Protection Force 1992~1995)

당초 국제사회는 1992년 보스니아 사태에 유엔평화유지군으로 대응하였다. 초기에는 유엔의 권위에 의지하여 소규모로 시작하였다. 그러나 시간이 지남에 따라 구유고와 보스니아의 회교도들 사이의 대립이 격화되자 병력과 장비를 급격히 늘렸다. 결국 유엔안보리는 45,000명이라는 최대 규모의 평화유지군을 파병하기로 결정하였다. 그러나 소말리아에서 이미 경험한 군의 지휘통솔 문제, 그리고 유엔안보리에서 부여한 임무, 곧 의무의 범위 문제가 또다시 제기되었다. 군의 지휘통솔 문제는, 유명한 나토 공군의 공습 명령에 관한 2중 열쇠(dual key ; 나토 사령관과 유엔사무총장이 합의해야 공습을 할 수 있는 방식) 메커니즘으로 요약할 수 있다. 유엔 PKO에 직접 책임이 있는 유엔사무총장으로서는 당연히 나토 사령관보다 공습에 조심스러운 태도를 취할 수밖에 없었고, 이것이 1995년 스레브레니차 비극이 발생한 뒤 문제가 되었다.

UNPROFOR(UN Protection Force, 유엔 보호군)의 임무도 커다란 문제를 제기하였다. 짧은 기간에 유엔안보리는 수시로 임무를 변경, 추가해 결국 100개가 넘는 임무를 부과하기에 이르렀다. 그 가운데는 인도적 지원, 인권 보호, 무장해제, 민간경찰 역할, 형사범죄재판소에 대한 협조, 그리고 대인지뢰 제거 등이 포함되었다. 게다가 이러한 임무를 수행하기에는 유엔에 준 자원이 턱없이 부족하거나 뒤늦게 도착한 사례가 허다해서 문제를 더욱 어렵게 만들었다. 결국 이러한 복잡한 상태에서 스레브레니차의 비극이 발생한 것이다.

　그러나 보스니아는 소말리아나 르완다와는 달랐다. 국제사회는 실패를 자인하고 그냥 철수할 수가 없었던 것이다. 그것은 보스니아가 소말리아나 르완다와는 달리 전략적으로 중요한 지역에 있었기 때문이다. 보스니아는 실패한 국가가 전략적으로 중요한 지역에 있을 때 어떻게 하느냐 하는 문제를 국제사회에 제기한 것이다. 따라서 국제사회는 새로운 대처방안을 고안하지 않을 수 없었다. 보스니아에서 고안한 방식은 직접적으로 영향을 받는 국가들이 다국적군을 형성하여 개입하는 방식이었다. 전략적 이익이 없는 지역에 유엔평화유지군으로 참여하여 사상자가 생기면 국내 여론에 설명하기 어렵지만, 방치할 경우 자국의 안보에 직접적인 영향을 미치는 곳에 군대를 파견하는 것은 설명하기 쉽기 때문이다. 경제적 부담도 쉽게 설명할 수 있다. 결국 보스니아의 사례가 전례가 되어, 1990년 후반에 이르러서는 전략적으로 중요한 지역에 있는 실패한 국가에는, 직접적인 이익을 가진 이웃 국가들이 다국적군을 편성하여 이에 개입한다는 원칙이 대략 성립되었다. 이것이 보스니아가 남긴 유산이다. 돌이켜보면 1995년은 유엔 PKO의 역사에서 분기점을 이룬 것으로 보인다. 소말리아, 르완다, 보스니아에서 연이은 실패로 PKO의 군사적 역할은 결정적으로 줄어들었기 때문이다.

　보스니아에는 이렇게 결성된 다국적군, 곧 나토 중심의 SFOR(stabilization force, 보스니아-헤르체고 비나 평화유지군)가 주둔하게 되었다. SFOR는 아직 보스니아에 주둔하고 있다. 이러한 패턴은 뒤에 코소보와 동티모르에서 그대로 적용되었다. 코소보에서는 주변 지역국가들이 보스니아에서처럼 나토를 구성하고 있었기 때문에 이들을 중심으로 KFOR(Kosovo force, 코소보 평화유지군)를 만들어 파견하였다. 여기에 러시아와 동구권 국가들도 병력을 파견하여 동참하고 있다. 동티모르에는 동아시아 국가들이 중심이 되어 다국적군을 파견하였다. 호주가 선두에 서고 우리나라, 뉴질랜드 그리고 다수의 ASEAN(Association of Southeast Asian Nations, 동남아국가연합) 국가들이 참여하였다. 그러나 보스니아나 코소보와는 달리 동티모르는 곧 정세가 안정되었고, 또 여기에 참여한 다국적군이 나토와 같은 기존의 동맹체제에 의지하지 않고 임시로 결성한 다국적군이었기 때문에 대처방안에 차이가 있었다. 즉 상황이 허락하는 대로 다국적군이 곧 유엔 PKO로 대체된 것이다.

이들 보스니아, 코소보, 동티모르는 주변 국가를 중심으로 한 국제사회의 개입으로 안정을 찾아가고 있다. 주변 국가들로 전쟁이 확대될 가능성도 봉쇄되었다. 문제는 주변 국가들이 개입할 힘이 없는 그런 실패한 국가들의 경우다. 시에라리온의 처지가 그렇다. 당초 주변 국가들은 보스니아의 방식을 시험하기도 하였다. 곧 나이지리아를 중심으로 한 ECOWAS(Economic Community of West African States, 서아프리카 경제공동체)에서 ECOMOG(ECOWAS Monitoring Group, 서아프리카 경제공동체 휴전감시단)을 만들어 수년 동안 시에라리온과 주변 지역의 정세 안정에 기여하기도 하였다. 그러나 이러한 시도는 경제력과 조직 자체의 결집력 문제로 곧 한계가 드러나게 되었다. 얼마 안되는 시에라리온 반군이 기습공격으로 시에라리온의 수도 프리타운(Freetown)을 점령하고 시민을 대량 학살하는 사건을 일으킨 것이다. SFOR, KFOR나 INTERFET(International Forces in East Timor, 호주가 중심이 되어 동티모르에 파견한 다국적군)과는 달리 ECOMOG이 시에라리온에서 맡은 임무는 성공하지 못하고 끝이 날 수밖에 없었다.

시에라리온에서 ECOMOG은 결국 유엔 PKO로 대체되었다. 그러나 선진국들은 소말리아와 르완다가 남긴 유산에 따라 개입을 극도로 꺼렸고, PKO에 병력을 지원하지 않았다. 이러한 현상은 콩고민주공화국에서도 되풀이되었다. 주변 국가 약 7국이 콩고의 풍부한 지하자원에서 오는 이익 그리고 정치적 이유로 콩고 내전에 깊숙이 간여하여 콩고 내전은 미

궁으로 빠져들었다. 사상자가 늘고, 아동, 여성의 피해가 급격히 늘었다. 국제사회가 무관심할 수 없게 되자, 유엔 PKO를 파견하였는데, 전투지역에 파병을 피한다는 소말리아와 르완다의 유산에 충실하게, 정식 PKO 대신 옵서버의 형태를 갖추게 되었다. 이렇게 되자 결국 의지할 만한 주변 지역국가가 없을 때, 실패한 국가는 무관심으로 떨어질 수밖에 없다는 결론이 도출되었다. 소말리아나 르완다 말고도 많은 아프리카 국가들과 아프가니스탄이 바로 그러한 범주에 속하게 되었다. 이들은 국제사회의 무관심 속에 방치되었다. 그리고 각종 초국가적 문제와 범죄의 온상이 된 것이다.

결론적으로 소말리아, 르완다, 보스니아, 시에라리온, 콩고를 거치면서 국제사회는 사안에 따라 다국적군의 개입, 유엔평화유지군 파견, 그리고 무관심이라는 세가지 방법 가운데 하나로 대처하였다. 이것이 1990년대에 모양을 갖춘 "냉전 후의 국제질서"(post Cold War order)의 모습이었다. 1990년대 초 PKO가 왕성하게 팽창하던 때와 견주어 현저히 PKO의 활동이 줄어든 모습이었다. 그와 함께 PKO는 다국적군으로 대응한 전략적 지역의 실패국가에 다른 형태로 개입하였다. 그것은 평화유지군으로서가 아니라 민간행정 등 다원적 평화유지활동(multi-dimensional PKO)의 형태로서였다. 이는 당초 PKO가 출범할 때 전혀 예상치 못했던 일이다. 새로운 유엔 PKO가 생긴 것이다.[5] 물론 모든 일이 그렇지만 제2기 PKO를 예고하는 조짐들은 많았다. 곳곳에서 PKO는 이미 민주주의 선거지원, 대인지뢰 제거 등 비군사적인 업무가 늘어나고 있었다. 이러한 상황은 전문지식과 병참면에서 유엔에 커다란 도전이 되었다.

3. 제2기 PKO 출현

보스니아 사태 이후 국제사회는 실패한 국가에 대하여 이웃 국가들의 다국적군과 유엔의 협력이라는 새로운 형태의 복합 메커니즘을 활용하기에 이르렀다. 이러한 유엔과 지역기구 사이의 협력은 군사적인 역할을 지역기구에 맡기고, 유엔은 다른 분야, 곧 경찰이나 행정 등을 맡는 새로운 상황을 촉발하였다. 유엔 PKO가 이른바 다원화되는 과정이다. 그래서 다원화된 역할을 하는 제2기 PKO가 출현한 것이다. 보스니아에서는 나토 중심의 SFOR가 군사적인 역할을 하고, EU는 경제재건을 맡으며, 유엔은 민간경찰(civilian police)로 치안을 맡는다는 3각 협력 체제를 이루었다. 보스니아 활동은 유엔이 순전히 경찰의 치안 업무만 담당하는 드문 사례가 되었다. 그 전에는 아이티(Haiti) 정도가 있었을 뿐이다. 그러나 아이티에서는 필요한 총 경찰 수가 200여 명인 데 반해, 보스니아에서는 약 2000명의 경찰이 필요하여 갑자기 대규모 경찰을 찾는 작업을 시작하였다.

군과는 달리 경찰은 예비병력이라는 것이 없다. 군은 사실상 전쟁을 하지 않는 한 모두 예비적인 성격을 띠고 있고, 대부분 국가가 많은 수의 상비군을 보유하므로 의지만 있으면 개인 단위가 아니라 부대 단위로 유엔에 군인을 제공하여 수만 명의 PKO를 결성하는 데 문제가 없었다. 그러나 유엔 민간경찰(UN civpol : UN civilian police)은 모두 현업에 종사하고 있으므로 어느 나라도 자국의 치안공백을 초래하면서까지 다수의 경찰을 제공하지는 않는다. 따라서 유엔이 개별적으로 몇 명씩 각국에서 채용하는 형식이 되어 병참면에서 큰 문제가 발생했다. 코소보에 4천 명, 동티모르에 2천 명 정도의 유엔 민간경찰이 필요하여 유엔 전체적으로는 9천 명의 민간경찰이 필요하게 되었다. 어디서 이들을 구할 것인가? 민간경찰 확보가 유엔 PKO의 중대한 난관으로 부각되었다.

제2기 PKO의 난관은 이것이 시작이었을 뿐이다. 1999년 코소보에서는 제2기 유엔 PKO의 역할이 더욱 늘어났다. 나토 중심의 KFOR(Kosovo force)가 군사적 역할을 하고 나머지 모든 역할을 유엔이 하는 방식으로 정리되었기 때문이다. 보스니아의 방식이 너무 복잡하다는 의견이 이미 팽배해 있었다.

코소보에서도 유엔은 군사적인 역할을 전혀 하지 않고 행정 전반을 맡았기 때문에 제1기의 군사적 활동에 익숙한 이들은 이를 PKO라고 부르기에는 정확치 않다는 점을 제기하기도 하였다. 코소보에서 유엔이 한 역할은 유엔 PKO 역사상 처음 경험하는 것으로, 유엔이 실질적인 과도정부(interim administration) 역할을 하게 됨으로써, 치안, 교육, 위생, 사법, 경제, 관세 등 모든 분야를 망라하게 되었다. 그것은 원래 정부 역할을 하던 세르비아계의 구유고 관리들이 전면 철수함으로써, 주민의 대부분을 차지하는 코소바(Kosovar, 알바니아계 코소보인)들이 행정을 담당할 수 있을 때까지 유엔이 행정을 맡을 수밖에 없는 상황이 되었기 때문이다. 그래서 명칭도 "코소보 과도 행정기구"(UNMIK : UN Interim Administration Mission in Kosovo)라 불리게 되었다. 유엔은 지금까지 해본 적이 없는 민간행정(civil administration) 업무를 해야 했기 때문에 각 분야의 전문가들을 채용하는 것이 주요 난관으로 등장하였다.

이러한 역할은 동티모르에서 그대로 되풀이되었다. 1999년 9월 주민투표에 따라 동티모르가 독립을 선택하면서, 그때까지 행정을 전담하다시피 한 인도네시아 관료들이 전면 철수하자 그 행정 공백을 유엔이 메꾸게 된 것이다. "UN 동티모르 과도 행정기구"(UNTAET : UN Transitional Authority in East Timor)가 출범한 것이다. 동티모르에서도 유엔은 코소보에서 겪은 어려움을 고스란히 되풀이하였다. 어디서 수천명의 민간경찰을 채용하고, 법관, 세관원, 교육자 등 민간행정 전문가들을 채용할 수 있겠는가? 유엔이 직접 책임을 지는 상황은 코소보에서는

1999년 6월, 동티모르에서는 1999년 10월에 발생하였다. 불과 4개월을 사이에 두고 유엔 PKO는 사실상의 행정부를 두 곳에 설치하는 임무를 맞게 된 것이다.

이런 민간행정 전문가의 필요성은 행정공백을 메꾸어야 하는 시급성 때문에 시간과의 싸움이 되었다. 그 과정에서 유엔 자체의 악명 높은 행정절차, 인원 채용시 지역안배 원칙 등이 뒤엉키게 되었다. 당연히 절차가 늦어질 수밖에 없었다. 국제적으로 전문가 한 명을 채용하는 것도 간단한 일이 아닌데 수천 명의 각종 행정전문가를 몇 주 만에 채용한다는 것은 불가능한 일이었다. 그러나 현장의 사정은 다급했고, 국제사회는 유엔의 비효율성을 다시 비판했다. 당연한 일이지만 동시에 유엔사무국 내 평화유지활동 담당국(DPKO : Department of Peacekeeping Operations)의 구조조정 문제가 제기되었다. 1992년에 창설된 DPKO는 평화유지군을 중심으로 한 PKO 활동을 상정하고 만들어진 것이다. 그런데 코소보와 동티모르 사태로 갑자기 대량의 민간행정 업무를 다루게 되었기 때문에, 이런 제반 문제를 점검하기 위하여 유엔은 브라히미 위원회를 만들었고, 2000년 8월 〈브라히미 보고서〉가 제출되었다.

4. 〈브라히미 보고서〉와 PKO 개혁

〈브라히미 보고서〉는 유엔사무총장이 위촉하여 발간한 1994년 르완다 인종학살 사태에 관한 보고서와 1995년 스레브레니차 대량학살 사태에 관한 보고서의 뒤를 이은 것이다. 그러나 시기적으로 코소보와 동티모르 등에서 제2기 PKO가 겪은 어려움이 직접적인 계기가 되었다. 그래서 〈브라히미 보고서〉는 이미 검토한 르완다 및 〈스레브레니차 보고서〉에 나타난 문제점을 다루면서도, 실질 건의내용은 주로 유엔 PKO가 새롭게 처한 문제들, 곧 민간경찰 문제와 민간행정 문제, 그리고 이를 처리하기 위한 유엔 내 평화유지국의 구조조정 문제를 다루고 있다.

〈브라히미 보고서〉는 20개의 주요 건의 사항을 제시하고 있는데 크게 세 가지 부류로 나눌 수 있다. 하나는 르완다와 스레브레니차에서 저지른 실수를 되풀이하지 않기 위한 방안들이다. 첫째는 유엔 PKO의 임무를 명확히 하고 현실성이 있도록 하자는 것, 적극적인 교전규칙(rules of engagement)을 마련하자는 것, 현지 책임자(SRSG : Special Representive of the Secretary General)의 권한을 강화하자는 것, PKO 전개시한을 줄이자는 것(rapid deployment) 등이 들어 있다. 둘째는 코소보와 동티모르에서 필요한 민간행정, 민간경찰의 수요를 감당하기 위한 것으로, PKO 지휘관, 군인, 경찰, 민간전문가 등의 채용과, 현지 파견이 쉽도록 명부작성, 전문가 풀(pool) 설치, 상비체제(standby arrangement) 활용 등에 관한 것이다. 셋째는 DPKO 등 사무국에서 PKO 활동을 관장하는 기관을 구조조정하는 것으로, 사무차장보직 신설, 민간경찰의 군 통솔로부터 독립, 공보(公報)분야 확충, 군수지원 및 재원 확대, 평화구축 및 선거지원, 인도적 지원 담당기관과 협조 확대, 정보전략 팀 설립 등이 포함되어 있다. 정리가 잘되어 있고 유용한 아이디어가 많이 포함되어 있다. 특히 민간경찰의 군 통솔로부터의 독립 같은 부분이 그렇다. 그러나 선진국, 후발 개도국, 중진국 등 각 당사국들의 이해가 엇갈려 아직 많은 부분이 실현되지 못하고 있다.

〈브라히미 보고서〉는 소말리아와 르완다에서 발생한 유엔 PKO의 근본 문제 곧, 〈유엔헌장〉 제7장 형식의 평화강요(peace-enforcement) 상황에는 더는 PKO를 활용하지 않고, 제6장 형식의 평화유지(peacekeeping) 상황에서도 직접적인 이해가 없는 지역에는 파병을 하지 않는 유산에 대해서는 다루고 있지 않다. 그래서 일부에서는 〈브라히미 보고서〉가 "PKO라는 고도의 정치적인 문제에 대하여 기술적인 해답만 제시하고 있다"고 평가했다. 그러나 당초부터 브라히미 위원회에 PKO의 본질적인 문제에 대한 해답을 기대한 것은 아니었다.

그러므로 〈브라히미 보고서〉가 제안한 20개 건의사항이 모두 받아들여진다 해도 PKO가 처한 본질적인 문제는 그대로 남는다. 곧, 우리가 살펴본 바와 같이 소말리아와 르완다 미션의 유산 때문에 제1기 형식의 PKO는 위험한 지역에 더는 사용할 수 없다는 것과, 제2기 형식의 PKO는 코소보와 동티모르처럼 다른 민족의 전적인 행정지배를 받다가 갑자기 행정공백이 생긴 지역에만 사용되었다는 것이다. 간단히 말하면 이제 제1, 2기 PKO 모두 아주 제한적으로만 사용될 상황에 처했다는 것이다.

유엔 PKO의 현주소는 무엇이며, 앞으로 어떻게 발전해 나갈 것인가? 현재 PKO는 16개의 활동이 있다. 이들 활동들을 성격에 따라 나눠보면 첫째, 전통적인 단순한 군사적 평화유지활동으로, 중동, 사이프러스(Cyprus), 카시미르(Kashimir)에서 하고 있는 활동이 그것들이다. 이 지역의 문제는 해결이 쉽지 않다. 따라서 PKO도 현 상태에서 오래 존속할 가능성이 크다. 둘째, 냉전에 뿌리를 둔 활동들로, 발칸반도, 타지키스탄(Tajikistan), 조지아(Georgia)에서 하고 있는 활동들이다. 이들은 복잡한 형식을 갖추고 있으나, 전략적으로 중요한 지역에 있고 주변에 강대국이나 강력한 지역기구가 있어서 잘 통제되고 봉쇄되어 있다. 셋째, 주로 아프리카에서 하고 있는 활동들로 서부사하라, 시에라리온, 콩고 등에서 벌이고 있는 활동들이다. 이들 지역은 전략적 가치가 없는 곳이다. 이들은 첫째나 둘째 그룹만큼 강력한 지원을 받지 못하고 있다. 그리고 이들 PKO가 설치된 나라 외에도 아프리카에는 수많은 실패한 국가들이 있다. 국제사회의 관심 밖으로 밀려나 방치된 나라들이다. 이들 실패한 국가에서는 사회적 기본 조직이 와해되고, 수많은 민간인들 특히 어린이와 여자가 최대의 희생자가 되고 있다. 환경, 테러, 에이즈, 소년병사, 소형무기, 마약 등 초국가적 문제들이 방치되어 있는 것이다. 제1, 2기

PKO가 모두 제한적으로만 활용되고 있는 상황에서, 중장기적으로 PKO
의 미래는 이들 실패한 국가들에게 국제사회가 어떠한 관심을 보일 것인
지에 달려 있다.

5. 대테러 질서와 유엔 PKO

위에서 살펴본 바와 같이 유엔 PKO는 실패한 국가들을 대상으로
1990년도에 광범위하게 시험되었다. 무려 40회나 사용된 것이다. 그 과
정에서 1990년대에 냉전 후의 국제질서가 자리잡게 되었다. 그것은 말하
자면, 이익이 없기 때문에 국가간에는 전쟁을 하지 않으며, 실패한 국가
들은 전략적으로 중요하면 개입하고, 중요하지 않으면 방치한다는 것이
었다. 아프리카의 많은 국가들 그리고 아프가니스탄이 후자의 경우에 속
했다.

그러나 9·11 테러는 1990년대에 형성된 이러한 국제질서가 더는 용납
될 수 없다는 것을 극명하게 보여준 사건이다. 바로 방치된 실패한 국가
아프가니스탄에서 문제가 터졌기 때문이다. 세계화로 지구가 좁아지면서
이제 안보는 문자 그대로 분리가 불가능해졌다. 9·11 테러가 이를 증명
한 것이다. 이제 앞으로 국제사회는 전략적 가치가 없는 실패한 국가들
을 어떻게 관리해나갈 것인가 하는 중대한 문제에 마주치게 되었다. 아
프간은 하나의 예에 불과하며 많은 실패한 국가 또는 실패해가는 국가들
이 있고, 등장할 것이다. 이러한 국가들에 살고 있는 사람 수는 세계화와
함께 등장한 빈익빈 부익부 현상으로 말미암아 그 숫자가 늘어날 전망이
다. 그리고 이들은 세계화, 그리고 신경제의 등장으로 이제 더욱더 절망
속으로 빠져 들어가기 쉽다. 반(反)세계화 운동이 바로 이들의 절망을 대
변하고 있다고 볼 수 있다.

만약 국제사회가 실패한 국가들의 민심을 장악하는 데 실패할 경우, 그들은 절망적인 심정으로 테러조직에 동조하게 될 것이다. 그리고 이러한 상황이 증폭되면 "성공한" 국가의 민심도 흔들릴 수 있다. 이런 관점에서 보면 대테러전쟁은 사실 남북간의 문제로 집약할 수 있다. 대테러 국제질서는 냉전기간 동안의 동서(West-East) 문제가 이제 남북(North-South) 문제로 바뀌는 지각변동을 예고하고 있다. 냉전이 동서 사이의 정치적 갈등이었다면, 대테러전쟁은 성공한 국가와 실패한 국가, 가진 자와 못 가진 자, 남북 사이의 사회적 갈등으로 볼 수 있다. 대테러전쟁은 탈레반, 빈 라덴, 아프가니스탄을 넘어 장기적으로 계속될 것이다. 그리고 대테러 국제질서의 향배는 지구촌에 사는 사람들, 특히 가난과 좌절 속에서 사는 사람들의 민심을 누가 차지하느냐에 달려 있다. 동서문제에서 남북문제로 패러다임이 바뀜에 따라, 국제사회는 이제 새로운 접근방법을 마련해야 한다. 그러나 국제사회에서는 아직 이러한 문제 해결을 위한 기본적인 개념조차 확립되지 않았다. 그런 차원에서 대테러전쟁은 PKO가 접했던 문제의 본질, 곧 실패한 국가들을 어떻게 할 것인지 하는 문제를 그대로 드러내고 있다고도 볼 수 있다.

남북문제가 국제사회의 근본적인 문제로 등장하고 있다는 것은, 17세기 〈웨스트팔리아 조약〉 이후 수백 년 동안 국제질서를 지배해온 민족국가의 역할에 변화를 초래하면서 새로운 국제질서의 태동을 재촉하고 있다는 것을 의미한다. 민족국가들은 국경 밖의 문제에 대해서는 정복, 착취, 무관심 가운데 하나로 대응하였다. 하지만 이제 국가간에 상호의존성이 커져 정복은 더는 이득이 되지 않으며, 교통과 통신의 혁명적인 발달로 착취도 불가능해졌다. 그리고 9·11 테러는 무관심도 불가능함을 보여주었다. 사실 민족국가 내부에서도 지금의 남북문제와 개념적으로 유사한 문제를 갖고 있었다. 바로 국경 내부에 있는 실패한 사람들에 대한 처리 문제였다. 오랜 갈등과 투쟁을 겪은 민족국가들은 "계명된 이기심"(enlightened self-interest)이라는 개념을 발전시키고 받아들이게 되었다. 곧, 국경 내부에 있는 실패했거나 실패해가고 있는 사람들을 돕는 것이 궁극적으로 자국의 이익이 된다는 것을 깨닫게 된 것이다.

세계화 현상과 함께 민족국가들은 다시 한번 철학적이고 사상적인 커다란 도전에 직면하게 되었다. 실패한 국가들을 어떻게 대할 것인가? 테러는 세계화와 더불어 나타나는 여러 가지 문제들 가운데 하나일 뿐이다. 환경, 대량살상무기, 마약, 인신매매 등 이른바 초국가적 문제들이 새로운 인류공동의 문제로 등장하고 있다. 문제는 산업혁명 때와는 달리 개별국가들이 이러한 문제를 해결할 수 없다는 데 있다.

산업혁명의 패러다임은, 각 국가들이 자국의 이익을 추구해도 "보이지 않는 손"이 국제사회 전체의 이익을 증대시켜 준다는 것이었다. 그러나 세계화시대에는 각 국가들이 자국의 이익만 추구할 경우 공멸의 길로 빠져들 수밖에 없다. 이제 더는 보이지 않는 손에 의지할 수 없다. 이것이 이른바 세계적 관리(global governance) 문제가 등장하게 된 배경이다.

사실 세계적 관리 문제는 유엔과 밀접한 관계가 있다. 민족국가들이 국제사회의 가장 중요한 행위자로 존속하는 한, 유엔은 이들이 다자협력으로 문제에 접근할 수 있는 최선의 장을 제공한다. 또 만약 민족국가들이 세계적 관리 문제를 본격적으로 처리해야 할 상황이 생길 때에도 유엔이 최선의 메커니즘으로 등장할 것이다. 그러나 국제사회가 세계적 관리 문제의 하나로, 실패한 국가들을 관리하는 방법을 찾게 될지는 미지수다. 민족국가들이 국내문제를 계명된 이기심(enlightened self-interest)으로 해결했다면, 국외의 비슷한 문제도 같은 개념으로 해결할 수 있을 것인지, 또 대테러전쟁 시대에 국제사회가 실패한 국가들을 방치하는 않고 계명된 이기심으로 대할 수 있을지는 확실치 않다. 여기에는 많은 어려움이 있다. 우리의 사고방식, 습관, 문화를 서서히 바꾸어야 하기 때문이다. 또 당장 민족국가들이 1990년대에 습득한 행동 패턴도 되돌려야 한다. 냉전기간에 동·서 양 진영은 종속국가(client state)를 확보하기 위해 경쟁적으로 ODA(개발도상국에 대한 선진국의 정부 개발원조)를 확대하였으나, 냉전 이후에는 무관심 속에서 세계적으로 ODA가 줄어드는 현상을 보였기 때문이다.

군사력만으로는 승리를 지킬 수 없다는 것은 역사에서 누차 증명되었다. 진정한 승리를 위해서는 민심을 얻는 것이 필수적이다. 군사력 못지않게 사상과 이상이 중요하다. 현재 우리가 지니고 있는 최선의 이상은 자유와 민주주의이다. 이것으로 증오와 절망을 퍼뜨리는 테러와 경쟁해야 한다. 자유민주주의는 파시즘이나 공산주의와 대결하여 완전히 승리하였다. 궁극적으로 세계인들의 민심을 얻었기 때문이다. 세계화시대의 테러에 대응하기 위해서는 자유민주주의도 세계화시대에 걸맞게 변모해야 한다. 더불어 민심을 얻기 위해서는 성공한 국가들이 실패한 국가 내의 증오와 절망과 경쟁해서 이겨야 한다. 성공한 국가들이 국내의 계명된 이기심을 나라 밖의 실패한 국가들로 확대해야 할 때가 온 것인가? 이 문제는 1990년대에 PKO가 부딪쳤던 문제—왜 국제사회는 실패한 국가의 PKO에 관심을 가져야 하는지—와 본질적으로 같은 문제이다. 언뜻 보아 이익이 없는 나라 밖의 문제에 왜 민족국가가 지원을 해야 하는지 하는 똑같은 문제를 상기시켜 주고 있기 때문이다. 만약 유엔 PKO가 1990년대에 수립된 관행과 한계를 넘어 확대된 역할을 할 수 있다면, 그것은 대테러 국제질서 속에서 성공한 국가들이 실패한 국가들을 관리하기 시작할 때일 것이다.

1) "To the victor belongs the spoil."
2) "To the International community belongs the burden."
3) 러시아는 공습에 반대하고 구유고로 대표되는 세르비아에 동조적이었다. 그래서 코소보에서 인도적 문제에 부딪친 미국을 비롯한 서방은 이른바 인도적 개입(humanitarian intervention)이란 명목 아래 유엔안보리의 승인절차를 거치지 않고 유고 공습을 시작한 것이다. 유고 공습은 인도적 개입문제와 관련하여 계속 거론되는 대표적이고 고전적인 사례가 되고 있다. 체계적이고 대규모의 인도적 문제가 발생하였을 경우 유엔의 승인절차 없는 개입이 정당한지 하는 문제인 것이다.
4) 뒤에서 살펴보겠지만, 코소보와 동티모르의 경우 유엔 활동은 〈유엔헌장〉 제7장에 따라 파견되었다. 그러나 그것은 전투병력에 관한 것이 아니라 행정권에 관한 것이다.
5) 일부에서는 이를 제2기(second generation) PKO라 부른다. 초기의 순수한 군사적 활동에 국한되었던 제1기(first generation) PKO와 구분하기 위해서다.

유엔재정위기 및 분담금제도 개편 　박해윤

1. 유엔재정상황

2000년 12월 제55차 유엔총회는 유엔재정상황 개선에 획기적으로 기여할 중요한 결의를 채택했다.[1] 미국의 유엔 정규예산분담률을 25퍼센트에서 22퍼센트로 낮추고, 유엔평화유지활동(PKO) 분담금제도를 전면적으로 개편한 것이 그 내용이다. 미국의 유엔분담률 인하는 세계 총 GNP의 27퍼센트를 차지하는 미국의 경제력을 감안할 때 타당하지 않다는 이유로 대부분의 유엔 회원국들이 반대해 왔다. 또한 1973년 채택된 PKO 분담금제도는 그동안 변한 각국의 경제력을 정확히 반영하지 못한다는 견지에서 여러 차례 개정 노력이 있었으나, 분담률 할인 혜택을 받는 개도국의 반대로 성사되지 않았던 난제였다. 그렇기 때문에 분담금제도 개편에 대한 합의는 지난 20년간 계속된 고질적인 유엔재정위기를 해결하려는 각국의 정치적 의지가 결집된 것이라는 점에서 그 의의가 크다. 특히 최근 유엔의 재정상황을 감안하면, 그 의의는 더욱 두드러진다.

1960년대 이후 어려워지기 시작한 유엔의 재정상황은 냉전종식 이후 급격히 확대된 PKO 활동 때문에 재정위기가 심화되어 왔다. 2000년

10월 유엔의 재정현황 보고에 따르면 유엔분담금 미납총액은 31억 불로 위기상황이며, 이 가운데 유엔재정의 최대기여국인 미국의 연체액은 전체 미납액의 3분의 2인 19억 불에 달한다. 유엔 정규예산의 현금보유액은 바닥이 드러나 PKO에 병력과 장비를 제공한 국가들에게 경비를 상환할 수 없는 형편이며, 미국이 2000년도 분담금 2억 6,700만 불을 조기에 납부하지 않을 경우, 더욱 심각한 현금부족위기(cash flow crisis)를 겪게 된다.[2]

유엔 보고에서 알 수 있듯이, 유엔재정위기의 가장 큰 원인은 미국의 유엔분담금 연체에 있으며, 그 배경에는 정치적 고려가 크게 작용했다. 미국이 연체분담금 해결을 위해 요구하고 있는 유엔분담률 인하는 다른 회원국에 추가 재정부담이 된다는 점에서, 각국의 이해가 첨예하게 얽혀 있다. 이러한 배경을 감안할 때 분담금제도 개편을 유엔총회에서 합의한 것은 유엔의 고질적인 재정위기를 해결하려는 모든 유엔 회원국들의 정치적 대타결로서 높이 평가할 수 있다. 이 글에서는 유엔분담금 역사에 새로운 이정표를 세운 제55차 총회의 분담금제도 개편과 관련하여, 그 배경이 된 유엔재정위기 연혁, 미국의 연체분담금 문제, 새로 채택된 분담금제도에 대한 평가와 향후 유엔재정 전망을 정리해보기로 하자.

2. 유엔재정위기 연혁

유엔재정위기의 역사는 오래다. 1945년 유엔 창설 이래 재정운영에 큰 어려움이 없었던 유엔은 1960년 콩고 사태를 계기로 1차 재정위기를 겪는다. 함마슐트 유엔사무총장의 콩고 사태 처리에 깊은 반감을 품고 있던 소련은 유엔 콩고 평화유지군(ONUC) 활동이 안전보장이사회의 사전승인을 받지 않았기 때문에, 총회가 평화유지군 파견비용을 회원국에 분담시키는 것은 부당하다고 주장하고, 분담금 납부를 거부했다. 동구 공산권 국가들까지 합세한 분담금 연체는 1964년에 이르러서는 1억 불을 넘었으며, 이는 3억 3천만 불의 콩고 평화유지군 파견비용의 3분의 1에 달하는 수준이었다. 유엔은 예비비를 포함, 모든 가용재원을 다 동원했으나, 극심한 현금부족 위기를 겪었으며, 그 결과 평화유지군에 병력과 장비를 제공한 국가들에게 경비 상환이 불가능한 상황에 도달했다. 이 시기 유엔은 서방 선진국들이 긴급히 제공한 자발적 기여금으로 겨우 운영되었다. 다행히 콩고 사태가 1964년 수습되고 동구권 국가들의 분담금 납부로 사태는 호전되었다.(소련은 미납분담금을 1989년 완납했다)

콩고 사태는 분담금제도에 2가지 큰 영향을 미쳤다. 첫째, 향후 모든 PKO 파견은 안전보장이사회의 승인을 받아야 했으며, 둘째 많은 개도국들이 점차 늘어나는 콩고파견 PKO 분담금을 감당할 수 없었기 때문에, 이후 PKO 경비 분담에서 개도국에는 분담률 할인 혜택을 주기 시작했다.

2차 유엔재정위기는, 1970년대 유엔에서 제3세계 국가들이 득세하면서 나타난 미국 의회의 "반유엔" 분위기 때문이었다. 1960년대 식민통치에서 독립한 아시아와 아프리카의 많은 신생 국가들이 유엔에 대거 가입하였으며, 이들 제3세계 국가들의 전횡으로 미국과 유엔의 관계는 급속히 냉각된다. 1971년 유엔에서 타이완을 축출한 일에서부터 이스라엘-팔레스타인 사태, 남아프리카 인종차별 문제 등에 관한 유엔 표결시 수적 열세 때문에 심한 좌절감을 느낀 미국은, 1970년대 말부터 미국의 정책에 반하는 유엔활동에 대해서는 분담금 납부를 연체하기 시작했으며, 유엔의 방만한 예산운영을 적극적으로 비판하고 나섰다.

미국 의회는 1974년 유네스코가 이스라엘을 서구지역그룹에 배정하기를 거부하고, 이스라엘이 팔레스타인 점령지역에서 고고학적 발굴작업을 벌이는 것을 비난하는 결의를 채택한 것과 관련, 유네스코 분담금 납부를 중지시켰다. 미국은 그 이후에도 유네스코의 지속되는 예산증액에 불만을 표명하다가 결국 1984년 유네스코를 탈퇴하였다.

1970년대 이따금씩 제기되던 미국의 유엔분담금 연체문제는 1980년대 들어서는 유엔의 예산운영을 통제하려는 미국의 정책수단으로 위치를 굳힌다. 미국이 테러그룹으로 분류한 팔레스타인해방기구(PLO)와 남서 아프리카인민기구(SWAPO)에 대한 지원사업, 그리고 미국이 반대하는 〈유엔 해양법〉 사무소 설치와 관련된 분담금 납부를 거부하였으며, 유엔 직원 수당과 과세부분에 대해서도 부당하게 책정되었음을 주장하면서 분담금 납부를 보류했다. 한편 미국은 EU, 일본 등과 함께 매년 늘어나는 유엔예산을 비판하고 예산의 실질적 동결(zero real growth)을 요구했다. 미국은 이와 함께 예산문제 결정 절차에 이의를 제기했다. 미국, EU, 일본 등 유엔재정의 주요 기여국들이 유엔예산의 80퍼센트 이상을 부담함에도, 예산결정에서 1국 1표의 투표방식을 따른다는 것은 불합리하며, 바로 이것이 유엔예산이 방만하게 운영되는 원인이 되고 있다고 주장했다.

유엔재정 최대기여국인 미국의 분담금 연체는 유엔재정위기로 직결되었다. 정규예산에서 현금부족위기(cash flow crisis)가 심화되고, PKO에 병력과 장비를 제공한 국가에 대한 경비 상환은 3~4년씩 지체되곤 하였다. 심각한 재정위기에 직면한 유엔은 1987년 유엔의 고위직을 25퍼센트 축소하는 등 대폭적인 인력과 예산 삭감을 단행하고, 예산문제는 표결 대신 합의로 결정한다는 예산절차를 채택하였다. 1988년 레이건 대통령은 이러한 유엔의 예산·행정 개혁조치에 만족을 표명하고 미납분담금 납부를 약속했다.

1990년대에도 주요 유엔 문제와 연계한 미국의 유엔분담금 연체는 계속되었다. 이 시기의 3차 재정위기는 냉전종식 이후 PKO 예산의 급증으로 미국의 연체분담금 규모가 매년 늘어나는 고질적 위기가 되었다. 유엔 창설 이후 40년 동안 13번에 불과했던 PKO 파견은 1990년대 들어 급속도로 늘어나 1991~1993년에만 무려 15번 파견되었다. PKO 예산도 1988년 연간 예산이 2억 3,000만 불 수준에서 1992년에는 16억 불, PKO 활동이 정점에 달했던 1995년에는 36억 불로 급격히 늘어났다. PKO 예산의 급증은 유엔의 최대 재정기여국인 미국의 재정부담을 가중시켰으며, 이에 대해 미국 의회는 제동을 거는 조치를 취하였다. 1995년 미국 의회는 미국의 유엔 PKO 분담률을 25퍼센트로 인하하는 법안을 통과시켰다.[3]

미국의 일방적인 PKO 분담률 인하는 EU를 포함한 모든 유엔 회원국을 당혹스럽게 만들었다. 미국의 조치는 유엔 회원국으로서 분담금을 제때 완납해야 할 국제협약상 의무에 정면으로 배치될 뿐만 아니라, 미국의 연체분담금 규모의 확대와 함께, 향후 연체분담금 해결전망을 더욱 어렵게 만들었기 때문이다. 악화일로를 걷던 미국과 유엔의 관계는 1997년 아난(Kofi Annan) 사무총장의 취임으로 전기를 맞으며, 미국의 연체분담금 해결은 유엔의 전반적 개혁문제와 연계된다.

3. 미국의 연체분담금 문제와 유엔개혁

미국은 1990년대 들어 PKO 예산이 급증함에 따라 유엔의 지속적인 예산증액 및 방만한 예산운영을 비판하고 유엔의 대폭적인 예산절감을 요구하는 한편, 미국의 연체분담금 납부를 전반적인 유엔개혁과 연계시켰다. 이러한 미국의 유엔개혁 요구는 크게 세 가지로 집약된다.

첫째, 재정 개혁면에서 유엔이 특정 1국(미국)에 지나치게 재정적으로 의존하는 것은 바람직하지 못하기 때문에 정규예산분담률 상한선을 25

퍼센트에서 22퍼센트로 인하해야 하며, PKO 분담률에는 25퍼센트의 분담률 상한선을 도입할 것을 요구했다. 또한 특정국가들에 지나친 할인 혜택을 주고 있는 정규예산분담률 산정방식을 합리적으로 개선해야 하며, 특히 PKO 분담률제도는 1973년 채택된 이래 개정된 적이 없어, 그 이후 급속한 경제성장을 이룩한 아시아와 중남미 신흥 공업국가들의 경제력을 정확하게 반영하지 못하고 있음을 지적하고, 전면적인 개편을 요구했다.

둘째, 유엔의 예산절감과 행정의 합리화다. 1980년대에는 인플레이션 인상분만을 허용하는 유엔의 "실질적 예산동결"(zero real growth)을 주장하던 미국은 1990년대에 들어서는 한발 더 나아가 "전년도 예산액과 같은 수준의 예산동결"(zero nominal growth)을 요구하고 나섰다. 이는 인플레이션을 감안하면 실질적으로는 예산감축을 의미한다. 행정면에서는 재정운영, 인사, 구매 등에 실적주의와 책임주의를 도입, 행정의 효율성을 높임과 동시에 방만한 예산운영을 감독할 감사기능을 대폭 강화할 것을 요구하였다.

셋째, 미국의 연체분담금 납부를 위해서는 유엔과 미국 사이에 이견이 있는 연체분담금을 해결해야 한다는 것이 미국의 입장이다. 이에 해당하는 액수는 1998년에 약 6억 8,800만 불에 달했으며, 이 가운데 4억 8,800만 불이 미국의 정책이나 국내법과 마찰이 있는 유엔활동과 관련된 것이고, 2억 불은 미국의회가 일방적으로 25퍼센트로 인하한 PKO 분담률과 유엔이 견지하고 있는 미국의 PKO 분담률 31퍼센트의 차액이다.[4] 1995년 미국 의회에서 PKO 분담률 인하를 결의함으로써 미국의 연체분담금은 매년 급증하고 있었기 때문에 이 문제를 조속히 해결할 필요가 있었던 것이다.

이러한 미국의 유엔개혁 요구는 1998년 헬름스(Jesse Helms) 공화당 상원의원과 바이던(Joseph Biden) 민주당 상원의원이 공동으로 제안한 유엔개혁을 전제로 한 미국 연체분담금 납부 법안(Helms-Biden Bill)으로 구체화되었다.[5] 〈헬름스-바이던 법안〉에 따르면 유엔이 20개의 개혁조건(benchmark)을 이행할 경우 미국이 3년에 걸쳐 9억 2,600만 불의 유엔 연체분담금을 납부하게 되어 있다. 〈헬름스-바이던 법안〉의 개혁조건 가운데 핵심 부분은 미국의 정규예산분담률을 25퍼센트에서 22퍼센트로 낮추고, PKO 분담률을 31퍼센트에서 25퍼센트로 인하하며, 미국과 유엔 사이에 이견이 있는 연체분담금의 해결방안을 마련하는 것으로, 이는 유엔분담금제도를 전면적으로 개편하는 것을 의미한다. 나머지 개혁조건은 1997년 아난 유엔사무총장이 취임한 후 단행한 대규모 조직개편과 예산절감 노력으로 이미 많은 진전이 있었으며, 미국 의회에서도 긍정적 평가를 하고 있었다.

분담금제도 개편은 각국의 재정에 부담을 주기 때문에 합의 도출이 어려울 뿐만 아니라, 〈헬름스-바이던 법안〉에 따른 연체분담금 납부계획이 1999~2001년 안에 개혁조건을 충족시킬 것을 요구하고 있었기 때문에, 2000년 9월 제55차 총회 개회 시점까지도 그 실현전망이 밝지 않았다.

4. 제55차 총회 분담금제도 개편 교섭

1) 2001~2003년 정규예산분담률

유엔 정규예산분담률은 3년마다 총회에서 결정하며, 그 결정의 기초가 되는 산정원칙은 각국의 "부담능력"(capacity to pay)이다. 부담능력을 가장 중요한 산정원칙으로 하는 데는 회원국 사이에 이견이 없었으나, 부담능력의 정의에 대해서는 회원국들의 의견이 일치하지 않았다. 선진국은 부담능력으로 세계 총 GNP에서 각국이 차지하는 비율을 중시하나,

개도국들은 저소득요소, 외채요소, 급격한 분담률 상승에 따른 재정부담 등 각국의 특수한 사정도 고려해야 한다고 주장하였다.

2000년도 제55차 유엔총회에서는 2001~2003년도 정규예산분담률을 결정하였다. 분담률 산정요소는 각국의 GNP, 통계기준연도(base period), 외채요소(debt burden adjustment), 저소득요소(low per capita income adjustment), 분담률 상한 및 하한, 최빈국의 분담률 상한 등이었으며 각 요소별로 선진국과 개도국의 견해가 대치하였다.[6]

선진국과 개도국의 견해가 가장 첨예하게 대립한 산정요소로는 통계기준연도, 저소득요소, 외채요소를 들 수 있다. 각국의 GNP를 산정할 때 몇 년 동안의 GNP를 평균하여 계산하는데, 평균하는 통계기준연도가 길수록 경제성장 속도가 빠른 개도국에 유리하다. 제55차 총회에서는 개도국이 6년을 주장한 데 비해 선진국은 3년을 주장하였으며, 타협안으로 4년 6개월로 합의가 이루어졌다. 저소득요소는 일인당 국민소득이 세계 평균 국민소득(4,797불)보다 낮은 국가에 할인혜택을 주는 것으로, 선진국은 종전의 할인계수(gradient)가 지나치게 높다며 인하할 것을 요구하였으나, 개도국은 종전의 할인계수를 유지하거나 오히려 인상할 것을 주장했다. 상당한 논란 끝에 개도국의 주장대로 종전의 할인계수 80퍼센트가 채택되었다. 외채요소는 외채가 많은 국가에 외채부담을 감안, 할인혜택을 주는 것인데, EU는 GNP 산정시 외채요소가 이미 포함되었기 때문에 이중으로 혜택을 주는 것은 부당하다고 반대했으나, 개도국 안이 채택되었다.

이러한 분담률 산정요소에 관한 교섭이 합의에 이르기까지 어려움을 겪었으나, 제55차 총회 분담률 교섭의 최대 문제는 미국의 분담률 인하 문제였다. 미국의 분담률 인하는 미국의 세계 총 GNP 비율을 감안할 때 부담능력(capacity to pay) 원칙에 배치될 뿐 아니라, 미국의 분담률 인하분 3퍼센트(3,400만 불)는 다른 회원국의 재정부담이 되기 때문에 각국의 합의를 이끌어내는 것은 쉬운 일이 아니었다.

제55차 총회에서 77그룹 개도국을 대표한 나이지리아는 부담능력 원칙이 분담률 산정의 기초가 되어야 함을 강조하고, 세계 총 GNP의 27퍼센트를 차지하는 미국의 분담률을 22퍼센트로 인하하려는 것은 이러한 원칙에 배치됨을 지적했다. 그리고는 미국의 분담률 인하는 77그룹 개도국의 추가 재정부담이 되지 않을 경우에만 고려할 수 있다는 입장을 밝혔다. EU도 EU 15국의 세계 총 GNP 비율이 29퍼센트임에도 유엔예산의 36.5퍼센트를 부담하고 있기 때문에, 어떠한 경우에도 현재의 분담률보다 높은 재정부담은 받아들일 수 없다는 점을 강조했다. 미국 다음으로 유엔재정의 최대기여국인 일본은 세계 총 GNP 비율이 17퍼센트인 자국이 유엔예산의 20퍼센트를 부담하고 있는 점을 들어, 미국의 분담률이 22퍼센트로 인하될 경우 일본 국회와 여론이 이를 수용하지 않을 것이라고 하고, 일본의 장기 경기침체를 거론하며 오히려 일본의 분담률 인하를 요구했다.

이처럼 77그룹, EU 등 주요 그룹과 주요 재정기여국인 일본 등이 유엔총회(제5위원회)에서 미국의 분담률 인하에 대한 반대 입장을 거듭 표명하였다. 그러자 홀부르크(Richard Holbrooke) 유엔대사는 미국의 분담률 인하 문제를 제5위원회(행정.예산위원회)의 실무 논의로는 해결할 수 없으며, 유엔재정위기 해결 차원에서 회원국의 정치적 결정이 필요한 사안으로 인식하게 되었다. 동시에 〈헬름스-바이던 법안〉이 요구하는 미국의 분담률 인하와 PKO 분담금제도 개편은 일괄 타결이 필요하다고 보고 이를 위해 두 가지 측면에서 접근하였다.

첫째, 전체 회원국이 참석하는 제5위원회의 토의를 통해서는 실질적인 교섭이 불가능하다고 보고, 주요 재정기여국과 주요 그룹 대표들로 구성된 비공식 협의회를 운영, 분담금제도 개편에 대한 대략적인 틀을 마련한 후, 이를 제5위원회에 제시, 합의를 이끌어 내려고 하였다. 이러한 비공식 협의 우선 교섭대상 국가들은 분담금제도 개편으로 가장 영향을 많이 받는 EU, 일본, CANZ(캐나다, 호주, 뉴질랜드), 중남미 리우그룹, 한국 등이었으며, 미국은 각국 본부를 통한 양자교섭을 병행하면서, 자국 입장에 대한 지지를 얻으려는 노력을 강화하였다. 둘째, PKO 분담률을 25퍼센트로 인하하는 것은 회원국의 지지를 얻기가 어렵다고 보고 이를 더는 추진하지 않을 뜻을 밝혔고, 미국·유엔 사이에 이견이 있는 분담금(contested arrears)에 대해서는 미국측에서 해결을 위해 노력할 필요가 있다는 것을 의회에 설명하고, 양해를 구하였다.

홀부르크 대사의 노력에도 불구하고, 미국의 분담률 인하 문제는 난항을 거듭하였다. 제55차 총회 본회기 일정이 거의 끝날 시점인 2000년 12월 19일에는 아난 유엔사무총장과 제55차 유엔총회 의장이 제5위원회에 직접 참석, 유엔재정위기 해결 차원에서 분담금 문제의 원만한 타결을 위해 각국에 협조를 호소하였다. 결국 유엔재정위기를 더는 지속시켜서는 안 된다는 회원국의 인식이 확산되어, 12월 23일 연체분담금 납부를 전제로 미국의 분담률 인하를 수용하는 정치적 타결이 이루어졌다.

이러한 배경 아래 제55차 총회에서 결정된 2001~2003년 정규예산분담률의 주요 특징은 다음과 같다.[7] 첫째, 분담률 상한선을 25퍼센트에서 22퍼센트로 인하하되, 첫 해인 2001년에는 미국이 인하분 3퍼센트에 해당하는 3,400만 불을 유엔에 기여키로 하여, 사실상 25퍼센트를 납부하기로 하였다. 3,400만 불은 미국인 터너(Ted Turner)의 개인 기여금으로 충당되었는데, 이 기여금은 분담률 상승폭이 큰 91국의 분담금을 경감하는 데 배분되었다. 터너의 기여금은 교착상태에 빠진 분담률 교섭을 타결시키는 데 중요한 기여를 하였다. 다수 국가들이 미국의 분담률 인하에 따른 추가 재정부담이 너무 크며 국내 예산절차상 2001년도 예산에 반영하기 어렵다는 입장을 표명함에 따라, 2001년도 미국 분담률은 25퍼센트를 그대로 유지하고, 2002~2003년 분담률을 22퍼센트로 하는 타협

안에 합의하게 되었다. 다만 미국정부에서 이를 부담할 경우 〈헬름스-바이던 법안〉의 요구조건에 저촉되므로 민간인 터너의 기여금 형식으로 이를 해결한 것이다.

둘째, 많은 회원국들이 미국의 분담률 인하 조치에도 불구하고, 미국의회에서 연체분담금 납부를 승인하지 않을 가능성을 우려하였으며, 이 문제가 분담률 교섭이 난항을 겪은 이유 가운데 하나였다. 따라서 이번 조치에도 불구하고 앞으로도 분담금 연체상황이 계속되면 2003년 유엔 총회에서 분담률 토의시 상한선 재인상 등 적절한 조치를 검토한다는 조항을 관련 결의에 포함시켰다. 한편 분담률 상한선 인하를 예년처럼 유엔 전문기구에 바로 적용할 경우 각국의 재정부담이 더욱 늘어날 것을 우려하여, 이번에 인하한 분담률 상한선을 유엔 전문기구에 자동적으로 적용하지 않는다는 내용도 결의에 추가하였다.

셋째, 2000년도 분담률에 비해 2001년에는 78국의 분담률이 인상되었으며, 54국이 감소되고, 57국은 분담률이 변하지 않았다. 44개 최빈국이 분담률 하한선인 0.001퍼센트(약 10,300불)를 산정받았다. 분담률 상승국 78국 가운데 싱가포르, 한국, 브라질, 태국, 그리스, 체코, 폴란드 등 고도성장국과 소득수준이 높은 개도국의 분담률 상승폭이 컸다. 러시아는 정규 산정방식을 따를 경우 2000년도 분담률 1.077퍼센트에서 2001년에는 0.8퍼센트 수준으로 분담률이 낮아지나, 안전보장이사회 상임이사국이라는 지위를 감안, 자국 경제력 수준보다 높은 1.2퍼센트의 분담률을 자원 부담하는 형식으로 떠맡았다. 중국은 세계 총 GNP 비율이 3.862퍼센트이나 저소득요소 혜택으로 2000년도 분담률이 0.995퍼센트에 불과했기 때문에 안전보장이사회 상임이사국으로서 더 많은 재정 기여가 바람직하다는 요구가 있었다. 그러나 정규 산정방식을 따르더라도 2001년 분담률이 1.541퍼센트로 상당한 폭으로 증가하기 때문에 러시아와 같은 별도 조치는 취해지지 않았다.[8]

마지막으로 EU는 EU 15국이 이미 36.5퍼센트의 높은 분담률을 부담하고 있기 때문에, 미국 분담률 인하에 따른 추가 재정부담을 받아들일 수 없다는 입장을 견지하여, 이를 관철시켰다. 유엔 10대 재정기여국에 드는 EU 국가 가운데 독일, 프랑스, 이탈리아, 스페인의 분담률이 인하되었으며, 영국, 네덜란드의 분담률만 인상되었다. 일본도 2000년 20.573퍼센트에서 2001년 19.629퍼센트로 분담률이 인하되었다.

2) PKO 분담금제도 개편

1990년대 이후 PKO 활동의 급속한 확대로 PKO 예산이 급격히 늘어나면서 선진국의 부담을 가중시켰다. 그리하여 유엔재정의 주요 기여국인 미국, 일본, EU 등은 개도국에 80퍼센트 이상의 할인 혜택을 주고 있는 기존 분담금제도를 개편할 것을 더욱 강하게 요구하고 나왔다.

PKO 분담금은 안전보장이사회에서 파견을 결정하는 PKO 활동의 경비를 충당하기 위한 분담금으로, 그 특성상 연간 예산규모를 사전에 결정할 수가 없다. 연간 예산총액을 사전에 총회 승인을 받는 정규예산과는 달리, 안전보장이사회에서 PKO를 신설하거나 기존 PKO의 활동을 종료할 때마다 PKO 예산이 증감하기 때문이다. 1980년대에 2억 불 수준이던 PKO 예산이 1995년에는 36억 불로 급증했기 때문에 각국의 PKO 재정부담이 급격히 늘어났다.

1973년에 채택한 분담금제도는, 1973년 중동사태 때 파견한 유엔긴급군(UNEF) 경비를 충당하기 위하여 임시조치로 도입된 것인데, 회원국을 4개 그룹으로 구분하여 분담률을 차등 적용하였다. A그룹은 안전보장이사회 상임이사국 5국으로, PKO 파견 결정에 가장 큰 권한을 행사하는 점을 감안, 정규예산분담률에 더하여 개도국들에게 부여하는 할인혜택분을 추가로 부담하였다. B그룹은 선진 25국으로 정규예산분담률을 그대로 부담하였으며, C그룹은 개도국 111국으로 정규예산분담률의 20퍼센트(80퍼센트 할인)를 부담하고, D그룹은 최빈국 48국으로 정규예산분담률의 10퍼센트(90퍼센트 할인)를 부담하였다. 개도국의 할인분은 정규예산분담률 비율에 따라 5개 상임이사국에 배정하기 때문에 미국의 부담이 가장 컸으며, 미국은 정규예산분담률이 25퍼센트인 것에 반해 PKO 분담률은 31퍼센트 수준까지 올라갔다. 1990년대 PKO 예산의 급증과 함께 미국의 부담은 가중되었다.

선진국들은 1973년도 분담금제도가 경제현실을 정확히 반영하지 못하고 있다고 비판했다. 1973년 이후 아시아와 중남미 신흥 공업국가들이 급속한 경제성장을 이루었음에도, 1973년 제도에 따라 80퍼센트의 분담금 할인혜택을 받고 있는 것은 비합리적이며 부담능력(capacity to pay) 원칙에 배치됨을 지적했다. 따라서 한국, 싱가포르, 아르헨티나 등 고도성장국과 쿠웨이트, UAE(아랍에미레이트), 카타르, 브루나이 등 소득이 높은 국가에 대해서는 할인혜택을 배제하거나 축소해야 한다고 주장했다.

PKO 분담금제도 개편으로 영향을 받는 국가들은 재정부담이 대폭 증가하기 때문에 이에 대한 개도국들의 반발 역시 적지 않았다. C그룹에서 B그룹으로 이전을 요구받은 한국, 싱가포르, 브루나이, 카타르, 쿠웨이트, UAE 등은 80퍼센트 할인혜택을 잃기 때문에 PKO 분담금이 5배로 증가할 뿐만 아니라, 미국의 분담률 인하에 따른 정규예산분담률의 대폭 증가와 최근의 PKO 예산 급증까지 감안하면, 재정부담이 단기간에 수용할 수 있는 범위를 넘는다고 할 수 있다. 77그룹 개도국들은 안전보장이사회에서 PKO 파견을 결정할 때마다 PKO 분담금이 수시로 책정되며, 그 규모가 급증하고 있으므로, 경제적 여유가 없는 개도국에서 부담하는 데는 어려움이 있음을 지적하고, 선진국에서 더 많은 기여를 해야 한다고 강조했다.

어려운 교섭을 거쳐 최종 합의한 새로운 PKO 분담금제도의 특징은

다음과 같다.[9]

첫째, 종전 4단계이던 분담금 그룹을 각국의 경제력을 더욱 정확히 반영하기 위해 소득수준에 따라 10개 그룹으로 나누고, 할인율을 0, 7.5, 20, 40, 60, 70, 80, 90퍼센트 등으로 세분하였다. 이에 따라 한국, 싱가포르, 쿠웨이트, 카타르, UAE, 브루나이 등 19국의 분담률이 상향 조정되었다.

둘째, 분담률이 상향 조정된 국가들의 재정부담이 큰 점을 감안하여, 2~3년에 걸쳐 새로운 분담률에 도달하도록 경과기간을 두었다. 한국의 경우 분담금 상승폭이 크기 때문에 예외적으로 5년의 경과기간을 부여하였다.

셋째, PKO 파견은 안전보장이사회에서 결정하므로, 안전보장이사회 상임이사국의 특별 책임을 재확인하였으며, 새로운 제도에서도 개도국의 분담률 할인분을 종전과 같이 상임이사국이 추가로 부담토록 하였다.

넷째, 새로운 제도는 2001년 7월부터 시행하며, 각국의 소득수준 변화에 따른 분담률 그룹 재배정은 3년마다 시행하고, PKO 분담금제도의 전반적 재검토는 9년 뒤에 시행하기로 하였다. 이는 종전 제도가 각국의 경제력 변화에도 불구하고 분담금 그룹을 재조정하는 기능이 없었기 때문에 이를 보완한 것이다.

5. 새로운 분담금제도의 평가와 전망

이번에 이루어진 미국의 분담률 인하와 PKO 분담금제도 개편은 1973년 이래 최대의 개편이다. 1973년 총회에서 미국의 정규예산분담률을 31.52퍼센트에서 25퍼센트로 인하하고 PKO 분담금제도를 채택한 이후 큰 개편이 없었기 때문이다. 지난 27년 동안 급격히 변화한 국제환경과 각국의 경제력을 감안할 때, 경제현실을 정확히 반영할 새로운 분담금제도를 도입해야 한다는 주장은 설득력이 있다. 공정하고 투명한 객관적인 기준에 따라 각국의 부담능력을 가장 잘 반영하는 분담금제도를 도입해야 한다는 것은 모든 회원국의 일치된 생각이었다. 이는 미국의 분담률 인하에 대한 각국의 이견에도 불구하고, 회원국들이 분담금제도 개편에 합의한 배경이기도 하다. 그럼에도, 분담금제도 개편을 위해 미국이 고압적으로 개도국의 양보를 종용한 것에 대한 다수 개도국들의 불만도 높다. 미국의 분담률 인하와 PKO 분담금제도 개편의 의의를 평가하면 다음과 같다.

첫째, 분담금제도의 전면적 개편은 무엇보다도 지난 20년 동안 지속된 유엔의 고질적인 재정위기를 해결하려는 회원국의 의지가 결집된 결과로, 재정위기의 주원인이던 미국의 연체분담금 문제를 해결하기 위해 다수 국가들이 추가 재정부담을 감수하면서 제도개편에 합의한 것은 의의가 크다. 개편 결과 분담금이 대폭 증가한 브라질은 분담금제도를 개편하는 총회결의 채택 직후 발언을 통하여, 새로 채택되는 분담금제도에 많은 이견이 있으나 유엔의 장래와 재정 안정을 위해 합의에 동참하였다는 입장을 밝혔다. 발언 국가들 대부분이 같은 입장을 표명하고, 최대 재정기여국(미국)이 이제는 지체없이 연체분담금을 완납해줄 것을 촉구하였다.

둘째, 분담금제도 개편으로 유엔재정의 최대기여국인 미국과 유엔은 그동안 지속해온 불편한 관계를 호전시킬 전기를 마련하였다. 유엔은 아난 유엔사무총장 취임 이후 행정과 예산 분야에서 개혁을 단행하였으며, 분담금제도 개편으로 가장 어려웠던 재정분야 개혁이 이루어졌으므로, 미국 의회의 개혁요구를 거의 충족시켰다고 할 수 있다. 2001년 1월 9일 홀부르크 대사가 미국 상원 외교위원회에서 분담금 교섭결과를 보고하자, 미국 상원은 이번 제도개편을 긍정적으로 평가하고, 연체분담금 납부에 호의적인 반응을 보였다.[10] 미국으로서는 정규예산분담률을 22퍼센트로 인하함에 따라 유엔에 기여할 재정부담이 상당한 폭으로 줄어들었다. 정규예산분담률을 인하함으로써 PKO 분담률도 낮아졌으며, 유엔 전문기구 등 다른 국제기구의 분담률에도 그 효과가 파급되기 때문이다. PKO 분담률은, 종전 제도를 따를 경우 31.4퍼센트에서 2001년에는 27.58퍼센트, 2002년에는 26.57퍼센트로 낮아진다. PKO 예산을 30억 불로 추정할 경우, PKO 예산에서만 연간 1억 2,000만 불의 부담이 감소된다.

셋째, 각국의 경제력에 상응하는 방향으로 분담률이 개정됨으로써, 유엔재정 분담이 경제현실을 더 정확하게 반영하게 되었다. 개도국에 할인혜택을 주는 저소득, 외채부담 등 핵심적 요소를 제외한 여타 할인제도를 철폐함으로써, 고도 성장국가와 소득이 높은 개도국은 2~3년의 경과기간을 거친 뒤에는 실질적 경제력에 상응하는 분담률에 도달하게 되었다. 이는 각국의 부담능력이 더 잘 반영되도록 제도를 개선한 것으로 평가할 수 있으며, 향후 유엔재정의 안정에 기여할 것으로 예상된다. 그렇지만 분담금제도 개편에 대한 개도국의 비판도 드세다. 개도국들은 미국의 분담률 인하는 분담률 산정원칙 가운데 가장 중요한 부담능력 원칙을 더욱 왜곡시키기 때문에 재정개혁 취지에 맞지 않으며, 이번 개편이 미국 의회의 요구를 충족시키려는 미국 국내정치적 이유로 추진된 점, 그리고 미국의 분담률 인하에 따른 추가 소요 재원을 주로 개도국이 부담하고 EU, 일본 등 주요 재정기여국은 추가 재정부담을 거부한 것은 선진국이 주장해온 유엔재정위기 해결에 대한 기여의지와 배치된다는 점을 지적했다.

미국 연체분담금 납부를 전제로 한 분담금제도 개편에도 불구하고, 미국 의회에서 연체분담금 지출을 승인하리라는 보장은 없으며, 앞으로 유엔의 개혁 및 예산절감 노력이 미흡하거나 유엔의 특정 활동이 미국의 정책에 반한다는 이유로 분담금을 연체할 가능성도 있다. 실제 미국 하원은 2001년 5월 유엔 인권위원회 선거에서 미국 입후보자가 탈락한 것과 관련, 〈헬름스-바이던 법안〉에서 납부키로 한 연체분담금 가운데 2억 4,400만 불을 미국이 인권위원회에 복귀할 때까지 보류하는 수정안을 통과시켰다.[11] 미국 하원의 이러한 조치는 미국 상원에서 같은 조치를 취하지 않는 한 상징적 의미에 그치겠지만, 앞으로도 미국의 분담금 연체에 따른 유엔재정위기가 재발할 수 있음을 시사해준다. 다만 현재는 〈헬름스-바이던 법안〉에서 약속한 9억 2,600만 불 가운데 2차년도까지 배정된 6억 8,200만 불을 순조롭게 지불하고 있고, 미국 의회가 아닌 사무총장의 행정 및 재정개혁 노력을 긍정적으로 평가하고 있으므로, 미국의 연체분담금 납부로 유엔재정상황은 나아질 것으로 보인다.

〔 표 1-2 〕 2001~2003 유엔 정규예산분담률 산정방식

산정요소	산정기준
1. 총국민소득	GNP
2. 통계기준	4년 6개월 : 93~98년(6년) 평균 GNP와 96~98년(3년) 평균 GNP 수치를 다시 평균
3. 환율	시장 환율(Market Exchange Rate), 단 환율 왜곡이 심할 경우 조정환율(Price-Adjusted Rates of Exchange) 적용
4. 외채요소	부채 총액(Debt Stock) 방식 : 미상환 총외채액을 8년에 걸쳐 상환한다고 가정하여 총외채액의 12.5%를 GNP에서 공제
5. 저소득요소	1인당국민소득이 세계 평균 국민소득(4,797불)보다 낮은 경우 저소득요소 조정계수(gradient) 80%를 적용, GNP 축소 조정
6. 분담률 상한	22%*
7. 분담률 하한	0.001%
8. 최빈국 분담률 상한	0.01%

* 2001년에 한해 미국은 25퍼센트의 분담률을 부담하며, 이 가운데 3퍼센트는 분담률 상승폭이 큰 국가에 할인혜택을 주기 위해 배분

〔 표 1-3 〕 주요 유엔재정기여국의 2001~2003년 유엔 정규예산분담률

순위	2001			2002		2003	
1	미 국	22.000	(25.000)	미 국	22.000	미 국	22.000
2	일 본	19.629	(19.629)	일 본	19.669	일 본	19.516
3	독 일	9.825	(9.492)	독 일	9.845	독 일	9.769
4	프랑스	6.503	(6.283)	프랑스	6.516	프랑스	6.466
5	영 국	5.568	(5.380)	영 국	5.579	영 국	5.536
6	이탈리아	5.094	(4.922)	이탈리아	5.104	이탈리아	5.065
7	캐나다	2.573	(2.573)	캐나다	2.579	캐나다	2.553
8	스페인	2.534	(2.449)	스페인	2.539	스페인	2.519
9	브라질	2.231	(1.702)	브라질	2.093	브라질	2.390
10	네덜란드	1.748	(1.628)	한 국	1.866	한 국	1.851
11	한 국	1.728	(1.318)	화 란	1.751	화 란	1.738
12	호 주	1.636	(1.604)	호 주	1.640	호 주	1.627
13	중 국	1.541	(1.482)	중 국	1.545	중 국	1.532
14	러시아	1.200	(1.200)	러시아	1.200	러시아	1.200
15	아르헨티나	1.156	(1.112)	아르헨티나	1.159	아르헨티나	1.149
16	벨기에	1.136	(1.098)	벨기에	1.138	벨기에	1.129
17	멕시코	1.093	(1.050)	멕시코	1.095	멕시코	1.086
18	스웨덴	1.033	(0.999)	스웨덴	1.035	스웨덴	1.027
19	덴마크	0.753	(0.727)	덴마크	0.755	덴마크	0.749
20	노르웨이	0.650	(0.650)	노르웨이	0.652	노르웨이	0.646

* 2001년도 괄호 안은 실제납부 분담률 : 미국(Ted Turner)의 3퍼센트 분담률 부담에 따라 배분된 다른 나라의 할인혜택 반영

〔 표 1-4 〕 개정 PKO 분담금제도

그룹	구분기준 (Threshold)	1인당국민소득	할인혜택	경과기간	비 고
A	안보리 상임이사국	·	할증 (premium)	·	P-5
B	선진국	·	0	3년	선진 25국
C	·	·	7.5%	3년	싱가포르, 브루나이, 카타르, 쿠웨이트, UAE
D	2×WAPCI* 이하	9,594불 이하	20%	3년	한국,** 바하마
E	1.8×WAPCI 이하	8,634불 이하	40%	2년	바레인, 몰타, 슬로베니아, 안티구아
F	1.6×WAPCI 이하	7,675불 이하	60%	·	아르헨티나, 바베이도스, 세이쉘
G	1.4×WAPCI 이하	6,715불 이하	70%	·	사우디, 오만, 팔라우
H	1.2×WAPCI 이하	5,756불 이하	80% or 70% (자발적)	·	우루과이, 세인트키츠
I	WAPCI 이하	4,797불 이하	80%	·	북한 등 92국
J	최빈국	·	90%	·	48국

* WAPCI : 세계평균소득(World Average Per Capita Income) 4,797불
** 한국은 예외적으로 5년에 걸쳐 B그룹(no discount)으로 이전

1) 〈유엔총회결의〉 A/RES/55/5, "Scale of Assessments for Apportionment of the Expenses of the United Nations"와 A/RES/55/235, "Scale of Assessments for the Apportionment of the Expenses of United Nations Peacekeeping Operations."

2) 2000년 10월 17일 니와(Niwa) 유엔 행정관리 담당 사무차장보가 유엔총회 제5위원회(행정·예산위원회)에 보고한 유엔재정현황 내용.

3) 〈미국 공법〉 103~236조.

4) The United Nations Association of the United States of America, *A Global Agenda : Issues Before the 53rd General Assembly*(1998), p.308.

5) 〈미국 공법〉 106~113조.

6) 〈유엔분담금 위원회 보고서〉 A/55/11, "Report of the Committee on Contributions" 참조.

7) 〈유엔총회결의〉 A/RES/55/5. [표 1-2] 참조.

8) [표 1-3] 참조.

9) 〈유엔총회결의〉 A/RES/55/235. [표 1-4] 참조.

10) Ambassador Richard C. Holbrooke, "Testimony before the Senate Foreign Relations Committee", United States Permanent Representative to the United Nations(January 9, 2001).

11) "Amendment to H.R. 1646 by Mr. Hyde of Illinois, Mr. Lantos of California, and Mr. Sweeney of New York"(2001년 5월 10일, 미국 하원 통과).

1. 리 사무총장 1946~1952(1대, 노르웨이)

1) 유엔 탄생과 초대 사무총장 취임

2차세계대전이 끝난 직후 국제사회에는 국제연맹을 대체할 새로운 전 세계적 국제기구가 필요하다는 분위기가 형성됐고 이는 유엔의 탄생으로 이어졌다. 새로운 국제기구의 출범과 그 역할에 대한 기대감은 유엔사무총장의 업무 수행에 더할 수 없는 장점으로 작용했다. 이러한 시기에 초대 사무총장으로 취임한 리(Trygve Lie)는 역대 유엔사무총장들 가운데 가장 솔직한 사람으로, 모든 문제를 뚜렷한 주관을 갖고 해결하려고 노력했다. 그의 노력은 환경, 노동, 평화 운동, 선진국과 후진국 사이의 발전 격차 등 여러 영역에서 다양한 결과로 나타났다.

리를 사무총장 후보로 추천한 사람은 다름 아닌 당시 소련의 외무장관이던 그로미코(Andrei A. Gromyko)였다. 이에 보답이라도 하듯 그는 초기에, 1949년 혁명 이후 공산주의 국가가 된 중화인민공화국의 유엔 가입을 허용하자는 주장을 줄기차게 폈다. 중국을 지원하는 그의 모습은 상당히 현명하고 용감하게 미국에 대항할 준비가 된 것으로 비쳐졌다.

2) 한국전쟁 당시 유엔의 대북 군사활동 지지

그러나 한국전쟁이 일어나고, 그가 유엔의 한국전쟁 군사개입을 지지하면서 상황은 급변했다. 리는 사무총장으로서 한반도에 닥친 위기에 대해 세계 여론을 환기시키려 백방으로 노력했다. 북한을 침략자로 규정했을 뿐만 아니라 이 전쟁을 "유엔에 대항하는 전쟁"(war against the United Nations)으로 규정했다. 게다가, 한국전쟁에서 미국과 유엔의 대남한 지원을 열정적으로 추진함으로써 소련의 심기를 불편하게 했고 그에 대한 소련의 적개심만 키웠다. 소련정부의 입장을 대변하는 한 잡지는 1950년 7월 유엔의 리 사무총장을 "겁쟁이, 우익 사회주의자, 월가의 광대 그리고 미국 침략의 교사자"라며 대놓고 혹평했다. 소련정부 역시 리 사무총장의 공식 업무수행에 비협조적이었으며 개인적 비난 등을 통해 사퇴를 종용했다.

3) '성분' 조사

이런 와중에 미국 상원의 매카시(Joseph R. McCarthy) 의원은 유엔 안에서 공산주의자로 보이는 사람들에 대한 조사를 시작했다. 조사가 시작되면서 유엔사무국이 불순한 의도를 가진 미국인들에게 일자리를 주었다는 의혹에 휘말렸다. 실제로 혐의가 밝혀진 것은 없었으나, 그 사건으로 리 사무총장의 명예와 위신은 실추됐고 1952년에 사임했다. 리 사무총장은 퇴직하고 1년 뒤 유엔사무총장 재직시의 경험 등을 모아 《평화를 위해서—유엔에서의 7년》(In the Cause of Peace : Seven Years with the United Nations)이라는 자서전을 출간했다.

2. 함마슐트 사무총장 1953~1961(2대, 스웨덴)

1) 세계의 지도자, 함마슐트

함마슐트(Dag Hammarskjold) 사무총장은 유엔의 가장 훌륭한 지도자 가운데 한 사람으로 평가된다. 그는 외교적인 역할을 수행할 때 전임 리 사무총장보다 훨씬 신중했다. 무조건 강대국의 입장에 따르고 영합하기 보다는 독립적인 권한을 행사하는 자세를 견지하려고 애썼다.

함마슐트 사무총장은 '침묵 외교'라는 슬로건 아래 강대국이 아닌 약소국의 이익 보호를 위해 많은 노력을 기울이는 등 사무총장의 역할과 행동반경을 넓혀 갔다. 그가 안전보장이사회에 휘둘리지 않고 1956년 수에즈 위기 때 최초의 평화유지군을 이집트에 파견한 것이 대표적인 사례다. 그러나 그는 1960년 벨기에에서 독립한 콩고 내전에 개입하면서 평화유지활동이 위험할 수도 있음을 깨달았다. 유엔이 "어느 편을 들면서" 무력을 사용하여 평화를 "강요한다"고 생각한 것이다. 결과론이지만 그는 그런 군사적 개입 때문에 매우 큰 대가를 치러야 했다. 그는 콩고의 반란군을 만나러 가는 길에 북로데시아(Rhodesia)에서 비행기 사고로 숨졌다.

함마슐트 사무총장은 유엔의 사기 진작을 위해서도 열과 성의를 다했다. 그가 리 사무총장의 후임으로 처음 유엔에 부임했을 무렵, 뉴욕 유엔 본부 직원들은 미국 상원의 '성분' 조사 때문에 사기가 어느 때보다 떨어져 있었다. 직원들의 근로 의욕을 진작시키는 것도 새로 선출된 사무총장의 임무였다. 그는 각 총회 개회 전에 직원들을 위한 리셉션을 정기적으로 열어 격려하기 시작했다. 또, 직원들이 이용하는 식당을 자주 찾아 직원들과 스스럼없이 어울렸다. 중동의 가자지구에서 임무수행 중인 유엔군 부대와 크리스마스를 함께 보내려는 노력도 했다. 하지만 시간이 갈수록 업무가 과중해지자 이러한 개인적인 접촉과 노력을 계속하기 어려웠다. 고위 간부들만이 제한적으로 출입이 가능한 38층의 사무총장 집무실에 틀어박혀 업무를 보는 일이 잦아질 수밖에 없었다. 그럼에도 그는 자신을 죽음으로 몰고간 콩고로 가는 비행 바로 직전에도 예전처럼 개인적으로 직원들을 만나려고 노력했다. 하지만 콩고에 갔다 와서 임금문제와 같은 불만사항을 조사하고 대책을 마련하겠다는 약속은 결국 지키지 못했다.

2) 한국전쟁 당시 중국과 미군포로 석방 협상

함마슐트 사무총장은 1954년 12월 10일 〈유엔총회결의〉 906호를 발표했다. 한반도 〈휴전협정〉에 따라 유엔 사령부에 소속됐던 미국인 비행사 11명을 비롯, 귀환을 희망하는 모든 포로들의 석방을 중국에 촉구하는 내용이었다. 유엔총회가 사무총장에게 인도주의적인 이유로 중재를 요청한 것은 전례없는 일이었다.

함마슐트 사무총장은 중화인민공화국 정부가 유엔대사를 파견하고 있지 않았기 때문에, 총회가 요청한 중재 역할 수행을 위해서는 중국정부와 직접 접촉해야 할 것이라고 생각했다. 그래서 함마슐트 사무총장은 중화인민공화국의 총리이자 외무장관인 주은래(周恩來)와 직접 대화하기 위해 북경에서 만나고 싶다는 내용의 전보를 보냈으며, 그 결과 함마슐트 사무총장은 1954년 12월 30일부터 1955년 1월 13일까지 북경을 방문해 주총리와 회담했다. 그는 유엔사무총장이라는 지위보다는 개인적 신념과 본인이 책임지겠다는 자세를 협상의 초석으로 삼았다. 이른바 '베이징 방식'이라 불린 접근법이었다.

당시 중국정부가 유엔 회원국 가입을 열망하고 있던 것이 협상 전망을 밝게 했다. 함마슐트 사무총장은 성공을 낙관했다. 중국의 유엔 가입을 지지한다고 밝히며 대화를 끌고 나갔다. 함마슐트 사무총장과 유엔은 한국의 유엔 사령부에서 일하다가 중국에 구금되어 있는 모든 비행사들을 전쟁포로라고 주장하며 석방을 요구했다. 그러나 중국정부는 수감된 15명의 비행사들 가운데 11명이 중국 국내법을 위반했다고 반박했다. 국내문제이기 때문에 석방할 수 없다는 주장이었다. 함마슐트 사무총장은 아직 유죄가 입증되지 않은 나머지 4명은 협상할 가치가 있다고 여기고 논의의 초점을 그들에게 맞췄다. 주총리와의 대화 등을 통해 적극적으로 교섭한 결과, 협상을 시작한 지 6일 만에 구금자들의 사진촬영과 건강 상태에 관한 정보교환이라는 결실을 이끌어냈다.

함마슐트 사무총장은 북경을 떠난 뒤에도 개인적 채널을 통해 주총리와 협상을 계속했다. 그 결과 5월 29일과 8월 1일에 각각 비행사들 4명과 11명을 석방하겠다는 중화인민공화국 장관의 메시지가 전달되었다. 주총리는 함마슐트 사무총장의 50세 생일에 맞춰 11명의 비행사를 석방하는 특별한 배려를 했다. 그와의 개인적인 우정을 감안해 생일선물로 주려는 의도였다. 유감스럽게도 함마슐트 사무총장이 휴가를 맞아 낚시를 즐기고 있던 스웨덴 남부의 시골집에 포로 석방에 관한 전보가 늦게 도착하는 바람에 생일 당일날 이 선물은 전달되지 않았다.

3) 수에즈운하 문제

1956년 아스완 댐에 대한 재정원조를 거부하겠다는 이집트의 갑작스런 결정은, 국제 금융단과 영국의 재정원조 철회에 이어, 결국 나세르 이집트 대통령이 수에즈운하 회사(United Suez Canal Company)를 국유화하겠다는 선언으로까지 일파만파로 번져나갔다. 영국과 프랑스 정부도 협상을 통해 운하를 국제적으로 관리하기로 합의하지 않는다면 무력사용도 불사하겠다는 강경한 태도를 보였다. 이미 8월 초에 양국은 회담이 실패할 것에 대비, 이집트 공격이 용이한 동지중해에 합동 부대를 배치했다. 프랑스와 영국의 수에즈운하 분쟁에 대한 대응 방식은 아랍 주변국 및 이스라엘의 정책과 휴전 체제에도 영향을 미쳤다. 수에즈운하 분쟁에서 유엔은 전쟁억지 능력을 점차 상실해갔고 유엔 감시단의 이동의 자유도 제한되기 시작했다. 결국 국제사회의 여론은 함마슐트 사무총장이 수에즈운하 분쟁 위기를 타결하기 위해 중재에 나서야 한다는 쪽으로 들끓었다. 함마슐트 사무총장은 수에즈운하 분쟁에 대한 안보리 회원국들의 의견 대립을 효율적으로 이끌어갔다. 사무총장 사무실에서 열린 안보리 회원국의 비공식 협의를 통해서 평화적 해결의 기초가 될 여섯 가지 원칙에 관한 합의가 이루어졌다. 이 원칙들은 10월 13일 안보리에서 만장일치로 승인되었으며 원칙 이행을 위한 세부사항들에서도 진전이 있었다.

그러나 함마슐트 사무총장이 유엔에서 수에즈운하 분쟁과 관련한 이집트와의 협상에 진전을 가져오던 바로 그때, 이스라엘은 1956년 10월 29일 이집트 공격을 개시했다. 그러자 운하를 보호하던 영국과 프랑스는 이집트와 이스라엘에 12시간 안에 수에즈운하 지역에서 철군하라는 최후통첩을 보냈다. 이집트는 최후통첩을 거부했고, 영국과 프랑스 공군이 이집트에 공습을 개시했다.

함마슐트 사무총장은 회원국들이 〈유엔헌장〉상의 의무와 조약을 위반한 것에 큰 충격을 받았다. 사무총장 자신이 주도한 협상을 통해 운하 문제를 공정하고 평화로운 방향으로 해결할 수 있는 물꼬를 터놓았다고 생각하고 있을 무렵에 수에즈 지역에서 무력충돌이 벌어졌기 때문에 그의 충격은 한층 더 심했다. 1956년 11월 1일에 유엔총회는 즉각 정전·철군과 수에즈운하의 재개통를 촉구하는 결의(A/3256)를 통과시켰다. 거의 예외 없이 회원국들은 영국과 프랑스에 등을 돌렸다. 다음날인 11월 2일 영국과 프랑스는 만약 이집트와 이스라엘 정부가 유엔 PKO군을 받아들이는 데 동의한다면 정전을 수락하겠다고 선언했다.

사실 사무총장은 선례가 없는 상태에서 갑자기 유엔군을 창설하려는 시도를 우려하고 있었다. 그러나, 곧 법적·정치적·실용적 측면을 고려해본 뒤, 총회의 적절한 지원만 뒷받침된다면 유엔 PKO군의 창설이 위기를 해결하는 열쇠가 될 것으로 생각하게 되었다. 따라서, 총회는 결의 1000호와 1001(ES-1)호에 따라 1956년 11월 5일과 7일에 각각 유엔긴급군(UNEF : United Nations Emergency Force)을 창설하고, 1956년 11월 2일 결의 997(ES-1)호에 따라 정전, 군대와 무기의 이동 금지, 〈휴전협정〉의 감독 및 정전 발효시 수에즈운하를 재개통하여 자유롭게 항해할 수 있도록 할 것을 요구했다. 유엔긴급군의 감시 아래 1956년 12월 21일에 영국과 프랑스 군대를 완전 철수시켰다.

4) 콩고 사태

콩고 사태는 1960년 7월부터 1961년 9월까지 1년 2개월 동안 국제적으로 큰 파문을 일으켰다. 콩고는 1960년 5월 벨기에에서 독립, 카사 부부(Joseph Kasa-Vubu)를 대통령으로 루뭄바(Patrice Lumumba)를 총리로 하는 초대 중앙정부를 수립했다. 그러나 1960년 7월 5일 콩고의 벨기에군 사령관이 반란을 일으켰으며 벨기에 정부는 즉각 군사개입을 결정했다. 벨기에에 지원을 요청한 반란 지도자 숌베(Moise K. Tshombé)는 7월 11일 카탕가(Katanga)의 독립을 선언했으며, 내전이 확대되는 양상을 띠었다. 이에 대해, 콩고 정부는 벨기에군에 대항할 수 있는 유엔군의 긴급파병을 요청하는 전보를 함마슐트 사무총장에게 보냈다. 7월 13일 함마슐트 사무총장은 안보리에 최대한 빨리 대응할 것을 요청했다. 안보리는 곧바로 회의를 열어 결의 143호를 채택하고 벨기에 정부에 콩고에서 군대를 철수할 것을 요청했다. 이 결의를 통해 콩고 정부와 협의하여 적절한 군사원조를 제공하는 등의 권한을 부여받은 함마슐트 사무총장은 약 2천 명의 병력을 포함하는 유엔 콩고 평화유지군(ONUC : United Nations Force in Congo)을 구성했다.

유엔군 부대는 7월 15일에 레오폴드빌(Leopoldville)에 배치됐다. 이어 유엔군이 콩고의 다른 지역에까지 배치되자, ONUC는 바로 콩고 치안유지 및 주민 보호와 벨기에군 철수 문제 등에 관해 벨기에 대표와 협상에 들어갔다. 그러나 유엔군 파견에 만족하지 못한 콩고 정부는 7월 17일 사무총장에게 48시간 안에 벨기에 군대가 철수하지 않을 경우 소련에 군사지원을 요청하겠다고 통보했다. 함마슐트 사무총장은 안보리에 이 문제를 상정하여 7월 22일 만장일치로 결의 145호를 채택, 벨기에군의 신속한 철수를 촉구했다.

8월 10일 콩고를 방문한 함마슐트 사무총장은 바로 전날 〈안보리결의〉 146호에 따라 카탕가에서도 벨기에 군대가 즉각 철수할 것을 요구했다. 그는 반란 지도자 숌베를 만나, 협의 끝에 유엔군의 평화적 카탕가 입성이라는 성과를 일궈냈다. 8월 12일 유엔군이 카탕가에 입성했으며, 벨기에군은 9월초에 완전히 철수했다. 함마슐트 사무총장의 ONUC는 사태 발생 6주 만에 벨기에 군대를 전 콩고 지역에서 완전 철수시켰다.

콩고 사태를 해결하는 과정에서 소련은 함마슐트 사무총장의 사퇴를 강요하면서 한 명의 사무총장 대신 거부권을 가진 세 명의 이사(troika)를 세우려 했다. 소련이 함마슐트 사무총장의 축출에 나선 것은 그가 콩고에서 했던 역할 때문이었다. 소련은 그가 사회주의 국가에 대한 편견을 갖고 행동했다며 비난하기 시작했다. 10월 3일에 흐루시초프(Nikita S. Khrushchev) 서기장은 함마슐트에게 사무총장직 사퇴를 요구했고, 1961년 2월 14일에는 그의 사임을 요구하는 공식 성명을 발표했다.

1961년 9월 13일 함마슐트 사무총장은 앞으로의 유엔 활동을 논의하기 위해 콩고 아둘라(Cyrille Adoula) 총리의 초청으로 레오폴드빌을 방문했다. 그러나, 콩고 내전를 중단시키고 내분을 가라앉히기 위해 헌신했던 함마슐트 사무총장은, 안타깝게도 9월 17일 정전 요청을 하기 위해 반란 지도자 숌베를 만나러 가는 도중에 비행기 충돌사고로 사망했다.

3. 우 탄트 사무총장 1961~1971(3대, 미얀마)

1) 사무총장 취임과 연임

강대국들은 장차 어떤 사무총장도 함마슐트 사무총장과 같은 영향력을 가지기는 어려울 것이라고 생각했지만 미얀마의 우 탄트(U Thant) 사무총장은 그런 생각을 여지없이 깨뜨렸다. 우 탄트는 1961년 9월 함마슐트 사무총장이 비행기 사고로 사망한 뒤, 1961년 11월 3일 안보리의 추천을 받아 총회에서 만장일치로 사무총장 대리로 임명되었다. 함마슐트 사무총장의 잔여 임기를 채운 그는 1962년 11월 30일 총회에서 만장일치로 차기 사무총장으로 임명되어 1966년 10월 임기가 끝난 뒤에 은퇴 의사를 발표했다. 1966년 10월 《뉴스위크》는 우탄트 사무총장의 자리를 채울 만한 사람이 없다고 보도했다. 주위의 간곡한 권유를 받아들여 우 탄트 사무총장은 1966년 12월 2일 연임을 받아들였다.

우 탄트 사무총장과 후임자 발트하임 사무총장이 각각 10년 동안 사무총장으로 재직하고 난 뒤, 다음 임기를 연장할 것인지를 결정해야 했을 때 두 사람의 대응은 판이하게 달랐다. 1971년 1월 23일 우 탄트 사무총장은 어떠한 상황에서도 연임하지 않겠다고 발표했고, 1971년 9월 기자회견에서 후임자가 선정되지 않으면 몇 달 동안만이라도 더 사무총장으로 일할 수 있을지를 묻는 질문에도 부정적으로 답했다. 안보리의 모든 회원국이 그를 지지해 다음 5년 동안 사무총장으로 한 번 더 일해줄 것을 간청했으나 우 탄트는 고집을 꺾지 않았다. 결국 임기 종료 10일 전인 1971년 12월 21일에 발트하임 사무총장이 유엔의 제4대 사무총장으로 선출되었다.

우 탄트 사무총장과는 대조적으로 발트하임 사무총장은 여론의 비난을 받으면서도 연임 추진을 강행했다. 발트하임 사무총장은 심지어 중국의 찬성표를 얻기 위해 1976년 9월 마오쩌둥이 사망하자 그를 지나치게 칭찬했다. 《뉴스위크》는 마오쩌뚱을 칭찬한 발트하임 사무총장에 대한 한 외교관의 코멘트를 전했다. "중국은 5천년 전통을 지닌 문명국이다. 그들은 그러한 싸구려 전술에 팔리지 않는다."(China is a 5,000 year old civilization. They cannot be bought with such cheap tactics) 그러자 중국은 발트하임 사무총장이 장기집권 시도를 포기할 때까지 안보리에서 무려 16번이나 거부권을 행사했다.

우 탄트 사무총장은 모든 강대국들의 강력한 지지를 받고 있었기 때문에 만약 그가 원하기만 했다면 15년 동안 일할 수 있었음에도, 1971년 12월 31일까지 10년 동안 재직한 뒤 아주 짧은 기간 동안만이라도 더 재직해달라는 간청조차 거절했다. 그는 유엔총회의 고별사에서 "해방된 듯한 편안함"을 느낀다는 심정을 밝혔다. 그가 연설을 끝냈을 때, 우레와 같은 기립 박수가 쏟아졌다. 그는 사무총장 재임 기간을 회고하여 유작으로 1978년에 출판된 회고록 《유엔의 시각》(View from the UN)에서 이 부분을 언급하지 않았으나, 발트하임 사무총장과 부트로스 갈리(Boutros Boutros-Ghali) 사무총장은 자신들이 유엔사무총장에서 은퇴할 때 기립 박수를 받았다고 언급하고 있다.

냉전기간에 10년 넘게 사무총장으로 있었던 우 탄트 사무총장은 조용한 성격이어서 안전보장이사회에서도 거의 말을 하지 않았다. 우 탄트 사무총장의 유엔은 평화와 안보라는 핵심 주제를 다루느라 다른 문제들에 신경 쓸 겨를이 없었다. 유엔의 세계적 정의와 평등 이념에 큰 희망을 걸고 줄지어 유엔에 가입하던 신생독립국가들을 맞느라 정신이 없었던 것이다.

2) 웨스트 뉴기니의 인도네시아 양도 문제

웨스트 뉴기니는 1949년 12월 27일 인도네시아가 독립한 뒤에도 네덜란드령 동인도제도의 일부였고 네덜란드의 소유였다. 인도네시아는 웨스트 뉴기니를 되찾으려고 끊임없이 노력했다. 수카르노 인도네시아 대통령은 1961년 12월 8일 웨스트 뉴기니를 되찾기 위해 네덜란드인들에 대항하는 군사작전을 시작했다. 그리고 네덜란드와 인도네시아 정부는 1962년 3월 20일 웨스트 뉴기니 문제에 관한 협상을 시작했다. 미국 대표들은 웨스트 뉴기니 문제 해결에 아주 적극적이었는데, 네덜란드와 인도네시아의 협상을 버지니아(Virginia) 주의 미들버그(Middleburg)에서 할 수 있도록 배려할 정도였다. 우 탄트 사무총장은 그 회담을 공식적으로 후원했다. 네덜란드는 웨스트 뉴기니를 우 탄트 사무총장의 유엔에 넘겼다. 1963년 5월 1일 유엔은 웨스트 뉴기니를 인도네시아에 다시 넘겼고, 인도네시아는 웨스트 이리앗(West Iriat) 주(州)라고 명명했다.

3) 쿠바 미사일 문제

유엔의 우 탄트 사무총장은 케네디(John F. Kennedy) 대통령과 흐루시초프 서기장과의 첫 번째 회담에서 쿠바로의 무기 수송을 자발적으로 중단해 줄 것을 소련에 요청했다. 동시에 미국에는 쿠바에 대한 군사적 봉쇄를 해제하라고 요청했다. 결국, 여러 차례 협상 끝에 1962년 10월 26일 흐루시초프 서기장은 미국이 쿠바를 침공하지 않는다고 약속한다면 미사일을 철거하겠다는 뜻을 케네디 대통령에게 전달했다.

10월 28일 흐루시초프 서기장은 미사일 철거를 명령했고, 29일에는 소련의 수석 부총리 쿠즈네초프(Nikolai G. Kuznetsov)가 우 탄트 사무총장을 만나 소련의 미사일이 쿠바 밖으로 옮겨지고 있으며, 이 작업이 끝나면 유엔이 쿠바에서 현지조사를 할 수 있을 것이라고 알렸다. 유엔은 소련이 쿠바로 무기수송을 하지 않는다면, 미국이 군사봉쇄를 해제할 것이라고 절충안을 제시했다. 이에 소련은 무기 이동을 중단했을 뿐만 아니라, 한 단계 더 나아가 쿠바에 배치했던 핵무기까지도 제거했다. 소련의 이런 움직임에도 불구하고 케네디 대통령은 쿠바에 대한 봉쇄를 계속 유지했고, 쿠바 영공에서의 저공비행 정찰을 지시했다. 우 탄트 사무총장은 미국의 대표들에게 합의사항을 지켜 군사봉쇄를 해제해야 한다고 설명했으나, 그들은 군사봉쇄는 쿠바에 있는 모든 미사일이 제거된 뒤에 해제할 것이라고 말했다.

1962년 10월 30일 우 탄트 사무총장과 그 측근들은 쿠바의 아바나에서 카스트로(Fidel Castro)와 로아(Raúl Roa) 외무장관을 만났다. 우 탄트 사무총장은 미사일이 제거된 뒤에 조사하겠다는 종전의 합의사항을 수정해 미사일이 분해되고 있는지에 대한 즉각적인 조사 허용을 요구했다. 카스트로는 "유엔과 미국이 이 상황을 이용하려 한다"면서 거부했다. 다음날 카스트로를 다시 만난 우 탄트 사무총장은 "이후 미국이 쿠바 영공을 침공한다면 어떤 경우에도 가차없이 격추하겠다"는 카스트로의 비장한 결의를 들었다. 11월 2일 쿠바로 향하던 소련 함정 16척은 방향을 소련으로 돌렸다. 위기가 사라지는 순간이었다. 소련이 쿠바에서 폭격기를 철거하겠다고 동의한 11월 20일, 미국은 해상봉쇄를 풀었다. 12월 7일 소련은 공격용 무기를 쿠바에서 철거했다고 미국에 통고했다.

4. 발트하임 사무총장 1972~1981(4대, 오스트리아)

발트하임 사무총장은 유엔에서 이룬 업적보다도 사무총장 퇴임 이후 오스트리아 대통령으로 나치 전범에 연루, 기소된 일로 잘 알려져 있다. 특히 그의 재임기간 동안 유엔사무국은 정실인사와 부정·부패로 고위 간부들의 자질이 떨어졌고, 사무국 직원들의 사기도 최악이었다고 평가되고 있다.

1971년 12월, 5년 임기의 사무총장으로 선출된 발트하임 사무총장은 초기 3년 동안은 유엔이 특별한 관심을 가지고 있던 분쟁지역을 자주 방문했다. 1972년 3월에는 나미비아 문제를 해결하기 위해 남아프리카와 나미비아를 방문했고, 유엔 PKO군 파견 문제를 정부 지도자들과 협의하기 위해 키프로스를 세 차례 방문했다. 1974년에 키프로스를 방문했을 때는 전쟁 직후였는데 클레리드(Glafcos Clerides) 대통령 대리와 터키인 키프로스 반란 지도자 뎅크타쉬(Rauf Denktash)의 대화를 주선하기도 했다. 발트하임 사무총장은 또한 중동 지역의 평화 정착을 위해 1973년 8월에 시리아, 레바논, 이스라엘, 이집트, 요르단을 방문했고, 1974년 6월에는 레바논, 시리아, 이스라엘, 요르단의 지도자들과 회담했다. 1973년 2월에도 인도, 파키스탄, 방글라데시 정부와 인도·파키스탄 전쟁으로 파생된 문제들을 극복하는 방안들을 협의했다. 1974년에는 오랜 가뭄에 시달리고 있던 아프리카의 수단과 인근 사하라 지역 국가들을 방문했다.

발트하임 사무총장은 특별한 성과를 거두지는 못했으나 중국·베트남 분쟁을 종식시키고 이란에 잡혀 있던 미국 인질들을 석방시키려고 노력했다. 1979년 2월 17일 중국군이 베트남에 선전포고 없이 대규모 침공을 개시하자, 베트남은 유엔안보리에 조치를 요청했다. 하지만 안보리는 우물쭈물할 뿐 행동에 나서지 않았다. 그러는 동안, 소련은 베트남 지원을 강화했고 3월 중순까지 산발적인 전투가 계속됐다. 3월 6일 중국이 제안한 외무차관급 회의를 베트남이 수락해 전투는 일단 종식됐다. 5월 21일에 발트하임 사무총장의 감독 아래 전쟁포로 교환이 이루어졌다. 발트하임 사무총장은 1985년에 회고록(*In the Eye of the Storm*)을 출간했다.

5. 케야르 사무총장 1982~1991(5대, 페루)

1) 유엔재정위기와 온화한 성품의 사무총장

성품이 온화하고 부드러운 케야르(Javier Perez de Cuellar) 사무총장은 재임기간 내내 악명 높았던 예산 논쟁 때문에 지루한 시간을 보냈지만, 위기에 빠진 유엔의 재정문제는 그의 재임기간에 결코 회복될 것 같지 않았다. 게다가 세계은행(World Bank)과 국제통화기금(IMF)이 세계경제개발 관련 사업에 치중하면서 유엔의 인도적 지원 사업에 대한 재원조달이 위협받았다. 유엔의 행보가 순탄치 못했다. 그럼에도, 케야르 사무총장은 '중재, 주선' 능력이 탁월하여 여러 차례 국제 분쟁을 해결하는 성과를 올렸다.

2) 아프가니스탄 사태

1980년대 말 아프가니스탄에서 소련군이 철수한 것은 냉전종식과 소련 내부의 불안정한 상황에 기인한 바가 크다. 외교·군사 등의 복합적인 요인이 작용하고 있었다. 소련군의 철수는 유엔사무총장이 탄탄한 외교력을 발휘했기 때문이라는 평가가 있다. 여기에다 미국과 파키스탄의 군사적 압력도 한몫 했다.

1979년 소련이 아프가니스탄을 침공한 사건은 동·서전쟁으로 비화되고 있었다. 소련은 아프가니스탄에 괴뢰정부를 세워 파키스탄과 미국에 대항했다. 미국 내부는 강경론과 협상론으로 갈려 논쟁이 분분했다. 케야르 사무총장과 사무총장 특별대표 코르도베스(Diego Cordovez)의 중재 노력은 양쪽의 정치적 상황과 거기에서 파생되는 음모 때문에 좌절되고 방해받는 일이 비일비재했다. 강대국간의 해결을 주창했던 코르도베스 대리는 케야르 사무총장의 잦은 간섭을 받아야 했다. 레이건 행정부마저 분열됨에 따라 유엔의 중재 노력은 오히려 소련에 이용됐다. 1983년 초에 와서야 돌파구가 보이는 듯했다.

케야르 사무총장은 그 해 1월에 레이건 미국 대통령과 회담을 하면서 아프간에 대한 불간섭 보장 및 아프간 난민 귀환 문제를 해결할 것을 촉구했다. 3월에 그는 모스크바에서 공산당 지도자인 안드로포브(Yuri

Andropov)와 그로미코 외무장관과 회담했다. 케야르 사무총장의 임무는 소련군이 굴욕감을 느끼지 않고 철수할 수 있도록 창의적인 중재를 하는 것이었다. 소련군의 즉각적인 철수를 요구하는 〈유엔총회결의〉는 아프간과 소련정부에 별 영향을 미치지 못했다. 케야르 사무총장의 중재의 성패는 미국의 아프간 반군에 대한 지원 중단과 밀접한 관련이 있었다. 소련 내부의 태도 변화와 고르바초프가 서구와 관계를 개선하려는 노력도 중요한 역할을 할 것으로 예측되었다. 케야르 사무총장은 이러한 인식 아래 평화 수립과 전후 재건을 위한 노력을 전개했다. 그런 노력들은 1988년 〈평화협정〉 체결이라는 실질적 결과로 나타났고, 1989년 후반에 유엔총회는 정식으로 포괄적인 정치해결을 위한 중재 역할을 사무총장에게 요청하는 결의를 채택했다.

3) 레바논 인질 사태

유엔사무총장은 인질 석방을 위한 협상을 중재하는 데 기여하기도 한다. 종종 강대국들이 관련된 사안에서 양측을 중재하는 역할을 하는 것이다. 레바논 인질 사태도 사무총장이 효과적으로 양측을 중재한 사건이다.

레바논 인질 석방을 위한 다른 중재자들, 특히 스위스 외무장관이 협상에 실패했을 때, 케야르 사무총장은 안보리나 총회의 공식적인 위임 없이 무작정 인질 석방을 위한 노력을 시작했다. 그는 레바논에 막대한 영향력을 끼치고 있던 시리아와, 인질들을 잡고 있던 근본주의자들, 특히 헤즈볼라와 이슬람 지하드에 영향력을 미치고 있던 이란으로 특사를 보냈다.

1991년 중동에 특사를 파견한 케야르 사무총장은 걸프전 이후 확보한 지역 내 위상과 서방과의 관계 등으로 볼 때, 이란이 이스라엘과 서방의 포로 석방을 촉구하는 데 상당한 영향력을 발휘할 수 있음을 알게 됐다.

인질을 구하려면 쌍방의 조치가 필수 불가결하다고 믿었다. 그래서 이스라엘에게도 이슬람 포로들을 석방할 것을 촉구했다. 유엔사무총장은 이스라엘과 긴밀한 관계를 유지하고 있는 미국이 이스라엘에 영향력을 행사하기를 희망했고, 미국은 이러한 사무총장의 희망을 유념했다.

1991년 8월 이슬람 지하드는 영국인 매카시(John McCarthy)를 석방했다. 풀려난 그는 인질범들이 보내는 비밀 메시지를 케야르 사무총장에게 전달했다. 매카시는 인질범들도 이 사건이 빨리 끝나기를 원하고 있으며, 케야르 사무총장을 상당히 신뢰한다고 말했다. 이슬람 지하드는 매카시를 유엔에 보냄으로써 인질문제가 현안이 되고, 자신들의 주장이 진지하게 논의되기를 바랐다.

인질 사건 해결의 마지막 국면은 1991년 9월 11일 테헤란에서 열린 케야르 사무총장과 라프산자니(Hashemi Rafsanjani) 이란 대통령의 회담이었다. 이 회담에서 라프산자니 대통령은 이란이 그 해 말까지 인질들을 구하기 위해 영향력을 행사할 것이라고 약속했다. 인질범들과 이란은 인질들을 이용할 만큼 이용하여 더는 인질을 실제 문제의 협상 조건으로 사용할 수 없다는 것을 깨달았다. 이후 인질들의 석방 협상은 미국이 1979~1980년 사건으로 몰수한 이란의 재산을 보상한다는 조건 아래 더욱 가속화되었다.

4) 이란·이라크 전쟁

1979년 이란의 회교 혁명으로 지역안보가 불안해지면서 사담 후세인 이라크 대통령은 재빨리 걸프 지역에서 주도권을 장악하고 이란의 공격을 사전 저지할 목적으로 이란과 전쟁을 시작했다. 이에 대한 국제사회의 반응은 미온적이었다. 서방 일부 나라는 내심 반기기까지 했다. 안보리는 〈유엔헌장〉을 쓴 사람들이 다시 무덤에서 뛰쳐나오고 싶어할 정도로 무력충돌을 소극적으로 바라만보고 있었다.

　서구 사회는 전략적으로 중요한 지역에서 이슬람 근본주의자들이 주도권을 장악하는 것을 우려했다. 게다가 미국과 소련은 걸프 지역의 세력균형이 깨지는 것을 우려했고, 양국이 직접 군사적으로 개입하는 것은 바람직하지 않다는 데 암묵적으로 동의했다. 안보리까지도 석유공급에 문제만 없다면 적극적인 행동을 취하지 않으려 했다. 전쟁은 상당히 격렬해 일진일퇴를 거듭했다. 이라크가 무기나 조직면에서 우세했지만 이란의 군대는 사기가 높았다. 전쟁에서는 민간인들을 목표로 화학무기까지 사용했으며, 1986년 탱크전에서는 걸프만의 다른 국가도 위협을 받았다.

　이란과 이라크가 각자 승리를 주장하고, 안보리가 무관심하게 보고만 있을 때, 케야르 사무총장은 팔을 걷어부치고 중재에 나섰다. 그는 1980년에서 1982년 사이에 발트하임 사무총장의 대리였던 팜(Olof Palme)이 도입한 분쟁 해결방법을 따랐다. 교전 중지와 함께 민간 지역에 대한 공격, 화학무기의 사용, 민간 선박 및 항공기에 대한 공격을 금지하는 것이 골자였다. 1985년 3월에 케야르 사무총장은 뉴욕에서 양측을 만나 이런 내용이 포함된 〈8조항 계획서〉를 제출했다. 그는 안보리에도 〈8조항 계획서〉를 제출하고, 4월에는 분쟁지역을 찾았다. 열흘 동안 이란, 이라크와 이라크를 재정적으로 가장 많이 후원하고 있던 사우디아라비아를 방문했다. 케야르 사무총장은 이란·이라크 양국이 믿을 수 있는 유일한 대화 창구였다. 이란은 안보리가 너무 정치적이라는 이유로 안보리의 결의는 거부했으나 사무총장은 언제든 환영할 준비가 돼 있었다.

　케야르 사무총장은 전쟁을 중단시키기 위해 1984년, 1985년에 조사단을 양국으로 보냈다. 화학무기 사용 여부를 조사하기 위해서였다. 1985년 초에는 전문가 팀을 보내 전쟁포로들에 대한 대우 실태를 조사했다. 이러한 노력들은 〈정전협정〉이 실질적인 성과를 보지 못하던 상황에서 인도적 문제를 다루는 제도적 장치를 수립하는 데 중요한 역할을 했다.

1987년 1월, 안보리의 정치 환경이 호전되었을 때, 케야르 사무총장은 상임이사국들을 설득해 정전결의를 이끌어냈다. 〈안보리결의〉 598호는 이란과 이라크가 즉각 정전하고 각자의 영토로 군대를 철수할 것을 요구했다. 1987년 9월 케야르 사무총장은 정전결의에 대한 합의를 얻어내려고 나흘 동안 걸프 지역을 방문했다. 하지만 이란의 거부로 케야르 사무총장이 안보리를 닦달했던 노력은 허사가 됐다. 화학무기 사용과 민간 지역에 대한 폭격으로 얼룩진 치열한 전투는 계속됐다. 이라크가 군사적으로 우세를 유지하는 가운데, 돌파구를 찾은 쪽은 이란이었다. 이란은 정전 의사를 케야르 사무총장에게 전달했고 사무총장은 양측과 안보리 정전결의를 기초로 협상을 재개했다. 난항 끝에 8월 9일 유엔 이란·이라크 정전 감시단을 설치하는 〈안보리결의〉 619호를 채택했다.

6. 부트로스 갈리 사무총장 1992~1996(6대, 이집트)

1) 적극적 성향의 부트로스 갈리 사무총장

부트로스 갈리(Boutros Boutros-Ghali) 사무총장은 선임인 케야르 사무총장이 불간섭주의자인 것과는 달리 적극적 성향이었다. 함마슐트 사무총장 이후에 가장 적극적인 유엔의 지도자로 평가받는다. 부트로스 갈리 사무총장이 부임한 뒤 뉴욕 유엔본부에는 구조조정 바람이 불었고 직원들은 술렁거렸다. 핵심 분야의 내부 개혁 의지 또한 어떤 선임자보다도 강해 미뤄뒀던 개혁의 날을 세웠다.

서구 열강들은 부트로스 갈리 사무총장을 자유시장주의의 신봉자로 믿고 사무총장으로 임명했다. 부트로스 갈리 사무총장은 냉전 이후 소말리아와 르완다에 유엔평화유지군을 파병했다가 크게 실패했다. 특히, 부트로스 갈리 사무총장의 재임 기간 동안 가장 논란거리가 된 것은 보스니아에서 벌어진 PKO 활동이다. 충분한 무력을 사용하지 않아서 무력 분쟁을 종식시키지 못했다는 비판이었다. 그 자신도 보스니아의 PKO 활동이 유엔의 명예를 실추시켰다는 사실을 인정했다. 하지만 그는 "보통 사람들은 매일 텔레비전만 본다. 그들은 정작 치안유지, 개발, 인권, 민주화 현장에서 벌어지는 실제 상황을 모른다. 그래서 빚어지는 오해들이 유엔의 이미지를 손상시키는 것일 뿐"이라고 당당하게 말했다. 재임기간 내내 부트로스 갈리 사무총장은 마치 개도국들의 기본적 요구가 받아들여지지 않을 경우, 세계는 어느 시기보다도 더 전쟁으로 피폐해질 것이라는 가정 아래 행동하는 듯했다.

2) 르완다 대량학살

후투족으로 구성된 르완다 정부와 투치족으로 구성된 르완다 애국동맹(Rwandese Patriotic Front) 사이의 무력충돌은 1990년 10월에 처음으로 발발했다. 수 차례의 〈정전협정〉이 실패로 돌아가고, 1993년 3월 양측 사이에 전투가 재개됐다. 평화협상을 지원하고 군대 파견의 필요성을 조사하기 위해 안보리는 1993년 6월 22일 우간다 쪽 국경에 유엔 군사옵서버를 파견하기로 결정했다. 8월 4일 〈평화협정〉이 체결됐으며, 양측의 요청에 따라 〈휴전협정〉을 감독하고 난민들의 본국 귀환을 지원하는 등 인도적 지원을 하는 유엔 르완다 지원단(UN Assistance Mission in Rwanda : UNAMIR)의 활동이 시작됐다. 부트로스 갈리 사무총장은 유엔 안에서 아프리카 문제를 부각시키기 위해 앙골라에 이미 파견돼 있던 사무총장 특별대표의 임기를 연장하고 르완다에도 특별대표를 파견했다. 그럼에도, 르완다의 정세가 불안해지자 부트로스 갈리 사무총장은 안보리에 유엔 PKO군 파병을 요청했다. 이 와중에 르완다의 대통령이 폭발사고로 사망하는 사건이 발생했다. 범인들은 대통령이 투치족의 존재를 인정한 것에 불만을 품은 후투족 극단주의자들로 추정됐다. 그러나 후투족 지도자들은 암살자들을 투치족으로 지목하고 투치족을 대량으로 학살하기 시작했다.

부트로스 갈리 사무총장은 여러 차례 안보리에 유엔 PKO군 파병을 요청했지만, 안보리는 자국의 국익과 상관없는 분쟁에 개입하길 꺼리는 미국의 소극적 자세 때문에 수수방관만 할 뿐이었다. 르완다의 상황은 극한으로 치달아 파병돼 있던 벨기에 군대마저 철수해버렸다. 1994년 5월 17일에 가서야 안보리는 유엔 군사 옵서버 활동을 강화하는 결의 918호를 채택했다. 얼마 지나지 않아 안보리는 양측 분쟁당사자로부터 유엔의 감독 아래 〈정전협정〉을 준수해 나가겠다는 약속을 받았다. 그러나 두 부족의 유혈충돌은 1994년 8월까지 계속됐고 국제사회와 안보리가 손을 놓고 있는 사이에 르완다에서는 100만 명에 가까운 사람들이 숨져갔다.

1994년 8월 1일 《타임》과의 인터뷰에서 부트로스 갈리 사무총장은 국제사회가 르완다 사태를 방치하고 있는 데 대한 절망감과 실망감을 토로했다. 그 자신은 1991년에 선출되었을 때만 해도, 세계의 어떤 분쟁도 유엔이 충분히 해결할 수 있을 것이라는 믿음을 가지고 있었으나, 그러한 믿음이 간단히 실현되는 것이 아님을 깨달았다고 했다. 그는 "현재 르완다에서 정부가 붕괴되고 전쟁범죄와 대량학살이 자행되고 있다. 냉전기간에 하루 10억 달러씩 군사비를 지출하던 미국이 르완다를 살리기 위해 필요한 30억 달러 지출에는 냉담한 반응을 보이고, 다른 나라들까지도 인도적 지원 활동에 참여하지 못하도록 저지하고 있다는 사실에 실망감을 느꼈다"고 밝혔다.

3) "난 정복되지 않는다"

미국의 거부권 행사로 연임을 거부당한 유일한 사무총장인 부트로스 갈리 사무총장은 1999년 6월에 출간한 회고록 《난 정복되지 않는다》 (*Unvanquished : A US-UN Saga*)에서 미국이 자신의 유엔사무총장 재선을 어떻게 저지했는지를 회상하고 있다.

사무총장으로 선출될 당시 부트로스 갈리는 69세였다. 유엔을 새로운 방향으로 이끌고 나가기에는 나이가 너무 많다는 미국의 비판여론을 잠재우기 위해 그는 5년 뒤 사임할 것이라는 약속을 했다. 그 덕분인지 1992년 1월 제 3세계 국가들의 전폭적인 지원에 힘입어 유엔사무총장으로 취임했다.

그러나 5년의 임기가 끝나갈 무렵 친구, 동료, 유엔 회원국들은 그에게 연임을 권고했다. 측근들은 그가 유엔사무총장의 독립성을 강화시켰을 뿐만 아니라 사무총장 역할도 잘 해냈다고 평가했다. 게다가 모든 사무총장들이 연임했기 때문에, 만약 그가 연임 시도조차 하지 않는다면 조국 이집트는 물론 전 아프리카 대륙의 체면이 서지 않을 것이라고 부추겼다. 주위의 권유와 함께 자신이 이룩해 놓은 일에 대한 자부심도 가지고 있었던 부트로스 갈리 사무총장은 연임에 도전하기로 결심했다. 유엔사무총장 선출은 미국의 정치적 입김이 큰 영향을 미친다. 때문에, 부트로스 갈리 사무총장 자신도 1996년 미국 대통령 선거와 같은 해에 치러지는 사무총장 연임 추진이 쉽지 않을 것으로 보고 있었다.

부트로스 갈리 사무총장은 《난 정복되지 않는다》(*Unvanquished*)는 도발적 제목을 붙인 자신의 회고록에서 "미국 제일주의의 오만으로 똘똘 뭉친 클린턴 행정부의 무자비한 세계패권전략"을 신랄하게 비판했다. 그는 미국의 비협조로 "처음의 고상한 뜻"을 이루지 못한 점을 애석해 했다. 그러면서도 스스로를 한반도와 중동, 발칸반도, 중미, 동아프리카 등 분쟁지역에서 평화유지를 위해 헌신한 세련되고 유능한 정의의 사도라고 평했다. 그러나 그와는 대조적으로 당시 미국의 유엔대사 올브라이트는 미국이 왜 그토록 부트로스 갈리 사무총장의 연임을 반대하는지를 묻자 "그는 유엔개혁은 생각지도 않는 인물"이라고 평가 절하했다. 부트로스 갈리 사무총장은 비효율적으로 운영되는 유엔을 개혁하려는 의지가 너무나 빈약하며, 개혁의 시기도 놓쳤다고 비판받았다.

실제로 미국이 부트로스 갈리 사무총장을 신뢰하지 않아 미국 의회에서 유엔 미납분담금 지출 승인을 얻어내기도 힘들 것이란 예상이 많았다. 유엔이 21세기를 맞아 세계평화와 안전유지를 위한 실효성 있는 기구로 거듭나기 위해서는 새로운 에너지와 리더십의 주입이 절실하며, 이런 상황에서 부트로스 갈리 사무총장은 역부족이라는 것이 미국측의 주장이었다.

따라서, 클린턴 행정부는 수개월 동안 부트로스 갈리 사무총장이 연임을 포기하도록 종용했다. 국방장관이 미국의 의도를 일찌감치 전했으나, 부트로스 갈리 사무총장은 연임 추진을 강행했다. 미국이 1년의 임기 연장을 제안하자 부트로스 갈리 사무총장이 거절했고 미국은 다른 후보를 찾겠다는 의사를 공개적으로 밝혔다. 부트로스 갈리 사무총장도 가만히 앉아 있지는 않았다. 지지를 얻기 위해 미국의 우방국인 프랑스와 독일을 비롯한 세계 곳곳을 방문했다.

결국 코피 아난(Kofi Annan)이 부트로스 갈리 사무총장의 승계자로 결정됐다. 미국이 승리한 것처럼 보였으나, 당시 부트로스 갈리 사무총장을 지지하는 세계 여론도 높아 단정적인 평가를 내리기는 어렵다.

제3세계 국가들의 전폭적인 지원에 힘입어 1992년 1월 유엔사무총장에 취임한 부트로스 갈리 사무총장. 그는 냉전종식 이후 '세계 유일의 슈퍼 파워'로 부상한 미국과 5년 임기 내내 갈등을 빚다가 결국 미국의 거부로 연임에 실패, 1997년 1월 물러났다.

참고문헌

단행본

Boutros-Ghali, Boutros., *Unvanquished : A US-UN Saga*(New York : Random Hous,
    1984).
Pérez de Cuéllar, Javier., *Pilgrimage for Peace*(New York : St. Martin's Press, 1997).

인터넷 자료

Caldwell, Jim., "Korea : 50 years ago this week, July 6~12", Army LINK
    News.[www.dtic.mil/armylink/news/Jun2000/a20000630korea3.html]
Eric Rouleau, "The US and World Hegemony : Why Washington Wants Rid of Mr.
    Boutros-Ghali", *Le Monde Diplomatique*(1996).[www.mondediplo.com/1996/11]
Franck, Thomas M., "The Secretary-General's Role in Conflict Resolution : Past,
    Present and Pure Conjecture."[www.ejil.org/journal/Vol6/No3/ant4.html]
Sorenson, Theodore C., "Sorenson's View of the Cuban Missile Crisis : The
    Leader Who Led", *New York Times*(October 18, 1997)
    [www.mtholyoke.edu/adad/intrel/sorenson.htm]
The New York Times, "ON This Day : Hammrskjold Greatly Extended U.N.'s Scope
    Through Leadership and Personal Initiatives", *New York Times*(Sep. 19, 1961).
    [www.nytimes.com/learning/general/onthisday/bday/0729.html]
"Brundi in Crisis", *Online Newshour*(Aug. 1, 1996).
    [www.pbs.org/newshour/bb/africa/august96/burundi_8-1.html]
"Cuban History, Part 3 : Missile Crisis", part. 3
    [www.marxists.org/history/cuba/subject/missile-crisis/ch03.htm]
"Dag Hammarskjold : The UN Years……."
    [www.un.org/Depts/dhl/dag/time1954(55, 56, 60, 61)/htm]
"Divided Nations", *Online Newshour*(June 20, 1996).
    [www.pbs.org/newshour/bb/middle_east/june96/al-ashtal_6-20.html]
"First-Sixth United Nations Secretary-General."
    [www.un.org/overview/SG/sg1(2, 3, 4, 5, 6)bio.html]
"Foreign Relations of the United States 1964~1968", Vol XXV South Asia
    (Washington D. C. : Department of State)
    [www.state.gov/www/about_state/history/vol_xxv/s.html]
"UN History" [www.infoplease.com/ce6/history/A0861704.html]
"United Nations : Heroes and Villains", *New Internationalist*, Issue 262(Dec., 1994).
    [www.oneworld.org/ni/issue262/heroes.htm]

제 2 부

군축과 신뢰구축, 테러

생화학무기와 테러 이충면 · 박영규

1. 생화학무기의 위험성

미국에서 지난 25년 만에 처음으로 발생한 탄저균 감염 환자가 사망하고, 탄저균을 지닌 것으로 보이는 흰색 가루가 우편물로 배달되어 미국 전역이 생화학 테러의 공포에 휩싸인 사건이 발생한 일이 있은 뒤에 세계적으로 생화학무기를 이용한 테러 가능성에 대한 경각심이 높아지고 있다. 지난 1995년 일본 도쿄 지하철역에서 옴 진리교 신도가 사린가스를 살포한 사건에서 보듯이 생화학무기는 아주 적은 양으로도 치명적인 인명 피해를 줄 수 있다.

우리에게 널리 알려진 대량살상무기(WMD : Weapons of Mass Destruction)는 세 가지로, 핵무기 · 생물무기 · 화학무기가 그것이다. 대량살상무기가 재래식무기와 다른 가장 큰 차이점은 무기 자체의 높은 살상력과 함께 군인은 물론 전쟁에 참여하지 않는 비전투원 또는 일반인에게까지도 피해를 준다는 점이다.[1] 이러한 세 가지 대량살상무기 가운데 생화학무기의 위력 또는 위험성은 핵무기보다 적게 알려져 왔으나, 전쟁 또는 테러에서 사용될 가능성은 핵무기보다 훨씬 높다는 것이 일반적인 견해이다.[2] 곧, 생화학무기는 핵무기와 비교할 때 생산비용이 저렴하여 "가난한 자의 핵무기"(the Poor Man's Nuke)라고 일컬어지고 있으며, 제조기술 습득도 쉬울 뿐만 아니라 탐지 또는 적발 가능성도 적은 것으로 알려져 있다.

과거 테러 사례를 분석해보면, 1970~1980년대까지는 총기류, 폭발물, 비행기 납치 등에 의한 테러가 주종을 이루었으나, 1990년대부터는 핵무기, 생화학무기와 같이 소규모로 대량살상효과를 낼 수 있는 무기를 이용한 대규모 테러가 점차 늘어나고 있다. 테러리스트들이 자신들이 추구하는 목적을 일반 대중에게 널리 알리는 수단으로 대량살상무기를 사용하고 있다고 분석하기도 한다.

〔표 2-1〕 생화학무기 사용 약사

- **기원전 408년** 스파르타군이 아테네를 공격하기 위해, 송진에 유황을 묻혀 태울 때 생기는 유독가스를 사용.
- **1346년** 이탈리아 항구도시 제노바를 공격하던 타타르인들이 흑사병으로 죽은 동료의 시신을 투석기로 성안으로 던져넣음.
- **1518년** 스페인의 정복자 코르테스가 멕시코 원주민 아즈텍족에게 천연두를 퍼뜨림.
- **1710년** 러시아군이 스웨덴과 전쟁시 전염병을 확산시키기 위해 흑사병 희생자를 사용.
- **1767년** 영국 장군 암허스트는 프랑스군을 돕고 있던 북미 인디언에게 천연두에 오염된 담요들을 살포.
- **1914~1918년** 1차대전 당시 독일, 영국, 프랑스 등이 염소 등의 화학무기를 대량으로 살포.
- **1930~1940년대** 일본이 생물무기를 실험하고 중국과 만주에서 일부 사용.
- **1936년** 이탈리아가 이디오피아를 침공할 때 겨자가스를 사용.
- **1980~1988년** 이란-이라크 전쟁에서 주로 이라크군이 화학무기를 사용.
- **1988년** 이라크가 쿠르드족에게 사린과 겨자탄 등 화학무기를 사용.
- **1995년** 일본의 옴 진리교가 동경 지하철역에 사린가스를 살포.

과거 사례를 분석해보면, 생화학무기는 오래 전부터 쓰였으며, 특히 전시에 사용된 사례가 많았던 것으로 나타나 있다.[3] 생화학무기가 대량 인명살상을 위한 테러수단으로 사용된 사례는 많지 않으나, 생화학무기의 특성과 장점을 고려할 때 그 사용 가능성은 더 커지고 있다고 할 수 있을 것이다.

이 글에서는 생화학무기의 특성과 함께 주요국의 생산·보유 능력을 살펴보고, 이러한 생화학무기를 규제하는 국제제도(regime)에 대해 간략히 설명하고자 한다. 이어서 생물 또는 화학작용제를 테러수단으로 사용할 가능성과 과거 사례 등을 살펴보고, 생화학테러 발생에 대비한 대책 등을 검토해보고자 한다.

2. 주요국의 생화학무기 생산능력

전 세계적으로 생물무기 또는 화학무기를 생산 또는 보유하고 있는 나라가 정확히 몇 국이나 되는지는 알 수 없으나, 미국, 러시아, 중국, 인도, 이란, 이라크, 리비아, 파키스탄, 시리아, 북한 등이 생산능력을 가지고 있는 것으로 알려져 있다. 미국 국방부, 미국 몬트레이 군축연구소 등에서 발간한 관련자료를 바탕으로 분석한 각국의 생산능력은 아래와 같다.[4]

위 국가들 가운데 이라크는 1990년대 걸프전 이후 유엔 사찰단(UNSCOM)이 실시한 사찰 등으로 생화학무기 관련시설과 무기가 일부 파괴되었으나, 1998년 UNSCOM이 이라크에서 추방당한 뒤에는 이라크의 정확한 생화학무기 보유 현황이 파악되지 않고 있다.[5]

한편 북한은 1961년 화학전의 중요성을 강조한 김일성의 〈화학화 선언〉에 따라 관련 연구·생산시설을 설치하고 화학무기 개발을 시작하였다.

〔표 2-2〕 각국의 생화학무기 생산능력

국 가	생물무기	화학무기
미 국	방어 목적의 연구시설 보유	수만 톤의 화학무기 보유 현재 〈화학무기금지협약〉(CWC)에 따라 폐기작업 진행
러 시 아	방어 목적의 연구시설 보유 공격용 프로그램도 일부 보유 추정	수만 톤의 화학무기 보유 현재 CWC에 따라 폐기작업 진행
중 국	생물전(biowar)에 필요한 인프라 시설, 공격용 생물무기 보유	다양한 화학작용제 생산 가능 추정
인 도	생물전에 대비한 연구·개발시설 보유	과거 상세한 화학전(chemwar) 계획 수립 현재 CWC에 따라 폐기작업 진행
이 란	생물전을 위한 시설과 전문기술 보유 소규모의 생물작용제를 이미 생산·보유	이란-이라크 전쟁에서 화학작용제 사용 제한된 규모의 화학작용제 생산과 사용 가능
이 라 크	걸프전 이전 수립한 생물전 계획 보유 생물무기를 탑재한 미사일 보유 추정	화학무기 사용에 필요한 작용제, 기술, 관련 문서 보유 수개월 안으로 화학작용제 생산 재개 가능
리 비 아	연구·개발 단계	1987년 챠드 군인에게 화학무기 공격 실시 지하 생산시설 건설 중
파키스탄	제한된 생물전 수행 능력 보유	연구·개발 단계에서 생산 단계로 발전
시 리 아	생물전 수행을 지원할 수 있는 인프라 시설 보유	화학무기 생산·사용 가능
북 한	생물전을 위한 연구·개발 수행 제한된 생물전을 지원할 수 있는 인프라 시설 보유	다양한 화학무기 보유

그리고 1980년대부터 "독가스 및 세균무기를 전투에 사용하는 것이 효과적"이라는 김일성 교시에 따라 생화학무기 개발에 주력해왔다. 북한은 8개 화학공장에서 생산한 신경성, 수포성, 혈액성, 구토 및 최루성 유독작용제를 6개 시설에 분산 저장하고 있으며, 보유량은 2,500～5,000톤 정도인 것으로 알려져 있다. 북한은 다양한 화학탄 투발 수단을 보유하여 전방지역에는 박격포, 야포, 방사포 등을 이용하고, 후방지역에는 스커드(Scud) 미사일 및 노동 미사일, 전투기, 폭격기 등을 이용하여 동시에 전·후방에 대한 화학탄 공격이 가능하며, 탄저균 등 생물무기도 배양, 생산할 수 있는 능력을 보유한 것으로 추정하고 있다.[6]

생화학무기 개발과 관련한 최근 국제동향 가운데 특기할 것은 생화학무기 자체를 생산, 보유하게 되면 국제협약 및 관련 국제기구의 감시와 비난을 받는 점을 고려하여, 평소에는 생산하지 않다가 전쟁 발발 등 유사시 짧은 시간 안에 생산할 수 있는 능력을 높이는 데 중점을 두는 경향이 두드러지게 나타나고 있는 점이다. 아울러 생화학무기의 생산방법에서도 평소에는 일반 물질로 보관하다가 전쟁 발발 등 필요시 이를 혼합, 무기로 만드는 이원화(binary) 기술 등이 발전하고 있다. 따라서 생화학무기를 규제하는 기존의 국제제도만으로는 효과적으로 대응하기 어렵고, 이에 대한 국제적 차원의 대책을 마련해야 할 것이다.

3. 생화학무기 관련 국제제도

생화학무기를 규제하는 국제제도(regime)에는 생화학무기의 개발·생산·비축·사용 등을 금지하는 국제협약과 생화학무기를 불법으로 획득, 사용할 우려가 있는 국가 또는 집단으로 수출되는 것을 막기 위한 국제적 수출통제(export control) 체제가 있다. 이를 간단히 도식화하면 다음과 같다.

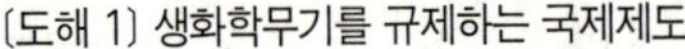

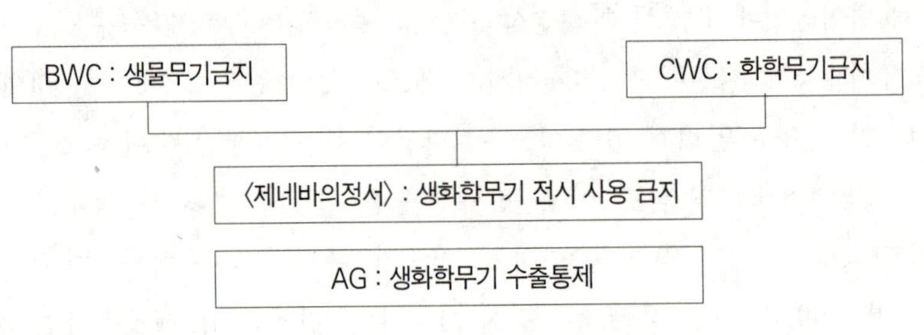

1) 〈생물무기 금지협약〉

〈생물무기 금지협약〉(BWC : Biological Weapons Convention)은 평화적 목적 이외의 미생물, 생물학 작용제, 독소의 개발·생산·비축·획득을 금지하는 협약으로서, 이와 함께 각국이 보유하고 있는 작용제·독소, 장비와 운송수단을 폐기 또는 평화적 목적으로 전환해야 하는 의무를 규정하고 있다. 이 협약은 1974년 4월 체결되어 1975년 3월 발효되었으며, 현재 총 144국이 가입하고 있다. 우리나라는 1987년 6월, 북한은 1987년 3월에 각각 가입하였으며, 이라크, 리비아, 이란, 대만, 아프가니스탄 등은 협약에 가입하였으나, 이스라엘, 수단, 이집트 등은 아직까지 가입하지 않고 있다.[7]

BWC는 대량살상무기(WMD)의 전면적 금지를 규정한 최초의 협약이나, 총 15조로 된 원칙적 규정에 불과하며, 협약의 이행을 감시하는 효율적인 검증(verification) 체제가 빠져 있다. 이에 따라 1995년부터 총 24차례 〈BWC 검증의정서〉(verification protocol) 작성회의가 열려 의장안까지 나왔으나, 미국은 생물무기 개발 우려국의 개발 노력을 충분히 저지하지 못하고 생물 및 제약 산업계의 상업적 비밀정보 보호에도 취약하다는 이유로 이를 거부하고 있다. 2001년 11월에 열린 BWC 제5차 평가회의에서는 〈검증의정서〉를 대체하는 새로운 협약 강화방안을 주장하는 미국 등의 입장과 〈검증의정서〉 체결을 주장하는 비동맹 국가들의 입장이 대립하여 아무런 합의 도출도 이루지 못하고, 2002년 11월에 평가회의 속개회의를 열어 다시 BWC 강화방안을 논의하기로 하였다.

2) 〈화학무기 금지협약〉

〈화학무기 금지협약〉(CWC : Chemical Weapons Convention)은 화학무기의 개발·생산·비축·사용을 전면 금지하고 2007년까지 보유 무기를 폐기할 것을 의무화한 것으로서, 현존하는 군축관련 국제협약 가운데 가장 발전된 형태의 검증체계를 갖춘 것으로 평가되고 있다. 이 협약에 따라 설치된 화학무기금지기구(OPCW)는 협약 당사국의 신고를 접수하고, 군사시설과 산업시설을 검증하는 활동(최초사찰, 정기사찰, 강제사찰 등)을 하고 있다.

이 협약은 1993년 1월에 체결되어 1997년 4월 발효되었으며, 현재 총 145국이 가입하고 있다. 우리나라는 1997년 4월 협약 원당사국으로 가입하였으나, 북한은 아직까지 가입하지 않고 있으며, 이란, 수단, 인도, 파키스탄 등은 가입하였으나, 이라크, 리비아, 아프가니스탄, 이스라엘, 이집트, 대만 등은 미가입 상태다.[8]

3) 〈제네바의정서〉

생화학무기의 전시(戰時) 사용금지에 관한 〈제네바의정서〉는 화학무기 및 세균학적 전쟁수단을 전시에 사용하는 것을 금지하는 의정서로서, 제1차세계대전에서 화학무기를 실제로 사용하여 그 위험성과 규제의 필요성이 제기됨에 따라 체결되었다. 이 의정서는 1925년 6월 체결하여 1928년 2월 발효되었으며, 현재 총 133국이 가입하고 있다. 남북한 모두

1989년 1월 가입했으며, 이란, 이라크, 이집트, 아프가니스탄, 이스라엘, 인도, 파키스탄, 리비아 등도 가입하였다.

이 의정서 당사국 가운데 일부 국가는 "전쟁시 적국이 의정서 관련 규정을 준수하지 않으면 자국에 대해서도 이 규정을 적용하지 않는다"는 이른바 상호주의 유보(reservation) 의사를 표명하였는데, 생화학무기의 사용을 전면 금지하고 있는 BWC·CWC와 이러한 유보의 모순 문제가 제기되고 있다.

4) 호주그룹

호주그룹(AG : Australia Group)은 1985년 호주 주도로 설립된 생화학무기 및 관련 물질의 수출을 통제하기 위한 국가간 협의체로서, 참여국들이 자발적이고 독자적으로 생화학무기 개발 우려국에 대한 수출통제체제를 확립하고, 정기적으로 회합하여 관련정보를 교환하고 각국 체제의 조화를 도모하고 있다. 현재 우리나라를 포함하여 33국과 구주연합(EU) 집행위가 참여하고 있다. 참여국은 주로 미국과 유럽의 생화학물질 수출국들로 구성되어 있으며, 아시아에서는 우리나라, 일본, 호주가 참여하고 있다.[9]

4. 생물무기를 이용한 테러

1) 효과

생물무기는 비용·사용량 대비 효과면에서 화학무기보다 더욱 치명적이고, 피해 범위도 넓은 것으로 알려져 있다. 생물무기의 효과는 기후, 온도 등 주변 환경과 살포 장소, 방법 등에 따라 다양하게 나타날 수 있다. 예로서, 미국 기술평가처(Office of the Technology Assessment)는

1993년 분석에서 워싱턴 상공에 약 100킬로그램의 탄저균(anthrax)을 효과적으로 살포하면 약 300만 명을 살상할 수 있다고 전망한 바 있으며,[10] 일반적으로 탄저균 몇 그램을 대형 경기장의 공기 순환 시스템에 살포하면 1시간 안에 경기장에 있는 7~8만 명의 사람을 감염시킬 수 있을 것으로 추정하고 있다.

생물무기는 일반적으로 화학무기 생산에 필요한 규모의 시설, 전문인력 등이 필요치 않으며, 탐지 또는 적발 가능성도 상대적으로 적은 것으로 알려져 있다. 곧, 적은 양으로도 배양을 통해 대규모 재생산이 가능하고, 금속탐지기, X선 촬영, 훈련견 등으로도 적발이 어려워 휴대, 운반이 쉽다. 또, 생물작용제에 감염된 환자가 나타나더라도 초기에는 이것이 테러 때문인지 아니면 전염병인지 구별하기 곤란하다는 특징이 있다.[11]

2) 많이 사용하는 생물작용제

생물무기로 사용하는 작용제는 크게 병원균(pathogene)과 독소(toxin)로 구분할 수 있는데, 병원균은 인간·동물에게 질병을 유발시키는 작용제이며, 독소는 동·식물, 병원균 등에서 추출한 독물(poison)을 말한다.[12] 작용제의 독성(치명성), 생산·취득 용이성, 전염 속도, 사전 탐지 가능성 등을 고려할 때 탄저균(anthracis bacteria), 페스트균(pest bacilli), 야토병균(Francisella tularensis), 브루셀라균(Brucella suis), 콜레라균(comma bacillus), 천연두균(small pox), 콕시디오이데스진균증(coccidioidomycosis), 폐렴형 페스트균(pneumonic plague), 앵무병(psittacosis) 바이러스, 로키산 홍반열(Rocky Mountain spotted fever) 등을 사용할 가능성이 비교적 높은 것으로 알려져 있다.

3) 취득 방법과 전염 수단

생물무기 제조에 쓰이는 작용제를 취득할 수 있는 방법에는 여러 가지가 있는데, 생물학 연구소 등 합법적인 제조시설에서 절도하는 방법, 암 시장 또는 일반 시장에서 익명이나 우편으로 구입하는 방법, 자연상태에서 추출하는 방법(탄저균, 페스트균, 브루셀라균, 야토병균, 앵무병 바이러스 등의 경우) 등이 있다.

생물무기 또는 생물작용제의 전염 수단으로는 음식, 용수의 보급 경로에 살포하여 오염된 식수, 음식 등을 대량 배포하는 방법, 빌딩·터널·지하철 등 밀폐된 공간의 공기순환 시스템에 살포하는 방법, 군부대나 도시의 인구밀집 지역에 농업용 경비행기, 공중 살포기 등을 이용하여 대기중에 살포하는 방법, 감염된 파리·쥐·벼룩·진드기 등으로 간접 전파하는 방법, 우편물에 넣어 배달하거나, 직접적인 대인 접촉을 통해 살포하는 방법 등이 있다.[13]

4) 생물무기 사용 사례

생물무기가 전시에 사용된 사례는 많으나, 대량 인명 살상을 위한 테러수단으로 쓰인 사례는 거의 없다. 제1차세계대전 당시 미군이 연합군에게 제공하는 말과 소에게 질병을 유발하는 박테리아를 살포하였으며, 제2차세계대전 당시 일본이 중국에서 페스트, 탄저균, 콜레라 등 다량의 생물무기를 사용한 것으로 알려져 있다.[14] 제2차세계대전 이후 생물학전에 대한 연구는 1960년대까지 계속되었으나, 미국에서는 닉슨 대통령이 면역이나 보호와 같은 방어 목적의 연구를 제외한 생물작용제의 사용과 연구를 금할 것이라고 발표하고 모든 생물학 무기를 파괴하도록 지시하여 관련 생물작용제를 파괴한 바 있다.[15]

5) 생물무기의 특성

생물무기가 가지고 있는 가장 큰 단점은 생물작용제의 특성인 '예측 불가능성'(unpredictability)이라고 할 수 있다. 곧, 독소(toxin)를 뺀 대부

분의 생물작용제는 살아 움직이며 자체 배양되기도 하는 생명체이므로
테러 목적에 맞게 통제·조절하기가 어려우며, 따라서 정확성도 재래식
무기나 화학무기보다 낮은 편이다. 또한 생물작용제를 생산·취득하는
것은 비교적 어렵지 않으나, 이를 효과적으로 대량 살포할 수 있는 수단
을 개발하는 것은 고도의 기술이 필요하다. 한편, 생물작용제는 통제가
비교적 어렵기 때문에 때에 따라서는 테러범들 자신이 감염될 수 있으므
로 생물학적 전문 지식이 없으면 사용을 꺼릴 수 있다.[16]

그러나 이러한 단점에도 불구하고 폭발물 같은 전통적인 테러수단의
효용성 감소, 생명공학의 발달에 따른 새로운 작용제 개발 등으로 말미
암아 생물작용제가 테러에 사용될 가능성은 현재보다 줄지 않을 것이라
는 전망이 일반적이다. 특히, 적은 양으로도 배양을 통해 대량 재생산이
가능하며, 작용제를 살포한 후 실질적인 효과가 나타날 때까지 걸리는
시간차 때문에 테러리스트를 추적하기 어려운 점 등은 생물무기 사용 가
능성을 높이는 요인이다.

6) 탄저병

9·11 테러 이후 널리 알려진 탄저병은 흙속에 있는 탄저균을 통해 감
염되는 전염병으로서, 개도국의 농업지역 동물에게 가장 흔히 생기는 질
병의 하나이다. 인간 탄저병은 가축과 접할 기회가 많은 사람에게 주로
발생하나, 감염된 사람과 접촉하여 전염되는 접촉 전염성은 없는 것으로
알려져 있다. 탄저병은 사전 감지가 불가능하고 최초 감염 뒤 잠복기(1주
일 안팎)가 있으며, 증상이 나타나더라도 초기에는 일반적인 가려움증이
나 감기로 오인하기 쉽다

탄저병의 감염경로는 크게 세 가지이다.
첫째, 피부감염은 대부분 자연적인 탄저병의 발생경로로서 주로 감염

된 가축을 만지거나 가죽, 털 등을 이용한 제품을 가공하다가 발생한다. 피부로 감염되면 벌레에 물린 것처럼 붓고 가려운 증상이 나타나다가 까만 물집으로 발전하며, 치사율은 1퍼센트 정도로 초기에 발견하면 항생제로 치료가 가능하다.

둘째, 호흡기 감염은 공기를 통해 탄저균을 흡입하는 경우로서, 초기에는 감기처럼 보이다가 곧 호흡곤란, 쇼크, 청색증, 부종 등으로 발전하며, 일단 발병하면 치료가 어려워 몇일 안에 사망할 가능성이 높다. 인공적으로 탄저균의 공기전염을 가능하도록 하기 위해서는 고도의 기술이 필요한 것으로 알려져 있다.

셋째, 소화기 감염은 탄저병에 감염된 고기를 섭취하면 발생하며, 치사율은 25~60퍼센트 정도이다.[17]

탄저균은 자연상태에 널리 존재하여 취득·배양이 쉽고, 수명이 길며 불리한 환경에도 잘 견디는 특성이 있다. 또, 폭발물, 포탄, 공업용 분무기 등으로 살포하면 다른 병원균보다도 살상효과가 높은 것으로 알려져 있다. 뿐만 아니라 감염된 사람에게서 다른 사람으로 전염되지 않으므로 특정 대상에 대해서만 제한된 테러 효과를 원할 경우에 효율적으로 활용할 수 있는데, 전염이 되지 않으면서도 주변 사람들에게 주는 심리적 테러 효과는 아주 크다고 할 수 있다. 한편, 탄저균 포자는 호흡기 감염을 유발할 수 있는 미세한 분말형태로 만들면 효과적인 살상무기로 쓸 수 있다.

위와 같은 장점이 있지만, 탄저균을 대량살상용으로 사용하는 데는 기술적 제약이 있다. 탄저균은 주위 환경이 좋으면 증식하다가 환경이 불리해져 증식이 어려워지면 포자(spore)를 형성하며, 포자는 저항력이 강해 자연환경에서 수십 년 넘게 살 수 있다. 이러한 탄저균 포자가 공기중에 잘 퍼져 호흡기 감염을 일으키려면 공중 살포 또는 우편 배달된 포자가 인체에 흡입되기 전에 땅에 떨어지지 않도록 미세한 분말 형태로 만들어야 한다.[18] 미국 플로리다와 상원의원 사무실 등에서 발견된 탄저균은 호흡기 감염을 일으킬 수 있는 미세한 분말 형태로 만들어진 것으로 알려지고 있으며, 이러한 제조기술은 자본, 기술이 부족한 소규모 테러집단이 개발하기는 힘든 것으로 분석하고 있다. 이 때문에 생물무기를 개발할 수 있는 능력을 보유한 국가가 미국에서 발생한 탄저균 테러에 개입했을지 모른다는 의혹이 대두된 것이다.

5. 화학무기를 이용한 테러

1) 효과

화학무기의 치명도는 쓰이는 작용제에 따라 다르나, 일반적으로 재래식무기와 생물무기의 중간 정도인 것으로 알려져 있다. 화학작용제는 개방된 공간보다 비교적 밀폐된 공간에 살포해야 그 효과가 커지며, 따라서 테러의 경우에는 지하철, 경기장, 대형 빌딩 등과 같은 장소에 살포할 가능성이 높다고 한다.

화학무기는 생물무기와 견주어 테러수단으로 좀더 선호될 수 있는 장점을 가지고 있는데, 작용제에 따라 다르긴 하나 생물무기보다 안정적이고, 저장·운반·사용이 상대적으로 쉽다. 아울러 작용제를 살포한 뒤 살상 효과가 나타나는 데 걸리는 시간이 짧고, 그 효과도 장시간 동안 지속되며 광범한 지역에 대량살상을 목적으로 살포하는 것보다는 특정 지역의 일부 대상을 제거하는 데 적절하다고 할 수 있다. 또, 화학무기는 비교적 탐지(적발)가 어렵다는 점에서 생물무기와 비슷하며, 이러한 특성을 감안할 때 전통적 테러의 대체수단으로 이용될 가능성이 높다고 할 수 있다.[19]

2) 많이 사용하는 화학작용제

지금까지 알려진 사용 가능한 화학작용제는 수만 가지에 이를 정도로 다양한데, 인체에 미치는 생리적 작용에 따라 크게 7가지로 분류한다.

첫째, 신경제(nerve agents)는 호흡기, 소화기 또는 피부로 체내에 흡수되어 동공축소, 호흡곤란, 근육경련 등의 증상을 일으키는 것으로, 타분(tabun), 사린(sarin), 소만(soman), VX가스 등이 있다.

둘째, 질식제(choking agents)는 호흡기로 인체에 흡수되어 주로 폐 조직을 공격, 폐수종을 일으켜 사망에 이르게 하는 것인데, 포스겐(phosgene), 디포스겐(diphosgene), 클로로피크린(chloropicrin) 등이 있다.

셋째, 혈액제(blood agents)는 호흡기로 체내에 흡수되어 혈액이 세포로 산소를 운반할 수 없게 하여 인체기능이 급격히 떨어져 사망에 이르게 하는 것인데, 시안화수소(hydrogen cyanide), 염화시안(cyanogen chloride), 삼수소화비소(arsenic trihydride) 등이 있다.

넷째, 수포제(blister agents)는 호흡기, 소화기 혹은 피부로 흡수되어 염증과 수포를 만들어 신체조직을 파괴하는 것인데, H, HD, HN-1·2·3, HT, 루이사이트(lewisite) 등이 있다.

다섯째, 최루제(tear agents)는 눈물을 흘리게 하거나 호흡장애를 일으키며, 고농도로 사용하면 피부에 침투하여 수포와 가려움증을 일으키는 것으로서, CA, CN, CNC, CNB, CNS, CS, CR 등이 있다.

여섯째, 구토제(vomit agents)는 구토와 멀미로 코와 목에 고통을 주는 것으로서 DA, DC, DM 등이 있다.

일곱째, 무능화제(incapacitating agents)는 중추신경계통의 조절기능을 혼란시키거나 신경, 눈, 귀 등에 일시적인 마비를 일으키는 것으로서 BZ, 캐너비놀(cannabinols), 페노티아진(phenothiazines) 등이 있다.[20]

테러범들은 사람들에게 정신적, 심리적인 피해를 주는 작용제를 선호할 가능성이 높은데, 이러한 작용제는 테러 대상에게 정상적인 사고 불능, 혼수상태 유발, 심리적 위축 초래, 성기능 장애 등의 효과를 일으킨다. 신경 작용제 가운데는 사린, VX 등이 비교적 이용될 가능성이 높다고 알려져 있다.

3) 취득과 살포방법

화학무기로 사용하는 작용제 가운데는 합법적으로 구입 가능한 것이 많다는 점이 특징인데, 직접 제작하거나 화학물질을 판매하는 시장에서 합법적으로 구매하는 방법, 군부대, 화학연구소, 화학물질 폐기시설 등에서 절도하는 방법, 화학무기를 생산하는 테러 국가에서 완성된 화학무기를 구입하는 방법 등이 있다.

화학작용제를 살포하는 방법은 생물작용제와 유사하나, 음식·식수의 전달 경로에 살포하는 것은 그 효과가 생물무기의 경우보다는 떨어진다고 알려져 있다. 그 밖에도 빌딩, 지하철, 경기장 등 밀폐된 공간에 휘발성 화학작용제를 투기하거나 공기순환 시스템에 비휘발성 화학작용제를 투여하여 공기중에 살포하는 방법, 폭발물 또는 열 발생기 등의 기구를 써서 작용제를 확산시키는 방법 등이 있다.[21]

4) 화학무기 사용 사례

제1차세계대전 당시 독일군이 벨기에 전투에서 최초로 영·불 연합군에게 염소가스(chlorine)를 사용하여 약 5천여 명이 사망했으며, 그 뒤에는 독일이 러시아를 공격하는 과정에서 화학무기를 많이 사용하였다. 1차대전에서 화학무기는 주로 수포제, 질식제를 사용하였으며, 화학무기 때문에 총 10만 명이 사망하고 130만 명이 부상한 것으로 알려져 있다.

그 밖에도 1980년대 이란-이라크 전쟁에서 화학무기를 사용했다는 주장이 제기되었고, 1988년에 이라크 공군기가 이라크 북부 쿠르드족 거주지를 사린(sarin)과 겨자탄(mustard)으로 공격하여 민간인 5천여 명이 사망했으며, 1990년대 걸프전에서도 이라크가 이스라엘을 화학무기 사용으로 위협한 적이 있다.[22]

5) 사린(Sarin)

화학작용제 가운데 과거에 많이 사용한 사린은 액체와 기체 상태로 존재하는 무색, 무취의 독성이 매우 강한 화합물로서 독일이 1930년대 말 개발한 것으로 추정된다. 사린은 자연적으로 생기지는 않고 인공적 합성에 의해서만 만들어지는데, 시중 약국에서 판매하는 농약이나 약품 등을 복합적으로 합성하여 제조할 수 있는 것으로 알려져 있다.

사린이 인체에 흡입되면 호흡기 근육과 중추신경계에 치명적인 손상을 일으키는데, 액체 상태에서 0.7mg 이상을 마시면 1분 안에 사망하며, 기체 상태에서 1m³당 70mg 이상이면 즉시 사망에 이르게 된다. 또, 10kg 정도의 사린으로 1개 대도시 시민을 몰살시킬 수 있다는 분석도 있다.

1980년대 이란·이라크 전쟁에서 주로 이라크군이 사린 등의 화학무기를 사용한 것으로 추정되며, 1988년 이라크 공군기가 이라크 북부 쿠르드족 거주지를 사린과 겨자탄으로 공격하여 민간인 수천 명을 죽인 사실이 확인된 바 있다. 한편, 1995년에는 일본의 옴 진리교 신자들이 동경 지하철역에 사린가스를 뿌려 12명이 사망하고 5천여 명이 다치는 테러 사건이 일어나기도 했다. 당시에는 사린이 든 비닐 가방을 지하철 모퉁이에 놓고 가방을 연 다음 공기의 흐름에 맡기는 수법을 사용했는데, 사용한 사린가스의 독성이 약하고 살포 방법이 치밀하지 못해 사망자 수가 적었다.[23]

6. 생화학무기 테러 가능성

과거에는 전시가 아닌 평시에 생화학무기를 테러수단으로 사용한 예가 드문데 그 이유를 분석해보면, 우선 생화학무기의 잔혹성에 대한 일반적인 비판의식, 예컨대 도덕적 비난 때문에 정치적인 목적의 테러수단으로 사용하기에는 한계가 있었다고 할 수 있다. 또한, 생화학무기를 이용해 대규모 테러를 저지르면, 피해국이 정부 차원에서 대대적인 보복을 할 가능성이 있으므로 섣불리 사용할 수 없었는데, 실제로 일부 핵무기 보유국은 전시에 생화학무기로 공격을 받았을 때 이에 대한 대응수단의 하나로 핵무기 사용 가능성을 배제하지 않고 있다.

한편, 생화학무기는 재래식무기나 폭발물에 견주어 정확도가 낮고, 사용자가 테러 목적에 맞게 마음대로 통제(control)하기 어렵다는 단점이 있으며, 생화학무기를 다루는 전문지식이 없으면 테러범도 피해를 볼 수 있다는 위험성이 있다.

위와 같은 단점이 있지만, 생화학무기를 테러수단으로 사용할 가능성은 점차 증가할 것이라는 전망이 많이 나오고 있는데, 그 이유로는 단순한 폭발물과 같은 전통적인 테러수단은 사전에 적발될 가능성이 높아지면서 새로운 대체 테러수단으로 생화학무기를 활용할 가능성이 높아질 것이라는 설명이다. 생화학무기는 또한 소요비용, 살상효과 측면에서 효율적인 수단이라고 할 수 있는데, 핵무기보다 적은 비용, 기술, 노력으로 제조가 가능하고, 그 피해의 잔혹성 때문에 일반 대중을 극도의 심리적 혼란 상태로 유도하기가 쉽다. 최근 미국에서 일어난 탄저균 테러 사례를 보더라도 탄저균 때문에 사망한 사람의 수는 많지 않았으나, 탄저균 테러가 일반인들에게 가져다준 심리적 공포와 그 후유증은 미국뿐만 아니라 우리나라를 포함한 전 세계로 확산되었다.

한편, 최근 테러 유형을 보면 대규모 피해, 공격 대상의 무차별성이 특

징으로 나타나고 있는데, 생화학무기는 이러한 특성에 잘 들어맞는다고
할 수 있다. 또, 구소련의 붕괴로 국가간 전쟁 가능성은 줄어든 반면, 종
교·민족·인종적인 요인에 따른 분쟁 가능성은 증가하는 추세에 있는데,
종교적 또는 민족적 분쟁은 전통적인 국가간 전쟁보다 폭력적이고 잔인
한 수단을 사용할 가능성이 높다고 할 수 있다.

아울러 교통·통신의 발달로 생화학무기 제조 관련 전문가 확보, 원료
와 제조기술 습득, 과거 사용(위협)사례 등에 관한 정보수집이 더 쉬워지
고 있는데 특히, 구소련에서 생화학무기 개발·생산에 종사하던 과학자,
전문가들이 일부 테러국가 또는 테러집단에 매수될 가능성이 높아지고
있다.

7. 생화학무기 테러에 대한 대책

생화학무기를 이용한 테러의 위험성이 있음에도, 생화학 테러를 사전
에 예방하기는 매우 어려운 것으로 알려져 있다. 가장 큰 이유 가운데 하
나는 작용제의 구입·운반·은폐가 비교적 쉬워 폭발물같이 탐지 또는 적
발하기가 쉽지 않고, 살포된 생화학작용제를 바로 탐지할 수 있는 조기
경보(early warning) 시스템 구축이 곤란하다는 점인데, 이러한 점은 미
국에서 최근 발생한 탄저균 테러 사례에서 잘 나타난 바 있다.

생명공학 등 과학기술의 발달로 작용제가 더욱 다양해지고 있으며, 새
로운 작용제의 개발 가능성도 커지고 있다. 또, 테러 대상의 무차별성 증
대로 테러 위험이 있는 특정 대상을 미리 지정, 관리하기가 곤란하며, 생
화학작용제가 일반 산업용 및 무기 제조용으로 동시에 사용 가능한 이
중용도(dual-use)의 특성을 가진 것이 많으므로 효과적인 규제 역시 곤란
하다.

위와 같은 제약이 있지만, 생화학무기의 특성과 사용 가능성을 감안하면 생화학 테러에 대한 대책을 체계적이고 효과적으로 수립할 필요가 있다. 생화학 테러는 사전 예방이 매우 어려움을 감안하면 우선 효과적인 조기경보 시스템을 개발하고, 사고 발생시 활용할 수 있는 긴급구난 체제를 수립하는 것이 무엇보다 필수적이다. 곧, 테러 발생 즉시 효율적으로 대처하여 피해를 최소화할 수 있도록 구체적인 행동지침을 수립하고, 전문 의료인과 치료제를 확보해두어야 한다. 공항, 고층 빌딩, 경기장 등 인구가 밀집한 건물에 설치할 정화장치(filter mechanism) 등과 같은 생화학 테러 대비장치를 개발하는 것도 필요한 조치 가운데 하나라 할 수 있겠다.[24]

또, 생화학무기 및 테러 관련 정보수집과 분석에서 관련 기관 사이에 협조를 강화해야 할 것이며, 생화학작용제와 장비의 생산·판매 관련 법령 및 규제도 강화해야 한다. 아울러 생화학무기의 위험성과 테러발생시 적절한 대처요령에 관한 일반인들의 인식을 제고하기 위한 노력과 함께, 생화학무기 제조에 쓰이는 물질 및 기술이 테러집단 또는 배후 국가로 불법 유출되는 것을 막기 위한 국제적 협조체제도 강화해야 할 것이다.

주

1) 정우영, 〈화학 및 생물무기 테러 대응대책〉, 제11회 화랑대 국제 심포지엄 발표 논문, 육군사관학교, p.15.

2) Ron Purver, "Chemical and Biological Terrorism"(Canadian Security Intelligence Service).[www.csis-scrs.gc.ca/eng/miscdocs/tabintr_e.html]

3) Monterey Institute of International Studies, "Chronology of State Use and Biological and Chemical Weapons Control. [www.cns.miis.edu/research/cbw/past use.htm]

4) U. S. Air Force Association, "The Poor Man's Nukes", *Journal of the Air Force Association*, Vol. 81, No. 3(March, 1998).[www.afa.org/magazine/March1998/0398po.html] ; Monterey Institute of International Studies, "Chemical and Biological Weapons : Possession and Programs Past and Present." [www.cns.miis.edu/iiop/cnsdata]

5) Jack Spencer and Michael Scardaville, "Understanding the Bioterrorist Threat : Facts & Figures", *Backgrounder*, No. 1488(2001). [www.heritage.org/Research/NationalSecurity/BG1488.cfm]

6) 국방부, 《국방백서》, 2001, pp.44~45.

7) 외교통상부, 《군축/비확산 편람》, 2001, pp.39~42.

8) 위의 책, pp.32~38.

9) 위의 책, pp.91~92.

10) IISS, "Biological Weapons : The Potential for Terrorist Use", *Strategic Comments*, Vol. 5, Issue 5(June, 1999).[www.iiss.org/sc-index.php?volume=5&issue=5]

11) Ron Purver, *op. cit.*

12) 국방부, 《대량살상무기(WMD) 문답백과》, 2001, pp.38~41.

13) Ron Purver, *op. cit.*

14) Jack Spencer and Michael Scardaville, *op. cit.*

15) 국방부, 《대량살상무기(WMD) 문답백과》, 2001, p.38.

16) Ron Purver, *op. cit.*

17) Monterey Institute of International Studies, "Anthrax : Background Report." [www.cns.miss.edu]

18) 《문화일보》 2001년 10월 17일자.

19) Ron Purver, *op. cit.*

20) 국방부, 《대량살상무기(WMD) 문답백과》, 2001, pp.17~18.

21) Ron Purver, *op. cit.*

22) 외교통상부, 앞의 책, pp.32~33.

23) Gerald L. Epstein, "Chemical/Biological Terrorism : No Longer Hypothetical"
(1997), International Conference on Aviation Safety and Security in the 21st
Century, Jan., 1997.[www.gwu.edu/~cms/aviation/track_ii/epstein.htm]

24) Ron Purver, *op. cit..*

참고문헌

국방부, 《국방백서》, 2001.

──────, 《대량살상무기(WMD) 문답백과》, 2001.

신전수, 〈탄저균과 생화학 테러〉, 《문화일보》 2001년 10월 17일자.

외교통상부, 《군축·비확산 편람》, 2001.

정우영, 〈화학 및 생물무기 테러 대응대책〉, 육군사관학교, 제11회 화랑대 국제 심포지엄.

Gerald L. Epstein, "Chemical/Biological Terrorism : No Longer Hypothetical"
(1997), International Conference on Aviation Safety and Security in the 21st
Century, Jan., 1997.[www.gwu.edu/~cms/aviation/track_ii/epstein.htm]

IISS, "Biological Weapons : The Potential for Terrorist Use", *Strategic Comments*,
Vol. 5, Issue 5(June, 1999).[www.iiss.org/sc-index.php?volume=5&issue=5]

Jack Spencer and Michael Scardaville, "Understanding the Bioterrorist Threat : Facts
& Figures", *Backgrounder*, No. 1488(2001).
[www.heritage.org/Research/NationalSecurity/BG1488.cfm]

Monterey Institute of International Studies, "CNS Reports : Assessing the Threat
of WMD Terrorism."[www.cns.miis.edu/iiop/cnsdata]

──────, "Chronology of State Use and Biological and Chemical Weapons Control."
[www.cns.miis.edu/research/cbw/pastuse.htm]

──────, "Chemical and Biological Weapons : Possession and Programs Past and
Present."[www.cns.miis.edu/iiop/cnsdata]

Potomac Institute for Policy Studies, "Biological Terrorism : Political and Legal
Responses"(1998).[www.potomacinstitute.org/pubs/sipri.pdf]

Ron Purver, "Chemical and Biological Terrorism"(Canadian Security Intelligence
Service).[www.csis-scrs.gc.ca/eng/miscdocs/tabintr_e.html]

U. S. Air Force Association, "The Poor Man's Nukes", *Journal of the Air Force
Association*, Vol. 81, NO.3(March, 1998).
[www.afa.org/magazine/March1998/ 0398po.html]

9 · 11 테러와 국제질서 | 최영진

1914년 6월 28일 사라예보에서 일어난 오스트리아 황태자 테러 암살은 제1차세계대전을 촉발한 세계사적 사건이다. 제2차세계대전의 뿌리는 1차대전에 있고, 냉전의 근원은 제2차세계대전에서 찾을 수 있다. 2001년 9월 11일 테러는 국가와 테러집단 사이의 새로운 형태의 전쟁을 예고하는 역사적 사건으로 기록될 것이다. 사라예보가 20세기 국제질서의 변화를 촉발했던 것처럼, 9 · 11 테러가 21세기 새로운 세계질서의 시작을 의미하는 것인지 단정적으로 전망하기는 아직 이르다. 앞으로 새로운 세계질서는 21세기를 거치며 많은 요소의 영향을 받으며 구체적 형태를 갖추게 될 것이다. 그러나 현 시점에서 우리 외교에 시사하는 바가 큰 몇 가지 근원적인 문제를 살펴볼 수는 있다.

그 하나는 지구적으로 남 · 북문제가 본격적으로 불거졌는데 국제사회가 이를 해결할 개념을 아직 갖추지 못하고 있다는 데 있다. 대테러전쟁은 탈레반, 빈 라덴, 아프가니스탄을 넘어 장기적으로 계속될 것이다. 그리고 대테러 국제질서의 향배는 지구촌에 사는 사람들 특히, 가난과 좌절 속에서 사는 사람들의 민심(hearts and minds)을 누가 차지하느냐에 달려 있다. 이들 이른바 실패한 국가(failed or failing states)들을 국제사회, 더 정확하게는, 성공한 국가들이 어떻게 관리하느냐가 중요해진 것이다.

두 번째 중요한 문제는 우리 자신에 관한 것이다. 대테러 국제질서는 냉전기간 동안의 동·서문제가 남·북문제로 바뀌는 지각변동을 예고하고 있다. 우리는 이에 능동적으로 적응할 준비를 갖추고 있는가 하는 것이다. 동북아를 비롯한 주변 정세와 국가간의 관계를 외교적으로 잘 헤쳐나가는 것도 물론 중요하지만, 더 근본적인 문제는 우리 내부에 있다고 본다. 냉철한 "국익"보다는 막연한 "국민정서"가 자주 우리의 외교사안의 향배를 가름하는 상황에 처해 있다고 판단되기 때문이다.

이러한 문제를 살펴보기 위해 우선 9·11 테러의 의미부터 찾아보자.

1. 9·11 테러의 의미

9·11 테러 사태를 어떻게 볼 것인가? 두 가지로 시각이 갈린다. 하나는 문명의 충돌로 보는 시각이다. 다른 하나는 문명에 대한 공격으로 보는 시각이다. 우리가 이번 사건을 어떻게 보는지에 따라 우리의 대응도 달라질 것이다. 우리는 어떠한 시각을 가져야 하는 것일까?

우리가 이번 사건을 문명의 충돌로 보는 것은 단순하고 위험하고 무책임한 생각이다. "단순하다"는 것은 이번 사건을 일으킨 테러리스트들은 아랍권 내에서도 배척과 경원의 대상이라는 것을 간과하고 있기 때문이다. 이집트와 요르단이 모두 테러와의 전쟁 상태에 들어간 지 오래고, 사우디, 쿠웨이트 등의 왕정도 과격분자들과 심한 갈등관계에 있다. 따라서 이번 사건을 이슬람 문명과 서구 문명의 갈등으로 보는 것은 오류이다. 실제로 어떤 이슬람 국가도 미국 주도의 대테러전쟁에 대항하지 않았다. 이번 테러는 개인의 심리 그리고 정치·사회·문화적인 상황이 복잡하게 얽힌 현상이다.

"위험하다"는 것은, 이번 사건을 문명의 충돌로 몰고가는 것이 바로 테러조직이 노리는 바이기 때문이다. 실제로 이번 사건이 문명의 충돌로 번질 가능성이 없는 것도 아니다. 종교와 인종 때문에 이슬람교도를 박해하거나, 이슬람권을 대상으로 보복전쟁을 선언하면, 바로 테러조직이 원하는 문명의 충돌 상황으로 치달을 수도 있다. 그 경우 우리가 치러야 할 대가는 우리의 자유가 될 것이다. 테러리스트들은 교통과 통신이라는 세계화의 도구를 악용하여 열린사회와 자유를 공격한 것이다. 우리 사회를 구성하는 양대 축인 민주주의와 시장경제가 위협을 받고 있는 것이다.

"무책임하다"는 것은 이번 테러 사건이 우리 개개인의 도덕적인 판단을 요구하고 있기 때문이다. 테러는 인류역사에 항상 있어 왔다. 그러나 이번 사건은 무차별 양민학살이라는 점에서 새로운 양상을 띠고 있다. 인간사회의 기본인 도덕에 관한 문제가 제기된 것이다. 9·11 테러범들은 "증오"가 그들의 동기임을 감추지 않으면서 파괴와 살인을 정당화하고 있다. 인류의 윤리는 이슬람의 "형제애", 기독교의 "이웃사랑", 불교의 "자비", 유교의 "인(仁)"이 될 수밖에 없다. 결코 증오와 살인, 파괴가 우리의 도덕이 될 수는 없다. 그런 점에서 우리 개개인은 분명한 도덕적인 결정을 내려야 하는 것이다.

그러나 우리 사회(정도의 차이지만, 세계 어느 나라나 마찬가지고 미국도 예외는 아니다)에는 꽤 많은 사람들의 마음속에 우려할 만한 미혹이 남아 있는 것도 사실이다. 뜻밖에도 상당수의 주변 사람들이 미국이 "자만하더니 자업자득이다"는 반응을 보이고 있다. 9·11 테러에 대한 주변 사람들의 반응을 정리해보자.

첫째, 미국이 주도하는 세계화, 국제질서를 우려 내지 반대하면서 우리도 미국 주도 질서의 피해자라는 의식이 자리잡고 있다. 그러나 냉철히 돌아보면 이는 올바른 생각이 아니다. 우리야말로 세계화의 가장 큰 수혜자 가운데 하나이기 때문이다. 북한과 비교해보면 이러한 사실은 더욱 자명해진다. 우리는 테러 대상이 되지 않을 것이라는 안이한 생각이 있는 것 같다. 그러나 우리도 과거에 테러의 대상이었고, 현재에도 테러에 아주 취약하다. 2002년 대통령 선거와 아시안게임 등 중요한 일정을 생각해보면 우리도 테러에 대비해야 한다.

둘째, 9·11 테러를 안중근, 윤봉길 의사의 의거와 견주어서 약한 나라의 어쩔 수 없는 선택이라고 생각하는 경우이다. 하지만 침략군의 장성 등을 목표로 하는 의거와 양민을 무차별 학살하는 테러는 구분해야 한다.

셋째, 〈교토의정서〉 반대 등 미국 부시 행정부의 일방주의가 이번 테러를 초래하였다는 인식이다. 그러나 이번 테러는 적어도 몇 년 전 클린턴 행정부 때부터 준비된 것이므로 부시 행정부의 탓으로 돌리는 것은 오류이다.

넷째, 9·11 테러가 미국의 친이스라엘 정책에서 비롯되었다는 주장이다. 그러나 빈 라덴은 "이슬람의 성지, 사우디에 있는 미군의 축출"을 우선 목표로 내세우고 있다. 설사 미국이 중동정책을 변경한다고 해도 테러가 없어지지는 않는다.

외교는 국민의 지지를 받지 못하면 효율적이지 못하고 지속될 수도 없다. 더구나 9·11 사태는 우리의 안보와도 직결되는 사안이다. "국민정서"가 외교정책의 결정과 시행과정에서 각별히 중요해진 것이 요즈음의 현실이다. 9·11 테러 참사에 대하여 많은 국민들이 보여준 애도와 우리 사회 전체의 사건의 본질에 대한 이해는 깊었다. 그러나 우리 주변에서 이번 사건을 보는 일부 시각을 접하면서 당혹감을 감출 수 없는 것도 사실이다.

우리의 대응은 원칙적인 문제만이 아니라 실리 측면에서도 중요하다. 이번 사건은 미국만의 문제가 아니다. 필경 우리에게도 중대한 문제이다. 자유와 안보, 즉 명분과 실리 양면에서 모두 이번 사건을 우리의 문제, 공동의 문제로 보는 시각이 중요하다. 급격한 성장을 거듭하고 있는 중국, 우경화하고 있는 일본, 내부 결속을 다지는 러시아 등, 불확실성이 큰 동북아의 한가운데 한반도가 있다. 더구나 그 한반도는 분단상황에 있다. 동북아에서 만약의 상황이 생기면 누가 우리를 도울 것인가? 우리가 대테러 국제연대에 동참하는 정도에 따라 우리도 그만큼 도움을 받게 될 것이다.

9·11 테러에 강력히 대응해야 할 필요성이 국제적으로 공감을 불러일으켜, 미국이 주도하는 아프간 전쟁에 많은 나라가 지원하고 참여하였다. 전쟁 초기, 상당수의 이슬람 국가에서 민중들이 탈레반과 빈 라덴을 지지하는 시위를 벌였으나, 1년이 지나 탈레반과 빈 라덴의 패퇴가 명확해진 지금 그들을 지지하는 시위는 거의 찾아볼 수 없다. "승리하면 100명의 아버지가 나타나고, 패배하면 고아가 된다"는 격언을 실감나게 증명해주는 상황이다. 그런 면에서 반테러 국제연대가 짧은 시간 안에 아프가니스탄에서 승리를 거둔 것은 자유와 민주주의를 위해 아주 잘된 일이다.

그러나 이것은 대테러 전초전에서 거둔 승리일 뿐이며, 기나긴 대테러 전쟁이 우리를 기다리고 있다. 아프가니스탄 사태는 어떻게 정상화되어 가는 것인가?

2. 아프가니스탄 사태는 어떻게 해결되고 있는가?

현재 아프가니스탄 상황의 해결은 정치·군사·경제 3가지 축으로 진행되고 있다. 우선 정치적으로 가장 중요한 것은 2001년 12월 초 본(Bonn)에서 있었던 아프간 여러 정파 사이의 합의다. 여기서 아프간의 여러 정파는 카르자이(Karzai)를 수반으로 하는 30인의 임시행정기구(IA : Interim Administration)를 설립하는 데 합의하였다. 아프간의 가장 중요한 두 부족인 파슈툰(Pashtun)과 타지크(Tajik)가 IA를 이끌게 되었다. 즉 IA의 수반 카르자이는 파슈툰족을 대표하며, IA의 3대 요직인 국방·외무·내무는 모두 타지크족에게 돌아갔다.

IA는 앞으로 6개월 안에 전통적인 아프간 부족장 회의 이른바 로야 지르가(Loya Jirga)를 소집하여 과도정부(IG, Interim Government)를 구성하기로 되어 있다. 이 IG는 수립 후 1년 반 안에 아프간의 새로운 헌법을 채택하고 2년 안에 선거를 치러 국민이 선택한 정부를 구성하게 되어 있다. 이러한 모든 일정이 순조롭게 이행될지는 예측하기 힘들다. 그러나 그 향배는 IA의 핵심인 카르자이와 타지크의 삼자연대(triumvirate, 파힘 국방, 압둘라 외무, 카누니 내무의 연대)에 따라 운명이 좌우될 것으로 보인다. 카르자이의 파슈툰족은 7백만으로 아프간 전체 인구의 40~50퍼센트를 차지하며, 타지크족은 3~4백만으로 파슈툰 다음가는 최대 부족이므로 이 두 부족이 화합하면 아프간의 장래를 안정 속에서 이끌어갈 수 있기 때문이다.

아프간의 정치 사회적 안정은 경제적 안정 없이는 불가능하다. 수십 년 동안 이어진 전쟁으로 전 국토가 초토화하고 황폐해졌기 때문이다. 아프간 재건을 위한 국제적인 노력은 현재 두 가지로 진행 중이다. 유럽 국가들이 주도하는 ASG(Afghan Support Group)와 일본이 미국의 지지를 받아 주도하는 ARG(Afghan Reconstruction Group)가 그것이다. 그러나 사실 두 그룹은 거의 같은 회원국으로 구성되어 있다. 따라서 두 그룹 사이에 업무분담이 없다면 별도로 존재해야 할 이유가 없는 상황이다. 일부에서는 ASG는 인도적 지원을, ARG는 중장기 경제재건을 목표로 하는 역할분담을 주장하기도 하나, ASG는 경제재건에도 무관할 수 없다는 태도를 취하고 있다. 어쨌든 ARG는 세계은행(World Bank), 유엔개발계획(UNDP), 아시아개발은행(ADB)과 함께 아프간 재건에 들어가는 자금과 주요 사업을 검토하여 모금을 시작할 예정이다. 몇 년 동안 수십억 달러가 소요될 전망이다.

아프간의 정치·경제 상황은 주변국의 상황과 밀접히 맞물려 있다. 탈레반 정권 자체가 파키스탄과 사우디의 적극적인 지원으로 성립되었으며, 북부동맹군은 러시아, 우즈베키스탄, 타지키스탄 등의 지원을 받고 있고, 하자르(Hazara) 부족은 회교의 시아파로서 이란의 지원을 받고 있다. 이들 주변 국가들의 기본적인 이해를 무시하고는 아프간 사태의 장기적인 해결을 기대하기 힘들다.

또한 아프간은 지구의 마지막 석유부존자원이라고 불리우는 카스피해와 투르크메니스탄 등 중앙아시아 공화국(CARs : Central Asian Republics)에 있는 석유와 가스를 상업화하는 파이프라인이 통과할 수 있는 유력한 지역으로 꼽혀왔다. 실제로 1990년대에 유노칼(Unocal), 아모코(Amoco)와 같은 미국 석유재벌과 브리다스(Bridas) 같은 아르헨티나 석유회사가 아프간을 상대로 맹렬하게 경쟁을 벌이기도 하였다. 이러한 여러 가지 상황은 19세기에 영국과 러시아가 아프간을 상대로 벌였던 'The Great Game'이 'The New Great Game'으로 재연되고 있다는 인식을 불러일으키기도 하였다.

이러한 정치, 경제, 지정학적인 상황과 함께 맞물려 돌아가는 것이 군사적인 상황이다. 미국이 주도하는 다국적군(Coalition force)이 아프간 전쟁을 주도하고 있다. 동시에 유엔으로부터 임무를 받은 영국이 주도하는 다국적군(UN mandated force)이 카불 등 전략거점의 치안을 담당하고 있다. 아프간의 모든 부족은 이 다국적군 주둔지역에서 철수하기로 되어 있다. 이러한 다국적군이 얼마나 오래 주둔하게 될지는 예측하기 힘들다. 보스니아와 코소보에는 나토가 주도하고 러시아 등도 참여하는 SFOR(Stabilization Force)와 KFOR(Kosovo Force)가 몇 년째 주둔하고 있다. 반면 동티모르에서는 호주가 주도한 다국적군이 3개월 정도만 치안을 담당했으며, 곧 유엔평화유지군으로 대체되었다. 아프간이 어떤 전례를 따를지는 아프간의 치안, 부족간의 군사적 갈등 정도에 달려 있다고 보면 크게 틀리지 않을 듯하다. 곧, 안정이 빨리 올수록 그만큼 다국적군이 유엔평화유지군으로 대체되는 시간이 앞당겨지리라고 볼 수 있다.

국제사회가 이른바 실패한 국가를 관리하는 데 이처럼 다국적군과 유엔평화유지군을 적절히 배합하여 활용하는 경향은 1990년대에 수립된 것이다. 어떻게 그러한 경향이 생겨났는지 살펴보자.

3. 국가간 전쟁에서 국내 분쟁으로

1980년대 말~1990년대 초 냉전의 종식과 함께, 세계화라는 현상이 우리 앞에 성큼 다가왔다. 국제사회는 국가간의 전쟁 가능성이 사라지고 있다는 새로운 상황에 직면하게 되었다. 일부에서는 '역사의 종말'을 예언하며, 국가간의 전쟁이 마침내 사라지고, 민주주의와 시장경제에 기반을 둔 평화롭고 단조로운 미래를 그려보기도 하였다. 이와 반대로 이념을 중심으로 펼쳐진 2차대전이나 냉전 같은 분쟁은 사라지고 21세기에는 '문명의 충돌'이 올 것으로 예견하기도 하였다. 이러한 '역사의 종말'론이나, '문명의 충돌'론은 모두 국가간의 전쟁이 이제는 거의 없을 것이라는 생각에서 출발하고 있다. 이러한 생각은, 국가간의 전쟁은 상호의존이 증대함에 따라 전쟁으로 이득을 볼 것이 없어졌다는 것과 함께, 핵무기의 존재로 말미암아 전쟁으로 잃을 것은 아주 커졌다는 두 가지 이유를 바탕으로 하고 있다. 곧, 전자는 강대국의 약소국 침략 또는 약소국끼리의 전쟁 가능성을 없애 주고, 후자는 강대국간의 전쟁 가능성을 없애 주는 것이다.

이론이라는 것은 원래, 상황이 생긴 뒤에 그것을 설명해줄 때 가장 설득력이 있고 안전한 것이다. '역사의 종말' 론이나 '문명의 충돌' 론은 냉전이 끝났을 때, 미래를 예측하는 대담한 면을 보였으나 사실 1990년대 실제 상황은 좀더 복잡하게 전개되어 갔다.

냉전종식부터 대테러전쟁의 시작까지 약 10년 동안을 되돌아보면 현시점은 여러 가지 면에서 특이한 시기임을 알 수 있다. 마치 휴식시간과 같은 1990년대는 경제적 호황과 함께 세계적으로 태평성대를 구가한 측면도 있다. 동시에 9·11 사태와 같은 전례 없는 대사건을 예고하는 중요한 테러 사건이 계속된 것도 간과할 수 없다. 그러나 1990년대를 특징 짓는 것은 국내 분쟁이 빈번해졌다는 것이다. 수십 건의 내부 분쟁이 있었다. 전혀 새로운 이러한 상황에 국제사회는 어떻게 대처하였던 것일까?

냉전이 끝나자 국제사회는 종족·종교·문화의 차이에 따른 국내 분쟁 곧, 실패한 국가들의 대거 출현에 갑자기 부딪치게 되었다. 어떻게 할 것인가? 개별국가들은 실패한 국가의 내전에 개입하기를 꺼렸다. 이득이 없기 때문이다. 결국 국제사회에 그 책임을 떠넘기게 되었다. 당장 쓸 수 있는 것이 유엔의 평화유지 메커니즘이었다. 실제로 반세기의 냉전기간 동안에는 평화유지군을 불과 10여 차례 파견하였으나, 1990년대 약 10년 동안에는 무려 40번이나 평화유지군을 파견하였다. 1990년대는 국제사회가 수많은 실패한 국가들을 평화유지 메커니즘으로 관리해보려고 노력하는 가운데 시행착오를 거친 시기로 볼 수 있다.

그 과정에서 유엔평화유지활동이 중대한 변천을 겪게 된다. 주로 실패한 활동들이 유엔평화유지활동을 변모시키는 데 결정적인 구실을 하였다. 1993년의 소말리아, 1994년의 르완다, 1995년의 보스니아 활동이 그것이다.

소말리아 활동은 유엔평화유지군이 임무수행에 실패한 최초의 사례다. 여러 나라 군대로 구성된 유엔평화유지군은 지휘통솔이 허약할 수밖에 없다. 그러한 지휘통솔 체계로는 무력사용이 불가피한 상황(이른바 Chapter Ⅶ, peace-enforcement mission)은 감당할 수 없다는 것이 소말리아에서 실증되었다. 따라서 소말리아 활동 이후 국제사회는 무력사용이 불가피한 지역에는 더는 평화유지군을 파견치 않게 되었다. 이것이 소말리아 활동이 남긴 유산이다.

다음 1994년 르완다에서는 국제사회가 외면한 가운데 약 3개월 동안 소수종족인 투치족 약 80만 명이 다수종족인 후투족에게 학살당한 사건이 있었다. 당시 유엔평화유지군은 각국이 군대를 경쟁적으로 철수하면서 공동화된 상태였다. 르완다 이후, 국제사회 특히 선진국들은 무력사용이 불가피한 경우(Chapter Ⅶ)는 물론, 조금이라도 위험이 예상되는 경우(즉 Chapter Ⅵ, peace-keeping mission)에도 평화유지군 파병에 참여하지 않게 되었다. 이것이 르완다 활동이 남긴 유산이다. 소말리아와 르완다 사태 이후 실패한 국가들은 국제사회의 무관심 속에 방치되었다.

그러나 1995년 보스니아는 새로운 상황을 국제사회에 제기하였다. 만약 실패한 국가가 전략적으로 중요한 지역에 있을 경우 어떻게 하느냐 하는 것이다. 보스니아는 유럽, 나토 지역으로 소말리아나 르완다와는 달리 방치할 수 없는 지역이었기 때문이다. 따라서 국제사회는 새로운 대처방안을 고안하지 않을 수 없었다. 그것은 직접적으로 영향을 받는 국가들이 다국적군을 형성하여 개입하는 방식이었다. 전략적 이익이 없는 지역에 유엔평화유지군으로 참여하여 사상자가 생기면 국내 여론에 설명하기 힘들지만, 방치할 경우 자국의 안보에 직접적인 영향을 미치는 곳에는 경제적, 군사적 부담을 설명하기 쉽기 때문이다. 전략적으로 중요한 지역에 있는 실패한 국가에는, 직접적인 이익을 가진 국가들이 다국적군을 편성하여 이에 개입한다. 이것이 보스니아 사태가 남긴 유산이다.

보스니아에는 이렇게 결성된 다국적군이 아직 주둔하고 있다. 이러한 경향은 후에 코소보와 동티모르에서 그대로 나타났다. 이들 지역은 국제

사회의 개입으로 안정을 찾아가고 있다. 주변으로 문제가 확대될 가능성
도 봉쇄되었다. 문제는 주변 국가들이 개입할 힘이 없는 그런 실패한 국
가들의 경우다. 소말리아나 르완다 외에 시에라리온, 콩고 등 많은 아프
리카 국가들과 아프가니스탄이 바로 그러한 범주에 속한다. 이들은 국제
사회의 무관심 속에 방치되었다. 그리고 각종 초국가적 문제와 범죄의
온상이 되었다.

사안에 따른 다국적군의 개입, 유엔평화유지군의 파견, 그리고 무관
심—이것이 냉전 후의 국제질서(post Cold War order)의 모습이었다. 그
러던 중 무관심 대상이던 아프가니스탄에서 사태가 터진 것이다.

4. 대테러 국제질서 속의 북한

북한과 미국의 관계는 클린턴(Clinton) 행정부 시대의 적극적 개입에
이어, 부시(Bush) 행정부 초기에 정책 점검 단계를 거쳤다. 그러나 9·11
사태 이후 이제는 무엇보다도, 대테러전쟁을 근간으로 하는 국제질서에
따라 북·미관계가 좌우되고 있는 형국이다. 이에 대해 북한은 다분히 이
원적인, 또는 양면적인 반응을 보이고 있다. 9·11 사태 이후 즉시 조의를
표하고, 테러를 비난하는 등 북·미관계에 커다란 도움이 되는 태도를
취하는가 하면, 미국의 대아프간 전쟁을 비난하는 태도를 보이기도 하였
다. 또 대테러 국제조약 2개를 신속히 서명하는가 하면, 미국의 반테러정
책을 또 다른 형태의 테러라고 비난하기도 하였다.

이러한 북한의 태도는, 북한이 남북대화에 적극적 태도(2000년 6월
정상회담과 그 직후의 성과)와 소극적 태도(2001년 3월 이후의 대화단절
과 동면상태에 들어간 남북대화)를 모두 보이고 있는 것과 맥을 같이한
다. 북한은 '정치 안정' 과 '경제 회복' 이라는 두 가지 절대절명의 명제

사이에서 갈등하고 있는 것이다. 사실 많은 국가에서 정치적 안정과 경제적 회복은 상호보완적인데, 북한의 경우는 그 체제의 특성으로 말미암아 두 가지 명제가 서로 이율배반적인 상황에 있다. 이것이 북한이 겪고 있는 최대의 난관인 것이다. 북한이 이러한 딜레마에서 결단을 내리고 해법을 찾을 때까지는 대외정책에서 이원적인 모습을 보일 수밖에 없다. 그러므로 북한이 미국에 접근하는 방법이나, 남북대화에 임하는 태도가 일관된 정책에 따른 것이라고 볼 경우 우리는 혼란에 빠져들 것이다. 그보다는 북한의 근원적인 딜레마에 따른 양면성의 표출로 보는 것이 더 정확하고, 북한문제를 제대로 접근하는 방법이 된다.

남북관계도 과거 냉전시대와는 이제 그 본질을 달리하고 있다. 냉전시대에는 봉쇄(containment)가 기본을 이루었다. 그러나 냉전 대신 세계화 곧, 국가간의 상호의존이 새로운 세계질서로 자리를 잡아감에 따라 남북관계의 기반도 변하지 않을 수 없다. 봉쇄에서 상호의존의 추구로 기반이 바뀌어가고 있는 것이다. 세계적으로 볼 때 상호의존이라는 새로운 국제질서에 적응한 나라는 평화와 번영을 누리고 있다. 반면, 이에 실패한 나라는 고립 속에서 내부적 혼란이나 경제적 곤란을 겪게 되어 국제적인 관심과 문제의 대상으로 등장하고 있는 것이 현실이다. 보스니아, 코소보, 동티모르, 하이티, 시에라리온, 콩고 등이 그러한 예이다. 이들이 겪고 있는 문제는 이들이 고립을 벗어나 외부세계와 상호의존할 때 비로소 해결되는 것이다. 마찬가지로 북한 문제도 북한이 외부세계와 상호의존할 때 비로소 해결되는 것이다. 이제 북한만 빼면 동아시아의 모든 국가들이 고립과 후진에서 벗어나 상호의존 관계를 수립하고 있다고 해도 과언이 아니다. 이들 국가와 같은 문화와 역사를 공유하는 북한이 이에 성공하지 못할 이유가 없다. 문제는 평양이 결단을 내려 상호의존으로 가는 길을 택해야 한다는 데 있다.

이에 착안한 것이 바로 우리의 개입정책이다. 교류와 협력의 증진으로

남·북을 상호의존 관계로 만들어 한반도에 평화와 안정을 확고히 하자
는 것이다. 사실 이론상 개입정책의 대안인 봉쇄(containment)정책이나
강제(coercion)정책은 한반도 상황이나 세계화라는 국제정세에 비추어볼
때 현실적인 대안이 되지 못한다. 북한에 대하여 일관성 있는 개입정책
을 펴는 것이 우리의 이익이 된다. 문제는 개입은 상호적이어야 한다는
데 있다. 북한이 응해오지 않으면 발전이 없다는 것이다. 그런데 북한은
위에서 이야기한 뿌리 깊은 딜레마 때문에 우리의 개입정책에 일관성 있
는 개입정책으로 화답하기에는 많은 제약이 있는 것으로 보인다. 그러나
궁극적으로 선택은 북한에 달려 있다. 우리는 항상 문을 열어놓고 개입
의 자세를 보여주고, 준비를 갖추는 것이 중요하다.

　사실 북한이 어려움을 많이 겪고 있지만 결단의 시간이 늦어 중요한
기회를 놓친 적도 많다. 클린턴 행정부 시절 미사일협상이 바로 그러한
예다. 2000년 12월, 불과 몇 주일 차이로 북미간의 미사일협상이 종결을
보지 못한 것은 익히 알려진 바다. 북한이 1999년 9월 베를린 협상 이후
1년여의 기간을 그냥 흘려보냈다는 것이 중론이다. 만약 그 14개월의 기
간 가운데 단 한 달만이라도 활용했다면 미사일협상은 타결될 수도 있었
다는 평가가 많다. 남북대화도 마찬가지다. 2000년 6월 역사적인 남북정
상회담 이후 무르익은 분위기를 활용하여 김정일 위원장이 답방을 하였
더라면 상황은 크게 달라져 있을 것이다. 남북정상회담이 중요한 이유는
북한 정치체제에서 김정일 위원장이 차지하는 핵심적인 위치 때문이다.
김위원장의 직접 참여 없이는 북한의 의미 있는 정책 결정을 기대하기 힘
들기 때문이다.

　지금의 대테러 국제질서도 북한이 이용하기에 달려 있다. 어려운 딜레
마를 극복하고, 아니면 그 극복 과정의 하나로, 대테러 국제질서에 참여
하는 분명한 태도를 취해야 한다. 이것이 북한이 대테러 국제질서라는
새롭게 형성된 기회를 놓치지 않고 이용하는 방안이 된다. 모든 변화는

준비된 자에게는 기회가 된다. 이번 기회를 활용함으로써 북한은 외부세계와 교류를 확대할 수 있다. 그 경우 한반도의 안보도 그만큼 튼튼해질 것이다.

5. 대테러전쟁이 동북아에 미치는 영향, 미·러와 미·중 관계

우리 한반도가 위치한 동북아는 세계에서 가장 민감한 전략 지역 가운데 하나이다. 2차세계대전의 향배는 유럽과 동아시아에서 판가름났으며, 냉전의 향배도 유럽과 동아시아에서 결정되었다. 냉전이 끝난 지금, 미국이 유럽과 동북아에 각각 약 10만 명의 군대를 유지하고 있다는 것은 세계에서 유럽과 동북아 양대 지역이 갖는 전략적 중요성을 뒷받침해주고 있다.

그 가운데 유럽은 EU와 나토 등 다자협력과 지역통합으로 수백년 묵은 안보 문제를 해결하고 테러 등 초국가적 문제와, 경제와 시민복지 등으로 외교의 주안점을 변화시켜 나가고 있다. 그런데 동북아 국가들은 유럽과는 달리 안보분야에서 다자협력은 고사하고 대화도 시작하지 못한 상태이다. 이런 측면에서 보면 동북아는 아마도 세계 안보면에서 가장 민감하고 불확정성이 큰 지역으로 볼 수 있다. 그리고 우리나라가 바로 그 한가운데 있는 것이다.

우리가 속한 동북아는 인구와 경제적 역동성 그리고 잠재력에서 유럽을 앞서고 있지만, 산적한 안보 문제를 안고 있다. 한반도, 대만, 역내 영토분쟁, 그리고 빠르게 성장하고 있는 중국 등 중요한 안보 문제가 우리의 해결을 기다리고 있다. 거기에 이번에 국제테러 문제가 추가된 것이다. 대테러 국제질서는 위에서 살펴본 북한의 경우만 제외하고는 동북아에 일단 안정을 증가시켜 주는 역할을 할 것으로 보인다. 그것은 중국과 러시아가 모두 미국의 대테러전쟁을 지지 내지 용인하고 있기 때문이다. 물론 그 배경에는 러시아는 체첸, 중국은 위구르 자치구 등의 테러위험을 안고 있어, 대테러전선에 동참함으로써 얻는 이익이 있기 때문이다.

일부에서는 미·중·러의 대테러 협조체제를 놓고 19세기 유럽의 '강대국 협조체제'(Concert of the Powers)와 같은 국제질서를 점치기도 한다. 일본과 EU가 이미 미국의 동맹국으로 확고히 미국을 지지하고 있으므로 사실상 강대국이 모두 참여하는 협조체제가 가동된 셈이다. 그러나 이들에게는 19세기에 그랬던 것처럼 왕정을 보호한다는 커다란 명제도 없고, 식민지 개척이라는 공동의 출구도 없다. 테러에 반대한다는 제한된 공동의 이익만 있을 뿐이다. 따라서 19세기처럼 전면적인 강대국 협조체제를 상정하는 것은 무리가 있다.

분명히 9·11 테러가 발생하기 전에는, 중국은 인권, 대만문제, 미사일 방어(MD : Missile Defense) 등의 문제를 둘러싸고 부시 행정부와 갈등을 겪었다. 미·러 사이에도 MD, 탄도탄요격미사일(ABM), 체첸 문제 등이 최대 현안으로 부각되던 상황이었다. 그러나 이제 이러한 갈등 요소들이 당장 급한 대테러 협조에 앞자리를 내어주고 뒷전으로 밀려나게 되었다. 그 밖에도 러시아가 민주, 시장경제 질서로 편입되고, 중국과 미국의 호혜적인 통상관계가 증진되는 등 플러스 요소가 많이 있다. 그러나 대테러전쟁으로 위에서 살펴본 여러 갈등 요소들이 모두 해소된 것은 아니다. 중요도가 떨어진 것뿐이다. 그러므로 미·중·러 사이의 관계, 그 협조체제에 대해서는 역동적인 관점을 가질 필요가 있다. 곧, 국제테러가 어떤 강도로 계속될 것인지와, 이에 따른 대테러 협조의 필요성과 갈등 요소가 표면화될 가능성이 미·중·러 협조체제에 결정적인 영향을 미칠 것이기 때문이다.

동시에 세계 유일 초강대국인 미국이 어떻게 대테러 국제질서를 이끌고 가느냐에 따라서 미·중·러 삼각관계가 영향을 받게 되어 있다. 이는 미국의 일방주의 외교노선의 정도, 다시 말하면 미국이 국제질서를 이끌고 나가면서 어느 정도나 다자협력을 중요시할 것인지 하는 외교 행태와도 밀접한 연관이 있다. 미국이 일방주의 행태를 보일수록 중·러는 그만큼 상호협력의 필요성을 느끼게 될 것이기 때문이다.

6. '정상적'인 국가 일본과 우리의 안보

이번 대테러 국제질서로 일어난 중요한 변화 가운데 하나는 독일과 일본의 역할 증대이다. 두 나라가 적극적인 참여를 통하여 '정상국가'로 성큼 다가서는 계기를 마련해주고 있다. 사실 일본과 독일은 경제력과 유엔분담금 기여율에서 각각 세계 2, 3를 차지하면서도 2차대전 패전국이라는 이유로 힘과 기여에 걸맞는 역할을 제한받아 왔다.

문제는 유럽에서 독일의 증가된 역할과 기여에 대해서는 의구심을 표시하는 국가가 거의 없는데, 동아시아에서는 일본의 증가된 군사적 역할에 대한 경계의 목소리가 적지 않다는 데 있다. 그리고 그 바탕에는 과거사 정리문제가 자리잡고 있다. 독일은 과거사를 철저히 정리함으로써, 주변국의 의혹을 불식할 수 있었고, 나토, 유럽안보협력기구(OSCE) 등에서의 활동과, 특히 EU 통합에 앞장섬으로써 독일이 다시 패권국가가 되리라는 의구심을 없애버렸다. 반면 일본의 경우 과거사를 정리하지 못하고 있어 주변국의 의혹과 불신을 사고 있다. 그렇기 때문에 미국이나 유럽국가들에게는 찬사를 받는 이번 대테러전쟁에서의 적극적인 기여가 동아시아 주변국에게는 조심스러운 반응을 촉발하고 있는 것이다.

한반도는 정치적인 진공상태에 존재하는 것이 아니다. 특히 중견국가인 우리 나라는 주변의 상황변화에 촉각을 세우고 냉철한 분석과 치밀한 전략으로 대비해야 한다. 지금의 대테러 국제질서는 동북아에도 커다란 변화를 일으킬 것이다. 9·11 테러 사태로 우리에게 초래된 문제 가운데 하나가 "정상적인 국가"로 진입하고 있는 일본의 문제다. 우리는 어떤 생각을 갖고 어떻게 접근해야 하는 것일까? 최근 역사교과서 문제, 신사참배 문제, 그리고 이와 맞물려 있는 일본사회의 우경화 경향을 생각하면 우리 사회에 닥친 문제의 중요성이 부각된다.

우리의 국익이나 안보 차원에서 보면, 역사교과서나 신사참배 등 과거사 문제는 일본에게 문제가 되는 것이지 그 자체가 우리에게 문제가 되는 것은 아니다. 우리에게 정말 문제가 되는 것은 "과거를 잊는 자는 미래에 이를 되풀이할 위험"이 있기 때문이다. 임진왜란이나, 35년간의 일제 강점 같은 상황이 다시 되풀이되어 우리의 후손이 고통을 겪는 상황을 용인할 수 없다는 것이 우리가 일본 과거사를 대하는 자세의 뿌리이다. 이것이 일본 역사교과서와 신사참배 문제 등 일본의 과거사를 다룰 때 우리의 가장 중요한 목표가 되어야 한다. 우리는 어떻게 그 목표를 달성할 수 있을까? 여러 가지 대책이 있다.

우선 중요한 것은 우리의 국력을 키우는 것이다. 진주만 습격을 당했던 미국은 오히려 일본이 군비를 증강하여 미국의 부담을 덜어주기를 희망하고 있다. 우리와는 아주 다른 태도이다. 일본이 더는 미국의 상대가 되지 않기 때문에 그렇게 할 수 있는 것이다. 그러나 우리는 불행히도 그럴 수가 없다. 우리의 국력이 일본보다 약하기 때문이다. 그러나 국력이 약하다고 해서 반드시 당하는 것은 아니다. 침략을 계획하는 이웃이 있다고 해도, 그 침략으로 얻을 수 있는 것보다 피해가 크다면 그것을 실행에 옮기지 못하는 법이다. 2차대전 때 스위스가 나치에 점령당하지 않은 이유 가운데 하나도 결연한 스위스의 방어태세에 있었다. 그러므로 우리는 경제와 국방을 굳건히 해야 하는 것이다. 이것이 일본의 과거사 문제에 대해서 우리가 해야 할 첫째 노력이다.

다음은 한·미 동맹관계 그리고 미·일 동맹관계가 잘 유지되도록 관리해나가는 것이다. 이것이 우경화의 위험을 안고 있는 일본에 대한 좋은 대책이 된다. 한가지 다행인 것은 우리가 사는 세계가 더는 제국주의-식민주의시대가 아니라는 것이다. 우리는 미국과 동맹관계를 맺고 있다. 그런 우리에게 일본은 결코 '진출'을 꿈꿀 수 없다. 또한 미·일 동맹이 유지되는 한 일본은 군국주의의 길을 걸을 수도 없고, 이웃나라로 '진출'을 계획할 수도 없다.

일본의 과거사 문제에 대한 또 하나의 대책은 일본과 상호의존을 더욱 밀접히 하는 것이다. 일본이 '진출'을 꿈꿀 경우 일본에게도 이득이 되는 상호의존 관계가 깨짐으로서 잃을 것이 더 크게 만들어나가는 것이다. 제국주의시대가 가고 우리는 이제 상호의존의 국제화시대에 살고 있다. 상호의존이 커질수록 국가들 사이의 전쟁 가능성은 줄어든다. 얻을 것보다 잃을 것이 많기 때문이다. 불과 한 세대 전에 한·일 사이에는 1년에 1만 명 정도의 인적 교류와 수천만 불에 지나지 않는 교역이 있었다. 그런 관계라면 끊어져도 아쉬울 것이 없다. 그러나 이제는 하루에 만 명, 즉 1년에 400만 명에 육박하는 인적 교류가 이루어지고 있고, 한 해 교역량이 600억 불에 가까워졌다. 그리고 이런 상호의존 관계는 다른 나라들과도 유기적으로 얽혀 있다. 좀 역설적인 면이 있기도 하지만 한·일의 상호의존을 계속 늘려가는 것이 일본에 대한 대비가 되는 것이다.

또 다른 하나의 방안은 일본을 다자의 망(network) 속으로 엮어가는 것이다. 바로 유럽국가들은 EU와 나토, 유럽안보협력기구(OSCE) 등을 통해 독일이 유럽통합 과정으로 얽혀 들어가면서 독일의 위협에서 벗어났다. 불행하게도 동북아에는 그러한 굳건한 다자의 망이 없다. 그러나 EU도 50여 년 전에 미미한 석탄·철강위원회에서 출발하였다. 우리도 이 지역에서 APEC(Asia-Pacific Economic Cooperation, 아시아태평양 경제협력체), ARF(ASEAN Regional Forum, 아세안지역안보포럼), ASEAN+3, ASEM(Asia Europe Meeting, 아시아유럽정상회의) 등 많은 다자의 망을 구축해가고 있다. 이러한 망이 튼튼해질수록 일본은 우경화나 군국주의의 유혹에서 멀어질 것이다.

물론 일본이 과거사를 정리할 때까지 이를 시정하고자 하는 우리의 노력도 계속해야 한다. 이것은 대책차원을 넘어서는 중요한 원칙의 문제이기도 하다. 그러나 이 문제를 '국민정서' 차원에서 접근하여 일본의 사과, 사죄, 교과서 수정과 신사참배 재발방지 약속 등에만 치중하는 것은 결코 전체 상황이나, 문제의 핵심을 파악하는 것도 아니고, 우리의 진정한 국익을 확보하는 길도 아니다. 살펴본 대로 상황은 훨씬 더 복잡하고, 복합적이고 전략적인 접근을 필요로 하고 있는 것이다. 우리의 외교에서 '국민정서'가 하고 있는 역할은 무엇일까?

7. 세계질서 속의 우리 외교와 국민정서

우리는 21세기에 진입한 우리의 상황과 처지를 19세기 말과 비교하는 의견을 자주 접하고 있다. 그러나 이러한 견해는 적어도 두 가지 면에서 근본적인 오류를 범하고 있다. 첫째, 19세기와 20세기 전반을 주도하였던 제국주의와 식민주의시대는 가버리고 이제 상호의존적인 세계화시대로 바뀌었다는 것을 간과하고 있다. 그런데 이에 대한 우리의 인식이 아직 확고하지 못하다. 이제는 국가의 위신이나 경제적 이익, 영토 팽창을 위해 전쟁을 고려하는 나라는 없다. 그것은 과거와는 달리 영토와 천연자원이 더는 국력을 대표하지 못하기 때문이다. 21세기는 과학기술의 발달이 한 국가의 번영을 가늠하는 세계화시대이다.

둘째, 무엇보다 우리의 역량이 19세기 말과 비교할 수 없을 만큼 커졌다는 것이다. 19세기 말 우리는 아직 가난조차 해결하지 못하는 빈국이었고 철저한 농업 위주의 경제구조를 가지고 있었으며, 군사적으로도 주변 국가의 침략을 촉발할 만큼(weakness invites aggression) 취약하였다. 그러나 이제 우리는 세계 12~13위의 경제력을 가지게 되었다. 우리의 농업인구는 90퍼센트에서 10퍼센트 미만으로 줄었다. 군사적으로도 주변 국가가 쉽게 침략할 의사를 가질 수 없을 정도로 힘과 동맹체제를 갖게 되었다.

현실은 이렇게 달라졌는데, 국제사회를 보는 우리의 인식은 아직 19세기와 고통과 피해를 받아온 우리의 긴 역사에 뿌리를 두고 있다. 우리 사회가 불과 한 세대 만에 다른 나라가 2~3세대에 걸쳐 겪는 변화를 겪었기 때문에 어쩔 수 없는 측면이 있기도 하다. 짧은 기간에 농업국가에서 산업국가로 변천, 인구의 80퍼센트 이동(농업에서 제조업과 서비스로), 민주국가의 실현 등 고도로 '압축된 시간'을 살고 있는 우리가 치러야 하는 고통인지도 모른다. 그러나 우리가 계속되는 발전을 원한다면 이러한 상황을 극복할 수 있어야 한다.

우리의 인식이, 현재의 실정과는 너무나 다른 우리의 힘들었던 과거에 뿌리를 두고 있을 경우, 현실과의 괴리 때문에 외교는 그만큼 힘들어진다. 우리의 과거는 피해의 역사인 측면이 크다. 그래서 우리의 '정서'는 무엇보다 '피해의식'에 바탕하고 있다. 피해의식을 가지고 있으면 각종 '음모론'에 시달리게 된다. 음모론은 대부분 근거가 없는 것이나, 상황을 장악하고 있지 못하거나 통제하지 못할 경우 쉽게 빠져드는 법이다. 따라서 우리 외교가 당면한 국내적 과제는 '피해의식'을 극복하는 것이다. 그러나 그것은 결코 쉬운 일이 아니다.

우리의 '국민정서'는 국가적 위기를 맞았을 때는 결집력의 원천이 되기도 했다. 그러나 국수주의, 신쇄국주의적 경향 등 21세기에는 불필요해진 요소를 강하게 보이고 있다. 국수주의, 국가주의은 비단 우리나라에만 있는 것이 아니다. 유럽에서는 이제 많이 치유가 되었으나, 동아시아 각국은 모두 국수주의 경향을 어느 정도 띠고 있다. 문제는 중견국가인 우리나라는 특히 현명한 외교를 펴나가야 하기 때문에, 국수주의를 앞세울 여유가 없다는 데 있다.

이제 9·11 테러와 뒤이은 대테러 국제질서로 우리에게 닥친 상황은 더욱 어려워지고 있다. 어떻게 할 것인가? 우리 외교는 무엇보다도 국민의 지지를 받아야 효율적일 수 있다. 국민과 함께 하는 외교라는 것은 곧 언론을 매개로 한다는 것을 의미한다. 여론과 언론의 이해와 지지를 받느냐 그렇지 못하느냐 하는 것이 외교정책의 성패를 가름한다. '피해의식'이나 '음모론' 등에서 벗어나 현실적이고 냉철한 인식에서 출발하여 외교사안을 분석하고 대책을 세워야 한다. 이것이 21세기의 새로운 세계질서 속에서 우리의 국익을 확보하는 길이다. 이것이 대테러 국제질서에 임하는 우리 외교의 자세여야 한다. 그 첫 걸음은 외교가 '국민정서'로 처리되는 상황을 극복하는 것이다.

남북한 신뢰구축 및 군비통제 서정하

1. 문제 제기

2000년 남북정상회담은 남북한간 신뢰구축과 긴장완화 문제에 대한 관심을 불러일으켰다. 남북정상회담은 과거 반세기 동안 지속되어 온 대결과 반목의 남북관계를 화해와 상생의 구도로 전환시키는 중요한 계기가 되었으며, 이는 자연스럽게 남북한이 그동안 원론적인 수준에서 맴돌던 군사적 신뢰구축과 긴장완화 문제에서도 진전을 볼 수 있을 것이라는 기대감을 불러일으켰다. 더욱이 남북정상회담의 후속조치로 남북국방장관회담과 남북군사실무회담이 열림으로써, 한반도 평화의 당사자인 남북한이 직접 마주앉아 신뢰구축조치를 포함한 한반도 평화를 위한 구체적 추진방안을 논의하는 날이 곧 올 것이라는 기대감을 증폭시켰다.

분단 이후 최초로 남북한의 군 수뇌부가 만난 남북국방장관회담과 이어 열린 남북군사실무회담은 열린 것만으로도 의의가 컸으며, 이에 따라 이들 회담에 국내외적으로 대대적인 관심이 쏠린 것은 당연하다고 할 수 있다. 또한 양측은 국방장관회담에서 긴장완화를 원하며 한반도 평화를 위해 공동으로 노력하겠다는 원칙에 합의하고 이를 문서로 선언하는 성과를 거두었다. 때문에 회담이 순조롭게 거듭된다면 군사적 신뢰구축조치를 포함한 구체적인 긴장완화방안에 대한 논의 단계로 들어설 수 있을 것으로 기대되었다. 하지만 후속 남북국방장관회담은 북한측의 소극적 태도로 열리지 않고 있으며 우리측이 희망했던 군 수뇌간의 직통전화기 설치, 군사훈련의 상호통보 및 참관단 교환과 같은 초보적인 신뢰구축조치 방안들은 아직 합의에 이르지 못하고 있다. 이에 따라 남북정상회담 직후 고조된 기대감과는 달리 남북의 군사적 신뢰구축은 여전히 쉽지 않다는 인식을 확인시켜 주고 있는 실정이다.

남북한 신뢰구축과 군비통제 문제는 이미 90년대 초 〈남북기본합의서〉 채택에 이르는 남북한 협상경험을 계기로 국내외 학자 및 전문가들이 폭넓게 연구하였으며, 그 결과 다양한 방안을 제시하여 이른바 "제안의 확대 및 포화현상"[1]을 보이고 있다. 그러니 만큼 이 글에서는 군사기술적인 측면에서 구체적인 신뢰구축(CBM)/군비통제 방안을 새롭게 제안하기보다는, 남북한간에 신뢰구축·군비통제가 진행되지 않고 있는 근본적인 문제점을 제기하고, 전반적인 차원에서 신뢰구축·군비통제 추진방안을 개진하고자 한다.

2. 신뢰구축과 군비통제의 개념

1) 신뢰구축

신뢰구축(CBM) 개념은 군사적 조치만을 대상으로 하는 협의의 개념에서부터 신뢰를 구축하는 경제·기술·인도주의적 분야의 제반 조치를 포괄하는 광의의 개념까지 다양하게 정의되고 있으나, 이 글에서는 군사적 신뢰구축의 의미로 사용하고자 한다.

신뢰구축방안이 국제안보 분야에서 주목받기 시작한 것은 75년 헬싱키 안보협력회의 이후로, 신뢰구축방안은 유럽에서 동서 사이의 군사적 대치상태가 상대방에 대한 오해와 불신으로 말미암아 전쟁으로 발전될 수 있는 위험성을 줄이기 위하여, 군사적 문제에 대한 상호예측 가능성을 높이는 방법으로써 고안된 것이다. 주목적은 ① 두려움을 느낄 만한 위협이 없다는 믿을 수 있는 증거를 전달하며, ② 불확실성을 줄여 재확신시키고, ③ 군사활동을 통한 압력행사를 자제시키는 데 있었다.[2]

군비통제 또는 군축이 군사적 능력(capacity)이라는 하드웨어를 통제 내지 감소시키는 것이라면 신뢰구축은 보장과 투명성, 예측성을 통해 분쟁을 관리할 수 있는 정치적 군사적 분위기를 조성하는 것이라고 할 수 있다. 그러나 군사적 신뢰구축은 궁극적으로 긴장을 완화하고 나아가서 군비축소로 발전시켜 평화를 정착시키는 데 불가결한 발판이자 과정이기 때문에 군비통제의 일부로 간주되기도 한다. 또한 군사적 신뢰구축은 종종 운용적 군비통제(operational arms control)와 같은 뜻으로 사용되기도 하는데, 군사력의 실질적 감축과 같은 구조적인 통제 이전 단계에서 군사활동의 투명성과 예측가능성을 높임으로써 상호신뢰를 구축하고 전쟁 발발을 방지하는 조치들로서, 구체적인 방법으로는 정보교환과 통신유지 조치, 기습공격 방지 및 억제 조치, 선언적 조치 등이 있다.

2) 군비통제

군비통제란 기본적으로 적대국 사이에 ① 전쟁발발 가능성의 감소, ② 전쟁발발시 피해 범위 축소, ③ 평상시 군사력 운영 · 유지비용의 절감 등을 목적으로 추진되는 상호군사력에 대한 통제적 조치를 의미하는데, 군비감축(군축)과 혼용되어 사용되고 있다. 군비통제 개념을 군축과 관련지어 설명하는 견해는 다음과 같다.

첫째, 군축의 중요성을 강조하는 견해로 군축을 군비통제를 포함하는 총칭적 개념으로 파악한다. 유엔을 비롯한 국제기구, 구소련과 그 위성국가 및 제3세계 국가들이 이러한 견해를 견지해 왔다. 특히 유엔은 군축을 광의의 개념으로 사용해 왔으며, 1978년 〈군축특별총회(Special Session on Disarmament) 최종문서〉에서는 "군축을 일반적이고 완전한 핵군축(General and Complete Nuclear Disarmament)에서 정치군사 관계의 신뢰구축조치(CBM : Confidence-Building Measures)에 이르기까지 다양한 조치들을 포괄하는 개념"으로 규정하였다. 한편, 구소련을 비롯한 위성국가와 제3세계 국가들은 서방국가들이 군비통제라는 용어를 사용하는 것은 실질적인 군축을 회피하려는 의도에서 비롯되었다고 비난하면서 군비통제를 군축의 하위개념으로 간주하고 있다.

둘째, 첫째 견해와는 반대로 군축을 군비통제의 하위개념으로 보는 견해로서 미국을 중심으로 하는 이른바 "군비통제 학파"(Arms Control School)들의 견해이다. 이들 군비통제 학파들은 군비통제를 잠재 적대국가간에 할 수 있는 모든 형태의 군사적 협력을 망라하는 광의의 개념으로 규정하고, 군축은 단지 군비의 실제적 감축 조치에만 적용되는 군비통제의 한 형태로 규정하고 있다. 좀더 구체적으로 말하면 군비통제는 군비경쟁의 안정을 통해 평시의 군비경쟁이 위기상황으로 발전하지 않도록 방지하려는 것으로서 군비균형을 기하는 것과, 어느 일방도 전쟁의 선제도발로 이득을 얻을 수 없는 상황을 조성하여 위기를 안정시키는 것을 목표로 하고 있다는 것이다. 이러한 광의의 군비통제 개념은 1975년 헬싱키에서 열린 유럽안보협력회의(CSCE : Conference on Security and Cooperation in Europe) 이후 대두된 '신뢰구축 및 안보구축조치'(CSBM : Confidence and Security Building Measures) 개념을 반영하여 '구조적 군비통제'(Structural Arms Control)와 '운용적 군비통제'(Operational Arms Control)로 더욱 구체화되었다.[3]

두 가지 견해는 이론적인 측면은 물론 현실적인 측면에서 각각 타당성이 있으나, 일반적으로는 군비통제 개념을 다음과 같이 정의하고 있다.

첫째, 군비통제는 전쟁도발 유혹이나 오판 또는 전쟁도발 기도를 막을 수 있는 방법을 동시에 포함하는 포괄적인 개념으로서 신뢰구축, 군비제한, 군축 등을 포함하는 광의의 개념이다.

둘째, 운용적 군비통제는 군사력의 운용을 통제하는 것으로서 군사력의 현황과 부대이동, 기동훈련 등 군사활동을 상대방에게 노출, 공개하고 확인케 하여 예측 가능성을 높임으로써 서로 믿고 안심할 수 있도록 하는 조치를 의미한다.

셋째, 구조적 군비통제는 군사력의 구조와 규모를 통제하는 것으로서 군사력의 증강 제한, 동결·감축 등의 조치를 통해 군사력의 균형을 축소지향적으로 달성하고 유지하여 안정을 이룩하는 것을 의미한다.

3. 한반도 신뢰구축과 군비통제 추진현황

남북한 사이에는는 전쟁을 거치면서 불신과 대립관계가 설정되었다. 냉전기간에 남북은 군비경쟁을 중요한 안보수단으로 간주하였고 그에 따라 군사적 긴장이 고조되었으며 이러한 가운데 군비통제 논의는 금기시되었다. 그러나 90년대 초 세계적으로 냉전적 갈등구조가 상호의존적 구조로 변모하면서 군비통제 논의가 주목받기 시작했다.

곧, 한반도에서도 군비통제를 남북 사이의 전쟁재발을 방지할 수 있는 유용한 수단으로 사용할 수 있으며, 동시에 남북 쌍방의 군사적 대치상태를 적절히 관리, 통제함으로써 정치적 군사적 긴장을 낮출 수 있을 것이라는 견해가 제시된 것이다. 궁극적으로는 군비통제가 성숙된 단계에

도달하여 실질적인 군비감축을 가져온다면 남북한의 평화정착에도 긍정
적인 효과를 가져올 수 있다는 견해가 설득력 있게 제기된 것이다. 그러
나 문제는 한반도에서 과연 군비통제를 어떻게 추진해 나갈 수 있느냐 하
는 데 있다.

그동안 남북한 사이에 진행되어 온 군사적 신뢰구축과 군비통제 추진
현황과 남북한 사이에 신뢰구축·군비통제가 진행되기 어려운 제약요인
을 살펴보자.

1) 남북한 군사적 신뢰구축 추진현황

가. 〈남북기본합의서〉 채택

남북한은 지난 반세기 동안 군사적 신뢰구축 내지 긴장완화 방안에 관
해 수많은 제안을 해 왔으나,[4] 남북한이 본격적으로 직접 마주앉아 군사
적 신뢰구축 및 군비통제 방안을 논의한 것은 1990년 9월 양측의 총리를
수석대표로 하는 고위급회담이 열린 이후부터다. 곧, 고위급회담에서 남북
한은 각각의 신뢰구축·군비통제 방안을 처음으로 제안하고 협의한 것이
다. 따라서 1990년을 남북한 군비통제 협상의 원년이라고 부르고 있다.

남북한은 고위급회담을 통해 1991년 12월 13일 〈남북 사이의 화해와
불가침 및 교류·협력에 관한 합의서〉를, 그리고 1992년 1월 20일 〈한반
도의 비핵화에 관한 공동선언〉을 채택하였다. 〈기본합의서〉에 따르면 양
측은 서로의 정치·사회체제를 인정, 존중하고 내정에 간섭하지 않으며,
또한 상대방에게 군사력을 사용하지 않을 것을 확약하고 이를 보장하기
위한 군사적 신뢰구축조치들을 협의, 추진하기로 했으며 경제협력을 비
롯한 여러 방면에서 교류·협력을 실시하기로 원칙적인 합의를 했다. 한
편 〈비핵화 공동선언〉에서 남북한은 핵무기 시험·제조·접수·보유·사
용 등을 금지하며 핵 재처리 시설과 우라늄 농축시설을 보유하지 않기로
합의하였다.

이어 남북한은 1992년 2월 19일 〈남북고위급회담 분과위원회 구성·운영에 관한 합의서〉, 1992년 3월 18일 〈남북핵통제공동위원회 구성·운영에 관한 합의서〉 그리고 〈남북군사공동위원회 구성·운영에 관한 합의서〉와 〈남북 사이의 화해와 불가침 및 교류·협력에 관한 합의서〉의 제2장 〈남북불가침의 이행과 준수를 위한 부속합의서〉를 각각 1992년 5월 7일과 1992년 9월 17일에 채택하는 성과를 거둠으로써, 〈기본합의서〉의 남북불가침관련 조항을 이행할 수 있는 제도적 기반을 마련하였다. 남북한이 〈기본합의서〉와 〈불가침 부속합의서〉에서 합의한 내용은 다음과 같다.

① 무력사용 금지, 분쟁의 평화적 해결, 불가침 경계선 및 구역 준수, 우발적 무력충돌 및 확대 방지
② 군사 직통전화 설치
③ 군사연습 통보 및 통제, 비무장지대의 평화적 이용, 군 인사 교류 및 정보교환, 대량살상무기 및 공격능력 제거를 비롯한 단계적 군축, 검증문제 등 군사적 신뢰조성 및 군축을 실현하기 위한 문제의 협의·추진

나. 남북정상회담

90년대 초 남북한의 군비통제 협상이 중단된 이후 북한의 핵문제가 불거져 남북관계는 다시 대결관계로 되돌아갔으나, 2000년 6월 역사적인 남북정상회담이 개최됨으로써 남북관계 개선에 돌파구가 마련되었으며 한반도 평화정착에 기여할 수 있는 획기적인 계기를 맞이하게 되었다. 남북정상회담은 특히 팽팽하게 맞서 있는 남북의 군사적 긴장을 완화하고 상호간 군사적 신뢰구축을 향해 나갈 수 있는 계기를 마련하였다는 데서 큰 의의를 찾을 수 있다. 전반적인 차원에서의 남북간 신뢰 부재가 군사적 신뢰구축과 군비통제의 진전을 가로막는 원인이었다는 점을

고려하면, 남북대화와 교류·협력의 물꼬를 튼 남북정상회담은 남북간 군사적 긴장을 완화하고 군사적 신뢰구축을 향해 나갈 수 있는 중요한 계기를 마련하였음이 틀림없다.

또한 양 정상이 상호무력사용을 중지키로 약속한 것도 군사적 안보적으로 의미가 있으며, 남북정상의 합의를 뒷받침하듯 양 군사당국이 상호 비방 및 선전방송을 중단한 것은 남북의 적대적 군사관계를 완화하는 계기가 되었다고 할 수 있다.

다. 남북국방장관회담과 군사실무회담

남북정상회담에 이어서 남북국방장관회담과 군사실무회담이 열림으로써 남북의 신뢰구축을 진전시킬 계기가 마련되었다. 2000년 9월 25~26일, 이틀 동안 제주도에서 열린 남북국방장관회담은 결론을 이끌어내지는 못했지만 군사적 신뢰구축 및 긴장완화를 본격적으로 토론했다는 점에서 나름대로 많은 의미가 있는 회담이었다. 분단 이후 최초로 열린 우리 국방장관과 북한 인민무력부장의 제1차 남북국방장관회담에서 양측은 민간인들의 왕래와 교류·협력을 보장하기 위한 군사적 문제해결을 위해 적극 협력하고, 군사적 긴장완화와 항구적이고 공고한 평화를 이룩하여 전쟁의 위험을 제거하기 위해 공동노력하기로 하였으며, 경의선 복원사업의 군사적 지원방안에 관해 합의하였다.

이와 같이 공동합의를 이끌어낸 제1차 남북국방장관회담은 몇 가지 점에서 긍정적인 측면이 있었다. 첫째, 양측 국방장관이 만난 것 자체가 남북한 군사적 긴장완화와 신뢰구축차원에서 큰 상징적인 의미를 갖고 있으며 둘째, 남북정상회담을 통한 양측 지도자의 합의를 군부, 특히 북한의 군부가 지지한 것은 북한의 군부가 갖는 특수한 위치에 비추어볼 때 의미가 있었다. 셋째, 군이 민간인들의 자유왕래와 교류협력을 보장한다고 한 것은 군사적 긴장완화라는 차원에서 대단히 의미 깊은 것이다. 지난 반세기 동안 남북간 군사적 대치를 상징해온 군사분계선과 비무장지대를 민간인들이 자유롭게 출입할 수 있도록 군이 보장한 점은 대단히 중요한 의미가 있다고 하겠다.[5]

또한 다섯 차례에 걸쳐 열린 남북군사실무회담에서 양측은 경의선 복원과 관련된 구체적인 추진방안을 합의하고 합의문안을 작성하는 단계에까지 도달하였다. 이는 남북 군사당국 사이에 이해의 폭을 넓히고, 군사대화의 토대를 마련한 군사적 신뢰구축의 첫걸음에 해당하는 것으로, 앞으로 비무장지대 안에서 공사가 진행된다면 양측의 상호신뢰가 더욱 쌓여 장차 남북간 군사적 현안을 해결하는 데 도움이 될 수 있을 것이다.

2) 남북한 신뢰구축 · 군비통제 제약요인

현재까지 제2차 국방장관회담은 열리지 않고 있으며, 다섯 차례 열린 군사실무회담에서 경의선 재개공사와 관련된 군사적 협조방안을 원칙적으로 합의하였음에도, 합의문 서명은 지연되고 있으며 북측은 공사에 착수하지도 않는 등 남북한 군사적 신뢰구축조치는 아직 구체화되지 못하고 있다. 더욱이 9·11 미국 테러사건 이후 우리가 취한 비상경계조치를 둘러싼 인식의 차이에서 드러나듯이 남북은 신뢰구축을 위해 많은 노력을 기울여야 할 것으로 보인다.

그러면 남북한 양측 모두 긴장완화와 평화를 지지하고 추구하는 입장을 표명하면서도 남북한 사이에 신뢰구축 · 군비통제가 진전을 보지 못하는 이유는 무엇인가? 이는 남북관계가 갖고 있는 특수성에 있으며, 구체적으로는 다음과 같은 이유 때문인 것으로 분석된다.

첫째, 남북의 군비통제에 대한 상이한 목표인식과 접근방법이 남북한 군비통제의 장애요인으로 작용하고 있다. 이미 언급한 바와 같이 남북한은 1992년 〈기본합의서〉를 채택함으로써 비록 포괄적이기는 하지만, 군사적 신뢰구축 추진방침과 조치사항을 합의하였다. 그러나 합의에 이르는 긴 협상과정에서 양측은 신뢰구축 및 군비통제를 바라보는 시각과 접근방법에서 차이를 보였다.

먼저, 우리측의 대북한 신뢰구축과 군비통제 접근방법의 가장 큰 특징은 그 기본 골격으로 "정치적 신뢰구축→군사적 신뢰구축→실질적 군비감축"의 3단계를 상정하고 있다는 점이다. 이는 정치적, 군사적 신뢰가 어느 정도 형성된 기초 위에서 구조적 군비통제, 곧 군축이 가능하다고 보고 있는 것이다. 이와 같은 단계적 접근방법은 유럽의 선례를 따른 것이다. 곧, 1975년 〈헬싱키협약〉과 1986년 〈스톡홀름협정〉을 통해 우선 정치적 군사적 신뢰를 구축한 다음, 이를 바탕으로 재래식 공격용 무기들을 감축하는 실질적인 조치들을 합의한 사실을 참고로 한 것이다.

또한, 우리측은 신뢰구축·군비통제와 함께 남북한의 다각적인 교류·협력을 강조하고 있다. 남북의 정치적 군사적 대결상태 해소는 경제·사회·문화 등 다각적인 방면에서 교류·협력과 함께 이루어져야 한다는 것이다. 이러한 이유 때문에 우리의 신뢰구축과 군비통제 접근방법은 교류를 통한 신뢰구축과 이를 기반으로 한 정치적 군사적 긴장완화의 배합으로 표현되기도 한다.

이에 반해 북한은 신뢰구축 또는 군비통제라는 포괄적 개념보다는 군축이라는 개념을 강조하고 있다. 이제까지 발표된 북한의 군사문제 관련 제안은 군축으로 표현되어 있으며, 우리가 신뢰구축·군비통제체계를 해결방안으로 인식하고 있는데 반해 북한은 평화를 실현하는 방안으로 직접적인 군축을 주장하고 있는 것이다.

둘째, 남북 사이에는 표면적인 입장차이 이상으로 신뢰구축·군비통제를 가로막는 더욱 본질적인 장애요인이 있다. 유럽에서 신뢰구축·군비통제가 성공할 수 있었던 것은 대립하는 양 진영이 서로 정치적 실체와 영토를 인정했기 때문이지만, 남북한간에는 그러한 상호 실체 인정이 어렵기 때문이다.

유럽의 경우 1970년 초 미·소 양국이 정상회담 합의를 통해 CSCE 회담 개최를 지원한 데 이어, 서독이 소련, 폴란드와 조약을 체결, 전후 문제를 해결하고 이어서 분단국가였던 동·서독이 기본조약을 체결, 분단을 기정사실로 인정하는 일련의 과정을 통해 동서 양 진영이 현실을 인정하고 수용하는 기초를 다졌다.

따라서, 남북한 사이에도 분단사실에 대한 법률적이고도 실질적인 인정이 신뢰구축·군비통제의 출발점으로 필요하다고 본다.[6]

셋째, 전쟁발생 원인에 대하여 남북한이 갖고 있는 인식이 유럽국가들이 갖고 있던 인식과 다른 점이다. 유럽의 경우 동서 양측은 헬싱키협상이 시작되면서, 전쟁이 상대방의 의도적인 침략행위(act of planned military aggression)에 의해서라기보다는 오해·오판으로 발발할 수 있다는 점에서 위협인식(threat perception)을 같이했다.[7] 따라서 유럽에서는 상호간에 투명성, 예측성, 안정성을 높임으로써 오해를 줄이려는 목적의식을 갖고 신뢰구축을 추진하였던 것이다.

이에 비해 한반도의 상황은 아직 이러한 조건에 이르지 못하고 있다. 우리의 방어적인 군사적 조치에 대해 북한이 지나치게 과민한 반응을 보이는 것이나, 우리 국민 대다수가 북한의 남침의도에 대한 의구심을 버리지 못하고 있는 데서도 한반도의 상황이 유럽의 상황과는 차이가 있음을 알 수 있다.

4. 한반도 신뢰구축과 군비통제 추진방안

1) 남북한 신뢰 강화

남북한 신뢰구축·군비통제가 성과를 거두기 위해서는 무엇보다도 남북한이 서로 신뢰할 수 있도록 노력해야 한다. 이를 위해서는 남북정상회담의 추진력을 유지, 발전시켜 전반적인 남북관계를 개선하려는 노력이 필요할 것이다.

그러나, 그동안의 남북관계와 남북한과 주변국들의 관계 등을 감안할 때 지난 반세기 동안 남북 사이에 쌓여온 불신과 대결을 해소하려면 앞으로도 많은 난관에 부딪칠 것으로 보인다. 2001년에 미국행정부가 교체되면서 북한측이 남북대화에 소극적 태도로 임한 것이라든지, 국제적인 테러 정국에서 위축감을 느낀 북한이 남북대화에 보인 태도 등은 남북한 신뢰구축의 어려움을 잘 보여주고 있다. 이러한 상황에서 남북한 신뢰관계를 강화하기 위해서는 대북포용정책에 입각, 경제를 비롯한 각종분야에서 남북한 사이에 교류와 협력을 꾸준히 진행시키는 것밖에는 대안이 없을 것으로 보인다.

2) 실질적 접근

우리는 지금까지 단계적, 기능적 군비통제 접근방식에 따라 신뢰구축의 첫 단계로 통보·관찰·정보교환과 같은 조치를 합의하려 해왔다. 남북한의 상황을 봤을 때, 전 단계의 군비통제조치가 반드시 또는 자동적으로 다음 단계의 군비통제조치로 이행된다는 보장이 없는 만큼, 부대배치 등의 제한적 조치를 포함한 여러 가지 조치를 동시에 논의하는 실질적인 접근방법을 검토할 필요가 있다고 생각한다. 이러한 접근방식은 또한 북한의 군비통제에 대한 진의를 좀더 이른 시기에 확인해 볼 수 있는 효과도 있을 것으로 본다. 그리고 북한이 주한미군철수 요구를 여전히 견지하고 있는 점에 비추어[8] 주한미군 문제를 논의 대상에서 배제하면서 남북한 군비통제 문제를 논의하려는 우리 입장을 북한이 수용토록 하는 방안을 계속 모색해야 할 것이다. 또, 이를 위해서는 남북한과 미국이 참여하여 군비통제 문제를 논의하는 방식도 검토해 볼 수 있을 것이다.

3) 다자 차원에서 신뢰구축 추진

남북한의 신뢰구축에 긍정적 역할을 할 수 있는 다자 차원의 노력을 적극 기울여야 한다. 우선 남북한과 미국·중국이 참가해온 4자회담은 비록 진행속도는 느렸지만, 남북한의 신뢰구축 문제를 다룰 수 있는 중요한 기회를 제공하였다. 99년 7월 6차 회담이 개최된 이후 후속회담이 열리고 있지는 않지만, 평화체제 수립과 긴장완화에 관하여 토의할 수 있는 소위원회 설립에 합의한 바 있어, 이를 남북한 신뢰구축과 평화체제 수립을 위한 협의채널로 활용할 수 있도록 계속 노력해 나가야 할 것이다.

또, 남북한간 신뢰구축을 위해 KEDO(Korea Energy Development Organization, 한반도에너지개발기구)의 역할도 중요하다. KEDO는 남북한에 비공식적 접촉 기회를 제공하는 역할을 했을 뿐만 아니라, 이후 4자회담으로 현실화된 북한과의 다자대화를 구상할 수 있는 기초가 된 것으로 평가받고 있다.[9] 앞으로 몇 년 동안 지속될 경수로사업은 남북한 신뢰증진에 중요한 역할을 할 것으로 기대된다.

그리고, 2000년 7월 북한이 ARF에 회원국으로 가입함으로써 ARF를 통한 남북한의 신뢰구축효과를 기대할 수 있게 되었다. 앞으로 북한이 ARF 활동에 어느 정도 적극성을 보일지는 미지수지만, 북한이 가입 이후 주요 회의에 대표단을 보내 참가하고 있음에 비추어 남북한의 신뢰구축을 위한 효과적인 수단으로 ARF를 적극 활용하는 방안을 강구할 필요가 있다. 예를 들어, ARF가 추구하는 역내 신뢰구축 증진활동에 북한이 참여함으로써 양자 차원에서 추진되지 않고 있는 초보적인 군사적 신뢰구축조치에 대한 북한의 관심과 호응을 유도할 수 있을 것이다.

ARF 외에도 남북한 모두 참여하고 있는 아태안보협력이사회(CSCAP)와 동북아협력대화(NEACD) 등과 같은 민간차원의 다자간 안보협력회의 또한 남북한의 신뢰구축에 기여할 수 있을 것으로 기대하며, 역내 여러 국가들이 제기하고 있는 정부간 협의체인 동북아 다자안보대화가 실현되면 북한을 역내 신뢰구축체제에 참여시키고, 나아가서 남북한 신뢰구축으로까지 발전시킬 수 있는 매우 유용한 수단으로 활용 가능할 것이다.

앞에서 설명한 바와 같이 여러 제약 요인들 때문에 북한이 양자 차원의 군사적 신뢰구축 추진에 선뜻 응하지 않고 있는 상황에서, 주변국을 포함한 제3자의 지원으로 남북한의 군사적 상황에 대한 정보공개를 가능하게 하고 군사력 및 국방정책의 투명성을 확보할 수 있는 방향으로 다자간 대화를 활용할 수 있다면, 남북한 사이에 직접 해결이 이루어지지 않고 있는 초보적 신뢰구축조치를 포함하여 어려운 과제에 대한 합의 도출을 촉진할 수 있을 것이다.

5. 맺음말

남북한이 평화체제를 구축하여 평화를 정착시키려면 남북한의 접촉·교류와 병행하여 군사적 긴장을 완화하고 상호위협을 감소시키기 위한 조치가 있어야 할 것이다.[10]

그러나, 앞에서 언급한 바와 같이 남북 사이에는 군비통제 방식과 상호 군사력 평가에 대한 인식의 차이·첨예한 군사적 대립·상호불신 등의 근본적인 문제가 있어 신뢰구축과 군비통제에 장애가 되고 있다. 이러한 문제점은 단지 군사적 방안만으로는 해결하기 어려울 것이다.

이러한 점에서 남북이 이러한 장애를 극복하고 신뢰구축과 군비통제를 실행에 옮기기 위해서는 신뢰구축을 실현하려는 정치적 의지(political will)가 가장 중요한 열쇠가 될 것이다.

1) 이서항, 〈한반도에서의 군사적 신뢰구축조치 추진방안〉,《외교안보연구원, 정책연구시리즈》 95-7, p.44.

2) Joachim Krause, *Prospects for Arms Control in Europe*(New York : Institute of East-West Security Studies, 1988), p.29.

3) 이철기,《동북아 군축론－신동북아 질서의 모색》, 조암출판사, 1993, pp.2～50.

4) 남북한이 긴장완화·군비통제와 관련하여 일방적으로 발표한 제의·제안들은 80년대 초까지 300여 회가 넘는다.

5) 송대성, 〈남북한 군사적 신뢰구축 및 긴장완화 추진과제 실천방안〉,《국방부 군비통제자료》 28, pp.82～84.

6) Chung-in Moon, *Arms Control on the Korean peninsula* (Seoul : Yonsei University Press, 1996), pp.213～215.

7) *Ibid*, pp.248～249.

8) 2000년 6월 남북정상회담에서 김정일 위원장은 주한미군 존재의 필요성을 인정하였으나, 2001년 7월 27일 북한은 휴전 48주년을 계기로 대대적인 반미집회를 통해 다시금 주한미군 철수에 열을 올린 바 있으며, 2001년 8월 북·러정상회담 이후 채택한 〈모스크바 선언〉에서 김정일 위원장이 주한미군철수를 주장한 바 있다.

9) Scott Snyder, "Which CBMs for the Korean Peninsula?", prepared for the OSCE-Korea Conference 2001, p.10.

10) 한용섭 교수는 한반도 평화체제를, 남북한의 군사적 대결상태를 종식시키고 화해공존과 협력의 남북한 관계를 지향하기 위하여 상호간의 관계를 질서 있게 규율하고 평화적 민족통합과 같은 일정한 방향으로 발전을 유도할 규범, 규칙, 기관, 제도의 총체라고 정의한다. 한용섭, 〈한반도 평화체제 구축 방안〉,《한반도 평화체제 방안 모색》(1995), pp.97～98.

미사일 방어체제

최영진

미국 부시 행정부가 추진하고 있는 MD(Missile Defense : 미사일 방어체제)는 레이건 대통령 때부터 시작된 것이다. 이는 기술적, 군사전략적, 정치적 이유로 미국의 행정부가 바뀔 때마다 변화를 겪어왔다. 그리고 MD와 맞물려 있는 〈ABM 조약〉(탄도탄요격미사일 조약)도 함께 영향을 받았다. 〈ABM 조약〉은 급기야 2001년 12월 미국의 탈퇴 결정으로 구시대의 유물로 사라지게 되었다. 미국은 〈ABM 조약〉 탈퇴선언과 거의 동시에, 예산상의 이유와 기술적인 어려움으로 해군의 미사일 방어계획인 NAD(Navy Area Defense)를 더는 추진하지 않겠다고 밝혔다. 앞으로 MD는 어떻게 전개될 것인가? 이것이 러시아, EU, 중국, 일본, 북한 등에 어떠한 영향을 미치게 될 것인가? MD 문제는 유럽과 함께 세계에서 전략적으로 가장 민감한 지역인 동북아에 미치는 영향이 가장 크다. 또한 MD는 이른바 '불량국가'들의 미사일을 주요 대상으로 삼고 있다. 9·11 사태 이후 테러와의 전쟁이 전면으로 부상하고 있다. MD는 앞으로 세계질서에 어떤 영향을 미칠 것인가?

1.미사일 방어체제 추진배경

1) 레이건 대통령의 전략방위구상(SDI)

냉전시대 미·소 사이에 전략적 균형의 핵심이었던 '상호확증파괴', 곧 MAD(Mutual Assured Destruction)를 수정 및 탈피하려는 시도는 1980년대 초반 신냉전 초기에 이루어졌다. 당시 레이건 대통령은 1983년 3월 "별들의 전쟁"(Star Wars) 연설을 통해 MAD의 족쇄에서 벗어나, 미국 국민과 인류를 핵 공포에서 해방시키겠다는 새로운 비전을 제시하였다.[1]

이 내용은 기술적, 전략적 검토가 없었고, 주변의 만류에도 불구하고 레이건 대통령이 직접 써넣은 것으로서, 초기에는 언론과 전문가들로부터 비판의 대상이 되었다. 그러나 "단순한 보복이 아니라 미국을 보호"(protect the American people, not just avenge them)할 수 있다는 비전은 강력한 호소력을 갖게 되었다. 이념적이고 도덕적인 면에서 미국국민의 정서와 부합하여 곧 미국국민들의 광범위한 지지를 확보하게 된 것이다. 오늘날의 MD도 미국국민으로부터 "억지보다 방어"(from deterrence to defense)라는 이념적이고 도덕적인 강력한 지지기반을 확보하고 있다. 레이건 대통령은 1985년 3월 이후 SDI(Strategic Defense Initiative)[2]에 동맹국들의 참여를 요청하기 시작했으며, 우리나라도 1988년 2월 SDI에 참여하기로 입장을 정한 바 있다.

2) 부시 행정부의 GPALS

SDI는 주로 소련의 핵무기를 염두에 둔 것으로 냉전의 종식과 함께 그 추진력을 상실하였으나, SDI에 담긴 방어망 구축이라는 비전과 철학은 냉전 후의 국제정세에 여전히 적용되었다. 곧, 방어 대상이 소련의 수천 기의 핵미사일에서 이라크, 이란, 북한 등의 국가와 테러리스트 그룹,

우발적 발사(accidental launch) 등 이른바 "제한적인 공격"(limited strike)
으로 옮겨졌다.

부시 행정부는 이에 입각하여 1991년 1월 제한적 공격에 대한 전 지
구적 방어(GPALS : Global Protection Against Limited Strikes)전략[3]을
발표하였다. 이는 러시아, 우방과 연계하여 제한적 공격에 대비한 미국
주도의 세계적 방어체제를 구축하자는 것이었다. 이 때부터 미국은 세계
방어체제(Global Protection System)를 러시아, 우방국과 협의하기 시작
하였다.

3) 클린턴 행정부의 TMD와 "제한적 NMD"

클린턴 행정부는 출범 이후 6개월 동안 정책을 검토한 끝에 1993년
12월 세계적 GPALS를 중단하고, 지역별 TMD(Theater Missile
Defense, 전역미사일방어)를 추진키로 결정하였다. 그 이후 동맹국들을
대상으로 TMD 연구개발참여 교섭을 시행하였고, 이때부터 이지스(Aegis)
장착함 등에서 사용할 수 있는 NTW(Navy Theatre Wide Defense, 해상
광역방어)와 지상배치 THAAD(Theater High Altitude Air Defense, 고고
도전역방어) 개념이 본격적으로 등장하기 시작하였다. NTW와 THAAD
는 중거리 미사일 요격용(upper-tier)이며, 패트리어트(Patriot) 등은 단거
리 미사일 요격용(lower-tier)으로서, 이것들이 TMD의 골격을 이루고
있다.

한편, 클린턴 행정부가 TMD만 추진하자 이에 불만을 품은 공화당은
1996년 3월에, 2003년까지 NMD(National Missile Defense, 국가미사일
방어) 시스템을 배치하자는 내용의 법안을 제출하며 행정부에 압력을 가하
였고, NMD가 미국국민에게 인기가 있는 것을 알고 있던 클린턴 행정부는
1996년 7월 "제한적 NMD"[4]를 바탕으로 한 이른바 3+3 프로그램(1997~
1999년 연구, 2000~2002년 실제필요성 검토 후 배치)을 발표하였다.

이때부터 미국의 NMD 필요성과 그 시급성에 대한 논란이 미국 안팎에서 시작되었으며, 특히 이라크, 이란, 북한 등 이른바 '불량국가', 또는 '우려국가' 들의 미사일 개발 능력이 논란의 핵심으로 자리잡게 되었다. 특히 이들 국가 가운데 북한의 능력이 과대 평가되었다는 내용을 담은 미국의 〈정보평가(NIE : National Intelligence Estimates) 보고서〉와, 이와 반대로 북한의 미사일 능력이 과소 평가되고 있다는 럼스펠드 위원회의 보고서를 두고 논란이 계속되었다. 그런던 중 1998년 8월 북한의 대포동 미사일 발사로 NMD 추진세력이 결정적으로 탄력을 받게 되었다.

클린턴 대통령은 1999년 1월 NMD 예산을 추가 배정하면서 위협평가, 기술능력, 비용, 군축·비확산에 미치는 영향 등 네 가지 기준을 고려하여 NMD 배치 여부를 2000년 6월 결정하겠다고 발표하였고, 1999년 3월 미 상·하원은 NMD 구축을 미국의 공식정책으로 선언하는 법안을 가결하였다. 그러나 2000년 9월 제3차 NMD 시험발사의 실패로 클린턴 대통령은 NMD 배치 여부를 차기 행정부로 연기하겠다고 발표하였다. [5]

4) 부시 행정부의 MD

부시 행정부는 NMD 추진의사를 강력하게 표명하면서, 제한적 NMD 개념을 폐기하고 포괄적인 NMD를 추진하며, NMD의 방어대상을 미국에 한정하지 않고 우방국까지 확대한다는 입장을 밝혔다. 이에 따라 부시 행정부는 NMD, TMD의 구분이 없어진 MD(Missile Defense)라는 용어를 사용하기 시작하였다. [6]

부시 대통령은 21세기 국제사회가 냉전시대의 MAD와는 다른 제한적인 공격에서 오는 새로운 전략적 위험에 처하고 있으며, 그 대응방안으로 비확산(non-proliferation), 대(對)확산(counter-proliferation)과 함께 MD를 제안한 것이다. [7]

따라서, 부시 행정부는 종래의 NMD와 TMD를 망라한 포괄적이고 범

세계적인 MD를 미국의 강력한 국가정책으로 내놓고 추진하겠다는 의지
를 밝혀왔다. 9·11 테러 이후 MD정책이 어떤 영향을 받을 것인 것인지
에 대해서는 많은 논란이 있었다. 미국이 테러에 취약하다는 것이 증명
된 만큼, 정치적으로 MD에 반대할 명분이 없어진 것은 MD 추진에 도움
이 되지만, 당장 9·11 테러와 유사한 방식의 테러나 생화학무기 테러에
대한 대비가 급한 상황에서 MD 추진은 시급성이 떨어진다는 논리가 동
시에 가능해진 것이다. 이러한 상황은 부시 행정부의 2001년 12월
〈ABM 조약〉 탈퇴선언으로 일단 정리되었다. 미국은 MD 추진의사를 다
시 한번 확고히 하였으며 기술개발에 박차를 가하겠다는 의지를 천명한
것으로 볼 수 있다.

2. 미사일 방어체제와 〈ABM 조약〉

1) ABM의 유래

공격미사일을 요격미사일(ABM)로 방어하려는 시도는 1950년대부터
있었다. 1950년대 말 소련의 대륙간 탄도미사일(ICBM) 개발에 대비, 미
국은 나이키 엑스(Nike-X) 요격미사일 시스템 계획을 수립하였으나, 맥
나마라(McNamara) 국방장관은 소련의 ICBM 증강을 자극할 우려가 있
다며 그 실행에 반대한 바 있다. 이는 오늘날 NMD·TMD를 둘러싼 군
비증강 우려와 그 맥을 같이하는 것이다.

미국은 1967년쯤에 소련의 대규모 핵공격은 방어가 불가능하다고 보
고 그때 막 시작된 중국의 핵위협에 대처하기 위해 제한된 탄도미사일 방
어망(Sentinel ABM) 추진계획을 수립하기도 하였으나 실천되지 않았다.

그러나 ABM이 핵 군비경쟁을 더욱 가속화할 것을 우려한 미국과 소
련은 1972년 〈전략무기제한협정 I〉(SALT I : Strategic Arms Limitation

Treaty I)을 통하여 〈공격용 핵무기 동결협정〉(Interim Agreement)과 함께 요격미사일 시스템의 개발금지를 규정한 〈ABM 조약〉을 체결하였다. 〈ABM 조약〉의 주요 내용은 미·소 각국에 ABM 1개 기지만 허용하고 국가방어망(nationwide defense)은 금지한다는 것이다. 이에 따라 소련은 모스크바에 방어망을 구축하고, 미국은 ICBM[8] 기지가 있는 북다코타(North Dakota)에 ABM방어망—일명 세이프가드(Safeguard)—을 구축하였다. 그러나 미국은 막대한 예산을 퍼부어도 기술적으로는 효과적인 AMB 개발이 어려워 1976년 1월 의회 결의로 세이프가드 시스템을 폐기하였다.

2) 〈ABM 조약〉의 수정과 폐기

미·소의 〈ABM 조약〉은 상호확증파괴(MAD : mutual assured destruction)의 핵심 요소이며 핵 군비증강 억제에 중요한 역할을 해온 것으로 평가받고 있다. 그러나 미국이 SDI를 계획하면서 〈ABM 조약〉과의 관계가 문제되기 시작하였다. ①레이건 대통령의 SDI 때는, 〈ABM 조약〉이 SDI가 상정하고 있는 신기술의 외기권 방어시스템에 대해서는 규정하고 있지 않았기 때문에, 미국은 SDI가 ABM과 배치되지 않는다는 입장을 취하였다. ②부시 행정부의 GPALS 때는 ABM을 일부 수정할 필요가 있는지 검토하자는 데 미·러 양국이 합의하였다. ③ 클린턴 행정부의 TMD 때는 1997년 이른바 〈경계협정〉(Demarcation Agreement)을 〈ABM 조약〉의 부속문서 성격으로 채택하여 상충가능성을 해소하였다. 즉 초속 5㎞ 이상, 사정거리 3,500㎞ 이상의 탄도미사일은 TMD 대상에서 제외한다는 내용으로, TMD는 ICBM을 목표로 하지 않음을 러시아와 합의한 것이다.

그러나 클린턴 행정부 말기에 제한적 NMD 계획을 수립하면서 〈ABM 조약〉과의 상충 문제가 국제적으로 논란거리가 되었다. 미국은

〈ABM 조약〉을 제한적 NMD를 수용하는 정도로 수정, 강화(strengthen)하자는 입장이었다. 반면 러시아는 〈ABM 조약〉을 준수(comply)하자는 입장이었다.

2000년 5월 뉴욕에서 열린 NPT 평가회의에서는 〈ABM 조약〉에 대한 논란 끝에 러시아와 미국의 입장을 모두 반영한 "보존·강화"(preserve and strengthen)라는 문안을 고안하여 우리나라, 미국, 러시아를 포함한 150여 국이 합의로 채택하였다. 2000년 11월 유엔에서 러시아 등이 추진한 〈ABM 보존·준수(preserve and comply) 결의안〉은 찬성 78(러시아, 중국, 북한, 인도 등), 반대 3(미국, 이스라엘, 마이크로네시아), 기권 65(우리나라, 일본, EU 등)로 통과되었다.

부시 행정부는 강력한 MD 추진의사를 밝히면서 〈ABM 조약〉을 넘어서야 한다는 입장 곧, 〈ABM 조약〉을 대폭 수정하거나 폐기해야 한다는 태도를 취해왔다. 부시 행정부는 MD 전략개념[9]을 수립하고 그 골격(architecture)을 만드는 중이다. 이를 추진하기 위해서는 MD의 실험이 중요한데, 그 실험이 〈ABM 조약〉으로 엄격히 제한되고 있어, 미국은 드디어 2001년 12월 〈ABM 조약〉의 일방적 탈퇴를 선언하기에 이르렀다.[10]

3. 미사일 방어체제에 대한 각국 입장

지금까지 살펴본 대로 MD는 군사적, 전략적이기 이전에 고도의 정치적인 프로젝트이다. 곧 미국의 역사, 〈국민의정서〉(psyche)에 대한 어필, 부시 행정부의 확고한 입장, 현 정치상황으로 미루어 당장의 실효성과 무관하게 어떻게든 추진될 것이다. 다만 MD 추진은 기술적인 도전이 결코 만만치 않아 어디까지 성공할 수 있을지는 불확실하다. 최근 부시 행정부의 NAD 포기선언도 이를 뒷받침하고 있다. MD 계획의 고도의 정치성, 기술적인 난관 등을 감안하면, MD는 장기적인 관점에서 접근해야 할 문제이다. MD 문제를 바라보는 우리의 시각에 이어 주요 당사국들의 이해관계를 살펴보자.

1) 우리나라

우리나라는 레이건 행정부 때, SDI 참여를 결정한 바 있다. 클린턴 행정부의 NMD는 미국의 본토만을 대상으로 하고 있었기 때문에 우리의 참여가 문제가 될 소지는 없었다. TMD에 대해서는 우리는 "비용·기술 측면 및 남·북간 지리적 인접 등에 비추어 TMD의 연구개발에는 불참하며, 그 대신 한·미 안보동맹을 강화하고, 북한의 단거리 미사일 위협에 대처하기 위한 자체 방어계획을 추진하며 PAC(Patriot Advanced Capability)-3 도입 등을 검토한다"는 입장을 정리한 바도 있다.

그러나 부시 행정부가 출범하면서 TMD와 NMD를 합하여 MD라는 개념을 정립하고, 한미정상회담을 하게 됨에 따라 새로운 입장을 표시할 필요가 생겼다. 이는 2000년 3월 8일 〈한미정상회담 공동발표문〉에서 다음과 같이 정리되었다.

"김대통령과 부시 대통령은 세계 안보환경이 냉전 때와는 근본적으로 달라졌다는 데 의견을 같이하였다. 대량살상무기와 그 운반수단인 미사일에서 비롯되는 위협을 포함하는 새로운 형태의 위협이 대두됨에 따라 억지와 방어에 대한 새로운 접근이 필요하다. 양 정상은 이러한 위협에 대처하기 위해서는 적극적인 비확산 외교, 방어체계와 여타 관련 조치 등 다양한 조치를 포함하는 광범위한 전략이 필요하다는 데 인식을 같이하였다. 양 정상은 세계평화와 안보를 강화하기 위하여 미사일 방어를 포함한 이러한 조치들에 관하여 동맹국과 기타 이해 당사자들이 협의하는 것이 중요하다는 데 의견을 같이하였다."[11]

2) 북한

북한은 냉전종식 이후 중국과 러시아의 전략적 군사지원을 대체할 방안의 하나로 핵과 미사일 개발 및 수출에 치중한 것으로 분석 보도되고 있다. 북한은 남한을 사정거리에 넣고 있는 스커드(Scud) 단거리 미사일을 수백 기 배치하고, 일본을 사정거리에 넣는 노동 중거리 미사일을 수십 기 이상 개발 배치하였고, 미국을 위협할 수 있는 장거리 대포동 미사일을 개발 중인 것으로 보도되고 있다. 이란의 샤하브(Shahab)와 파키스탄의 가우리(Ghauri) 미사일은 북한 노동 미사일의 변형으로 추정되며, 대포동 미사일기술 이전 문제로 일부 중동 및 서남아 국가들과 접촉한 것으로 추정 보도되고 있다. 북한의 대포동 미사일은 한국전쟁 때와는 달리 미국에게 제공권을 무제한 허용하지 않겠다는 전략적 의미도 있는 것으로 일부 분석되고 있다.

북한은 TMD가 일본을 사정거리에 넣는 노동 미사일을 무력화할 수 있고, NMD가 대포동 미사일을 무력화할 수 있기 때문에, TMD · NMD 추진을 강력히 반대하고 있는 것으로 분석되고 있다. 북한의 대포동 위협에 대해서는 미국 내에서도 그 위협이 과대 평가되었다는 주장도 있다. 곧, '불량국가'가 미국을 공격하려면 공격원이 노출되고 값비싼 미사일로 하는 것보다는, 소형함정을 사용하여 해안 도시를 공격하거나, 대량살상무기를 옷 가방에 넣어 미국 안으로 밀반입하는 것이 훨씬 유리하다는 이론이 그것이다.

한편, 미국에 대한 공격은 자살행위와 같아서 공격을 상정하는 것은 현실성이 떨어진다는 이론과, 이들 국가가 막다른 골목에 몰릴 경우에는 사용할 수도 있다는 이론이 맞서고 있다. 동시에 실제 공격보다도 그러한 가능성, 잠재력을 보유하는 데 장거리 미사일을 개발하는 실제적 이득이 있다는 분석도 있다.

미국의 MD 계획은 북한에게도 안보상의 딜레마를 제시하고 있다는 분석이 있다. 참여(engagement)와 전략적 독립(strategic independence) 사이의 딜레마로서, 2000년 6월 푸틴 대통령 방북시 미사일 문제와 관련하여 북한이 취한 태도는 이러한 딜레마를 반증하고 있다는 분석이 있다. 이러한 딜레마를 해결하기 위한 한 가지 방편으로 북한은 미국과 미사일협상을 통해 클린턴 행정부 막바지에 장거리 미사일의 개발·수출 중지와 경제협력을 교환한다는 방식으로 문제해결에 접근했던 것으로 보도된 바 있다. 한편 상승단계요격(BPI : Boost-phase Intercept) 방식이 중국과 러시아에게는 유리한 반면, 좁은 영토를 가지고 있는 북한에게는 결정적으로 불리한 방식이라는 기술적 분석이 있다.

9·11 테러와 미국의 〈ABM 조약〉 탈퇴선언으로 MD 추진이 자유롭게 되었고, MD 기술개발을 위한 실험도 계속되고 있다. 북한은 일단 2003년까지 미사일 실험의 유예를 선언하고 있어 아주 어려운 상황은 피한 셈이다. 그러나 MD 추진은 반테러 국제질서와 맞물려 북한에게 계속 어려운 선택을 부과하고 있다. 이는 전반적인 북·미관계, 그리고 남북대화의 진전과도 상관관계를 맺으며 발전될 것이기 때문에 우리의 계속적인 관심이 필요하다.

3) 유럽

사실상 직접적인 안보 문제를 해결하고 국민복지와 경제력 향상에 집중하고 있는 유럽으로서는 미국의 NMD가 가져올 군축·비확산에 대한 파문을 우려하고 있지만, 또한 동맹국으로서 미국의 NMD에 대한 이해를 표명해야 하는 어려움이 있다. 그리고 9·11 테러 이후 미국의 MD에 대한 반대 명분이 그만큼 약화된 것도 사실이다.

유럽은 NMD가 가져올 유럽안보와 미국안보의 '탈착' (decoupling) 가능성을 우려하고 있었다. 냉전기간에 소련이 SS-20 중거리 미사일을 다량 배치하여 유럽을 겨냥하자 나토는 이를 둘러싸고 한동안 내부 논란이 있었다. 곧, 직접 영향을 받지 않는 미국이 아무런 조치를 취하지 않을 경우 나토에 의하여 굳건히 유지되어 온 유럽과 미국의 안보유대가 끊어진다는 우려가 그것이다.

그러나 나토는 결국 논란 끝에 SS-20에 대항하는 퍼싱(Pershing)Ⅱ 중거리 미사일과 지상배치 순항미사일을 다수 유럽에 배치함으로써 "탈착" 문제를 해결하였다. 마찬가지로 미국은 이러한 유럽의 우려에 대해, NMD가 미국뿐 아니라 우방국의 방어를 포함하는 것이며 따라서 MD로 불려야 한다고 하면서 해결을 시도하고 있다.

4) 일본

미국의 핵우산에 의존하는 일본으로서는 미국의 MD를 이해(understand)한다는 입장을 취하고 있다. 다만 미국의 MD 문제로 말미암아 미·중 갈등에 말려드는 상황을 경계하고 있는 것으로 분석되고 있다.

클린턴 행정부의 TMD 공동연구개발 제안에 대해서는, 막대한 비용이 들어가고 그 실효성도 보장된 것이 아니며 동북아에 군비경쟁을 촉발할 수도 있다는 단점과, 미국과 공동연구개발로 필요한 기술을 확보할 수 있고, 이미 TMD에 사용할 수 있는 이지스 장착함(척당 10억 불)을 4척이나 가지고 있고, 미국과 동맹관계를 확고히 할 수 있다는 장점 사이에서 오랫동안 검토하였다. 그러나 1998년 8월 북한의 대포동 미사일 발사에 결정적인 영향을 받아 1998년 12월 이지스 장착함을 중심으로 한 해군 TMD인 NTW(Navy Theater Wide) 참여를 확정하였다.

그러나 이러한 일본의 TMD 적극 참여가 북한의 노동, 대포동 미사일 시험 발사에서 비롯된 측면이 큰 만큼 북·미 미사일협상의 진전 여하에 따라 북한 미사일 문제가 해결되면, TMD 참여의 적극적인 지지기반이 약화될 것이며, 중장기적으로 중국의 일본 TMD에 대한 태도와 정책 방향도 일본의 TMD 공약에 영향을 미칠 것으로 예상된다.

5) 중국

중국은 수십 기(약 20기)의 단일탄두(single-warhead) ICBM을 가지고 있는 것으로 알려져 있다. 기술적 전략적 측면에서 볼 때 중국이 보유하고 있는 ICBM은 클린턴 행정부의 제한적 NMD로도 무력화될 수 있다. 이러한 측면을 고려하면, 미국이 MD가 '불량국가'나 우발적인 제한된 공격에 대비하는 것이라는 입장을 표명하고 있으나, 사실은 중국을 겨냥한 것이라는 주장이 계속 제기되고 있으며, 중국은 MD를 강력히 반대하고 있다.

미국이 중국과 적절한 협의 없이 MD를 강행한다면, 중국은 ICBM의 양적, 질적(MIRV화)[12] 팽창으로 미국 NMD의 방어 경계점(threshold)을 넘는 핵 억지력을 계속 확보하는 방향으로 나아갈 것이라는 주장이 있다. 이에 대한 반론으로 중국은 MD와 관계없이 ICBM 팽창계획을 어차피 추진할 것이라는 주장도 있다.

만약 중국이 미국에 대한 핵 억지력를 상실한다면, 미국이 유라시아 대륙에서조차 완벽한 지배권을 확보하여, 중국은 아시아에서 지배적 지위를 차지하려는 자국의 꿈이 사라지지 않을까 우려하고 있다. 또 미국이 의회를 중심으로 "하나의 중국 정책"(one China policy)을 훼손하는 대만 정책을 펼 수도 있다는 점을 우려하고 있다. 따라서 MD 문제는 중국에게 군사적 딜레마 못지않게 정치적, 전략적 딜레마를 던져주고 있는 것으로 분석되고 있다.

한편, TMD에 대한 중국의 입장은 미·일의 TMD 공동연구개발과 TMD의 대만 판매 가능성으로 나누어 생각해볼 수 있다. 중·단거리 미사일을 대상으로 하는 TMD는, 중국은 이미 대만을 사정권에 넣는 수백

기의 단거리 미사일을 배치하고 있고, 일본을 사정권에 넣는 수십 기의 중거리 미사일을 배치하고 있어, 일본의 TMD가 이를 모두 무력화하기는 어려우므로, 중국의 전력이 결정적인 영향을 받지는 않을 것이라는 관측도 있다. 이에 따라 일부에서는 중국은 일본의 TMD를 용인할 수도 있을 것이라는 의견이 나오고 있다.

그러나 TMD에 관한 중국의 태도는 대만 문제와 더욱 밀접히 연결되어 있는 것으로 알려져 있다. 중국이 1995년 7월~1996년 3월 사이에 대만 해협에 미사일을 발사하자, 대만은 PAC-2와 THAAD 수입을 검토하였고, 미국은 PAC-2의 판매를 촉진한 바 있다. 대만은 현재 4척의 이지스 장착함과 PAC-3 구매를 요청한 것으로 보도된 바 있다. 미국이 이를 판매하지 않으면 대만은 대안으로 미·일의 TMD인 NTW로 보호해주기를 요청할 것으로 예측되고 있다. 이는 대만이 독립으로 가는 길을 조장할 수 있기 때문에, 중국에게는 TMD가 중대한 정치적인 문제가 되고 있으며 TMD에 강력 반대하고 있다는 분석이 있다.

대만이 NTW로 보호되거나 TMD를 구입할 경우, 중국으로서는 이론적으로 두 가지 선택권을 가질 수 있다. 우선, 현재 수십 기에 이르는 일본 공격 가능 중거리 미사일(MRBM)을 양산하는 체제로 돌입할 수 있다. 이 경우 일본과 러시아에 영향을 미쳐 동북아에 군비경쟁의 여파를 가져올 수도 있고, 인도의 아그니(Agni) MRBM(중국을 사정권에 넣고 있음)과 군비경쟁을 촉발할 수도 있다. 또 다른 선택은 〈포괄적핵실험금지조약〉(CTBT)과 미사일기술 통제체제(MTCR) 참여를 철회하고 국제 핵비확산체제를 위협하는 조치를 취하는 것이다. 그러나 이러한 선택은 현재 국력을 경제개발에 우선적으로 집중하고 있는 중국으로서는 최선의 선택이 아니므로, MD에 반대하면서도 미국과 대화를 원하고 있는 것으로 분석되고 있다.

미국과의 협상 여부에 따라 BPI가 MD의 주요 기술로 선택되면, 중국은 대륙간 탄도탄(ICBM) 등을 내륙으로 이동하여 BPI로부터 보호받을 수 있으므로 BPI가 미·중 사이에 가능한 기술적 해결방안을 제시하고 있다는 주장도 제시되고 있다. 이는 러시아의 경우도 마찬가지다.

6) 러시아

러시아는 〈전략무기감축협정 Ⅱ〉(START Ⅱ)에 따라 3천 기까지 핵탄두를 보유하고 있기 때문에 미국이 현재 구상하고 있는 MD로는 이를 막을 수 없다. 그러나 러시아의 핵전력은 막대한 유지비용이 들며 핵탄두가 급속히 노후화하고 있어, 허약한 경제력으로 미국 MD의 방어 경계점을 계속 넘어서야 하는 부담이 있다. 더 중요하게는 미국의 MD가 계속 발전하면, 러시아가 지금 국제적으로 유일하게 누리는, 미국의 경쟁국가라는 위상의 밑받침이 되는, 핵전력이 힘을 잃을 수 있다는 점 때문에 미국의 MD에 반대하고 있는 것으로 분석된다.

이 점에서 중국과 러시아의 전략적 이해가 일치할 수도 있으나, 위에서 살핀 것처럼 미국의 NMD가 자국 보유 ICBM에 미치는 군사적 영향력에 커다란 차이가 있고, 특히 러시아와 중국 모두 미국과 협력하면 얻을 것이 많기 때문에 MD를 둘러싼 러·중의 실질협력 가능성에는 한계가 있을 것으로 보인다. 오히려 MD 문제를 놓고 미국이 러시아와 타협하고, 중국은 타협하지 못할 가능성도 점쳐지고 있다.

한편, TMD에 대해서는, 러시아의 중·단거리 미사일이 이미 〈중거리 미사일 조약〉(INF : intermediate-range nuclear force)으로 묶여 있고, 또 러시아도 "S 300" 이라는 패트리어트나 애로우(Arrow)에 견줄 만한 요격 미사일을 개발하였고 이를 수출할 수 있기 때문에 TMD에 직접 반대할 이유가 없을 것이라는 주장이 있다. 그러나 TMD 문제가 MD와 밀접하게 맞물려 있고, 앞서 말한 바와 같이 군비경쟁을 촉발할 가능성이 있으며, 정치적으로 TMD에 반대하거나 우려를 표하는 국가가 많다는 점 등을 고려, 일단 TMD에 유보적인 태도를 취하고 있는 것으로 분석된다.

러시아는 MD에 대항하기 위한 캠페인으로 국제적으로 유엔을 통한 〈ABM 조약〉 준수(compliance) 결의, GCS(Global Control System, 미사일 통제체제) 구상 및 PAROS(Prevention of Arms Race in Outer Space, 외기권 군비경쟁 방지) 관련 국제회의를 추진하고 있고, 미국은 이를 탐탁지 않게 여기고 있다.

미국이 러시아의 입장을 무시하고 MD를 강행할 경우 러시아는 〈중거리 미사일 조약〉이나 유럽 〈재래식무기감축협정〉(CFE : Conventional Forces in Europe)을 파기하여, 미사일기술 통제체제(MTCR)에서 탈퇴하고 미사일기술을 판매하는 등 이론적으로는 여러 선택권을 가질 수 있으나, 미국 및 유럽과 맺고 있는 긴밀한 경제관계 때문에 실제로 이러한 옵션을 행사할 가능성은 적다. 미국의 〈ABM 조약〉 탈퇴선언에 대해서도 일단 공개적으로는 이를 "실수"로 규정하고 있으나, 그 이상의 강경한 태도는 취하지 않고 미국과 함께 〈ABM 조약〉을 대체할 방안을 모색할 것이라는 전망이 우세하다.

1) 관련 연설문 원문은 다음과 같다. "I call upon the scientific community in this country, who gave us nuclear weapons, to turn their great talents to the cause of mankind and world peace ; to give us the means of rendering these weapons impotent and obsolete."

2) 기술적으로 SDI는 소련의 다량 핵미사일을 대상으로 스타워즈(Star Wars) 방식의 우주기지 엑스선 레이저(X-ray laser)나, "수백 개의 우주정거장에서 발사되는 컴퓨터 내장 소형 무기"(kinetic-energy Brilliant Pebbles)에 의한 미사일 파괴 같은 방안을 집중 연구하여, 오늘날의 MD와는 커다란 차이가 있다.

3) 기술적으로 GPALS는 우주발사(Brilliant Pebbles)와 지상발사 요격미사일(land-based intercepter missile)을 동시에 상정하고 있었으나, 과거 엑스선 레이저가 현실성이 없음이 기술적으로 드러난 것처럼 우주발사도 기술적 현실성이 거의 없다는 의견이 계속 제기되었다.

4) C-1(Configuration-1) 단계에서는 2005년까지 알래스카에 20기의 요격미사일을 배치, 단순한 ICBM 5기까지 방어. C-2 단계에서는 100기의 요격미사일 배치, 25기의 단순한 ICBM이나 5기의 정교한 ICBM 방어. C-3 단계에서는 250기의 요격미사일을 알래스카와 북다코타(North Dakota)에 배치, 50기의 단순한 ICBM이나 20기의 정교한 ICBM을 방어한다는 개념으로서, 특히 C-3 단계에서는 개량형 조기경보 레이더(Upgraded Early Warning Radar)와 엑스밴드 레이더(X-band radar)를 전진 배치해야 한다는 내용으로, 우리나라가 영국과 함께 주요 배치대상 국가로 검토되고 있다는 보도가 있다.

5) 기술적으로 NMD·TMD는 우주발사를 포기하고 요격미사일로 표적미사일(incoming missile)을 직접 파괴(HTK : hit to kill)하는 데만 의지하겠다는 것을 의미한다. HTK는 초속 8㎞로 날아오는 큰 탄두(직경 1m)를 더 작은 탄두(직경 0.5m)로 요격하는 것에 비유될 만큼 기술적인 어려움을 안고 있고, 따라서 그 실효성에 많은 의문이 제기되고 있다. 예를 들어, 속도가 훨씬 느린 단거리 미사일 요격용인 패트리어트(Patriot) 미사일의 경우에도 실험에서는 100퍼센트에 가까운 성공률을 보였으나, 걸프전에서 사용한 PAC-2(Patriot Advanced Capability-2 ; 산탄 기술 이용, PAC-3는 HTK 이용)는 10퍼센트 미만의 낮은 성공률밖에 보이지 못하였다. 한편 ICBM을 가상한 NMD 실험에서는 4번 가운데 2번만 성공(성공률을 높이기 위해 몇 가지 조치를 함)하였을 뿐이며, 이러한 정도의 기술개발을 위해서도 SDI 이후 지금까지 총 600억 불의 예산을 투입하였다. 따라서 NMD는 결국 고도의 정치적 계획이며 기술적 어려움을 과소평가하고 있다는 비판이 제기되었다. 그러나 NMD·TMD가 기술적으로 완벽하지 않더라도 '불량국가' 들에게 그들의 공격용 무기가 무력화될 수 있다는 것을 알림으로써 무기 개발을 억지할 수 있어 NMD·TMD가 계속 유용하다는 주장도 제기되고 있다.

6) 부시 대통령은 2000년 5월 1일 국방대학 연설을 통해 MD 추진의사를 공식화하였다.

7) 그 골격에 관하여 부시 대통령은 지상 및 해상 요격에 항공기(항공기의 경우 레이저 기술도 활용)까지 이용하며, 중간단계(mid-course)뿐 아니라 BPI(Boost-Phase Intercept ; 속도가 가장 느리고 부피가 큰 초기 추진단계에서 요격)까지 포함하는 다층(layered) 요격체제를 구축하겠다는 입장을 밝혔다. 또한 우선 기본 방어체제를 조속히(2004년까지) 갖추는 방안을 강구하겠다는 생각도 밝혔다.

8) 미사일은 사정거리에 따라 500㎞까지를 전술미사일(tactical missile)로, 그 이상을 탄도미사일(ballistic missile ; 발사체와 탄두로 구성)로 구분함. 탄도미사일은 사정거리 1000㎞ 미만을 단거리 미사일(SRBM : Short Range Ballistic Missile), 1000㎞에서 3000㎞까지를 중거리 미사일(MRBM : Medium Range BM), 3000㎞에서 5000㎞ 사이를 중장거리 미사일(IRBM : Intermediate Range BM), 5500㎞ 이상을 장거리 미사일, 곧 대륙간탄도탄(ICBM)으로 구분한다. ICBM에는 초속 8㎞를 낼 수 있는 3단계 로켓 기술(third state technology)과 대기권 재진입(re-entry)시 섭씨 3천 도까지 올라가는 열을 처리하기 위한 열 차단기술이 필요하다. 참고로, 북한은 대포동 미사일을 인공위성용이라고 하였으나, 발사용 로켓과 탄도미사일은 기술적으로 큰 차이가 없으나, 후자의 경우 대기권 재진입을 위한 열 차단기술과 유도기술이 필요하다.

9) 미사일의 탄도는 포물선이며 고도는 사정거리의 1/4이다. ICBM의 궤적은 4단계로 구분되는데, ①1단계는 상승단계(boost phase)로 5분 정도이며 초속 8㎞까지 가속, 고도는 300㎞에 달하여 약 100㎞까지인 대기권을 벗어나게 된다. ②2단계는 상승 후 단계(post-boost phase)로서 10분 정도 날게 되며 이때 탄두를 레이더 탐지 비행용 물체와 함께 방출하며, ③3단계는 중간단계(mid-course phase)로서 최고정점에 도달한 후 대기권에 재진입하게 되며 약 30분이 소요된다. NMD는 이때 ICBM을 요격하려는 것이나, 표적미사일(incoming missile)의 속도가 너무 빨라 이를 요격하는 데 기술적인 문제가 커서 실험이 실패함에 따라 최근에는 1단계 때 요격하는 상승단계 요격(Boost Phase Intercept)이 현실적이라는 주장이 대두되고 있다. ④4단계는 최종단계(terminal phase)로서 2분 정도이며 초속 7㎞(음속의 20배)로 대기권 진입 후 목표에 도달하게 된다.

10) 2001년 제56차 유엔총회 제1위 기조연설을 통해 미국 대표(Avis Bohlen 군비통제 차관보)는, 2001년 상반기부터 러시아측과 새로운 전략적 틀(new strategic framework)에 관해 협상을 하면서 〈ABM 조약〉에 대한 새로운 접근방식을 협의하고 있는 만큼 유엔이 이 문제에 개입하는 것을 반대한다는 입장을 밝혔다. 반면에, 러시아 대표(Seragey A. Ordzhonikidze 차관보)는 〈ABM 조약〉이 전략적 안정의 토대임을 강조하고, 이번 총회에서도 중국과 함께 〈ABM 조약의 보존 및 준수 결의안〉을 상정하였다고 하면서 국제사회가 군비통제 분야에서 기존 체제와 협약을 준수할 것을 촉구함으로써, 미국과 양자협상에서 이견이 해소되지 않고 있음을 시사하였다. 이는 결국 미국의 〈ABM 조약〉 탈퇴로 이어졌다.

11) 〈한·미정상회담 공동발표문〉 해당 문안은 다음과 같다. "President Kim and President Bush agreed that the global security environment is fundamentally

different than during the Cold War. New types of threats, including from
weapons of mass destruction and missiles as a means of delivery, have
emerged that require new approaches to deterrence and defense. The two
leaders shared the view that countering these threats requires a broad
strategy involving a variety of measures, including active non-proliferation
diplomacy, defensive systems, and other pertinent measures. They concurred
on the importance of consultations among allies and other interested parties
on these measures, including missile defense, with a view to strengthening
global peace and security."

12) MIRV(Multiple Independently Targetable Re-entry Vehicle : 다탄두 독립목표물
재돌입체)는 미사일에 복수의 탄두를 장치하여 이를 비행 중에 분리해서 예정된 목표에
각각 별도로 유도하는 탄두를 말한다. 1960년대 말에 미국이 실용화하였으며, 핵탄두는 3
발에서 14발까지 장착할 수 있다. MRV는 MIRV의 전신으로 별개로 유도되지 않고 한 목
표를 향해 몇 개의 탄두가 함께 날아가는 것을 말한다.

최근 국제 군축 동향과 우리의 군축외교 박용규

1. 부시 행정부 출범과 국제 군축

국제 군축·비확산활동은 2001년 1월 부시 행정부가 출범함에 따라 전환점을 맞게 되었다. 부시 행정부는 국제 전략환경 변화에 부응하여, 냉전시대 미·소의 상호불신과 적대감을 전제로 수립된 상호확증파괴(MAD : Mutually Assured Destruction) 개념을 탈피한 "새로운 전략틀"(new strategic framework)을 마련한다는 목표 아래 미사일 방어계획을 적극 추진하고 있다. 한편 모스크바정상회담(2002년 5월)을 계기로 러시아와 〈핵전략무기감축조약〉(Strategic Offensive Reductions Treaty)을 체결하고 러시아와 "새로운 전략관계"(a new strategic relationship)를 형성해 나가고 있다.[1]

부시 행정부는 또한 미사일 방어 추진에 장애가 되는 〈ABM 조약〉의 일방적 탈퇴선언, 〈포괄적핵실험금지조약〉(CTBT) 비준 거부, 〈생물무기금지협약 검증의정서〉 거부, 유엔 주도의 소형무기 행동계획 약화 등 다자조약에 기초한 국제 군축·비확산활동에 회의적 태도를 보이고 있다. 이러한 미국의 비(非)조약적, 일방주의적 태도는, 1996년 CTBT 협상 중

료 이후 새로운 방향설정을 모색하고 있는 다자군축활동을 더욱 위축시켰다.[2]

국제안보와 군축문제에서 이러한 미국의 신전략 구상과 새로운 접근으로 말미암아 유일한 다자 군축협상기구인 제네바 군축회의(CD : Conference on Disarmament)는 공전되고 있으며, BWC 당사국들이 지난 6년 동안 진행해온 〈BWC 검증의정서〉 협상도 아무런 결실을 맺지 못하고 중단되었다. 또한 부시 행정부가 CTBT 비준 거부 입장을 고수함에 따라 CTBT는 서명 개방 이래 5년이 지난 현재까지도 발효되지 못하고 있으며, 당분간 발효 가능성이 없다.

그러나, 대량살상무기(WMD : Weapons of Mass Destruction) 운반수단인 미사일의 확산위협이 증대함에 따라 미사일 분야에서는, 미사일기술 통제체제(MTCR)에서 탄도미사일 확산방지를 위한 국제행동지침(ICOC : International Code of Conduct)의 초안을 마련하고 유엔 전문가패널 1차 회의가 열리는 등 일부 진전이 있었으며, 기타 핵 공급국 그룹(NSG), 바세나르체제 등 다자수출통제체제 활동과 재래식무기 분야에서는 소형무기 불법거래 방지를 위한 행동계획을 채택하고 〈특정재래식무기협약〉(CCW)의 적용범위를 확대하는 등 상당한 진전이 있었다.

또, 9·11 테러와 대아프간 전쟁 이래 미국의 전략적 우선 순위는 국제테러와의 전쟁으로 옮겨졌고, 이러한 대테러전쟁 수행과정에서 국제적 연대(international coalition)의 중요성이 재인식되었으며, 대량살상무기를 사용한 테러 가능성에 대비하여 대량살상무기와 미사일의 확산 방지를 위해 국제 군축·비확산 노력이 강화되고 있다.

부시 행정부의 출범과 9·11 테러는 앞으로 국제질서와 국제 군축활동에 지대한 영향을 미칠 것이다. 여기에서는 이러한 배경 아래 최근 국제 군축·비확산 동향과 향후 전망을 살펴본 다음, 우리나라의 바람직한 군축외교 방향을 모색해 보고자 한다.

2. 주요 분야별 국제동향과 향후 전망

1) 주요 분야별 동향

가. 대량살상무기 및 미사일 방어

2000년 4월 뉴욕에서 열린 "NPT 평가회의"는 핵군축, 무기용 〈핵물질 생산금지조약〉(FMCT) 협상 개시, CTBT 발효 촉진 등 국제 군축분야에서 중요한 합의를 이끌어냈으나, 이러한 합의사항은 이행되지 않고 있다. 다만, 미국과 러시아는 새로운 전략관계를 수립하기 위해 2002년 5월 모스크바정상회담에서 양국의 전략핵탄두를 2012년 말까지 1,700~2,200개 수준으로 대폭 감축하기로 하였다. 그러나 이 조약은 SALT나 START와 같은 전통적인 핵무기 감축조약과는 내용이나 형식에서 큰 차이를 보이고 있다. 우선 전통적인 군축조약은 정교한 검증장치를 갖추어 분량 면에서 수백 쪽에 이르는 방대한 조약인 데 반해, 이번 조약은 전문(前文)과 총 5개 조항에 불과한 간략한 형식을 취하고 있으며, 구체적 이행방안(감축 핵탄두의 처리방안 등)은 앞으로 설치할 이행위원회(Bilateral Implementation commission)에서 협의해 나가기로 규정하고 있어 군축조약의 양대 기본원칙인 불가역성(irreversibility)과 예측 가능성(predictability) 면에서 미흡한 점이 많다. 그러나 이 조약은 부시 행정부가 군축문제를 대하는 기본적인 접근방법을 잘 보여주는 대표적인 사례이다.

CTBT는 서명 5주년을 맞아 164국 서명, 87국 비준(44개 발효 요건 국가 중 31국 비준)의 성과를 이루었으나, 부시 정부가 비준거부 입장을 고수함에 따라, 앞으로 상당기간 발효하지 못할 것으로 예상된다. 미국이 2001년 11월 뉴욕에서 열린 제2차 발효촉진회의에 불참하고, CTBTO(CTBT 준비사무국)의 현장사찰 등 특정분야 활동에도 불참하겠다는 입장을 천명함에 따라, 앞으로 CTBT 발효에 대비한 CTBTO의 검

증체제 마련에도 부정적 영향을 미칠 것으로 우려된다.[3]

〈화학무기금지협약〉(CWC)의 경우, 2001년 현재 145국이 가입하여 보편성 확보에 상당한 진전이 있었으나, 북한, 이라크, 시리아, 리비아 등 일부 화학무기 보유 추정 국가의 미가입, 러시아 등 화학무기 신고국가의 보유 화학무기 폐기일정, 화학무기금지기구(OPCW)의 심각한 만성 재정적자로 말미암은 사찰활동 위축 등 여러 문제점을 가지고 있다.

〈생물무기금지협약〉(BWC)의 경우, 부시 정부의 새로운 접근에 따라 지난 6년간의 〈검증의정서〉 채택 노력이 무산되었다. 미국이 제5차 BWC 평가회의(2001년 11~12월, 제네바)에서 각국의 국내입법 강화, 유엔·WHO 등 기존 국제기구 활용 확대 등을 골자로 하는 새로운 협약 강화방안을 제시하고, 〈검증의정서〉 협상 종료를 요구함에 따라, 평가회의는 아무런 결정을 내리지 못하고 2002년 11월까지 종료가 유예된 상태이다. 따라서, 앞으로 미국, 기타 서방국가, 비동맹 국가들이 주요 쟁점 사항에 대한 타협방안을 모색해야 할 것이다.

최근 국제안보·군축 분야에서 가장 큰 현안은 "미사일 방어"이다. 부시 행정부는 러시아, 중국의 강력한 반발과 다수 우방국의 회의적 태도에도 불구하고 취임 초부터 새로운 전략 구상에 따른 미사일 방어계획을 강력히 추진해왔다. 부시 행정부는 MD 추진에서 국내외적 제반 장애 극복에 힘써왔다. 미국은 러시아와 동맹국을 적극적으로 설득하는 외교를 펼치면서 당초 예상보다는 비교적 순탄하게 MD 계획을 추진하고 있는 것으로 보인다. 특히, 러시아 푸틴 대통령과는 여러 차례에 걸친 정상회담 등을 통해 탈냉전시대에 새로운 관계를 정립해야 할 필요성에 공감함으로써, 2001년 12월 MD 추진의 법적 장애물인 〈ABM 조약〉 탈퇴를 선언하였고, 〈ABM 조약〉은 조약규정에 따라 2002년 6월 효력을 상실하였다. 또, 미·러는 2002년 5월 모스크바정상회의에서 정치, 경제, 안보, 테러리즘 등 여러 분야에 걸쳐 양국간에 새로운 협력관계를 수립하자는 공동선언을 채택하였다. 이 선언에서 양국은 미사일 방어 관련 정보교환 등 상호협력이 가능한 분야를 연구키로 합의하여 미사일 방어로 불거진 양국의 갈등은 해소된 것으로 보인다.

나. 미사일

최근 국제 군축 분야에서 가장 활발한 움직임을 보이는 분야는 미사일 비확산 관련 활동이다. 미사일 비확산 문제는 미사일와 위성발사체(SLV) 관련기술의 확산과 북한, 이란, 인도, 파키스탄 등이 장거리 미사일을 개발, 수출함에 따라 몇 년 전부터 국제 군축·비확산 분야의 중요한 과제로 등장하고 있다. 그러나 미사일은 현재 이를 규제할 근거가 되는 국제조약 등 국제적 규범(international norm)이 없는 상태로, 일종의 규범 형성 과정에 있다.

미사일 관련 활동은 현재 MTCR이 주도하는 〈국제행동지침〉(ICOC) 제정 추진, 유엔의 전문가패널 개최(2001년 7월, 2002년 4월), 러시아의 GCS(미사일 통제체제) 프로세스 등 크게 세 방면에서 추진되고 있다.

MTCR은 2000년 헬싱키 총회에서 ICOC 초안을 채택한 이래 MTCR 비회원국(특히, 미사일기술 보유국)에 대한 참여 유도 활동을 전개하고, 이들 비회원국 의견을 일부 수용하여, 2001년 9월 오타와 총회에서 개정된 ICOC을 채택하였다. ICOC의 기본원칙은 MTCR과 같은 공급자측 접근과 함께, 수요자측에서 미사일 개발을 자발적으로 포기토록 유인을 부여한다는 발상이다. MTCR 회원국은 2002년에 ICOC를 정식 채택한다는 목표 아래 전 유엔 회원국을 초청하여, 2002년 2월 파리에서 1차 교섭회의를 개최하였다. 그러나, ICOC은 법적 구속력이 있는 국제조약이 아닌 정치적 구속력을 가진 "지침"이라는 한계가 있으며, MTCR 비회원국의 요구사항(기술협력 등)을 어떻게 반영하고 주요 미사일 확산 우려 국가(중국, 인도, 파키스탄, 이란, 북한 등)의 참여를 어떻게 이끌어낼

것인지 등, ICOC가 효과적인 국제규범으로 발전하려면 넘어야 할 장애
요인이 많다.

한편, 유엔 전문가패널은 유엔 차원에서 미사일 문제를 정식으로 취급
한다는 상징적 의미를 가지나, 주요 참여국가들의 의견이 첨예하게 대립
하고 있어 2002년으로 잡혀 있는 후속 회의도 낙관적이지는 않다.[4]

다. 재래식무기

탈냉전시대에 대량살상무기가 확산될 위협과 아울러 소형무기의 과도
하고 불안정한 축적과 확산이 국제평화에 대한 위협요인으로 등장함에
따라, 소형무기를 규제하는 국제규범과 비확산체제를 마련해야 할 필요
성이 높아졌다. 이에 유엔의 주도로 2001년 7월 뉴욕에서 "소형무기 불
법거래에 관한 국제회의"가 150여 국이 참석한 가운데 열렸다. 여기서는
소형무기에 관한 최초의 보편적인 국제규범으로서 국가별, 지역적 조치
및 국제협력·지원 조치를 규정한 〈행동계획〉(program of action)을 채택
하였다. 따라서 당분간은 이 행동계획의 충실한 이행을 통해 소형무기
문제를 해결하려는 노력을 계속할 것이다.

재래식무기 분야에서 또 다른 주요 동향은 대인지뢰의 규제강화다. 대
인지뢰의 전면적 금지를 규정한 〈오타와협약〉의 보편성 증대(109국 가
입)에도 불구하고 미국, 러시아, 중국, 인도, 파키스탄, 이스라엘, 베트
남, 남·북한 등 주요국가의 불참으로 실효성이 떨어지고 있다. 이에, 위
의 주요국가들이 참여하고 있는 〈특정재래식무기협약(CCW) 지뢰의정
서〉의 보편성 확대와 이행 강화 노력이 계속되어, 2001년 12월 열린
CCW 제2차 평가회의에서 협약 적용범위를 국내분쟁에까지 확대하여,
지뢰 등 비인도적 재래식무기에 의한 피해 발생을 줄이는 데 상당한 성과
를 거두었다.

라. 다자수출통제체제

핵물질·장비 수출통제체제인 쟁거위원회(Zangger Committee, 1974년)와 핵 공급국 그룹(NSG, 1978년)를 시작으로, 생화학무기용 물질·장비 통제체제인 오스트레일리아 그룹(Australia Group, 1985년), 미사일기술·부품 통제체제인 MTCR(1987년), 재래식무기와 이중용도 품목 통제체제인 〈바세나르 협약〉(Wassenaar Arrangement, 1996년) 등 총 5개 분야 다자수출통제체제는 국제 군축조약과 아울러 중요한 비확산체제로서 중요성이 증대되고 있다.

특히, 9·11 테러 이후 미국정부는 대량살상무기를 사용한 테러 발생 가능성에 대비하여 국내 이행조치 및 국제협력 강화를 주도하고 있으며, 이에 따라 최근 각 체제별로 과학기술 발달에 부응하여 규제품목을 개정하고 캐치 올(Catch-All) 제도,[5] 노 언더컷(No Undercut) 정책[6] 및 무형기술이전(Intangible Transfer of Technology) 통제 등 새로운 제도 도입으로 규제를 강화해 나가는 추세이다.

그러나, 모든 다자수출통제체제는 30여 국 정도의 선진공업국으로 구성된 공급자 중심 체제로서 개도국의 과학기술 발전을 저해하는 차별적 체제라는 비판이 있으며, 회원국 사이에도 자국의 경제이익과 국제비확산체제 강화라는 일면 상충된 목적을 어떻게 조화시키느냐에 대한 입장 차이가 있어, 모든 국가가 수용할 수 있는 보편적인 비확산체제로 발전하는 데는 많은 제약이 따르고 있다.

마. 유엔 등 국제기구 활동

UN은 국제 군축활동의 중심기구로서 제1위원회, 유엔군축위원회(UNDC) 회의(2001년 4월), 유엔 미사일 전문가패널(2001년 7월), 소형무기회의(2001년 7월), 기타 지역차원 군축회의 개최 등 활발한 활동을 전개하고 있다. 제56차 유엔총회 제1위원회는 9·11 테러의 여파로 다수 회원국이 국제테러 등 새로운 안보위협 요인에 대한 공동대응과 기존의 군축·비확산체제 강화 필요성에 공감하여, 〈ABM 조약〉 등 주요 쟁점문제에 대해 큰 논란없이 종결되었다.

제네바군축회의(CD)는 2001년에도 협상 우선순위에 대한 회원국들의 견해 차이로 실질적 작업을 하지 못하고 공전되었다.[7] 이러한 CD의 장기 공전사태는 미국의 미사일 방어체제 추진을 둘러싼 미국과 러·중의 대립, 핵군축 문제에 대한 핵보유국과 비핵국가의 견해 차이 때문이다. 이러한 근본적인 견해 차이를 해소하지 않는 한 CD에서 본격적인 협상이 재개되기는 어려울 것으로 보인다.

국제원자력기구(IAEA)는 97년 5월 안전조치 강화를 위한 〈추가의정서〉(Additional Protocol)를 채택한 이래, 이의 보편성 확보 노력을 계속하고 있다. 우리나라도 1999년 6월 서명하였으며, 현재 비준을 위한 국내조치를 추진 중이다.(2001년 10월 현재 58국 서명, 22국 비준)

한편, 유엔, IAEA, 화학무기금지기구(OPCW)와 WHO 등 국제기구는 9·11 테러 이후 대량살상무기를 사용한 국제테러 가능성에 대비하여 각종 대책을 강구하고 있다.

2) 향후 전망

부시 행정부는 앞으로 몇 년 동안 ①대테러전쟁의 지속적 수행 ②미사일 방어계획의 적극 추진 ③러시아와 체결한 전략핵무기 감축조약 이행 ④ 대량살상무기와 미사일 비확산 및 대(對)확산조치 강화 등에 우선 순위를 두고 신전략구상(new strategic framework)의 구체화를 계속 추진할 것으로 예상된다.

이러한 전략목표를 추진할 때 부시 행정부는 기존 다자조약과 메커니즘에 의존한 접근보다는 러시아, 중국과 나토, 한국, 일본, 호주 등 동맹국과의 양자적 또는 지역적 접근을 중시하고, 또한 국내 조치 강화에 역점을 두는 한편, 사안에 따라 이른바 "선별적 다자주의"(à la carte multilateralism)를 택할 것으로 전망된다.

부시 정부의 이러한 성향은 공화당 정부의 전통적인 국방·기업이익 중시 정책과 군축문제에 대한 실용주의적 접근에 따른 것으로 보이며, 9·11 사태로 국제협력 필요성이 높아지고 있음에도 불구하고 계속 유지될 것으로 예상된다.[8]

미정부는 당분간 자신의 이러한 전략구도와 접근방법에 대한 러시아, 중국 및 일부 동맹국들과 국제사회의 군축 지지세력(arms control advocates)의 반발과 갈등 해소에 치중할 것이다. 따라서 앞으로 상당기간 CD 등 다자협상을 통한 국제 군축·비확산활동은 정체상태를 면하기 어려울 것으로 예상된다.

그러나, 국제 군축활동 전망이 비관적인 것만은 아니다. 9·11 사태 이후 조성된 국제연대가 유지되고, 국제테러리즘과 과격한 이슬람 근본주의세력이라는 공동의 전략적 우려를 갖게 된 미국, 러시아, 중국이 새로운 전략관계 수립에 성공한다면, 이들 사이에 협조체제가 형성되어 국제 군축·비확산 분야에서 획기적인 진전도 가능할 것으로 보인다.

예를 들면,
① 미·러의 전략핵무기 감축조약의 성실한 이행
② 미·중의 전략 대화 진전(MD 관련 타협 등)
③ NPT체제 강화조치 진전(FMCT 협상 개시 등)
④ 생화학무기와 미사일 비확산체제 강화를 위한 협력 강화(IAEA, OPCW, WHO 등 국제기구의 핵, 생화학무기 및 미사일을 사용한 국제테러 예방조치 강화 또는 다자수출통제체제 강화) 등이다.

3. 북한의 국제 군축 · 비확산체제 참여

1) 북한의 〈IAEA 안전조치협정〉 이행문제

1994년 〈북미제네바합의〉(AF : Agreed Framework) 이후 현재까지
IAEA는 총 17차례에 걸쳐 북한과 실무협의회(technical discussions)를
열어 IAEA의 대북한 사찰활동에 관련된 기술적인 사항을 협의해 왔으
나, 북한의 과거 핵활동 규명과 관련된 사안은 별다른 진전이 없었다.
따라서, IAEA는 2001년에도 〈안전조치협정〉 전면 이행을 위해 IAEA측
에 전적인 협력을 제공할 것을 북한에 촉구하는 결의안을 채택하고, 유
엔총회 본회의에서도 북한 관련사항이 포함된 〈IAEA 활동보고서〉를 채
택하였다. 이처럼 북한 핵문제 해결을 위한 국제사회의 노력이 계속되
고 있다.

북한은 2001년 하노이에서 열린 원자력 배상관련 IAEA 주관 세미나
에 전문가 2명 파견, 호주 정부 주최 IAEA 안전조치 훈련과정(2주)에 전
문가 6명 참석, 제17차 IAEA-북한 실무협의회에서 IAEA 기술팀의 북
한 동위원소 생산연구소 방문을 허용(이에 따라, IAEA팀이 2002년 1월
북한 방문)한 데 이어, 북한 원자력 전문가와 KEDO 사업 관계자가 울진
원전과 두산중공업을 방문연수하는 등 실무차원의 기술분야에서는 진전
된 자세를 보이고 있다.

〈제네바합의〉에 따르면 경수로 핵심부품 인도 이전에 북한은 〈IAEA
안전조치협정〉을 전면 이행해야 하고, IAEA측에 따르면 대북 사찰에
3~4년이 걸릴 전망이다. 경수로 건설사업이 진전됨에 따라 IAEA 사찰
활동에 대한 북한의 전면적 협력 확보 문제가 당면과제로 부각되고 있다.

2) 북한의 대량살상무기와 미사일 문제

2001년 6월 부시 행정부는 대북정책 재검토 결과를 발표하여, 대북한

대화 의제로 북한 핵과 미사일 문제뿐만 아니라 재래식 군사력 위협 감소를 제시하고, 북한과 조건 없는 대화재개 용의를 표명한 바 있다. 부시행정부는 검증(verification) 및 상호주의(reciprocity) 중시 태도를 취하고 있어서, 미국의 거듭된 대화재개 의사 표명에도 불구하고, 북·미 사이에 의미 있는 대화는 진행되지 못하고 있다.

2001년에는 북한의 대량살상무기와 미사일 문제와 관련하여 진전이 없었으며, 북한은 국제사회와 최근 북한과 관계를 정상화하고 있는 EU 등의 촉구에도 불구하고 국제 군축·비확산체제 참여를 거부하고 있다.[9] 다만, 북한은 2001년 5월 EU 의장국인 스웨덴 수상이 방북했을 때, 1999년 북·미 미사일협상에서 합의한 바 있는 미사일 실험·발사 유예를 2003년까지 연장한다고 발표했고, 이는 긍정적인 사태 진전으로 평가된다.

한편, 미국정부는 9·11 테러와 국내 탄저균(Anthrax) 유포 사태 이후 대량살상무기를 사용한 테러 가능성에 대비하여 북한 등 대량살상무기 개발 의혹 국가들에 대한 경계를 강화하고 있다. 부시 대통령은 2002년 1월 의회 연두교서에서 대테러전쟁의 지속적인 수행의지를 천명하고, 북한을 이란·이라크와 함께 '악의 축'(Axis of Evil)이라 지칭하여 이들 국가의 대량살상무기 개발활동과 국제테러와의 연계가능성을 강력히 경고한 바 있다.

북한의 대량살상무기와 미사일 문제는 미국의 최우선 과제인 국제테러리즘과의 전쟁과 함께, 미국정부의 안보·군축정책에서 주요 과제로 대두되고 있다. 따라서 이 문제를 해결하기 위한 미국, 일본, 중국, 러시아, EU 등 주요국과 유엔, IAEA 등 국제기구의 양자·다자 차원의 유기적 협조가 필요하다.

4. 우리나라의 군축 · 비확산 외교활동

1) 최근 활동실적과 평가

우리나라는 유엔(총회, 제1위원회, UNDC, 기타 유엔 주관 군축회의 등), IAEA, 제네바 군축회의, OPCW, 〈BWC 검증의정서〉 협상기구, 포괄적핵실험금지조약기구(CTBTO) 등 각종 국제기구와 5개 다자수출통제체제 관련회의, 기타 CCW 평가회의 등 주요 국제 군축 · 비확산 관련 국제회의에 참석하여, 우리 입장을 적극 개진하고 안보 및 산업계 이익 보호를 위해 노력해왔다.[10]

한승수 전 외교통상부 장관이 제56차 유엔총회에서 의장직을 수행한 것을 비롯하여, 유엔총회 제1위원회 부의장직 수임, CTBT 발효촉진회의 부의장직 수임, IAEA 이사국 활동과 사무국 고위직 진출, OPCW 이사국 및 행정 · 재정담당 부의장직 수임, COPUOS(외기권의 평화적 이용에 관한 위원회) 정위원국 진출, BWC 협상과 CCW 평가회의에서 주도적 역할 등 각종 국제기구와 국제회의에서 많은 역할을 함으로써 국제 군축 무대에서 우리나라의 위상이 높아졌다.

특히, 2001년 3월 MTCR에 정식 가입함으로써 국제적 미사일 비확산 노력에 동참하고, 아울러 우리나라의 평화적 로켓 기술개발에 기여하게 되었다. MTCR이 주도적으로 추진해온 탄도미사일 확산 방지를 위한 〈국제행동지침〉(ICOC) 성안 과정에 적극 참여하고 ICOC의 보편성 증대를 위해 호주, 일본과 함께 아시아지역 17개 국가에 ICOC 홍보 활동을 전개함으로써 MTCR 신규회원국으로서 입지를 굳혔다.

또, 한반도 평화정착과 북한이 국제사회의 책임 있는 일원으로 인정받기 위해서는 북한의 대량살상무기 문제를 해결해야 한다는 인식 아래, 북한의 〈IAEA 안전조치협정〉 전면 이행을 위한 여건 조성과 북한의 국제 군축 · 비확산체제 참여 유도를 위한 외교적 노력도 계속하고 있다. 아울러, 6·15 남북정상회담 이후 남북관계 진전으로 한반도에서 군사적 신뢰구축(CBM)과 군비통제에 관한 관심이 고조됨에 따라, 유럽안보협력기구(OSCE) 사례 등을 참고하여 우리 실정에 적합한 신뢰구축 및 군비통제 방안을 연구, 검토하고 있다.

기타, 우리나라는 양자·지역·다자 차원의 군축외교활동을 활발히 전개하고 있는데, 대표적 예는,

① 13국 군축안보 문제 전문가 50여 명이 참석한 국제 군축 워크샵 개최 (서울, 2001년 12월)

② 다나팔라(Dhanapala) 유엔 군축담당 사무차장 방한

③ 미국, 일본, 중국, EU, 캐나다, 호주, 뉴질랜드, 네덜란드, 스웨덴 등 주요국가와 양자협의회 개최

④ 독일정부 주최 한반도 군비통제 세미나 참석(남·북한 대표가 별도 참석)

⑤ 일본정부 주최 군축 워크샵과 수출통제세미나 참석

⑥ 인도와 파키스탄의 핵실험 관련 남아시아 태스크포스(South Asia Task Force) 회의 참석

⑦ 2003년 NSG 총회 유치 추진 등이다.

2001년에는 미국의 부시 행정부 출범에 따른 새로운 전략구상과 미사일 방어 추진, 9·11 테러 이후 국제질서 변화 등 어느 해보다 군축·비확산 분야에 변화 요인이 많았다고 볼 수 있다. 우리는 이러한 국제정세 변화 동향을 예의 주시하여 적절히 대처하고 있다. 그러나, 우리의 군축·비확산 업무 수행 체제상 미비점과 전문성 부족으로 우리나라의 국력이나 국제적 위상에 걸맞는 역할을 수행하기에는 아직 미흡한 점이 있다.

2) 우리의 군축외교정책 방향

우리는 군축·비확산 외교활동을 ①한반도에서 평화체제 공고화 ②우리 안보, 경제이익 보호·증진 ③국제무대에서 우리의 위상과 역할 제고를 기본 목표로 적극 전개해야 할 것이다.

국제 군축활동은 국제안보질서 변화에 가장 민감하게 영향을 받는 국제정세의 축소판(microcosm)이어서, 미국과 러시아, 중국 등 강대국 사이에 "새로운 전략 틀" 형성 과정, 곧 "큰 그림"을 그리는 과정이 앞으로 상당기간 계속될 것으로 예상된다. 우리는 이러한 국제동향을 예의 주시하면서, 우리 안보의 기본 틀인 한미 동맹관계와 중국, 일본, 러시아 등 주변국과의 관계 등을 고려하여, 중견국가로서 국제무대에서 우리에게 적합한 역할을 모색해 나가야 할 것이다.

특히, 앞으로 수년 동안 아래 사안에 역점을 두고 군축, 비확산 업무를 수행해야 할 것이다.

① 북한 핵사찰과 미사일 문제의 원만한 해결로 한반도 평화 정착
② 미국의 미사일 방어계획이 동북아와 한반도 정세에 미치는 영향을 평가하고 대응책 강구
③ 미국의 국제 군축·비확산정책 변화를 감안한 국제 군축·비확산활동 계획 수립
④ 국제 군축기구에 우리나라 인사의 진출확대와 국제회의 참가활동 강화

국제 군축·비확산 업무는 부시 행정부가 출범하고 9·11 테러 이후 국제질서 재편과정에서 업무량과 중요성이 급증하고 있다. 특히, 우리나라는 외교·안보정책 및 대북정책과 밀접히 연관되어 있어, 이를 원활히 추진하기 위해서는 군축·비확산 업무수행 체제 강화와 전문성 제고 노

력이 긴요하다. 이를 위해서는 우선 외교통상부의 국제안보·군축업무
담당부서를 대폭 보강하고, 국방부 등 유관 정부부처 및 학계, 연구소 등
민간분야 전문가와 유기적인 협조체제를 수립함으로써, 시너지(synergy)
효과를 거두어야 할 것이다.[12]

국제 군축무대에서는 5대 핵보유국이 아닌 중견국가로서 특정분야에
서 중요한 역할과 기여를 하고 있는 국가들이 있다. 〈오타와 대인지뢰협
약〉 체결을 주도한 캐나다와 호주, 네덜란드, 스웨덴, 남아공 등이 대표
적 예이며, 일본은 소형무기 등 재래식무기 분야에서 주도적인 역할을
하고 있다. 우리나라도 우리가 경쟁력 있는 분야에서 전문성을 제고해
나간다면, 머지않아 국제 군축활동의 주역이 될 수 있을 것이다.

5. 맺음말

국제 군축·비확산의 궁극적 목표는 평화적이고 가장 경제적이며 효
율적(cost-effective)인 방법으로 각국의 안보를 증진하고, 나아가서 국제
평화와 안정에 기여하는 데 있다. 부시 행정부의 등장과 9·11 테러는 냉
전의 종식을 재확인하고, 탈냉전시대 이후(Post Post-Cold War Era) 새로
운 국제질서를 형성하는 계기가 되고 있으며, 국제관계의 패러다임을 바
꿔나가고 있다. 국제 군축·비확산활동은 이러한 변혁의 시기를 맞아 현
재 새로운 목표를 설정하고 추진방법에 대한 국제사회의 의견을 수렴하
는 과정에 있다.[13]

국제 군축 지지자들은 제네바 군축회의가 1996년 이래 공전되고 있
고, 지난 6년 동안 공들여 협상해온 〈BWC 검증의정서〉 채택이 무산되는
등 최근 국제 군축활동이 정체되고 있는 데 크게 실망하고 우려를 표명하
고 있다. 그러나, 국제정세에 가장 민감한 영향을 받는 국제 군축협상은

정치적 공백상태에서는 이루어질 수 없는 것이며, 현재 상황이 결코 비관적인 것만은 아니다. 국제사회는 이러한 현실을 직시하여 국제 군축활동의 재도약을 위한 재충전의 기회로 활용해야 할 것이다.

어느 군축전문가가 말했듯이 "군축은 성취할 수 있을 때는 불필요하고, 필요할 때는 성취할 수 없다. 군축은 필요성과 성취가능성의 경계선상에 존재한다"[14]는 역설을 되새기면서 말이다.

〔표 2-3〕 군축 관련 약어

ABM	Anti-Ballistic Missile Treaty(〈미사일방어체제제한조약〉)
BWC	Biological Weapons Convention(〈생물무기금지협약〉)
CBM	Confidence Building Measures(신뢰구축조치)
CCW	Certain Conventional Weapons(〈특정재래식무기협약〉)
CD	Conference on Disarmanment(군축회의)
COPUOS	Committee on the Peaceful Uses of Outer Space (외기권의 평화적 이용에 관한 위원회)
CTBT	Comprehensive Nuclear Test Ban Treaty(〈포괄적핵실험금지조약〉)
CTBTO	Comprehensive Test Ban Treaty Organization(포괄적핵실험금지조약기구)
FMCT	Fissile Material Cut-off Treaty(〈핵물질생산금지조약〉)
IAEA	International Atomic Energy Agency(국제원자력기구)
ICOC	International Code of Conduct(〈국제행동지침〉)
KEDO	Korea Energy Development Organization (한반도에너지개발기구)
MAD	Mutually Assured Destruction(상호확증파괴)
MTCR	Missile Technology Control Regime(미사일기술 통제체제)
NPT	Nuclear Non-Proliferation Treaty(〈핵비확산조약〉)
NSG	Nuclear Suppliers Group(핵 공급국 그룹)
OPCW	Organization for the Prohibition of Chemical Weapons(화학무기금지기구)
OSCE	Organization for Security and Cooperation in Europe(유럽안보협력기구)
PAROS	Prevention of Arms Race in Outer Space(외기권군비경쟁방지)
SLV	Satellite Launched Vehicle(위성발사체)
START	Strategic Arms Reduction Teaty(〈전략무기감축조약〉)
UNDC	United Nations Disarmament Commission(UN군축위원회)
WMD	Weapons of Mass Destruction(대량살상무기)

주 ____________

1) 이 글에서 군축(disarmament)은 군비통제(arms control), 군비제한(arms limitation), 군비감축(arms reduction) 등 유사한 개념을 포괄하는 의미로 사용함. 비확산(non-proliferation)은 군축과 구분되는 개념이나, 이 글에서는 편의상 이러한 제반 용어를 '군축'으로 통일하여 사용함. 군축의 개념과 주요 국제규범에 대해 더욱 상세한 사항은 필자가 외교통상부 직원들과 공저한 《21세기 현대 국제법 질서》(박영사) 가운데 "국제 군축 조약의 이상과 현실" 부분을 참고.

2) 이하 주요 군축관련 약어(acronym)는 [표 2-3]을 참조.

3) 미국정부는 2002년 1월 새로운 "핵전략검토"(Nuclear Posture Review)에서 전략핵무기 감축에 따른 보유 핵무기의 안전과 신뢰도 확보를 위한 지하핵실험 재개 가능성을 완전히 배제하지 않았다. 그러나 1992년 발표한 핵실험 일시정지(Moratorium)를 계속 유지하겠다는 입장을 재확인했다.

4) MTCR 활동을 중심으로 우선 탄도미사일 확산 방지에 역점을 두자는 서방측 입장과, 탄도미사일뿐만 아니라 크루즈미사일 등 모든 유형의 미사일과 MD 문제까지 포함한 포괄적 협의를 원하는 비동맹과 중국측 입장이 대립하고 있다.

5) 캐치 올 제도란 수출통제체제 지침(guideline)의 규제대상(control list)에 포함되지 않은 품목이라도 지침의 기본정신에 비추어 수출을 통제하는 것이 바람직하다고 판단될 경우, 수출을 금지하는 제도로서, 현재 미국과 EU 등 다수 서방선진국이 채택하고 있다.

6) 노 언더컷 정책이란 어느 회원국이 수출거부 통보한 것과 동일한 품목은 다른 회원국이 당초 거부한 국가와 사전 협의 없이 동일한 국가에 수출하지 않도록 하는 제도이다.

7) 미국 등 서방그룹은 〈핵물질 생산금지조약〉(FMCT), 중국·러시아는 외기권 군비경쟁방지(PAROS), 비동맹권은 〈핵군축 조약〉에 각각 우선순위를 두고 있다.

8) 국제 군축·비확산 문제에 대한 부시 정부의 이러한 접근방법은, ①다자 군축조약의 효용성(특히 검증체제와 이행확보 방안)에 대한 신뢰 저하, ②군축조약의 비효율성(협상과 발효에 장기간 소요, 예를 들어 START Ⅱ, 〈BWC 검증의정서〉 협상에 6~7년이 걸렸으나 결국 발효되지도 못함) ③세계 유일 초강국(sole super power)으로서 신축적 선택방안 유지 선호 등에 기인하는 것으로 분석된다.

9) 북한은 CTBT 발효 요건국(44국)으로서 CTBT 발효를 위해서는 북한의 가입이 필수적이며 또한, 북한은 다량의 화학무기를 비축하고 있는 것으로 알려지고 있어 CWC 가입이 시급하다. 아울러 BWC 당사국으로서 충실한 의무이행, 미사일 수출통제지침 준수 등이 국제사회의 주된 요구사항이다.

10) 우리나라는 2001년에 총 60여 차례에 걸쳐 군축관련 국제회의에 참석하였다.

11) 미국 미사일 방어계획이 한반도에 미칠 영향과 우리의 선택에 관해서는 《신아세아》 제8권, 제4호(신아세아연구소, 2001년 겨울)에 실린 논문 "The implications for South Korea of the United States Missile Defense"(외교통상부 신각수 조약국장 기고) 참고.

12) 5대 핵보유국을 비롯하여 우리와 비슷한 국력을 가진 중견국가 대부분은 외교부에 최소한 국 단위 조직을 가지고 있음. 우리나라에서는, 현재 1개 과에서 군축·비확산 업무를 수행하고 있는데, 우선 국 단위로 확대할 필요가 있다.

13) 군축문제에 대한 접근방법은 다자주의(multilateralism)와 일방주의(unilateralism), 조약 중심 접근(treaty-centric approach)과 비조약적 접근방안이 대립하고 있다.

14) "When achievable, arms control is not needed, and when needed, it is not achievable. Arms control exists on this fine line between necessity and achievability."

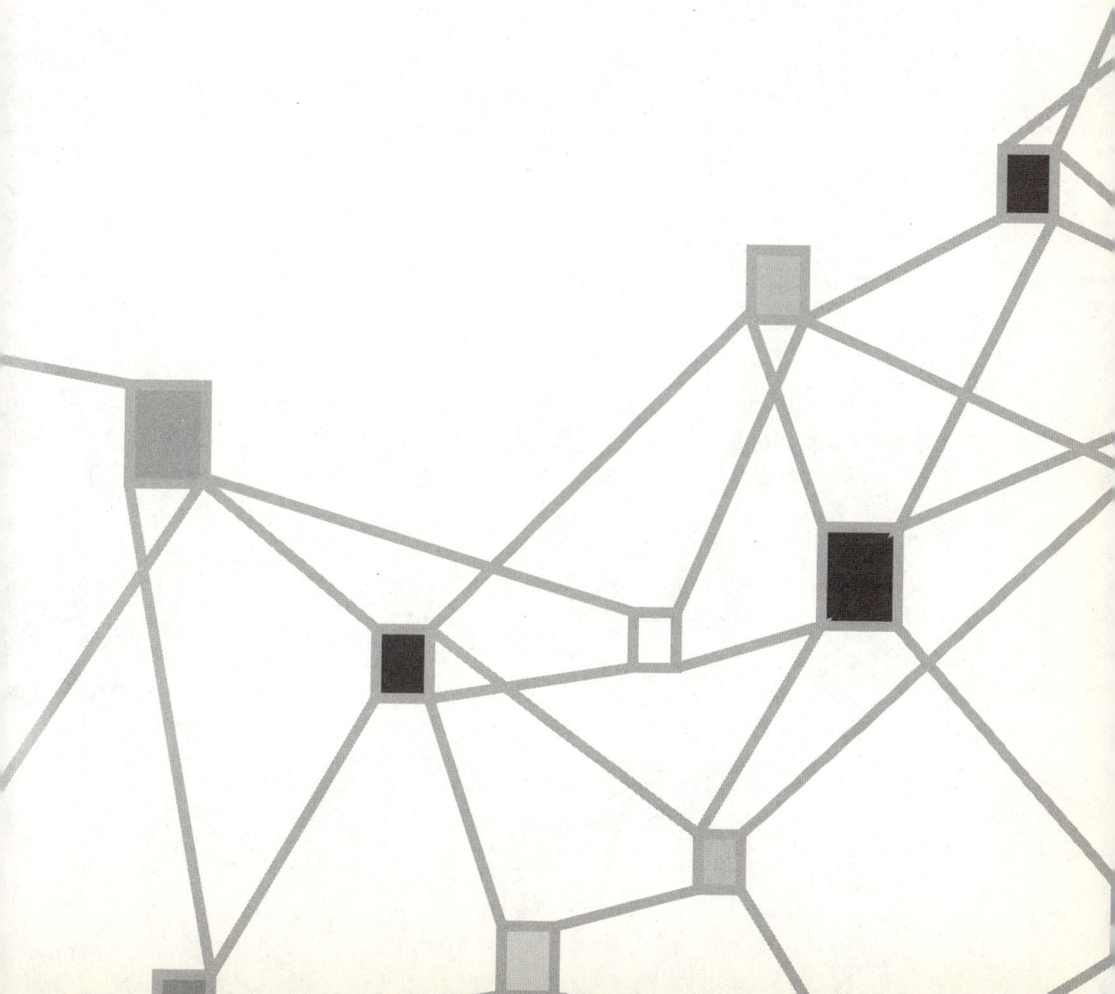

KEDO 경수로사업과 한반도 평화구축 | 전홍조

1. 논의 배경

북한의 핵개발 의혹을 둘러싼 한반도의 위기상황이 1994년 10월 21일 미국과 북한의 〈제네바기본합의〉(Agreed Framework) 체결로 일단락된 지도 6년이 지났다.[1]

〈제네바합의〉의 체결로 북한의 핵개발 위협이 저지됨으로써 한반도는 전쟁 일보 직전의 위기상황에서 평화를 유지할 수 있었고, 이후 〈제네바합의〉와 경수로사업은 북한의 핵개발 저지를 위한 현실적인 대안으로, 또한 한·미·일 3국의 대북 포용정책의 틀로서 한반도의 평화와 안정에 기여해온 것으로 평가되고 있다.

그러나, 한편으로는 〈제네바합의〉가 북한 핵개발 문제를 경수로와 중유 제공이라는 보상을 통해 해결하는 좋지 않은 선례를 남겼고, 북한의 핵활동 규명을 경수로 핵심부품 인도시점으로 연기하였다는 비판적 시각도 없지 않았다. 또한, 북한 잠수함 침투사건(1996년)과 대포동 미사일 발사사건(1998년) 등 예기치 못했던 정치적 군사적 사건으로 이행과정에서 우여곡절을 겪기도 하였다.

이러한 어려움에도 불구하고, 〈제네바합의〉와 경수로사업은 KEDO의 노력과 한·미·일·EU의 정치적 공약(commitment)을 바탕으로 꾸준히 추진되어 왔으며, 특히 2000년 6월 역사적인 남북정상회담 이후 남북관계의 급진전과 북미관계 개선으로 〈제네바합의〉와 경수로사업을 더욱 순조롭게 추진할 수 있는 정치적 여건을 마련했다.

그러나, 지난 1월 미국 부시 행정부 출범과 함께 일부 공화당 의원들과 보수계 인사들이 경수로발전소를 화력발전소로 대체하는 방향으로 〈제네바합의〉를 개정해야 한다고 주장하고 있어, 이 문제는 또다시 논란의 대상으로 부각되고 있다.

과연 북한 핵문제 해결의 수단으로서 〈제네바합의〉와 경수로사업의 효용은 감소되었는가? 더 좋은 대안은 없는가? KEDO와 경수로사업은 한반도의 평화와 안정 구축에 어떠한 역할을 해왔고 앞으로 할 수 있을 것인가? 이 글에서는 이러한 문제를 살펴보고 나름대로 의견을 개진해보고자 한다.

2. KEDO와 경수로사업의 배경 및 현황

KEDO는 〈제네바합의〉에서 미국이 북한에 약속한 두 가지 의무를 이행하기 위해 1995년 3월 9일 설립되었다. 두 가지 의무 가운데 하나는 북한이 핵확산 위험이 높은 흑연감속로와 관련시설을 동결하고 궁극적으로 해체하는 대가로 1,000㎿ 용량의 경수로발전소 2기를 제공하는 것이다. 또 다른 의무는 북한이 흑연감속로를 동결함으로써 상실한 전력생산(255㎿)을 보상하기 위한 대체에너지로 경수로 1호기 완공시까지 해마다 50만 톤의 중유를 공급하는 것이다.

북한이 경수로 확보를 추구한 것은 오랜 역사적 배경을 가지고 있다.

김일성 주석은 1984년 북한의 전력부족 해소를 위해 구소련의 체르넨코(Chernenko) 서기장에게 경수로 지원을 요청하였다. 한편, 1982년부터 북한의 흑연감속로 건설을 인공위성을 통해 감시해온 미국은 구소련에 북한의 〈핵확산금지조약〉(NPT) 가입 설득을 요청하였고, 이에 따라 구소련은 1985년 북한의 NPT 가입을 조건으로 경수로를 건설해주기로 약속했다. 이 사업은 부지조사(현 KEDO의 경수로 건설부지)까지는 시행하였으나 구소련의 재정악화로 중단되었다.[2] 이후 북한은 1993년 7월 2단계 북미협상에서 미국에 경수로 지원문제를 거론하였고, 1994년 6월 카터 전 대통령 면담시 김일성 주석이 직접 경수로 지원을 요청하였다. 이상에서 추론해 볼 때 북한은 심각한 전력난 해소를 위해 오랫동안 최신식 경수로발전소를 원해 왔던 것으로 보이며, 이러한 점에서 〈제네바합의〉에 큰 의미를 부여하고 있는 것으로 판단된다.

KEDO는 1995년 12월 15일 북한과 〈경수로공급협정〉을 체결하였다. 〈경수로공급협정〉은 경수로 공급범위와 분야별 이행원칙을 규정한 것으로, 북한이 당초의 완강한 반대를 철회하고 한국표준형원전(KSNP) 공급과 한국기업의 주계약자 선정에 합의함으로써 한국이 중심적 역할을 수행할 수 있는 기반을 확보했다는 점에서 의의가 있다.[3] 이후 KEDO와 북한은 공급협정의 구체적 이행을 위해 KEDO 인원에 대한 특권·면제·영사보호, 건설부지의 지위, 통행, 통신, 노무인력·물자·서비스 이용 등에 관한 6건의 의정서를 체결하였고, 이러한 합의를 토대로 1997년 8월 19일에는 부지 정지(整地)공사를 시작하였다.[4]

부지 정지공사와 함께 KEDO는 1998년 11월 경수로사업비 46억 불 조달을 위한 집행이사국들의 재원분담 원칙에 합의하고, 1999년 5월과 7월에 일본 및 한국정부와 각각 차관협정을 체결함으로써 사업비 조달을 위한 법적 절차를 마무리지었다. 또, 주계약자인 한전은 3년여 동안 협상한 끝에 1999년 12월 경수로사업 주계약(turnkey contract)을 체결하였다.

이와 같이 경수로사업 추진을 위한 재정적 계약적 장치를 마련함으로써 경수로사업은 2000년 2월부터 본격적인 공사에 착수할 수 있었다.

부지 정지공사 착공 이후 지난 3년 8개월 동안의 공사현황을 살펴보면, 원자로가 들어설 부지(실제로는 해발 78m의 산)에 대한 정지공사는 거의 완료된 상태이고, 물량장과 방파제 공사도 활발히 진행 중이며, 골재원 및 건설부지와 주거지역을 연결하는 27㎞의 도로를 건설하였다. 또한 주거지역에는 근로자들을 위한 아파트, 식당, 의료시설, 은행, 종교 및 운동시설들을 건설하였으며, 근로자들은 위성안테나를 통해 한국의 모든 방송을 시청하고 있다. 이러한 공사로 북한의 동해안에 위치한 작은 마을이던 경수로 건설현장(신포 금호지구)은 산뜻한 서구식 마을로 탈바꿈하였다고 한다. 건설현장공사와 함께 한국, 미국, 일본에서는 발전소 설계와 원자로, 터빈발전기 등 각종 기기 제작을 진행하고 있다.

경수로사업은 북한의 잠수함 침투사건, 대포동 미사일 발사사건 등 예기치 못했던 정치적 군사적 상황 발생과 KEDO와 북한 사이, 그리고 KEDO 내부의 다양한 분야에서의 복잡하고 어려운 협상과정 때문에 당초 예상보다 공사가 지연되고 있으며, 언론보도 등에 따르면 1호기는 2008년 초순, 2호기는 2009년 초순경 완공될 것으로 알려졌다.

3. 한반도 평화와 안정을 위한 KEDO와 경수로사업의 역할

KEDO와 경수로사업의 가장 중요한 목표는 북한의 핵개발을 저지함으로써 한반도에 평화와 안정을 확보하는 것이다. 그러나 KEDO와 경수로사업은 10년 넘게 걸리는 사업이행과정에서 북한을 서방세계에 끌어들이고 남북의 교류와 협력을 증진할 수 있는 기회를 제공하고 있다는 점에서도 한반도의 평화와 안정 구축에 중요한 역할을 수행하고 있다.

1) 북한의 핵개발 저지를 위한 KEDO와 경수로사업의 역할

〈제네바합의〉가 북한의 핵개발 저지에 기여하고 있다는 점에서는 별다른 이견이 없는 것으로 보이나, 북한의 핵개발을 완벽하게 저지할 수 있느냐에 대해서는 아직까지 논란이 있는 것 같다. 이를 위해서 〈제네바합의〉에 명시된 북한의 핵비확산 의무와 현재까지의 이행현황 및 향후 과제 등을 살펴보고, 북한의 핵개발 저지 측면에서 〈제네바합의〉의 공과를 평가해보고자 한다.

가. 〈제네바합의〉상 북한의 핵비확산 의무

〈제네바합의〉와 〈경수로공급협정〉은 북한의 핵비확산 의무 이행을 경수로사업의 건설공정과 연계하고 있다. 먼저 〈제네바합의〉를 체결한 후 1개월 이내에 북한은 흑연감속로와 관련시설을[5] 모두 동결하고, 5MW 실험용 원자로의 사용후 연료의 봉인을 시작하게 되어 있다. 또한, 경수로사업의 상당부분(significant portion)이[6] 완료될 때, 그러나 핵심부품을 인도하기 이전에 북한은 1992년 IAEA와 체결한 〈안전조치협정〉을 전면이행(full compliance)[7]해야 한다. 다음 단계로 경수로 핵심부품을 인도한 뒤부터 경수로 1호기를 완공할 때까지 봉인된 사용후 연료를 영구처분하기 위해 북한 밖으로 이전하며, 경수로 1호기 완공시부터 2호기 완공시까지 동결된 흑연감속로와 관련시설을 해체하게 되어 있다.

따라서, 〈제네바합의〉가 충실히 이행된다면, 북한은 1994년 10월까지 추진한 모든 핵개발 능력을 상실하게 된다. 일각에서는 〈제네바합의〉가 북한이 신고한 기존의 흑연감속로와 관련시설만 규제하고 있어, 만약 여타 지역에 핵개발 의혹이 있을 경우 별다른 조치를 취할 수 없다는 주장도 하고 있으나, 이 경우는 북한이 〈제네바합의〉에서 NPT 당사국으로 남을 것을 약속했기 때문에 IAEA의 안전조치로 통제할 수 있다고 본다.

나. 이행 현황과 앞으로의 과제

지금까지 북한은 〈제네바합의〉에서 규정한 의무를 잘 이행하고 있다. 1994년 11월부터 흑연감속로와 관련시설이 동결되었고, 영변에 상주하고 있는 IAEA 사찰요원이 24시간 감시하고 있다. 5MW 흑연감속로에서 나온 8천여 개의 사용후 연료봉은 2000년에 봉인작업이 사실상 완료되었고, 북한의 핵개발에 중요하지는 않지만 동결대상이 아닌 시설도 IAEA의 정기사찰(routine inspection)을 받고 있다.

북한의 〈제네바합의〉 이행 확보를 위한 앞으로의 과제 가운데 가장 복잡하고 어려운 사안은 경수로사업의 상당부분이 완료되는 2004년경에 시행될 북한의 과거 핵활동 규명 문제이다. 북한은 1회 재처리로 소량의 플루토늄을 추출했다고 신고했으나, 많은 전문가들은 북한이 실제로 여러 차례에 걸쳐 핵탄두 1~2개를 제조할 수 있는 플루토늄을 추출했을 것으로 분석하고 있다.[8]

이 문제에 대해 관련국들과 IAEA가 어떠한 계획을 마련하고 있는지는 알 수 없으나, 과거 1990년대 초에 남아프리카공화국의 과거 핵활동 규명시 남아공이 IAEA에 적극적으로 협력했음에도 거의 2년이 걸렸고, 최근 IAEA도 북한의 과거 핵활동 규명에 3~4년이 걸릴 것으로 전망한 점을 감안하면 힘든 과제임은 분명하다. 이러한 점을 감안하면 북한의 과거 핵활동 규명은 북한이 과거 핵활동에 관한 정보보존과 이러한 정보와 관련시설에 대한 접근에서 IAEA에 얼마나 충실히 협력하느냐에 따라 좌우될 것으로 생각된다. 또한, 북한의 과거 핵활동 규명 결과, 북한이 실제로 추출한 플루토늄의 양과 소재가 확인될 경우 이를 어떻게 처리해야 하는지도 중요한 과제가 될 것이라는 견해도 있다.

또 다른 과제인 봉인된 사용후 연료의 북한 반출과 동결 핵시설 해체는 경수로사업의 마지막 단계에서 이루어지는 만큼, 북한이 KEDO와 협력할 강력한 인센티브가 있기 때문에 과거 핵활동 검증보다는 쉬울 것으로 판단된다.

다. 평가

위에서 살펴본 바와 같이 〈제네바합의〉는 북한의 과거 핵활동 규명을 상당기간 연기함으로써 북한 핵문제를 완벽하게 해결하지 못할 가능성을 남겨두었으며, 일각에서는 이를 근거로 〈제네바합의〉를 확대하여 비판하려는 경향이 있다.

그러나, 북한이 과거에 추출하였으리라고 의심되는 핵탄두 1~2개 분량의 플루토늄에 얽매여 북한이 더 큰 핵개발 능력을 보유하도록 허용하는 것이 현명한 판단이냐는 점을 냉정하게 생각해봐야 할 것 같다.

만약 3개의 흑연감속로와 재처리시설이 현재 가동 중이라면 북한은 연간 35개의 핵탄두를 제조할 수 있는 무기급 플루토늄을 생산할 능력을 가지고 있을 것이다.[9] 또한 만약 5MW 흑연감속로에서 나온 8천 개의 사용후 연료봉을 봉인하지 않고 재처리했다면 북한은 현재 4~5개 정도의 핵탄두를 제조할 수 있는 플루토늄을 보유하고 있을 것이다.[10] 북한이 이와 같이 엄청난 수준의 핵개발 능력을 보유하고 있는 상황에서 평화롭게 살아갈 수 있는 국민들은 많지 않을 것이다. 북한의 과거 핵활동 규명도 일정 기간 연기되기는 하였으나, 궁극적으로 시행할 수 있기 때문에 이를 근거로 〈제네바합의〉를 과소 평가하는 것은 지나친 면이 있다.

또한 통상 NPT체제 아래서는 핵시설과 핵활동의 사찰 또는 감시만 가능한 데 비해, 〈제네바합의〉는 북한의 핵시설을 동결하고 궁극적으로 해체하는 것까지 확보했다는 점에서 북한이 NPT 당사국으로서 이행해야 할 핵비확산 의무를 훨씬 초과하는 목표를 달성했다는 평가도 있다.

앞에서도 잠시 언급했지만 북한의 핵개발 가능성을 완벽하게 차단하기 위해서는 〈제네바합의〉 이행과 더불어 북한이 또 다른 핵활동을 비밀리에 재개할 가능성까지 차단할 수 있는 장치가 필요하다고 생각한다. 이를 위해서는 상당한 난관이 예상되지만 IAEA가 북한과 〈안전조치협정 추가의정서〉를 체결하여 IAEA의 사찰을 강화하고,[11] 1992년에 체결한 남북의 〈한반도 비핵화 공동선언〉을 실효성 있는 검증체제를 통해 시행하는 방안을 장기적 과제로 추진해야 할 것이다.

2) 남북한 교류 · 협력 증진 수단으로서 KEDO와 경수로사업의 역할

2000년 6월 남북정상회담 이후 남북관계의 급속한 진전으로 각계각층에서 남북의 접촉과 교류가 이루어지고 있다. 그러나 그 이전만 하더라도 남북의 교류는 극히 제한적이었으며, 금강산 관광도 북한 주민들과의 접촉이라는 측면에서는 한계가 있다. KEDO와 경수로사업은 사업의 특성상 비록 세간의 큰 주목을 받지는 못했지만, 북한과 정부관리, 국영기업 간부, 전문가, 근로자 등 다양한 계층에서 접촉과 교류가 이루어진 유일한 메커니즘이었다는 점에서 의미가 있다.

KEDO는 북한과 매년 10여 차례의 의정서협상, 고위실무회의, 분야별 전문가회의를 개최할 뿐만 아니라, 경수로현장에서는 KEDO사무소와 북한의 경수로대상사업국이 빈번하게 접촉하고 있다. 이러한 협상과 접촉을 통해 북한 관리들은 주체사상이 아닌 새로운 이념과 타협하는 정신과 서방세계의 상대방과 일하는 방식을 배울 수 있을 것이다. 물론 양측의 협상과정에서 북한관리들의 교조적이고 경직된 태도 때문에 여전히 많은 어려움을 겪고 있는 것은 사실이나, 사업 초기와 비교해보면 양측은 오래된 오해, 불신, 편견들을 상당부분 해소하고 건설적인 협력관계를 유지하고 있는 것으로 보인다.

특히, 한국으로서는 정부간 직접 접촉이 이루어지지 않았던 시기에 KEDO라는 틀을 통해 북한 정부관리들과 비공식적으로 자연스럽게 접촉할 수 있는 기회를 가질 수 있었고, 이러한 접촉으로 양측 정부관리들은 상대방이 공식 회의에서 표명한 견해의 진정한 의도를 파악하고, 상대방이 처한 상황을 이해하게 되었다고 한다. 또, 북한과 협상시 공식적으로는 〈제네바합의〉상 주 접촉선인 미국대표가 KEDO를 대표하지만,

한국표준형원전을 한국기업이 건설하고 있고, 같은 민족으로서의 동질성과 의사소통 문제 때문에 실질적으로는 한국이 북한과 함께 협상을 주도하고 있으며, 다른 나라의 KEDO 대표들도 이러한 상황을 충분히 이해하고 협조하고 있는 것으로 알려지고 있다.

경수로사업은 원자력 분야에서 남북 전문가들이 기술과 노하우를 교류하는 유용한 채널로도 활용되고 있다. KEDO는 약 500명에 달하는 북한 경수로 운영요원과 기술자들을 훈련시킬 예정이며, 북한과 제3국에서 북한원자력 규제요원들을 육성하기 위한 다양한 프로그램을 시행하고 있다. 그리고, 경수로사업 이행을 위해 필요한 북한 근로자 임금, 전세기 요금, 항구 사용료, 하청계약, 북한 현지물자 구매 등 실질 분야 협상을 통해, 북한 국영기업 관계자들은 자본주의 계약관행에 대한 정보와 경험을 쌓고 있는데, 이는 다른 남북 경협사업에도 많은 도움을 줄 것으로 생각한다.

또, 북한에 경수로발전소가 건설됨에 따라 동북아 국가들 사이에 원자력 협력의 중요성이 부각되고 있다. 동북아 지역에는 한국, 일본, 중국, 대만 등 원자력 발전국가들이 많으나, 유럽원자력공동체(Euratom)와 같은 협력체가 없다. 그러나, 북한의 원전건설에 따라 북한을 국제원자력 규범에 편입시키고 동북아지역 차원에서 협력체를 창설하려는 움직임도 있으며, 실제로 2000년 12월에는 IAEA가 주관한 아시아지역 원자력손해배상제도 세미나에 북한을 초청한 바 있다.

경수로사업의 진정한 가치는 남북한의 일반 근로자들이 같은 장소에서 공동작업을 수행함으로써 상호 불신을 허물고 서로를 이해하는 기회를 제공하는 데 있는 것 같다. 현재 경수로 건설현장에는 100여 명의 북한 근로자들이 800여 명의 한국 근로자와 한조가 되어 일하고 있다. 사업 초기에는 오랜 분단에 따른 체제·이념의 차이와 상호 이해의 부족으로 갈등을 보이기도 하였으나, 같은 식당에서 점심을 먹는 등 꾸준한 접촉으로 상대방의 체제와 관습에 대한 이해가 높아지면서 현재는 서로 협조하는 우호적인 분위기 속에서 상호신뢰를 쌓아가고 있다. 경수로사업의 절정기인 2006년경에 남북한 근로자 수가 만여 명(북한 7000명, 남한 3000명)으로 증가하게 되면, 경수로 건설현장은 그야말로 남북 근로자들의 접촉과 교류의 장으로 변모하게 될 것이다.

또한, 북한 근로자들에게 경수로건설현장은 북한이 외부세계를 볼 수 있는 극히 드문 창으로써, 이들은 건설현장에서 한국과 서방국가들의 현실을 간접적으로 경험할 수 있을 것이다. 현재 북한은 KEDO와 합의한 수준을 훨씬 초과하는 임금인상을 요구하면서 추가 인력을 공급하지 않고 있으나, 우즈베크 인력을 대체 투입하면서 북한이 자국의 요구를 관철시킬 수단이 없어졌기 때문에 가까운 시일 안에 인력을 공급하리라고 본다.

남북이 통일되면 처음에는 체제와 관습의 차이 때문에 남북한 주민들 사이에 여러 가지 일들이 발생할 것이다. 수천 명의 남북한 근로자들이 오랫동안 함께 일하게 될 경수로 건설현장은 통일 후에 발생할 수 있는 상황을 사전에 경험함으로써 이에 대한 대비책을 강구할 수 있다는 점에서도 큰 의의가 있을 것으로 생각한다.

3) 평화보장정책으로서 경수로사업의 역할

북한의 총 전력설비용량은 7380㎿이나 시설 노후와 연료 부족으로 실제로 가동되는 시설은 1/3 이하인 것으로 알려지고 있다. 따라서 KEDO가 북한에 공급하는 경수로 2기의 용량 2000㎿는 현재 북한이 실제로 가동하는 전력설비용량과 맞먹는 엄청난 규모이다. 2000㎿의 전력을 한국의 전력요금으로 계산하면 연간 9억 불로, 이를 남한에 모두 판매한다면 식량 300만 톤 수입에 필요한 재원을 확보할 수 있다.[12]

북한이 당면한 가장 시급한 경제적 과제는 식량과 에너지 부족의 해결일 것이다. 식량문제는 국제사회의 지원으로 최근 상당히 호전된 것으로 파악되고 있으나, 에너지 문제는 여전히 심각하며, 이로 말미암아 북한의 주요 산업활동은 여전히 마비 상황이다. 또한 식량문제는 앞으로도 국제사회의 인도적 지원으로 해결이 가능하나, 식량과 같이 수입하거나 저장할 수도 없는 전력은 국제사회의 지원으로 해결할 수 없다. 최근 북한이 우리 정부에 전력지원을 요청한 것도 북한의 어려운 전력사정 때문인 것 같다.

따라서 경수로발전소의 조속한 완공은 북한의 경제회생에 매우 중요한 문제로서, 이를 위해서는 한반도의 긴장완화와 평화분위기 조성이 중요하다는 점을 북한 당국도 잘 인식하고 있을 것이다. 경수로발전소 완공 이전에 북한이 다른 방법으로 전력생산을 확충할 가능성도 배제할 수 없으나, 이 경우에도 경수로의 발전량이 여전히 큰 비중을 차지하게 될 것이다.

이러한 측면에서 볼 때, 경수로사업은 완공이 가까워 올수록 북한의 대남 대결정책의 비용을 급격히 상승시키기 때문에 한반도의 평화보장정책으로서 유용한 도구가 될 수도 있다.

4. 새로운 논란

경수로발전소를 화력발전소로 대체해야 한다는 주장은 〈제네바합의〉체결 당시부터 미국의 일부 공화당 의원들과 보수계 인사들이 부분적으로 제기해왔으나, 최근 부시 행정부의 출범을 계기로 이러한 주장이 여론화되면서 큰 논란이 일고 있다.[13] 이들이 경수로발전소를 화력발전소로 대체해야 한다고 주장하는 근거는 크게 세 가지로 나누어볼 수 있다.

1) 경수로 사용후 연료의 핵무기 제조 가능성

이 문제를 논의하기 위해서는 먼저 '플루토늄의 질'에 대한 개념을 파악하는 것이 중요하다. 우라늄 핵연료를 원자로에서 태우면 Pu-239, 240, 241, 242 등의 플루토늄이 생성된다. 여기서 핵무기제조에 필요한 주 물질은 Pu-239로서, Pu-239의 순도가 93퍼센트 이상이면 "무기급(weapon-grade) 플루토늄"이라고 부르고, 93퍼센트 이하이면 "원자로급(reactor-grade) 플루토늄"이라고 부른다. "플루토늄의 질"을 이와 같이 분류하는 이유는 지금까지 핵보유국들이 무기개발에 성공한 핵탄두가 모두 93퍼센트 이상의 고순도 물질로 만들어졌기 때문이다. "Pu-239의 순도가 93퍼센트 이하인 경우에도 핵연쇄반응을 일으켜 폭발이 가능한 것은 사실이나, 이 물질로 억지로 핵폭발장치를 만든다 해도 유지·관리상의 문제 때문에 전략적인 무기로 활용하기는 어렵다는 것이 정설이다."[14] 다시 말하면 원자로급 플루토늄에는 Pu-239를 제외한 여타 플루토늄 동위원소들이 다량 포함되어 있어 분열과정에서 많은 중성자와 열이 발생하여 폭탄이 불발할 가능성이 많기 때문에 핵무기 제조용으로는 사용하지 않고 있다.

북한이 개발한 흑연감속로에서 타고 나온 사용후 연료의 Pu-239의 순도는 93퍼센트 이상이나, 경수로를 정상적으로 가동하여 추출되는 사용후 핵연료의 Pu-239의 순도는 50~80퍼센트 수준으로 무기급 플루토늄이 될 수 없다.

경수로 1기에서 매년 275kg 정도의 플루토늄[15]이 생성되고 8kg의 플루토늄이면 1개의 핵탄두를 만들 수 있기 때문에 이론적으로는 경수로 1기에서 매년 35개의 핵폭발장치를 제조할 수 있는 플루토늄을 생산할 수 있다. 그러나, 이러한 주장은 "플루토늄의 질"을 무시한 것으로 정치적 의도에서 다분히 사실을 왜곡하는 측면이 큰 것으로 판단한다.

또, 북한은 "KEDO의 요구하면 경수로의 사용후 연료에 대한 소유권을 포기하고, 이를 북한 밖으로 이전하는 데 동의하였다."[16] 이는 북한이 명백히 경수로 사용후 연료를 이용하여 플루토늄을 생산할 의도가 없다는 점을 보여주는 것이다.

두 번째로 생각해 볼 수 있는 가능성은 북한이 경수로를 정상적으로 가동하지 않고 90일 만에 핵연료를 인출하여 Pu-239의 순도가 93퍼센트 이상인 무기급 플루토늄을 만들어내는 것이다.

그러나, 경수로의 사용후 연료의 재처리 기술은 현재 북한이 보유하고 있는 흑연로의 사용후 연료의 재처리 기술보다 훨씬 고난도의 기술이 필요하기 때문에, 북한이 영국과 프랑스 수준의 재처리 기술을 확보하지 않는 한 실현 가능성이 희박하다. 또한, 경수로 사용후 연료의 재처리를 위해서는 현 북한의 재처리 시설과는 비교가 되지 않는 대규모의 재처리 시설이 필요하기 때문에, 이러한 재처리 시설을 건설하거나 북한이 90일 만에 비정상적으로 핵연료를 인출할 경우에는 미국이나 IAEA에 즉각 포착될 수밖에 없다고 한다.

무엇보다도 북한이 아무리 예측할 수 없는 나라이기는 하나, 10년 넘게 기다리며 제공받은 경수로발전소의 경제적 이익을 포기하고, 국제사회의 제재 또는 전쟁 등 국가의 존망을 각오하면서까지 경수로의 사용후 연료를 이용하여 핵무기를 개발할 것으로 생각하지는 않는다. 만약 북한이 진정으로 핵개발을 시도할 의지가 있다면, 경수로보다는 기존의 흑연감속로 기술을 이용하여 비밀리에 플루토늄을 추출하거나 해외에서 플루토늄이나 고농축 우라늄(HEU)을 밀수입하는 것이 더욱 효과적이라는 의견도 많다.

2) 화력발전소 건설이 비용 및 공기 측면에서 효율적이라는 주장

미국의 일부 공화당 인사들은 경수로사업의 지연에 따라 북한의 과거 핵활동 규명이 늦어지고 있기 때문에 경수로발전소보다 공기가 짧은 화력발전소를 건설하면 그만큼 북한의 핵비확산 의무 이행을 앞당길 수 있고, 비용도 절감할 수 있다고 주장한다.

물론, 지금 당장 발전소를 건설한다면 화력발전소가 경수로발전소보다 비용과 공기 측면에서 유리한 것은 사실이다. 공기 측면에서 보면, 경

수로건설에는 약 8~9년이 걸리는 반면, 화력발전소는 5년 정도로 3~4년
이 짧다. 그러나, 경수로를 화력발전소로 대체하기 위해서는 〈제네바합
의〉, 〈KEDO-북한간 공급협정〉, 〈KEDO-한국정부간 차관협정〉, 〈한전-
KEDO간 주 계약〉을 모두 개정해야 하고, 이에 소요될 기간(경수로는
〈제네바합의〉부터 주 계약 체결 때까지 5년 소요)을 감안한다면 경수로
보다 먼저 완공되리라는 보장이 없다. 특히 우리 정부가 경수로사업비
조달을 위해 KEDO와 체결한 차관협정을 개정하기 위해서는 국회의 동
의를 받아야 하기 때문에 정치적 부담도 무시할 수 없다. 따라서 경수로
를 화력발전소로 대체하기보다는 앞으로 6년 9개월 내지 7년 9개월이면
완공될 경수로를 계속 건설하는 것이 안전하고 현실적이다.

비용 측면에서 볼 때 1000㎿ 경수로 2기의 건설비용은 46억 불이며,
같은 용량의 무연탄발전소(200㎿ 10기)는 40억 불, 유연탄발전소(500㎿
4기)는 26억 불이 들어간다고 한다.[17] 그러나 2000년 2월 본공사가 착공
된 경수로사업에는 이미 7억 불 정도의 예산이 지출되었고 2002년 말까
지는 12억 불의 예산이 지출될 예정이어서, 경수로사업비 잔여재원으로
는 무연탄발전소를 건설할 수 없다. 한편, 유연탄발전소는 26억 불이면
건설이 가능하기 때문에 이미 들어간 비용을 감안하더라도 8억 불 정도
가 남으나, 무연탄과는 달리 유연탄은 북한에서 생산되지 않기 때문에
연료비 조달이 문제가 될 것 같다. 참고로 2000㎿ 경수로의 연간 연료비
는 4천만 불인데 비해 같은 용량의 유연탄발전소 연간 연료비는 1억 2천
만 불로서 발전소 가동기간을 40년으로 잡을 경우 경수로에 비해 32억
불의 추가 비용이 발생할 것으로 추정된다.

3) 북한 송전망 낙후에 따른 경수로 안전성 문제

일부 에너지 전문가들은 북한 송전망(power grid)이 낙후했기 때문에
경수로 가동이 불시에 정지되는 사고가 발생할 경우, 경수로 냉각장치

가동에 필요한 소외전력(off-site power)[18] 공급이 중단되어 원자로 노심이 녹아버리는 사고가 발생할 가능성이 있으며, 이를 방지하기 위해서는 북한의 송전망을 개선해야 한다고 주장한다.

한전이 생산하는 경수로 발전소는 불시의 가동 정지 사고가 발생하더라도 냉각장치가 일정시간 동안 계속 가동할 수 있도록 설계되어 있고, 소외전력 공급이 중단될 경우에 대비하여 발전소 안에 비상 디젤발전기(EP) 2대와 예비발전기(AAC) 1대를 설치할 예정으로 알려져 있다. 또한, 옥외개폐소에[19] 연계변압기를 설치할 경우 북한이 공급하는 전력에 의존하지 않고도 가동 중인 다른 경수로가 생산하는 전력으로 정지된 경수로의 냉각장치를 작동할 수 있다고 한다. 따라서 북한의 소외전력 공급이 중단되고 경수로 2기가 동시에 가동 정지되는 최악의 상황에도 대처할 수 있도록 다양한 안전장치를 확보할 예정이기 때문에 이 문제는 크게 우려할 필요가 없다.

물론 북한 전력계통의 안정과 전력손실의 방지를 위해 낙후된 송전망을 개선할 필요는 있다. 그러나, 북한이 〈경수로공급협정〉 협상 당시 송전망을 자신들의 책임 아래 개선하기로 양해를 했고 2000년 11월 ABB사와 전력망 현대화 협력을 체결하는 등 경수로 완공에 대비하여 송전망 개선 방안을 다각적으로 추진하고 있기 때문에 우리가 북한보다 앞서서 걱정할 필요는 없다고 본다.

이와 관련한 문제로 경수로의 용량이 현재 북한의 총발전량과 비슷한 수준이기 때문에, 만약 경수로가 가동을 멈춘다면 북한 전력계통 전체가 불안정해질 가능성이 있다는 의견이 있다. 통상 전력망은 모든 발전소에서 생산된 전력을 모든 지역이 공유하는 환상망과, 특정 발전소에서 생산된 전력을 특정 지역에만 공급하는 단독망으로 구분된다. 따라서, 만약 북한이 경수로에서 생산된 전력을 특정 지역에만 공급할 경우에는 이와 같은 문제는 없을 것이나, 환상망 방식으로 운영할 경우에는 경수로

외에 추가적으로 발전용량을 확충해야 한다. 북한도 이 문제는 잘 인식하고 있기 때문에 적절한 대책을 강구하리라고 보며, 경수로 완공이 6~7년 정도 남아 있기 때문에 시간적으로도 여유가 있을 것으로 생각한다. 북한은 KEDO에 제출한 자료에서 경수로 완공시까지 발전설비용량을 현재의 7,380㎿에서 11,000㎿ 수준으로 확충할 계획임을 밝혔다고 한다.

〈제네바합의〉에 명시된 북한의 핵비확산 의무를 확보할 수 있다면 KEDO로서는 경수로발전소와 화력발전소 가운데 어느 것을 제공하더라도 아무런 문제가 없을 것이다. 그러나, 경수로발전소 제공을 전제로 한 〈제네바합의〉가 우여곡절을 겪으면서 6년 이상 이행되어온 현 시점에서 그 구조를 변경한다면, 북한과 관련국들의 반대 등 정치적으로 여러 가지 민감한 사안이 제기될 것으로 예상되는데, 과연 이러한 위험부담을 감수하고 경수로를 화력발전소로 대체할 실익이 있는지는 의문이 든다.

5. 맺음말

KEDO의 경수로사업의 대차대조표는 어떤 것일까? 북한의 핵개발 저지를 위해 46억 불이라는 재원을 지출하는 것은 마이너스 측면이 있다. 그리고, 미국이 북한과 합의한 사항을 이행하기 위해 우리가 그 비용의 상당부분을 부담하는 것도 바람직하지 않다고 생각할 수도 있다. 또, 북한의 핵개발 저지 측면에서도 〈제네바합의〉가 완벽하지 않다는 점도 있다.

그러나, 〈제네바합의〉는 북한이 연간 핵탄두 35개를 제조할 수 있는 능력을 차단하였고, 궁극적으로 흑연감속로에 의한 핵개발 계획을 중지시킬 수 있다는 점에서 한반도의 평화와 안정에 기여할 수 있을 것이다. 〈제네바합의〉가 미국이 체결한 것이기는 하나, 북한의 핵개발은 우리의 안보와 직결되는 사안으로 우리가 경수로사업비를 분담할 가치가 충분히 있다고 판단된다. 다만, 〈제네바합의〉가 규제하지 못한 부분과 북한의 미래 핵개발 가능성까지 완벽하게 해결하기 위해서는 관련국들이 추가적인 노력을 기울여야 한다.

KEDO와 경수로사업은 또한 사업시행과정에서 북한을 서방세계에 접근시키고 남북의 교류와 협력을 증진시키는 상당한 부수적 효과를 거두고 있으며 앞으로도 거둘 것으로 생각한다. 경수로사업이 이러한 효과를 거둔 배경에는 이 사업을 미-북 양자관계로 몰아가려는 북한을 설득하여, 한국기업이 한국표준형경수로를 제공하도록 결정하여 한국 중심의 경수로사업 추진구도를 확립한 우리 정부의 노력이 있었다는 점에 유의해야 할 것이다. 사업시행과정에서 쌓은 북한과의 접촉 경험은 통일 이후 남북 주민들의 통합을 촉진하는 데 소중한 도움이 될 수 있을 것이다.

경수로사업에 우리가 부담하는 3조 5천억 원(32억 2천만 불)은 이 사업에 한전 등 우리 업체들이 주로 참여함으로써 인건비, 설계비, 자재비 등으로 국내경제에 환류되기 때문에 결코 낭비되는 돈이 아니다. 에너지경제연구원이 경수로사업의 파급효과를 잠정 분석한 결과에 따르면 국내생산(GDP) 발생효과는 4조 641억 원, 부가가치 유발액은 1조 9천억 원, 고용창출 효과는 5만 5천여 명이 될 것으로 예측하고 있다.

〈제네바합의〉와 경수로사업에 대한 진정한 평가는 경수로발전소가 완공되고 북한의 핵비확산 의무 이행 결과를 알 수 있을 때 가능할 것이다. 그러나, 현재까지의 상황으로만 판단하더라도 〈제네바합의〉와 경수로사업은 그 이행에 막대한 비용이 들어가는 것은 사실이나, 한반도의 평화와 안정에 대한 다층적 기여와 국내 고용창출 및 내수증대 효과 등을 감안할 때 비용/효과 면에서 여러 가지로 투자 가치가 있다고 판단된다. 이러한 점에 유의하여 〈제네바합의〉와 경수로사업에 대한 일부 부정적 시각을 극복하고 광범위한 국민적 지지를 바탕으로 이 사업을 원만히 추진해 나가야 할 것이다.

주

1) 북한 핵문제는 북한이 1992년 1월 30일 IAEA와 서명한 〈안전조치협정〉에 따라 IAEA가 실시한 여섯 차례(1992년 5월∼1993년 2월)의 임시사찰(ad hoc inspection) 결과, 당초 북한이 신고한 핵물질 내용과 중대한 불일치가 발견됨에 따라 대두되었다. IAEA는 미신고시설 두 곳(재처리한 핵폐기물 저장소로 추정)에 대한 특별사찰(special inspection)을 요구하였으나, 북한은 군사시설이라는 이유로 사찰을 거부하고 1993년 3월 12일 NPT 탈퇴를 선언함으로써 한반도에 긴장이 급격히 고조되었다. 그 뒤 북·미간 3단계 협상을 통해 1994년 10월 21일 〈제네바합의〉가 체결되었다.

2) Don Oberdorfer, *The Two Koreas*(Massachusetts : Addison-Wesley, 1997), p.254.

3) 한국표준형원전 공급과 한국기업의 주계약자 선정 원칙은 1995년 6월 13일 콸라룸푸르 미북 준고위급회담에서 합의하였고, 공급협정을 통해 법적효력이 발생하였다.

4) 2000년 10월 2일에는 〈훈련의정서〉를 추가로 체결하였고, 현재 〈품질보장의정서〉와 〈핵사고책임의정서〉 교섭이 진행 중이다. 이 밖에도 인도일정, 상환조건, 사용후 연료, 핵안전 및 규제 의정서를 추가로 체결해야 한다.

5) 동결대상은 5㎿ 실험용 원자로(가동 중), 50㎿ 및 200㎿ 원자로(건설 중), 방사화학실험실(재처리시설), 핵연료공장이다.

6) 상당 부분 완료는 경수로 건설공정상 발전소 건물이 완성되고 터빈발전기를 인도하는 것을 의미하며, 시점은 대략 2004년경으로 알려지고 있다.

7) 〈제네바합의〉에서 〈안전조치협정〉의 전면이행이란 용어는 북한의 과거 핵활동 규명을 다르게 표현한 것으로 1992년 북한이 IAEA에 신고한 플루토늄 추출량이 정확하고 완전한 것인지 여부를 검증하는 것을 의미한다.

8) 일부에서는 북한의 재처리 능력을 감안할 때 핵탄두 1∼2개 분량의 플루토늄까지는 추출하지 못했으리란 견해도 제시하고 있다.

9) 5㎿, 50㎿, 200㎿ 흑연감속로에서는 연간 6㎏, 55㎏, 220㎏의 무기급 플루토늄을 추출할 수 있고, 1개의 핵탄두 제조에 8㎏의 플루토늄이 소요되기 때문에 35개의 핵탄두 제조가 가능하다.

10) 북한의 5㎿ 흑연감속로에는 8000개의 연료봉(50톤)이 적재되고, 매년 10톤을 교체하며 1톤에서 0.6㎏의 무기급 플루토늄을 추출할 수 있는 것으로 추정하고 있다.

11) 〈추가의정서〉는 이라크 및 북한의 핵개발 의혹으로 불거진 기존의 〈안전조치협정〉의 한계를 보완하기 위해 1997년 5월에 채택한 것으로, 기존의 〈안전조치협정〉은 기본적으로 신고된 시설에 대해서만 사찰을 허용하나, 〈추가의정서〉는 미신고시설의 존재여부를 확인하기 위한 의혹시설 사찰도 가능하도록 규정하고 있다.

12) FAO와 WFP는 북한이 2001년에 필요한 식량은 479만 톤 정도이며, 2000년 북한의 식량생산량이 292만 톤임을 감안할 때 180만 톤의 식량이 부족할 것으로 예상한 바 있다.

13) 하이드(Hyde) 하원 국제관계위원장, 콕스(Cox) 공화당 하원 정책위 의장, 헬름즈(Helms) 상원 외교위원장, 소콜스키(Sokolski) 핵비확산정책 교육센타 소장 등이 경수로를 화력발전소로 대체할 것을 주장하는 대표적 인사들이다.

14) 김병구,《북한 경수로와 플루토늄 바로 알기》, 한국원자력연구소, 2001.

15) 경수로 1기에 장전되는 핵연료는 75톤이며 이 가운데 1/3인 25톤을 매년 교체하고 핵연료 1톤당 11kg의 원자로급 플루토늄이 추출 가능하다.

16) KEDO-북한간 〈경수로공급협정〉 제8조 3항.

17) 다른 용량의 화력발전소 건설도 가능하지만, 우리나라에서는 무연탄발전소는 200MW, 유연탄발전소는 500MW가 표준형이다.

18) 발전소에서 생산하여 외부로 송전하거나, 발전소 가동 정지시 가동을 위해 발전소가 외부에서 공급받는 전력을 의미한다.

19) 소외전력을 송전하거나 공급받는 시설을 의미한다.

참고문헌

경수로사업지원기획단,《대북 경수로지원사업 개관》, 1997

김병구,〈북한 경수로와 플루토늄 바로 알기〉, 한국원자력연구소, 2001

외교통상부,《군축·비확산 편람》, 2001.

이동복,〈난파직전 KEDO의 경수로사업─활로는 화력발전소인가?〉,《월간조선》 2001년 4월호.

케네스 퀴노네스, 노목순·최원기 역,《2평 빵집에서 결정된 한반도 운명─북폭이냐 협상이냐》, 중앙 M&B, 2000.

한국원자력연구소,《북한 핵 문제와 경수로사업》, 1999

Chang Sun-sup, "The Current Status and Prospect of the Light Water Reactor Project", *Korean Observations on Foreign Relations*(Korean Council on Foreign Relations, 1999).

Don Oberdorfer, *The Two Koreas*(Massachusetts : Addison-Wesley, 1997).

ISIS, *Solving the North Korean Nuclear Puzzle*(Washington DC : ISIS Press, 2000).

유엔사 문제

김봉현

1. 문제 제기

한반도가 남북한으로 나누어지고 50년 이상이 흘렀다. 영원히 분단 상태가 계속될 것처럼 보였던 독일도 통일된 지 벌써 10년이며 한반도에서도 지난 50년의 분단 세월 동안 많은 변화를 거쳐, 이제 우리는 통일이 아주 먼 이야기는 아니라는 느낌을 받는다.

남북은 같은 민족이면서도 1950년 한국전쟁[1] 때문에 메우기 어려울 만큼 큰 증오감을 상대방에게 심어줬다. 그러나 이제 남북한도 냉전종식과 소련의 멸망, 중국의 성공적 개방, 남북한 유엔 동시가입과 남북정상회담, 북한체제의 변화 가능성 등 엄숙한 역사의 흐름 속에서 점차 증오감은 퇴색해가고 같은 민족으로서 동질감을 회복해가는 과정에 있다고 할 수 있다.

헤겔류의 사람들은 역사는 도전과 응전 속에서 계속 발전해 간다고 믿어왔고 역사는 그것이 옳다는 것을 실증적으로 보여주었다. 인류에 대한 이러한 낙관적 역사 발전관은 기독교적인 역사관과 궤를 함께하는 것으로서 서양 사상의 기초가 되어 왔다. 인류의 역사는 이제 그 마지막 발전

단계에 도달하였으며 각 개별국가들은 시차를 두고 하나씩 그 종착점에 다다른다는 주장도 나오고 있다.[2]

이와는 달리 역사는 발전하기보다는 전개된다고 보는 것이 옳다는 주장도 있다. 이는 시간의 순서에 따라 발생하는 역사적 사실들에 일일이 가치를 부여하는 것이 아니라 가치 중립적으로 바라보는 것이다. 과학기술의 발전이 핵문제를 만들어내고 환경을 파괴하는 인류의 행태에 과연 발전이라는 가치를 부여할 수 있을 것인가?

그러나 역사에 대한 평가는 믿음과 같다고 본다. 역사가 발전한다고 믿는 것은 이상향을 추구하는 인간의 본성에 알맞기 때문에, 그렇게 믿고자 한다. 생물처럼 살아 움직이는 역사 속에서 남북관계도 역시 통일이라는 선(善, 이상향)을 향해 나아가고 결국은 도달할 것이라는 낙관적인 전망을 해볼 수 있다. 그 과정에서 많은 우여곡절을 겪겠지만……

이 글에서는 남북관계 발전에서 중요한 검토사항 가운데 하나인 주한 유엔군 사령부의 창설 경위와 남북 사이에 정전 체제가 종료되고 새로운 평화 체제로 이행하게 될 경우 주한 유엔사의 지위를 어떻게 하는 것이 바람직한지를 살펴보기로 한다.

2. 유엔과 한국문제

1) 한국문제의 유엔 이관

2차세계대전이 끝난 후 한국의 독립을 위해 연합국은 신탁통치를 생각해냈다. 그러나 이 신탁통치는, 한국 국민들이 격렬히 반대하기도 했지만 세계대전 후 미·소 사이에 형성되기 시작한 냉전이라는 새로운 형태의 전쟁이 시작됨으로써 불가능해졌다. 2차세계대전에서 형성된 미·소의 강철 같은 협조체제는 전후 처리과정에서 균열되고 말았다.

한반도에 대한 신탁문제를 협의하기 위한 미·소 공동위는 1946년 3월 20일 제1차 회의가 열린 이후 한치 앞으로 나가 보지도 못하고 5월 8일부터 무기한 휴회에 들어감으로써 좌초되고 말았다. 남북이 반탁과 찬탁으로 나누어진 가운데, 임시정부 구성을 위한 사회단체의 참가 문제에 소련이 반탁단체 참가배제 원칙을 내세웠던 것이다. 그것은 북한 단체들만의 참가를 뜻하며 미국은 이를 수용할 수 없었다.[3]

1947년 8월 12일 제2차 미·소 공동위가 열렸으나 그 결렬은 이미 예견되어 있었다. 한편, 미·소 공동위가 공전하는 동안에도 북한의 소비에트화는 동구에서와 마찬가지로 부정할 수 없는 현실로 자리잡고 말았다.

전쟁이 끝나자마자 소련은 동구의 소비에트화를 본격적으로 개시하였으며 미국 입장에서 보면 이는 소련의 배신으로 볼 수 있었다. 미국은 이에 대하여 1947년 3월 12일 트루먼 독트린[4]으로 맞섰다. 이는 냉전의 시작을 알리는 것으로서 이후 약 50년 동안 국제정치의 흐름을 결정한 것이기 때문에 미국 외교사에 혁명적인 사건으로 기록되고 있다. 트루먼 독트린은 1947년 6월 5일 마셜플랜[5]으로 뒷받침되어 미국은 소련과 분명하고도 완전하게 결별하게 된다.

이러한 미·소의 불화는 한반도에도 투영되어, 미국은 동구에서 행해진 소련의 행태가 소련 점령지 북한에서도 벌어지고 있음을 목도하고 소련이 북한에 자기 진지를 공고히 하기 전에 남한에서라도 친미정부를 하루빨리 수립해야 할 필요성을 느끼게 된다.

한편, 이와 때를 같이하여 미국의 군부는 한반도에서 국지전 가능성을 염두에 두지 않음으로써 주한미군의 철수를 주장하였으며 미국 의회는 대한국 경제원조를 거절하였다.[6]

미국 행정부는 이러한 모순된 상황에서 한국문제에서 벗어나기를 원하였으며, 소련에 대항하여 영원한 다수의 우위를 점할 수 있을 것으로 생각한 유엔이 이러한 미국의 고민을 풀어줄 수 있는 가장 유력한 탈출구였다. 이에 맞추어 이승만 대통령은 남한만의 단독정부 수립을 주장하면서 "유엔에 의한 한국문제 해결"을 처음으로 주장하였다.[7]

미국은 1947년 9월 17일 한국문제라는 새로운 의제를 유엔에 상정했으며 이에 대한 제안 설명은 마셜 국무장관이 하였다. 소련은 이러한 미국의 방침 변경을 처음부터 반대하였다. 소련은 유엔에서 영원한 열세에 처할 수밖에 없는 처지를 잘 알고 있었으며, 미·소 이외에 다른 국가들이 한국문제에 관여할 수 있는 유엔이라는 형식은 소련의 처지에서는 바람직하지 않았다. 그러나 유엔의 의제를 결정하는 유엔 운영위원회(General Committee)는 미국의 제안을 찬성 12, 반대 2로 통과시켜 총회본회의에 한국문제를 포함할 것을 권고하였으며 총회 본회의는 찬성 41, 반대 6, 기권 7로 통과시켰다.[8]

이렇게 하여 한국문제는 유엔의 의제로 정식 채택되었으며 이 의제에 대한 토의는 1947년 10월 28일 개시되었다. 이 토의가 최초의 유엔에서의 한국문제 토의이며, 이 최초의 토의에서 형성된 찬반 그룹은 1975년 제30차 총회 때까지 내용상 거의 비슷한 형태를 띠게 된다.

2) 유엔 한국임시위원단과 정부수립

1947년 11월 14일 〈유엔총회결의〉 112(Ⅱ)에 따라 "유엔 한국임시위원단"(UN Temporary Commission on Korea)이 설립[9]되었으며, 이 임시위원단은 1948년 5월 10일까지 남한만의 단독선거를 실시키로 결정하였다.

1948년 12월 12일 유엔총회는 유엔 한국임시위원단의 감시 아래 실시된 선거 결과에 대해 〈유엔총회결의〉 195(Ⅲ)로써 "합법적인 대한민국 정부의 수립"과 "대한민국 정부가 임시위원단이 감시한 선거에 기초한 유일한 정부임"을 선언하고, "임시위원단 대신 한국위원단[10]을 설치"키로 결정하였다. 이렇게 하여 유엔은 대한민국 정부수립 과정에 개입하였으며 1950년 발발한 한국전쟁에도 자연스럽게 개입하게 된다.

3) 한국전쟁과 유엔

1950년 한국전쟁의 발발은 탄생한 지 5년밖에 안되는 유엔을 시험대에 올려놓았다. 세계평화와 안전의 유지를 그 일차적인 임무로 하고 있는 유엔은 한국전쟁이라는 세계평화 위협요소에 대해 국제연맹과는 다른 대응방식을 내놓음으로써, 유엔으로서는 어려운 고비이긴 했지만 국제사회에 유용한 기구로서 인식될 기회를 얻게 되었다.

트리그베 리(Trygve Lie) 당시 유엔사무총장은 미국 및 유엔 한국위원단으로부터 전쟁 발발 사실을 보고받았다. 미국은 유엔사무총장에게 안보리 소집을 요구하고, 안보리는 1950년 6월 25일 오후 2시(미국시간)에 한국전쟁에 대한 대응방안을 토의하였다.[11] 미국은 소련의 안보리 불참[12]을 활용하여 안보리에서 미국이 원하는 결의를 모조리 통과시킬 수 있었다.

그러나 1950년 7월 26일 소련이 안보리에 출석하여 거부권을 행사하기 시작하자 〈안보리결의〉 85호를 마지막으로 한국문제로는 더는 안보리에서 아무런 실질적 결의도 채택할 수 없었다.[13] 이에 미국 등 서방측은 한국문제를 총회로 이관하였으며 미국은 총회에서도 미국의 의도대로 결의를 통과시킬 수 있었다.[14]

안보리는 1950년 6월 25일 결의 82호를 시작으로 6월 27일에는 83호, 7월 7일에는 84호, 7월 31일에는 85호를 통과시킴으로써 한국전쟁에 대한 유엔의 태도를 분명히 하고 대한민국 정부에 대한 군사적 지원을 합법화하였다.[15]

3. 〈정전협정〉[16]과 〈평화협정〉

3년에 걸친 한국전쟁은 1953년 7월 27일 주한 유엔군 사령관을 일방으로, 중국과 북한을 타방으로 한 〈정전협정〉[17]이 체결됨으로써 종료되었다. 유엔총회는 1953년 8월 28일 〈정전협정〉을 승인하고 한국 분단의 평화적 해결을 위한 정치회담의 개최[18]를 환영하는 결의를 채택하였다.(〈유엔총회결의〉 711).

이렇게 체결된 〈정전협정〉은 현재까지 남북한을 규율하는 기본틀이며 유일한 법적 문서이다. 그러나 이 〈정전협정〉도 시간이 지나면서 일부 내용을 제외하고는 효력이 지났거나 사실상 무력화해 가고 있다. 나아가 냉전이 종식되면서 한반도를 둘러싼 안보환경은 〈정전협정〉을 체결했던 당시 상황과는 본질적인 차이를 보이게 된다. 남북한의 관계도 적대관계에서 화해와 협력의 관계로 변화해 가고 있으며, 적으로 싸워왔던 미·중, 한·중관계의 변화는 일일이 설명할 필요도 없다. 우리와 러시아의 관계도 물론이다.

이렇게 변한 상황을 50년대에 체결된 〈정전협정〉으로 계속 규율한다는 것은 적절치 않다. 〈정전협정〉도 시대의 변화에 발맞추어 새로운 형태로 변화해야 한다. 〈정전협정〉을 대신하는 새로운 협정으로서 가장 일반적인 것은 〈평화협정〉이다.

1) 〈평화협정〉 체결 문제

〈정전협정〉을 사실상 전쟁의 종료라고 보는 설이 있다.[19] 곧, 현대에 와서 〈정전협정〉은 어느 일방의 승리를 주장할 수 없는 장기간의 적대행위의 종료를 의미하므로 별도로 전쟁 상태를 종료하기 위해 〈평화협정〉을 체결할 필요가 없다는 것이다.

그러나, 일반적으로는 〈정전협정〉으로 전쟁 상태가 종료된 것은 아니며 적대행위가 일시적으로 중단된 상태이므로 일방이 타방에게 적대행위의 개시를 통고하면 합법적으로 적대행위를 재개할 수 있다고 해석한다.[20]

1953년 체결된 〈정전협정〉의 전문은 "최종적인 평화적 해결이 달성될 때까지"(until a final peaceful settlement is achieved)라는 전제를 둠으로써 〈정전협정〉은 한시적 성격의 협정이며 종국적으로 〈평화협정〉을 체결해야 함을 분명히 하였다.

나아가, 현 〈정전협정〉의 조항은 대부분이 효력이 끝났거나 무기력해졌기 때문에 시대에 맞는 새로운 틀을 갖춘 협정이 필요하다. 〈정전협정〉 가운데 "군사 분계선과 비무장지대", "무력사용 중지 및 정전"을 위한 구체적 규정을 제외한 "군정위", "중립국 감독위" 및 "포로 귀환"에 관한 조항은 무력화하거나 이미 규율대상이 종료된 것이며, 제4조 60항의 권고 사항에 따른 제네바 정치회담(1954년 4월 26일~6월 15일)도 이미 개최되어 더는 의미가 없다.

이러한 이론상의 문제와는 별도로, 현실적으는 남·북의 적대관계가 법적으로 완전히 해소되어야 남북 사이에 새롭게 형성된 화해·협력 분위기가 새로운 법적인 틀 안에서 정착될 수 있다. 따라서 〈평화협정〉을 체결해야 한다는 주장이 우세하다.

2) 〈평화협정〉 당사자 문제

그러면 〈평화협정〉을 체결할 경우 그 당사자는 누가 되어야 하는가? 북한은 한국이 〈정전협정〉의 당사자가 아니므로 〈평화협정〉의 당사자가 될 수 없으며 〈평화협정〉은 북·미가 체결해야 한다고 주장해왔다.[21] 과연 우리는 〈정전협정〉의 당사자가 아닌가? 그리고 우리가 〈정전협정〉의 당사자가 아니라면 〈평화협정〉의 당사자가 될 수 없는 것인가?

가. 〈정전협정〉 당사자

〈정전협정〉의 우리측 당사자가 누구인지에 대해서는 해석상 두 가지 견해가 있다.[22] 먼저, "유엔과 한국"이 모두 우리측 당사자라는 주장이다. 한국전쟁 동안에 한국군의 작전 통제권(operational control)은 유엔군 사령관에 위임[23]되어 있었으며 유엔군 사령관이 한국군까지 대표하여 〈정전협정〉에 서명하였으므로 한국도 당사자가 되어야 한다는 주장이다.

그러나 한국은 〈정전협정〉의 당사자가 아니라는 주장도 유력하다. 곧, 한국은 〈정전협정〉에 반대했기 때문에 〈정전협정〉의 당사자가 될 수 없으며, 주한 유엔군 사령관은 유엔을 대리하여 서명하였기 때문에 당사자는 "유엔" 그 자체라는 것이다.[24]

이와 같이 〈정전협정〉 당사자에 관해서는 두 가지 설이 모두 가능할 것이다. 그러나 이러한 〈정전협정〉 당사자에 관한 법적인 논의와는 별개로 과거 북한은 〈정전협정〉 위반사례를 들어 한국측을 비난해 왔으며, 현실적으로 한국을 〈정전협정〉의 당사자로 대해 왔다.

또한 현실적으로 한국은 〈정전협정〉에 근거하여 설치된 군사정전위(Military Armistice Committee) 회의에 대표의 일원으로 참석해 왔으며 북한도 한국의 대표성을 인정해 왔다. 따라서 한국을 〈정전협정〉의 당사자로 보는 것이 현실에 부합된다.

나. 〈평화협정〉 당사자

만일 형식적으로 우리가 〈정전협정〉의 당사자가 아니라면 우리는 〈평화협정〉의 당사자가 될 수 없는 것인가? 결론적으로 말하면 〈정전협정〉의 당사자와 〈평화협정〉의 당사자가 반드시 일치해야 하는 것은 아니다.[25] 따라서 북한의 주장대로 우리가 〈정전협정〉의 당사자가 아니라고 해도 우리는 〈평화협정〉의 당사자가 될 수 있다.

〈정전협정〉을 승인한 〈유엔총회결의〉 711(Ⅶ)은, 〈정전협정〉의 제4조 60항에서 예정한 제네바 정치회담의 유엔측 참가자로 "대한민국"과 "한국전쟁 당시 군대를 파견하였고 회담에 대표 파견을 원하는 16개 회원국"을 지정하였다. 또한 소련의 참가를 권고하였다.

이에 따라 1954년에 열린 제네바 정치회담에는 유엔측에서 남아공을 제외한 참전 15국과 한국, 그리고 공산측에서 중국, 북한, 소련이 참석하였다. 곧, 유엔은 장차 체결될 〈평화협정〉의 당사자에 한국도 포함시켰다.

또, 1991년 12월 13일 〈남북기본합의서〉 제5조에서 "평화상태로 전환시키기 위하여 남북이 공동으로 노력한다"고 규정함으로써, 북한도 남북이 〈평화협정〉의 당사자가 되는 것에 동의하고 있다고 보아야 한다. 이는 북한이 1974년 이전까지 대남제의에서도 동일한 주장을 하였음을 고려하면 더욱 분명해진다.[26]

곧, 북한은 1962년 6월 20일 최고인민회의 제2기 제11차 회의에서 미군 철수와 남북 〈평화협정〉 체결을 제의한 이래 간헐적으로 남북간 〈평화협정〉 체결을 주장하였다.

한국은 북한의 〈남북평화협정〉 체결 주장을 계속 거부[27]하고 1974년 1월 13일 〈남북불가침조약〉 체결을 제의하였다. 이에 북한은 1974년 3월 25일 "〈대미 평화협정〉 체결"로 정책을 전환한다.

한국은 1991년 9월 24일 제46차 유엔총회(남북한 동시 유엔 가입)에서 노태우 대통령의 기조연설을 통하여 남북한은 불안한 휴전체제를 평화체제로 전환해야 한다고 주장함으로써, 북한의 〈남북평화협정〉 체결 제의를 수용하는 방향으로 정책을 전환하였다. 이어, 1991년 12월 13일에는 〈남북 사이의 화해와 불가침 및 교류협력에 관한 합의서〉를 체결하였다.

따라서 북한이 〈정전협정〉의 당사자와 〈평화협정〉의 당사자를 일치시키면서 우리를 배제코자 하려는 것은 그때 그때 정치적 상황에 따라 달라지는 정치적 표어라고 할 수 있다. 결론적으로 우리가 〈평화협정〉의 당사자가 되어야 한다는 것은 현실에 부합하며 북한도 이를 인정해 왔다고 볼 수 있다. 그러나 남북관계에 따라 북한이 우리를 배제하려는 기도는 충분히 예상해야 한다.

3) 북한의 지위

〈평화협정〉체결 문제에서 우리가 심각하게 검토해 보아야 할 또 하나의 법적인 문제는 남과 북이 서로 국제법상 어떤 지위에 있는가 하는 것이다. 우리 〈헌법〉제3조에 따르면 북한은 우리의 영토이다. 그리고 북한은 불온단체이므로 북한을 고무 찬양하는 경우에는 〈국가보안법〉에 따라 처벌을 받는다. 그러므로 북한은 우리에게 국제법상 주권국가도 승인된 정부도 아니다. 이것은 역으로 우리가 북한에게 가지는 지위이기도 하다. 남북은 고작해야 서로 교전단체로서의 지위만을 가질 뿐이다.

이러한 관계는 1945년 〈일반 명령 제1호〉[28]에서 북위 38도 이남의 조선은 미 합중국 태평양 육군부대 최고사령관에게 항복한다는 결정이 내려진 이래 계속되어 왔다.

이렇게 북한이 우리 〈헌법〉상 승인된 국가가 아니므로 북한과 〈평화협정〉을 체결하려 할 경우 이 협정의 위헌성이 제기될 가능성이 있다. 이와 관련하여, 1991년 〈남북기본합의서〉도 서문에 "쌍방 사이의 관계가 나라와 나라 사이의 관계가 아닌 통일을 지향하는 과정에서 잠정적으로 형성되는 특수 관계"라고 규정하고 있다.

따라서 〈남북기본합의서〉는 조약의 효력을 갖지 않는 정치문서라고 해석되고 있다. 이러한 예를 볼 때 〈평화협정〉도 〈남북기본합의서〉와 같이 법적 문서가 아닌 정치적 문서라는 단서를 두고 해결할 수도 있으나, 〈평화협정〉을 법적인 문서가 아니라고 할 경우에는 법적 구속력이 없기 때문에 〈남북기본합의서〉와 같이 유명무실해질 수 있다.

그렇다고 해서 〈평화협정〉을 법적 문서로 해석할 경우에는 북한에 대한 국제법적인 지위를 분명히 하기 위하여 〈헌법〉을 개정해야 하는 난제가 남게 된다.

이 점에서는 〈정전협정〉을 통일시점까지 그대로 유지해 나가는 것도 하나의 방법일 수 있으나, 앞에서 지적한 바와 같은 〈평화협정〉의 체결 필요성에 비추어 적절치 않다. 또, 〈정전협정〉은 우리에게 냉전의 잔재로 인식되고 극복해야 하는 과거로 남아 있으며, 남북관계가 새로이 형성된 환경에도 불구하고 계속 과거의 〈정전협정〉 체제에 구속을 받는 것은 통일 지향적이지 못하다는 정치적 지적이 있을 수도 있다.

북한의 국제법적 지위는 이 글의 중심적 주제가 아니므로 여기서는 문제를 제기하는 수준으로 그칠까 한다. 이 문제는 별도로 검토해야 할 것이다.

4. 주한 유엔군 사령부[29]

〈평화협정〉 체결 논의에서는 주한 유엔군 사령부의 존재를 어떻게 할 것인지 하는 문제가 핵심적인 검토 사안이다. 이는 법적으로 어려운 문제인 동시에 우리 안보에 직접적으로 영향을 미치기 때문이다.

이 문제를 검토하면서 주한 유엔사가 탄생하게 된 과정 곧, 〈안보리결의〉 84호에 따라 설치된 "통합사"(Unified Command)가 왜 "유엔사"(United Nations Command)라 불리게 되었는지[30]와 함께 유엔사는 유엔과 어떠한 관계를 가지는지[31]를 먼저 살펴보고자 한다.

그 다음으로 〈평화협정〉 체결과 유엔사 해체의 상관관계, 그리고 유엔사가 해체될 경우 파생되는 문제점 등을 알아본 후 유엔사가 평화유지군으로 전환될 수 있는지에 관해서도 간단히 살펴보고자 한다.

1) 유엔사? 통합사?

주한 유엔군 사령부의 설치 근거가 된 〈안보리결의〉 84호는 미국을 중심으로 형성된 통합군의 사령부를 "통합사"로 명명하였으며 통합군에게 유엔기를 사용하도록 승인하였다.

그런데 통합군의 사령부는 지금까지 통상 유엔군 사령부(UN Command)라고 불려 왔다. 이 명칭을 사용하는 것은 합법적인가? 이 명칭을 사용한 것은 명시적인 유엔의 결의에 따른 것은 아니지만 관행상 그렇게 사용해 왔고 유엔도 이를 묵인해 왔다.

안보리는 1950년 11월 8일 결의 88호로 "주한 유엔군 사령부"(United Nations Command in Korea)의 특별 보고서 토의를 예정함으로써,[32] 한국전쟁에서 유엔의 깃발 아래 전개된 통합군이 유엔군이라는 이름을 사용한다는 것을 간접적으로 인정하게 된다.[33]

또한, 총회결의에서는 유엔사라는 표현을 여러 차례 사용했다.[34] 예를 들면, 1952년 12월 3일 채택된 〈유엔총회결의〉 610(Ⅶ) 및 804(Ⅷ)는 유엔사라는 명칭을 공식적으로 사용하였다.[35]

더욱이 1953년 7월 27일 체결된 〈정전협정〉은 그 일방 당사자로서 "주한 유엔군 사령관"이 서명한 것으로 되어 있으며, 1975년 11월 18일 유엔총회에서 우리측 안과 공산측 안이 동시에 채택된 결의 3390A(우리측 안), B(XXX : 공산측 안)에도 "주한 유엔군 사령부"라는 명칭을 양측에 모두 공식적으로 사용함으로써 북한도 유엔사라는 명칭을 인정하였다.[36]

이러한 과정을 거치며 주한 유엔군 사령부라는 명칭이 유엔의 승인을 받았으며 북한측도 이를 인정해온 것으로 해석할 수 있다.

2) 유엔사의 해체(유엔사와 유엔의 관계)

주한 유엔군 사령부가 유엔과 어떠한 관계를 가지는지에 대한 명확한 규정은 없다. 곧, 유엔사가 유엔안보리와 유엔총회에서 그 명칭이 간접적으로 인정되었고 〈안보리결의〉 84호에 의거, 안보리에 정기적으로 보고하는 관계이긴 하나, "주한 유엔군 사령부가 유엔의 산하기구(subsidiary organ)[37]인가?"라는 질문에는 명확하게 답변하기 어렵다. 이 문제에 대한 답변은 유엔사가 해체되는 경우 어떤 절차를 밟아야 하는지를 검토할 때 중요하다.

〈유엔헌장〉 제7조 2항은 헌장의 주요기관이 그 기능 수행을 위하여 필요한 경우 일반적으로 산하기구를 설치할 수 있다고 규정하고 있다. 이에 따라 〈유엔헌장〉 제22조는 "총회"의 산하기구에 관하여, 제29조[38]는 "안보리"의 산하기구[39]에 관하여, 제57조는 "경제사회이사회"(ECOSOC)의 산하기구에 관하여 규정하고 있다.

유엔사가 유엔의 산하기구라면, 그 성립이 유엔의 결정에 의했던 것처럼 해체도 유엔의 결정이 있어야 한다. 그러나 산하기구가 아니라면 성립과 폐지에서 유엔의 결정이 반드시 있어야 하는 것은 아니다.

유엔사가 유엔안보리의 산하기구라는 일부 소수설[40]이 있으나 다수설은 유엔사가 유엔의 산하기구는 아니라는 것이다.[41]

다수설은, 유엔사와 관련된 〈안보리결의〉 84호가 〈유엔헌장〉 7장상의 강제조치(enforcement measure)를 결의하고 이러한 강제조치에 회원국들의 참여를 권고한 것이지, 유엔사를 안보리 산하기구로 설치한 것은 아니라고 주장한다.

다시 말해 유엔사는 〈유엔헌장〉 7장의 강제조치 결과 발생한 부수적 기구라는 것이다. 이러한 예는 그 후에도 찾을 수 있다. 예컨대, 1990년 이라크의 쿠웨이트 침공에 대한 〈안보리결의〉(1990년 11월 29일)도 침공을 격퇴하기 위한 〈유엔헌장〉 7장상의 조치로 구성되는 다국적군에 유엔 회원국들의 참여를 권고한 것이지, 안보리 산하기구를 설치한 것은 아니다. 따라서 그 임무 종료시에 안보리의 결의가 없었다.

이러한 법적인 이유 이외에도 유엔사를 안보리 산하기구로 간주하여 안보리가 유엔사를 해체하는 데는 현실적인 문제가 따른다. 예를 들어 과거 소련이 안보리에서 주한 유엔사의 활동에 대하여 거부권을 행사하여 왔는데, 소련을 승계한 러시아가 지금에 와서 이를 추인할 것인지 하는 문제가 있다. 러시아는 소련과 이념적으로 완전히 다르므로, 구소련이 안보리에서 행사한 거부권에 대하여 지금에 와서 러시아가 일관성을 보일 가능성은 별로 없다고 보이나, 러시아로서는 유엔사 해체 문제가 안보리에 제기된다면 곤란할 수도 있다.

한편, 중국은 그 당시 안보리 상임이사국이 아니었으므로 러시아와는 다른 경우이긴 하나, 한국전쟁 당시 유엔사에 대항하여 전쟁을 벌인 실체이므로 유엔사의 해체를 동의한다면 유엔사 성립의 합헌성을 인정하게 되므로, 마찬가지로 곤란한 처지에 처할 가능성이 있다.

물론 러시아, 중국 모두 우리와 외교관계를 맺고 있는 정상적인 관계에 있으므로 남북한이 공동으로 안보리에 유엔사 해체를 요청한다면 러·중이 이를 문제삼을 것으로는 보이지 않으나, 유엔사 해체가 안보리의 권한이라는 명시적 규정이 없는 한 안보리에 그 해체를 요청할 실익은 없다.

따라서 유엔사의 해체에 안보리가 개입할 법적, 현실적인 이유는 없다. 다시 말해 유엔사의 해체는 한·미가 합의하고 이를 참전국들에게 통보하여 동의를 구한 뒤 〈주한 유엔사의 최종 보고서〉를 안보리 문서로 회람하면 그것으로 종결된다고 할 수 있다. 결국 유엔사 해체의 요체는 한·미의 합의에 있다고도 볼 수 있다.[42]

그러나 안보리가 유엔사 해체에 개입하지 말아야 한다는 논리도 반드시 성립하는 것은 아니다. 안보리가 유엔사의 유엔기 사용을 승인하였기 때문에 그 사용 허가를 중단하는 결의를 채택할 수도 있다. 이 경우 유엔사 해체와 유사한 효과를 가지게 될 것이다.

유엔사의 해체는 1975년도에 한·미 사이에 심각히 논의된 바 있다. 당시 국제정세는 미·소 사이의 데탕트, 닉슨 독트린 발표 등으로 동서대립이 완화되고 아시아에서 미국의 개입이 축소되는 방향으로 흘러가고 있었다. 유엔도 더는 미국의 독무대가 아니었으며, 중국이 유엔 대표권을 회복한 이후 77그룹 및 비동맹권과 관계를 강화함으로써 한국문제에 관해 유엔에서 영향력이 점차 커지는 상황이었다.

한국문제는 1947년 유엔으로 이관된 이후 1960년대까지 미국과 우리의 의도대로 흘러왔으나,[43] 1970년대에 위와 같은 국제정세의 변화로 "유엔 한국통일 부흥 위원단"(UNCURK)이 해체[44]되는 형편이 되었으며, 유엔사 해체에 대한 유엔 내의 압력도 중국의 영향력 증대와 함께 점차 커지는 상황이었다. 우리측에서조차 1975년도 제30차 유엔총회에서 공산측의 유엔사 해체 결의안이 통과될 것이라는 분석도 나오고 있었다.

이러한 국제정세 변화 속에 미국정부는 주한 유엔사 해체 용의를 안보리에서 표명하는 문제를 검토하고 우리 정부에 의견을 구하였다.

곧, 미국은 〈정전협정〉의 효력을 계속 유지하면서 유엔사 해체를 검토할 용의가 있다는 점을 안보리에 표명하고자 하며, 유엔사가 해체될 때에 대비하여 작전 통제권에 대한 양국간 협의를 진행시켜 나가자고 제의하였다. 이 방안은 당시로서는 매우 전향적인 것이었으나 우선 〈정전협정〉을 계속 유지한다는 점에 대한 북한측의 합의를 전제로 하고, 유엔사가 해체된다고 해도 주한미군의 존재가 한반도의 균형을 유지시켜 줄 수 있다고 본 것이다. 다시 말해 북한측이 이에 동의하지 않는 한 유엔사는 유지되며, 따라서 유엔사 존치에 대한 책임은 북한측에 있게 될 것이고, 북한이 이에 동의한다고 해도 한국과 미국은 군사적으로 크게 손해볼 것이 없다는 논리였다.

이러한 검토 결과 우리측은 1975년 11월 18일 제30차 유엔총회에 다음과 같은 안을 제출하여 통과시키게 된다.[45]

① 〈정전협정〉을 대체하기 위한 새로운 체제에 관한 협상 촉구
② 〈정전협정〉이 계속 유지된다는 동의 아래 유엔사가 해체될 수 있도록 협상 시작 촉구

③ 〈정전협정〉을 대체하는 새로운 체제를 합의하여 유엔사가 1976년 1
월 1일자로 해체될 수 있기를 기대

이에 대해 북한측은 한국측 결의안 통과와 동일한 날짜의 결의안으로
아래 안을 제출하여 통과시킨다.

① 유엔사 해체와 모든 외국군의 철수
② 〈정전협정〉을 〈평화협정〉으로 대체

이렇게 하여 제30차 유엔총회는 서로 상반되는 내용의 결의안을 동일
자 일괄 결의안(Omnibus resolution)으로 통과시키면서 자체 모순에 빠
져들었고, 우리와 공산측 모두 더는 유엔에서 한국문제를 토의하는 것이
실익이 없다는 인식 아래 한국문제 불상정을 협의하고 제31차 총회부터
한국문제를 상정하지 않게 되었다.[46]

한국문제가 더는 유엔에서 토의되지 않음으로써 유엔사 해체에 대한
북한측의 공세는 현저하게 약해졌으나, 북한은 유엔사의 안보리 보고서
제출에 맞추어 거의 매년 안보리 문서로 유엔사 해체를 주장하고 있다.

3) 〈정전협정〉이 종료되면 유엔사를 해체해야 하는가?

〈정전협정〉이 종료되고 〈평화협정〉을 체결할 경우 유엔사를 자동적으
로 해체해야 하는지에 대해서는, 그렇다는 주장과 그렇지 않다는 양론이
있다. 자동 해체를 주장하는 논거는 유엔사의 임무가 종료되기 때문이라
는 것이다. 곧, 〈안보리결의〉 84호에 따른 유엔사의 임무는 "한국에서 무
력적 공격을 격퇴하고 그 지역에서 국제평화와 안전을 유지"하는 데 있
다. 따라서 〈평화협정〉을 체결하면 "그 지역에서 국제평화와 안전을 유
지"해야 하는 임무가 종료되는 것으로 해석하는 것이다.[47]

그러나 1950년 10월 7일 〈유엔총회결의〉 376(Ⅴ)에서 "전 한국에 통일·독립·민주정부가 수립될 때까지 주한유엔군이 한국에 주둔한다"고 함으로써 유엔사의 임무가 통일될 때까지 연장되었다고 해석할 수도 있다. 곧, 〈정전협정〉이 종료되어도 유엔사가 계속 존속할 수는 있다고 본다.

그러나 〈평화협정〉을 체결하고 한반도에서 평화가 정착되는데 유엔사가 계속 존속한다는 것은 논리적으로 맞지 않다. 그리고 〈평화협정〉 체결 과정에서 북한측이 유엔사의 존속을 인정할 것으로는 보이지 않는다.

4) 유엔사가 해체되면 어떤 문제가 발생하는가?

유엔사가 해체되면 한·미의 작전 통제권(OPCON : operational control) 문제가 불명확해지며 주일 유엔군이 해체됨으로써 주일미군이 유사시 한국을 지원하기 위한 작전을 수행할 때 일본 내 기지를 사용하지 못하게 된다. 이것은 우리의 안보환경을 어렵게 만들 수 있다.

가. 작전 통제권 문제

1950년 7월 14일 이승만 대통령은 맥아더 유엔군 사령관에게 서한으로 "현재의 적대상태가 지속되는 동안 한국군에 대한 작전 통제권을 유엔군 사령관에게 이양한다"고 하였다. 이 작전 통제권 이양은 1954년 11월 17일 체결된 〈한·미 군사·경제원조에 관한 합의 의사록〉에서 "유엔군 사령부가 한국 방위를 책임지는 동안 유엔군 사령관이 한국군에 대한 작전 통제권을 보유한다"고 함으로써 재확인되었다.

그러나 이후 한국군에 대한 작전 통제권은 몇 단계를 거쳐 점차적으로 한국군으로 환수되었다.

5·16 혁명 당시 혁명군으로 참여한 부대 가운데 수도권에 있던 제30, 33 예비사단, 제1공수특전단과 5개 헌병 중대에 대한 작전 통제권은 1961년 5월 26일 〈국가재건최고회의-유엔사간 공동 성명〉으로 환수되었

다. 나아가, 베트남전 참전을 계기로 주베트남 한국군 부대에 대한 작전 통제권이, 1968년 1월 21일 사태를 계기로 후방 부대에 대한 작전 통제권이 환수되었으며 1978년 11월 한미연합사가 창설되면서 "연합사령관이 유엔군 사령관과 주한미군 사령관을 겸하는 동안 지정된 한국군 부대에 작전 통제권을 행사한다"고 규정하면서 제1군, 3군, 특전사(서울소재 부대 제외)에 대해서만 작전 통제권을 행사하는 것으로 축소되었다.

나아가 1994년 12월에는 위에 지정된 한국군 부대(1, 3군 및 특전사)에 대한 평시 작전권이 한국군에 환수됨으로써, 현재 유엔사령관의 한국군에 대한 작전 통제권은 위에 지정된 한국군 부대에 대한 전시 작전 통제권에 한한다.[48]

주한 유엔군 사령부가 해체되면 연합사령관이 "지정된 일부 한국군 부대에 대한 전시 작전 통제권"을 행사할 수 없다는 문제가 발생한다. 그러나 이 작전 통제권 문제는 한·미가 별도 협정을 체결하여 해소하면 별 문제가 없을 것이다.

나. 주일 유엔군의 지위[49]

미·일 양국은 1951년 9월 8일 체결한 〈애치슨-요시다 교환공문〉의 제2항에서 "일본정부는 극동에서 유엔의 조치에 따라 참여하는 유엔 회원국 군대에 일본 및 부근에서 지원을 제공"한다고 규정하였으며, 1954년 2월 19일 체결된 〈주일 유엔군 지위협정〉(SOFA)[50] 제5조에서는 "유엔군은 일본정부와 합의 아래 필요한 시설과 미군이 사용하고 있는 시설 구역을 사용할 수 있다"고 규정하였다.

한편, 동 〈주일 유엔군 지위협정〉의 제25조에 따라 주한 유엔군이 해체되면 90일 안에 〈주일 유엔군 지위협정〉이 종료토록 되어 있다. 따라서 주한 유엔군의 해체는 한국 방위를 위한 주일미군의 기지 사용 근거를 소멸시킴으로써 한반도의 유사시 방어력을 약화시킬 수 있다.[51]

그러나, 1997년 9월 24일 체결된 〈미·일 방위협력지침〉에 따라 일본 주변지역에 유사사태 발생시 주일미군의 활동[52]에 대한 일본의 지원(일본 내 시설사용, 보급, 수송 등) 협력이 상당히 보완되었다.

곧, 이 방위협력지침에 따르면 주변사태 발생시[53] "미군이 자위대 시설과 민간 항공·항만을 일시적으로 사용"할 수 있으므로 주일 유엔군이 해체되어도 한반도 유사시에 주일미군의 대한반도 작전은 큰 영향을 받지 않는다고 할 수 있다.[54]

5) 유엔사를 평화유지군으로 변경하는 문제

〈정전협정〉이 종식되고 새로운 〈평화협정〉을 남북한이 체결하면 주한 유엔군 사령부는 해체되는 것이 바람직하다고 볼 수 있으나(주한미군의 주둔 문제와는 별개), 해체될 경우에는 〈평화협정〉 준수를 담보하는 유엔사의 대체기구가 있으면 〈평화협정〉의 효력이 강화될 수 있다. 그러나 이러한 대체 기구가 반드시 필요한 것도 아니며 북한측의 동의가 필요한 문제이므로 현 상태에서 큰 관심을 가질 만한 것은 아니다. 다만, 가능한 대체기구로서 유엔평화유지군[55]을 생각해볼 수는 있다.

유엔평화유지군과 주한 유엔군의 가장 큰 차이점은, 유엔평화유지군은 분쟁이 존재하거나 발생할 가능성이 있어야 하고, 양 분쟁 당사자 또는 잠재당사자가 합의해야 하며, 그 합의에 기초하여 안보리가 임무를 부여해야 한다는 것이다.[56] 그리고 주요 임무는 휴전 상태를 유지하거나 분쟁 가능성을 방지하는 것이며, 소요되는 예산은 유엔에서 나온다.

현재 남북한은 유엔 회원국이며, 한국은 중국, 러시아와 외교관계를 맺고 있다. 북한은 아직 미국과 외교관계가 없으나 〈평화협정〉 체결 시점까지는 외교관계 체결도 가능하다. 이러한 평화상태에서 분쟁을 예상하여 평화유지군을 두는 것은 모순이라고 볼 수 있다.

또한, 유엔평화유지군이 단지 상징성을 제외하고 실제로 〈평화협정〉

준수의 담보자로서 역할을 수행할 능력이 있는지도 의문이다. 유엔군은 그 상징성과 함께 주한미군의 존재가 〈정전협정〉 준수의 담보자였으나, 유엔평화유지군은 실질적인 무력을 보유하지 못하고 있다는 난점이 있다.

한편, 〈정전협정〉을 체결한 직후에 주한 유엔군을 평화유지군으로 변경할 수도 있었을 것이다. 그러나 주한 유엔군 사령부를 평화유지군으로 변경하는 것은 실익이 없으며 절차상, 실제상 어려움이 많기 때문에 변경은 검토하지 않았다.

주한 유엔군 사령부의 존재는 〈정전협정〉의 효력을 유지시키고 있으며 한국군과 주한미군간의 작전지휘권을 연계하고 있기 때문에 유엔평화유지군으로 변경하는 일은 당시로서는 검토하기 어려웠을지도 모른다. 그리고 소련이 상임이사국으로서 주한 유엔군의 존재를 부정하는 형편에서 주한 유엔군을 평화유지군으로의 변경하는 것은 토의 자체가 불가능했을 것이다.

5. 맺음말

한국은 유엔의 축복을 받고 태어났으며 유엔의 보호를 받았고 지금도 한국에는 유엔군 사령부가 있다. 현재의 정전상태가 〈평화협정〉에 따라 새로운 틀로 탈바꿈하게 되면 유엔은 지난 50여 년 동안 한반도에서 유지해온 역할을 마치게 되며 남북한이 그 새로운 틀의 주인이 되는 것이다.

이는 역사적인 전환점이 될 것이며, 한반도가 외부 세력의 영향과 개입에서 벗어나 자주적인 평화통일을 이루기 위한 예비 단계로 들어간다는 의미가 있다.

북한은 그동안 〈정전협정〉과 〈평화협정〉을 연계하여 남한은 〈정전협정〉의 당사자가 아니므로 〈평화협정〉의 당사자도 아니라고 주장해 왔으나, 〈정전협정〉의 당사자만이 〈평화협정〉 당사자가 되는 것은 아니며, 또한 한국이 〈평화협정〉 당사자가 될 수 없다는 북한의 주장은 현실에 맞지 않는 정치적인 표어였다. 이러한 정치적인 표어는 정치 상황이 바뀌면 달라진다.

〈정전협정〉이 종료되고 〈평화협정〉이 남북한 사이에 체결되면 유엔사를 해체하는 것이 더 논리적이며 현실에도 부합된다고 본다. 유엔사를 반드시 해체해야 한다는 명문 규정은 없지만 〈평화협정〉 이후에도 유엔사가 계속 존재하는 것은 유엔사의 임무에 비추어 적절치 않으며, 한국전쟁의 종료로 한국전쟁을 상징하는 유엔사는 그 임무를 다하였다고 생각되므로 유엔사를 해체하는 게 좋을 것이다. 유엔사 해체가 먼저가 될지 나중이 될지는 별도로 생각해 보아야 할 것이나 〈평화협정〉 체결 뒤에 해체하는 것이 좋을 것으로 보인다.

유엔사가 해체되면 우리의 안보에 어떤 영향을 미칠 것인가? 한·미의 작전 통제권이 유엔사를 매개로 연결되어 있는 현재의 한·미연합사 체제에서는 문제가 될 수 있다. 그러나 작전 통제권은 군사 주권에 해당하는 문제로서 이는 한·미가 새로 합의해야 있어야 한다. 구체적으로 1994년 12월 1일 체결한 〈군사 위원회 및 한·미간 연합군 사령부 관련 약정〉(Terms of Reference for the Military Committee and ROK/US Combined Forces Command)을 개정하면 될 것이다.

주일 유엔군의 지위도 위협을 받게 되지만 주일 유엔군의 일본 내 기지 사용권은 〈미·일 방위협력지침〉 개정(97년 9월 27일)에 따라 흡수되었으므로 주일미군의 대한반도 작전에 큰 영향을 주지 않을 수도 있다.

한편, 유엔사의 해체는 〈안보리결의〉를 반드시 필요로 하지 않으며, 한·미의 합의와 참전 16국의 동의를 거쳐 주한 〈유엔사 최종 보고서〉를 안보리 문서로 회람하는 것이 더 현실에 부합할 것이다.

　한반도가 분단된 이후 지금까지 통일의 열기는 숨가쁘게 이어져왔
다. 그 과정에서 남북한의 무력충돌이라는 열전의 시대, 주한유엔사의
해체와 주한미군의 철수문제를 둘러싸고 동서 양 진영이 날카롭게 대립
하던 냉전시대가 있었다. 이제 이런 모든 시대는 그 역사의 장을 접고
남북한의 화해와 협력의 시대를 새롭게 맞이하고 있다. 논리적으로 입
증하기는 쉽지 않지만 실증적으로 보면 역사는 정·반·합의 과정을 거
쳐 발전해가고 있으며, 한반도에도 적용되고 있다. 바로 남북정상회담
의 성공적 개최가 그것을 말해 준다. 역사는 그 자리에 머물러 있지는
않는다. 항상 살아서 움직이는 생물체와 같은 것이다. 이는 그 역사의
주인공들이 인간이기 때문이다. 남북한의 통일은 우리 민족에게는 정의
를 실현하는 것이다. 그리고 그러한 정의는 결국 실현되는 것이 실증적
인 진리라고 본다.

주
————

1) "전쟁"이란 전쟁의사를 수반한 국제법 주체간의 무력투쟁으로 정의할 수 있다. 국제법 주
  체간의 무력투쟁이라는 점에서 내란과 다르다(유병화, 《국제법 Ⅱ》, 진성사, 1992,
  p.708). 한국전쟁은 한때 우리나라에서 6·25사변, 한국동란 등으로 불려왔으나 대부분의
  서양 학자들은 Korean War로 표기하고 있다. 최근에 우리나라에서도 한국전쟁으로 표
  기하고 있으나 과거 6·25 사변, 한국동란이라는 용어를 사용한 것은 북한을 국제법 주체
  로 인정하지 않았기 때문이다.
2) Francis Fukuyama, *The End of History and the Last Man*(New York : Avon
  Books, 1992).
3) 김학준, 《한국문제와 국제정치》, 박영사, 1976, p.39.
4) 1947년 3월 12일 당시 미국 대통령 트루먼은 그리스와 터키에 대한 원조 계획안을 의회
  에 제출하였으며 이를 트루먼 독트린으로 표현한다. 이 독트린은 공산주의 팽창에 대한 봉
  쇄정책의 시작으로 미·소 냉전은 이 트루먼 독트린으로부터 표면화되었다고 볼 수 있다.
  이 트루먼 독트린의 사상적 근거는 조지 케넌(George Kennan)의 유명한 "긴 전문"
  (long telegram)이 제시했다는 것이 통설이다.["George Kennan Memoirs 1925～

1950"(Pantheon, 1967), pp.293～294] "긴 전문"이란 케넌이 주소 미국대사관에 근무하던 1946년 2월 22일 국무성에 보낸 전문으로 약 8,000단어로 구성되었기 때문에 통칭하여 부르는 것이며, "전후 소련의 기본적 요소", "그러한 요소들에 대한 근거", "공식 정책에 대입", "비공식 정책에 대입", "미국 정책에 대한 암시"로 구성되어 있다. 조지 케넌은 소련의 외교정책은 짜르 시대의 팽창주의 전통과 공산주의 철학이 혼합되어 소련 변방에 대한 팽창을 계속해 나갈 것으로 예견하고, 이에 대한 대응은 협력이 아닌 "봉쇄"가 유일한 길임을 강조하였다.

5) 서유럽에 대한 원조계획.

6) 김학준, 앞의 책, p.46.

7) 위의 책, p.42.

8) 위의 책, p.47.

9) 호주, 캐나다, 엘살바도르, 프랑스, 인도, 필리핀, 시리아, 우크라이나 대표로 구성.

10) 유엔 한국위원단은 1950년 10월 7일 〈유엔총회결의〉 376(V)에 따라 "유엔 한국 통일·부흥 위원단(UN Commission for the Unification and Rehabilitation of Korea)"으로 변경되었으며, 이 위원단은 호주, 칠레, 네덜란드, 파키스탄, 필리핀, 태국, 터키로 구성되었다. UNCURK는 1973년 11월 29일 제28차 총회 제1위원회 결정에 따라 해체되었다.

11) 유병화,《국제법 Ⅱ》, 진성사, 1992, p.628.

12) 소련은 유엔에서 대만 대신 중공이 중국을 대표해야 한다는 이른바 "중국 대표권 문제"의 선결을 주장하면서 안보리 토의에 불참하였다.

13) 참고로 〈안보리결의〉 86호(50년 9월 26일)는 인도네시아의 유엔가입 권고, 87호((50년 7월 31일)는 대만에 대한 무력침공과 관련하여 당시 중공 대표의 안보리 토의 초청 결정, 88호(50년 11월 8일)는 주한 유엔군 사령부의 특별 보고서에 대한 토의시 중공 대표 초청 결정에 관한 것이다. 88호는 절차문제에 대한 결의이므로 안보리에서 한국전쟁과 관련하여 실질문제를 결의한 것은 85호가 사실상 마지막이다.

14) 1950년 11월 3일 〈유엔총회결의〉 377(V)은 "안보리가 상임이사국들의 의견 불일치로 안보리 본연의 임무를 다하지 못하는 사안은, 총회가 적절한 권고를 행하기 위하여 동 사안을 심의한다"고 하였다. 이 결의는 "Uniting for Peace" 결의이며 동 결의 부속조항에 따라 총회 의사규칙에 "긴급 특별총회" 소집규정으로 포함되었다.

15) 유엔이 한국전쟁에 개입한 것은 〈유엔헌장〉 제2조 7항의 위반, 즉 국내문제 불간섭 원칙에 위배된다는 주장도 있으나, 7항 단서에 국내문제 불간섭 원칙은 7장에 명시된 강제조치에는 적용되지 않는다는 내용이 있다.

16) 영·미 학자들은 휴전과 정전을 구별하지 않는 것이 관행이다. 국제연합의 관행상 국제연합 기관이 취한 조치에 따라 적대행위가 정지되는 경우를 특히 "정전"이라고 부른다.(김명기,《한반도 평화조약의 체결》, 국제법률출판사, 1994, p.51)

17) 1953년 7월 27일 체결된 〈정전협정〉은 군사 분계선과 비무장지대, 무력사용 중지 및 정전을 위한 구체적 규정(arrangement), 군사 정전위, 중립국 감독위, 전쟁 포로에 관

한 규정, 관련국 정부에 대한 권고(〈정전협정〉이 발효된 후 3개월 안에 정치회담 개
최), 기타(〈정전협정〉에 대한 수정 및 추가, 유효기간, 발효시점) 등으로 구성되어 있다.

18) 〈정전협정〉 제4조 60항 : "……쌍방 사령관은 쌍방의 관계 각국 정부에…… 정치회담
을 소집하고, 한국에서 모든 외국군대의 철수와 한국문제의 평화적 해결 등의 문제들을
협의할 것을 건의한다"

19) 유병화, 앞의 책, p.715.

20) 1907년 〈지상전의 법규 및 관례에 관한 규칙〉("Regulations Respecting the Law and
Customs of War on Land") 제36조.

21) 1974년 3월 25일 최고인민회의가 미국 의회에 보내는 편지.

22) 〈정전협정〉의 당사자에 대한 논쟁은 다음 참조.[지정일, "Legal Problems Involving
the U.N. Command in Korea and Korean Armistice Agreement", *Korean
Observer*, Vol. Ⅶ, No. 2(1976) ; 김명기, 앞의 책] 지정일 교수는 〈정전협정〉의 일방
당사자가 유엔과 한국이라고 주장하며(유병화 교수도 유사한 주장 : 유병화, 앞의 책,
p.658), 김명기 교수는 유엔이라고 주장한다.(김명기, 앞의 책, pp.53〜60)

23) 1950년 7월 14일 이승만 대통령이 맥아더 주한 유엔군 사령관에게 보낸 서한.

24) 유엔은 국제기구로서 조약 체결권을 갖는 국제법 주체이다. 국제기구의 조약 체결권은 전
문성의 원칙(principle of specialty)에 따라 제한을 받지만, 유엔의 조약 체결권은 〈유엔
헌장〉 제104조 등에 명시되어 있으며 명시되지 않은 분야라 하더라도 국제법상 묵시적
권한론(theory of implied power)로 설명하고 있다.

25) 〈정전협정〉의 당사자와 〈평화협정〉의 당사자가 일치하는 경우도 있지만 일치하지 않는
경우도 있다. 특히, 연합군을 구성하여 작전하는 경우에는 양 협정의 당사자가 일치하지
않는 경우가 일반적이다.(김명기, 앞의 책, p.25)

26) 위의 책, p.111. 1962년 6월 20일 북한 최고인민회의 제2기 제11차 회의, 1962년 10월
23일 제 3기 제1차 회의, 1969년 10월 8일 제24차 유엔총회에 제출한 북한측 비망록,
1973년 3월 14일 남북 조절위 제2차 회담.

27) 북한의 〈남북평화협정〉 체결은 주한미군 철수를 의미하는 것이었다.

28) 1945년 9월 2일 일본의 〈항복문서〉에 첨부되어 있다.

29) 주한 유엔사는 참전국 연락장교단 14명(미, 영, 불, 캐나다, 태국, 필리핀, 호주, 콜롬비
아, 뉴질랜드 및 네덜란드 장교로 구성), 의장대 123명(미, 필리핀, 태국, 한국), 군정위
대표(미, 영 및 한국) 등 약 700명으로 구성되었다.

30) 1950년 7월 25일 미국은 〈UNC 설립 성명〉을 채택했다.(김명기, 앞의 책, p.39)

31) 유엔사와 유엔의 관계는 〈평화협정〉 체결 후 유엔사 해체 방식에 대한 논의와 밀접한 관
련이 있다.

32) 주한 〈유엔사 보고서〉 토의에 중국(당시 중공)을 참가시키기로 결정하였다.

33) 그러나 이 〈안보리결의〉 88호는 〈유엔사 보고서〉 토의에 관한 것이며 유엔사 존재 자체
에 대한 〈안보리결의〉는 없다.

34) 한국전쟁 관련 〈유엔총회결의〉는 1950년 11월 7일에 채택된 결의 376(Ⅴ)이 최초이며 1953년 12월 3일에 채택된 결의 804(Ⅷ)가 마지막이다.

35) 〈유엔총회결의〉 610(VII). "……General Mark W. Clark, Commander-in-Chief, United Nations Command……" ; 〈유엔총회결의〉 804(Ⅷ). "……North Korean and Chinese Communist forces have……employed inhuman practices against the heroic soldiers of forces under the United Nations Command in Korea……"

36) 〈유엔총회결의〉 3390 B(XXX). "……it is necessary to dissolve the United Nations Command……"

37) 혹자는 이를 보조기관이라 번역하기도 한다.

38) 〈유엔헌장〉 29조. "The Security Council may establish such subsidiary organs as it deems necessary for the performance of its functions."

39) 일반적으로 안보리 산하기구는 "상설 산하기구"(절차·조직 문제에 관한 전문가 위원회, 신규회원국 가입 위원회 등이 있으며 이러한 위원회에는 안보리 이사국 전원이 참여한다), "임시 산하기구"(남아공 무기 금수 위원회, 남부 로데지아 문제 위원회, 각종 제재 위원회 등 특정 임무를 수행하기 위한 목적으로 설립된 위원회이며 안보리 이사국 일부가 참여한다), "특사", "평화유지군"(PKF) 등으로 구분된다.

40) 유병화, 앞의 책, p.643.

41) 이에 관해서는 김두영 외교통상부 국제법규과장의 논문, 〈유엔사 해체 문제에 관한 법적 검토〉(주 국제연합대표부, 1995)와 〈유엔헌장〉 해설서[Mr. Leland M. Goodrich, Edvard Hambro and Anne Patricia Simons, *Charter of the United Nations : Commentary and Documents*, 3rd and Revised Edition(Columbia University Press, 1969), p.236] 참조.

42) 〈주한 유엔사의 최종 보고서〉를 안보리가 '유의'(take note)해야 한다는 견해도 있으나 안보리의 '유의' 역시 안보리의 조치이므로 러시아와 중국에게는 안보리가 해체를 '결정' 하는 것과 마찬가지가 된다.

43) 이른바 한반도 문제의 자동 상정 시대로서 그 이후 26차(1971년)와 27차(1972년) 총회에는 한국문제를 상정하지 않았다.

44) 1973년 11월 28일 제28차 유엔총회는 UNCURK해체에 관한 문안을 합의로 채택하였다. 그러나 이것은 결의를 채택한 것은 아니며 형식상 제1위원회에서 회원국들의 합의 문서를 채택하여 총회에 그 채택을 권고한 것을 총회가 채택한 것이다. UNCURK는 그 다음날인 11월 29일 해체 성명서 발표로 해체되었다. 곧, UNCURK는 〈유엔총회결의〉에 따라 설치되었으나 〈유엔총회결의〉에 의하지 않고 총회에서 해체에 관한 문안을 채택함으로써 해체된 예인데, 이는 주한 유엔사의 해체에 참고가 될 수 있을 것이다. 1974년 12월 17일 제29차 유엔총회는 〈유엔총회결의〉 3333(XXⅨ)에서 UNCURK해체에 관한 제28차 총회의 조치를 재확인하였다.

45) 〈유엔총회결의〉 3390 A.

46) 31차 총회에도 북한은 결의안을 제출하였으나 결의안 토의에 들어가기 전에 결의안을 철회하였으며 결의안 철회의 배경은 명확치 않다.

47) 김명기, 앞의 책, p.133.

48) 여기서 전시라 함은 전쟁상태가 아닌 데프콘(DefCon) 3 발령 이후의 상황을 의미.

49) 주일 유엔군사령부 후방사령부(Head quarter UNC Rear ; 대령이 사령관)로서, 1957년 유엔군사령부가 동경에서 서울로 이동함에 따라 〈주일 유엔군 지위협정〉(SOFA)을 계속 유지하기 위하여 후방 주일 유엔군을 주한 유엔군의 후방사령부로 존속시킴.

50) 〈주일미군지위협정〉은 이와 별도로 1960년 6월에 체결되었다.

51) 현재 주일 유엔군은 일본 내 자마 기지(Camp Zama)에 소재한 유엔군 후방사 본부에 미군 4명, 기타 유엔군 후방사 참전국 연락 장교단(호주, 캐나다, 프랑스, 뉴질랜드, 필리핀, 태국, 영국 등으로 구성) 14명 등 인원수는 고작해서 20명도 못 되나 이는 명목상 유지하는 전력이며 실제 전력은 45,000명의 주일미군이다. 즉, 주일미군이 유엔사의 이름으로 일본을 대한반도 작전의 후방기지로 사용할 수 있도록 최소한의 전력만 유지하고 있는 것이다.

52) 주일미군은 〈미·일 상호방위조약〉에 따라 일본의 방위를 위하여 일본에 주둔하는 것이므로 〈주일 유엔군 지위협정〉이 없는 상황에서는, 한반도 유사시에 주일미군이 일본 내 기지를 사용하여 대한반도 작전을 수행하는 것은 불가능하다.

53) 주변 사태라 함은 일본의 평화와 안전에 중요한 영향을 미치는 사태로 지리적 개념이 아니라 그 성격에 따라 규정된다.

54) 그러나 미군이 아닌 유엔군 구성국가(영국 등)들은 일본 내 기지사용이 불가능해지는 문제가 있으나, 미군을 제외하면 유엔군의 실질적인 무력제공은 미미하므로 현실적으로 큰 문제는 아닐 것이다.

55) 〈정전협정〉 준수를 위한 최초의 유엔평화유지군은 UNTSO(United Nations Truce Supervision Organization)로서 1948년 아랍과 이스라엘 사이의 〈정전협정〉 준수를 위하여 설치되어 지금까지 활동을 계속하고 있다. 상세 사항은 United Nations Department of Public Information, "United Nations, The Blue Helmets : A Review of United Nations Peace-keeping"(1990) 참조.

56) 유엔평화유지군의 활동 원칙으로는 "중립", "공정성", "자위적 조치를 제외한 무기 사용 금지" 등을 거론하고 있다. 이러한 원칙은 규범으로 확립된 것은 아니나 하나의 관습법으로 형성되었다. 상세 사항은 외교부, 《유엔평화유지활동 편람》, 1993 참고.

ARF의 오늘과 내일　　　　　　│　김창범

-제8차 ARF 외무장관회의의 결과를 중심으로-

"아시아 태평양 지역은 전례 없는 평화와 번영의 시대를 누리고 있다. 사실상 100여 년 만에 처음으로 총성이 멎었다. 역내 국가들이 사이에서 정치·안보협력에 관한 대화를 증진시키려는 경향이 증대하고 있다. ……아세안지역안보포럼(ARF)의 주요 과제는 이러한 평화와 번영을 유지하고 고양하는 것이다."[1]

-ASEAN-SOM(1995. 3. 18) 채택 ARF 개념서 서문 중에서-

1. 문제 제기

1994년 한국을 비롯하여 미국, 일본, 중국, 러시아 등 17국과 구주 연합(EU) 외무장관이 한자리에 모여 아시아·태평양 지역의 정치 안보문제를 협의하기 위한 첫 번째 모임, 곧 "아세안지역안보포럼"(ARF : ASEAN Regional Forum) 외무장관회의가 방콕에서 열렸다. 당시 의장국인 순시리(Soonsiri) 태국 외무장관은 의장성명(Chair Statement)을 통해 아시아·태평양 지역의 정치와 안보협력을 논의하기 위한 첫 번째 외무장관회의가 개최된 것을 역사적인 사건이라고 하면서 이 회의가 지역

의 평화와 안정, 그리고 협력의 새 장을 여는 의의를 지닌다고 높이 평가하였다.[2]

그로부터 7년 뒤, 베트남의 수도 하노이에서 제8차 ARF 외무장관회의가 열렸다. 그동안에 회원국도 늘어나 18국에서 23국이 되었으며, 재작년 7월 북한의 가입으로 이제 지리적으로 아·태 지역을 모두 포괄하는 협의체로 자리잡게 되었다.[3]

지난 제8차 외무장관회의에 참석한 대부분의 외무장관들은 지금까지 ARF가 신뢰구축 단계에서 역내 국가들의 이해를 증진하고 이견을 해소하는 데 기여해 왔다고 평가하였다. 이와 함께 외무장관들은 제8차 회의에서 향후 ARF의 발전 방향을 제시하는 3건의 중요한 문서를 채택하였다. 이는 "예방외교의 개념과 원칙"(Concept and Principles of Preventive Diplomacy)에 관한 문서를 비롯하여, "ARF 의장 역할의 강화"(Enhanced Role of the ARF Chair)와 "전문가·저명인사 등록 규정"(Terms of Reference dor the Register of Experts/Eminent Persons)에 관한 문서이다.

ARF가 출범한 지 7년이 지난 시점에서 이 협의체가 추구해야 할 예방외교의 개념과 원칙을 정리한 문서를 채택하고, 이를 뒷받침하기 위한 장치로서 의장 역할 강화와 전문가·저명인사 등록에 관한 문서를 만들게 된 것이다. 우리나라 수석 대표인 한승수 전 외무장관을 비롯한 대다수의 외무장관들은 3건의 문서 채택으로 이제 ARF가 신뢰구축 단계를 넘어서 예방외교 단계로 진입하는 토대가 마련되었다고 평가하였다. 제1차 방콕 ARF 외무장관회의 당시에는, 참석 외무장관들이 ARF의 성격을 역내 안보문제에 관해 대화의 습관을 기르는 수준의 포럼으로 규정하였던 데 비해, 이번 회의에서 예방외교의 기능을 갖는 방향으로 발전하게 된 것은 의미 있는 변화라고 하지 않을 수 없다.

탈냉전이 정착한 유럽과는 달리 아·태 지역에는 냉전이 청산되지 않고 여전히 대립과 갈등의 구조가 남아 있다. 또한 아·태 지역에는 유럽의 유럽안보협력기구(OSCE)와 같이 갈등과 분쟁을 제도적으로 해결할 수 있는 기구가 없다. 아·태 지역의 안보협력의 역사는 유럽에 비해 일천하고, 역내 안보협력의 발전을 제약하는 요인을 상대적으로 많이 내포하고 있다.

아·태 지역에는 지리적인 광대함은 물론, 정치·경제·사회·문화·종교·역사적 측면에서 커다란 다양성이 존재하고 있다. 상이한 정치체제와 사회 경제구조를 가진 국가들이 국경을 접하고 있기도 하다. 아울러 이 지역에는 제2차세계대전이 남긴 갈등과 불신이 아직 남아 있으며, 한반도의 분단, 중국-대만간 양안 문제, 일부 국가 사이에 미해결 영토 분쟁과 같은 주요한 갈등 요인이 존재한다. 최근 들어 역내 국가 사이에 대화의 습관이 축적되고 있긴 하나, 이 지역에는 다자주의의 전통이 부족하다는 점도 안보협력의 발전 가능성을 저해하고 있다.

특히 오늘날 아·태 지역에는 초강대국 미국과 함께, 정치적 경제적 강국으로 부상하고 있는 중국, 지역 강국으로 자리잡고자 노력하고 있는 일본, 그리고 냉전종식 이후 새로운 변신을 꾀하고 있는 러시아가 위치하고 있다. 우리나라는 바로 이러한 주변 강대국에 둘러싸여 있기 때문에 아·태 지역에 있는 그 어느 나라보다도 역내 안보환경의 안정적인 관리를 중요시할 수밖에 없는 상황이다. 아울러 북한과 교류와 협력을 통해 한반도의 냉전종식을 추구하고 있는 우리에게는, 북한이 참가하고 있는 ARF가 갖는 예방외교의 기능은 한층 더 의미 깊게 느껴진다.

이러한 현실에 비추어 아·태 지역의 유일한 정부간 안보협의체로 가동되고 있는 ARF가 예방외교 단계로 진입하였다는 사실 자체가 갖는 의의는 적지 않다. ARF가 앞으로 예방외교의 기능을 수행하는 협력체로서 발전할 잠재력을 보여줬다는 사실은 아·태 지역 차원의 안보협력이 더 구체화할 수 있는 가능성을 열었다는 점에서 의미를 부여할 수 있다.

첫 번째 회의부터 줄곧 참가해 왔고 ARF의 발전과정에 적극적으로 기여해온 우리나라의 처지에서 보면, 이번 제8차 외무장관회의가 어떠한 의미를 지니고 있으며, 과연 ARF가 이 지역의 안보대화 협의체로서 앞으로 얼마만큼 발전할 수 있을 것인지를 살펴보는 것이 중요하다.

이러한 인식을 토대로 하여, 이 글에서는 제8차 ARF 외무장관회의 결과를 중심으로 ARF가 예방외교 단계로 접어들기까지의 경과를 알아보고, ARF가 추구하고 있는 예방외교의 기능을 살펴보는 데 초점을 두고자 한다. 아울러 ARF가 예방외교의 기능을 수행하면서 마주치는 한계와 장애요인을 알아봄으로써 아·태 지역 차원에서 예방외교가 실제로 운용될 수 있을지도 고찰해 보고자 한다.

참고로, 앞서 언급한 제8차 외무장관회의에서 채택한 3건의 문서에 관한 회원국들의 협의 과정이나 채택에 이르기까지의 배경에 관해서는 아직 공개된 자료가 없고 이를 연구한 논문도 없다. 따라서 이와 관련된 부분은 필자가 ARF 회기간 회의 및 고위관리회의 등에 참가했던 경험을 토대로 작성한 것이다.

2. 신뢰구축에서 예방외교로 발전한 과정

1994년 ARF가 출범할 당시, 참가국들은 ARF의 발전과정에 대해 구체적인 청사진을 제시하지 못하고, ARF의 발전방향에 관한 다양한 의견들을 ASEAN이 종합하여 이를 차기 외무장관회의에 보고하도록 결정하였다. 이에 따라 ASEAN 국가들은 〈ARF 운영에 관한 개념서〉(concept paper)를 성안하여 1995년 8월 1일 브루나이에서 열린 제2차 외무장관회의에 제출하였다.

제2차 외무장관회의는 ASEAN측이 작성한 개념서에 포함된 내용들을 그대로 채택하였다. 제2차 외무장관회의 의장성명을 살펴보면, ARF

는 3단계에 걸쳐 점진적으로 발전하는 데 합의하였다.[4] 즉, 첫째 단계를 "신뢰구축 증진"에, 둘째 단계를 "예방외교 개발", 그리고 셋째 단계를 "분쟁에 대한 접근 모색"에 두었다. 또, 현재 ARF가 첫째 단계인 신뢰구축 증진 단계에 있으며, 앞으로 신뢰구축을 이행하기 위한 방안을 계속 논의하는 데 중점을 둘 것이라고 결정하였다. 아울러 추진과정에서는 ASEAN이 가장 중심적인 역할을 수행하도록 하고, ARF는 모든 참가국들에게 편안한 속도로 발전해야 한다는 점도 명시하였다.

흥미로운 사실은 앞에서 언급한 3단계 가운데 셋째 단계인 "분쟁에 대한 접근 모색"에 합의하기까지 상당한 어려움이 있었다는 것이다. 당초 ASEAN측이 작성한 개념서의 초안에는 셋째 단계가 "분쟁해결 메커니즘(conflict-resolution mechanism)"으로 기술되었다. 그러나 중국이 분쟁해결 장치와 같은 구체성을 띤 표현에 반대 의견을 표명함에 따라 좀더 추상적이고 애매한 표현인 "분쟁에 대한 접근 모색"(elaboration of approaches to conflicts)으로 낙착되었다.[5] 이는 아·태 안보협력의 방향에 대한 역내 국가들의 시각 차이를 단적으로 보여주는 한 예라고 할 수 있다. 이와 같은 사례는 예방외교의 발전과정에서도 나타날 수 있다는 점에서 유익한 시사점을 제공한다고 하겠다.

제2차 외무장관회의에서 이루어진 결정을 바탕으로 ARF는 신뢰구축 분야에 중점을 두고 그동안 활동해왔다. 신뢰구축, 수색, 재난구조와 평화유지활동에 관한 회기간 회의를 통해 회원국 사이에 신뢰를 높이고 이해를 증진하는 데 주력하였다. 간단히 말하자면, 쉬운 것부터 차근차근 해나가자는 접근방식으로 무엇보다 역내 국이 사이에 신뢰를 쌓는 일이 최우선 과제라는 인식에 기초한 것이다.

이러한 과정에서 명시적인 신뢰구축조치를 이행하지 않고도 회원국 사이에 긴장완화와 지역협력을 달성해온 ASEAN의 경험이 ARF에 원용되었다. ASEAN식 접근방식은 국가간 관계에서 무력을 사용하지 않고 평화적인 해결방법을 추구하는 한편, 내정불간섭을 원칙으로 하고 있다. 또한 협의와 합의를 고유한 관행으로 삼고 있다. 이러한 ASEAN식 접근 방식을 원용함으로써 ARF는 논란이 될 만한 문제는 다루지 않고, 다자 협력이 가능하고 적용할 수 있을 만큼 공통의 이해가 존재하는 문제만 다루는 경향을 띠게 되었다. 의견이 갈리는 문제들은 추후 해결할 수 있게 되거나, 시간이 흘러 문제 자체의 의미가 없어지고 논란의 여지가 사라질 때까지 제쳐놓는 관행이 자리잡게 된다.[6] 이와 같은 ASEAN식 접근 방식은 ARF의 발전과정에 지속적인 영향을 미치고 있으며, 우리가 뒤에서 살펴볼 예방외교의 제약요인의 하나로도 작용하고 있다.

신뢰구축 분야에서 진전을 이루어나가는 과정에서 ARF 차원의 예방외교에 관한 다양한 논의가 민간차원(Track Ⅱ)을 중심으로 활발히 진행되었다. 1996년 11월 파리에서 열린 예방외교 세미나는 ARF 차원의 예방외교가 준거할 틀을 제시하였다. 그 세미나에서는 예방외교의 정의에 관한 ARF 차원의 논의의 시발점을 1992년 부트로스 갈리 유엔사무총장이 〈평화를 위한 과제〉(Agenda for Peace)에서 기술한 내용에서 찾기로 의견 접근을 하였다.[7] 또한 앞으로 예방외교를 적용할 분야로 영토 분쟁, 재래식무기와 대량살상무기의 확산, 마약, 테러리즘, 수자원 문제, 밀수, 환경 파괴, 항행의 안전, 해적행위와 불법이민 등을 거론하였다. ARF가 실행할 수 있는 예방외교의 추진 방식으로는 의장의 중재 역할 확대를 들고, 양자 차원의 예방외교 조치 네트워크 강화, 예방외교에 관한 전문가 명부 작성, 위원회, 실무그룹, 특별대표 임명 등과 같은 임시적 조치(ad hoc measures), 규범 수립(norm-building)을 제시하였다.[8]

파리 세미나 1년 뒤인 1997년 9월 싱가포르에서 열린 예방외교에 관한 국제회의도 향후 ARF의 예방외교 기능에 관해 참고할 만한 지침을 제공해 주었다. 그 회의에서는 예방외교 수행을 위한 구체적인 방안으로서, 우선 ARF 의장의 역할을 검토하고 역내 관리들간의 협의과정을 더 강화해 나가는 한편, 유엔의 평화외교 경험을 원용하고, 예방외교 관련 연수를 제공하며 조기경보 능력을 함양하는 방안 등을 제시하였다.[9]

이러한 논의가 이루어지는 가운데 1997년 11월 브루나이에서 열린 신뢰구축 회기간 회의에서는, 신뢰구축조치와 예방외교가 중첩되는 부문은 병행해서 추진한다고 합의한 제2차 외무장관회의 결과를 다시 상기하고 신뢰구축과 예방외교의 중첩 분야로서 다음과 같은 조치를 들었다.[10]

① 중재 역할을 포함한 ARF 의장의 강화된 역할
② 전문가, 저명인사 명부 작성
③ 연례 안보 전망 보고서 발간
④ 주요 안보 문제에 관한 자발적인 브리핑 실시

1999년 11월 동경에서 열린 1999~2000 ARF 신뢰구축 회기간 회의에 싱가포르 정부가 작성한 "예방외교의 개념과 원칙"에 관한 개념서 초안이 제출되어 이에 관한 논의가 이루어졌다. 이와 함께 "ARF 의장 역할 강화"와 "전문가·저명인사 등록"에 관해서도 활발한 토론이 진행되었다. 의장 역할 강화와 전문가·저명인사 등록 문제는 예방외교에 불가분의 한 측면으로서 인식되었고, 실질적으로도 3개의 사안을 함께 논의하는 경향을 보였다.

그 이후 회기간 회의와 고위관리회의를 거치면서 예방외교를 비롯한 3건의 문서에 대한 문안 협의가 본격화되었다. 2000년 7월 제7차 ARF 외무장관회의를 거치면서 회원국들이 예방외교에 기본지침이 될 문서를 채택하는 데 합의하기 시작하였다.

예방외교 문서를 협의하는 과정에서 논의의 초점이 된 사항은 주권, 내정불간섭의 원칙과 회원국들간 컨센서스 견지 문제였다. 특히 주권과 영토 고권이 침해될 가능성에 대한 우려가 항상 문서 채택에 장애요인으로 작용하였다. 중국과 일부 ASEAN 국가들은 예방외교가 주권을 침해할 가능성을 사전 차단하기 위해 주권 존중, 영토 보전과 내정불간섭을 기본 원칙으로 명기할 것을 강력히 주장하였다. 특히 중국은 지역 평화와 안정을 유지하기 위해서는 국가주권과 주권국가 사이에 평등 및 불간섭 원칙이 약화되어서는 안 되며, 오히려 강화되어야 한다는 인식을 보였다.[11]

또한 예방외교의 시행 절차에서도 반드시 분쟁 당사국의 요청과 다른 회원국의 동의를 받은 뒤에 예방외교를 시행하도록 명문화해야 한다는 주장을 폈다. 일부 국가들은 예방외교에 관한 논의가 ARF를 지나치게 빠른 속도로 발전시키는 계기가 될 것이라는 우려를 감추지 않았다.

일례로 의장의 역할 강화와 관련하여, "임시회의(ad hoc meeting) 소집" 권한을 규정한 문서 내용 가운데 모든 회원국의 합의에 의한다는 데 회원국들이 일차적으로 합의하였음에도, 중국은 "직접적으로 관련된 당사국의 사전 동의 아래서만"(upon prior consent of directly involved states) 가능하다는 표현으로 수정할 것을 강력히 제기하였다. 이러한 중국의 주장에 따라 결국 이를 반영한 문안이 채택되었다.

3. ARF가 추구하는 예방외교의 모습

이러한 논의 과정을 거쳐 2001년 7월 25일 하노이에서 열린 제8차 ARF외무장관회의에서는 3건의 문서 곧, "예방외교의 개념과 원칙", "의장 역할 강화", "전문가·저명인사 등록 규정" 문서를 만장일치로 채택하였다. 앞서 말한 바와 같이 "예방외교의 개념과 원칙"에 관한 문서는 ARF 발전과정의 제2단계 곧, 예방외교의 발전을 위한 토대를 마련한다는 의의를 지니고 있다.

ARF가 추구하는 예방외교는 무엇을 의미하는가?

예방외교의 개념과 원칙에 관한 문서는 이를 세 가지로 정의하고 있다.

① 지역 평화와 안정에 잠재적인 위협을 일으킬 수 있는 국가들 사이의 분쟁과 갈등을 방지하고,
② 분쟁과 갈등이 무력분쟁으로 격화하는 것을 방지하는 한편,
③ 분쟁과 갈등이 역내에 미치는 영향을 최소화하는 것.

위의 정의에 따르면 ARF는 아·태 지역의 안정을 저해할 수 있는 분쟁이 발생할 가능성이 있다고 판단될 경우, 지역협력 차원에서 이를 방지하기 위해 외교적인 노력을 기울일 수 있다. 나아가 이러한 분쟁이 현실화할 경우에는 무력분쟁으로 확산되지 않도록 노력을 다하는 동시에, 이러한 분쟁이 지역 전체의 불안과 위협으로 확산되지 않도록 부정적인 파급효과를 극소화하는 데 힘을 기울인다는 것이다.

이와 같은 개념은 부트로스 갈리 유엔사무총장이 〈평화를 위한 과제〉에서 기술한 예방외교의 정의와 거의 같다. 분쟁이나 갈등을 사전에 예방하는 것뿐 아니라 분쟁이나 갈등이 발생한 연후에 취하는 행동도 함께 포괄하고 있는 것이 공통된 특징이다. ARF가 출범한 이래 지금까지, 역내 갈등 요인에 대해 사전 예방조치를 거의 취하지 못해왔던 점을 고려할 때, 너무 야심차고 이상적인 시도라고 해석할 수 있다. 또, ARF가 그러한 역량을 발휘하기 어려울 정도로 주요 역내 현안에 대해서는 회원국들의 이해 관계가 첨예하게 교차하고 있는 상황을 감안하면, 위의 정의는 현실과는 조금 거리가 있다.

그럼에도 위와 같은 정의를 ARF가 택한 것은 우선 현실적 제약에도 먼 장래를 내다보고 예방외교를 그려본다는 의미로 해석된다. 또한 이미 유엔 차원에서 제시한 바 있는 예방외교의 정의를 원용하는 것이

보편성 측면에서 당연했다고 보인다. 아울러 유엔에서 사용하는 정의를 가급적 그대로 가져오는 것이 정의를 둘러싼 ARF 회원국들 사이의 불필요한 논란을 피하고 합의를 쉽게 도출하는 데 유리했기 때문이라고 판단된다.

ARF는 예방외교를 위해 어떠한 행동을 모색하려는 것인가? 이번에 채택한 문서는 이를 다음과 같이 규정하고 있다.

우선 회원국들의 상호신뢰와 신의를 구축하기 위한 노력을 기울이는 것이다. 이는 이미 ARF가 출범 당시부터 추구해온 제1단계인 신뢰구축 증진과 겹치는 부분이다. 국가간의 분쟁과 갈등을 줄이거나 해소하기 위해서는 우선 상호신뢰와 신의를 쌓아나가는 것이 필수적이라는 인식에서 비롯된 것이다. 국가간의 관계도 인간 관계와 마찬가지로 무엇보다 믿음이 최고라는 뜻이다.

둘째, 역내 국가들의 관계를 설정하는 방식에서 일반적으로 용인될 수 있는 규칙이나 규범을 발전시키고 정착시키는 일이다. 단체 경기에서 반칙이나 규정 위반에 대한 벌칙이나 규칙을 만들어 나가듯이 국가들의 관계를 규율하는 게임 규칙을 만든다는 뜻이다. 이미 중국과 베트남, 필리핀, 말레이시아는 남지나해에서 지켜야 할 행동강령(code of conduct)을 작성하는 작업을 진행 중이다.

셋째, 회원국 사이에 오해나 오판을 피하기 위하여 투명하고 개방적이며 직접적인 의사소통 채널을 강화해 나가는 것이다. 투명성과 개방성은 안보협력을 보장하는 기초라고 할 수 있다. 열린 대화 없이는 예방외교가 가능하지 않다는 의미이다.

넷째, ARF 의장 역할의 강화이다. 사무국이 따로 없는 ARF로서는 의장만이 분쟁을 미연에 방지하는 중재 역할도 하고, 권고 기능도 담당할 수 있는 유일한 장치이다. 곧, 아·태 안보협력이라는 경기에서 심판을 볼 수 있는 것은 의장뿐이므로 심판의 권한과 역할을 더 늘려나가자는 것이다.

ARF가 그리고 있는 예방외교를 위한 조치들은 냉전시대의 갈등과 분쟁요인이 잔존해 있고, 아직 초보적인 수준의 다자 안보협력단계를 거치고 있는 아·태 지역의 상황을 그대로 반영하고 있다. 유엔과 비교해도 구체성 면에서 매우 미흡하다는 인상을 준다. 예를 들어, 유엔은 예방외교 추진에 필요한 조치로서 신뢰구축조치, 정보수집에 기초한 조기경보 기능, 공식, 비공식 사실 조사(fact-finding), 예방적 배치(preventive deployment)와 비무장지대(demilitarized zones)까지 제시하고 있다.[12]

곧, 유엔과 비교할 때, ARF는 일단 예방외교의 수단으로 외교적 노력만을 상정하고 있다. 앞서 언급한 ARF가 규정하고 있는 4개의 행동 가운데 의장 역할을 제외하고는 위기상황이 발생하거나, 발생할 위험성이 있는 경우에 신속히 대응할 수 있는 기능을 갖고 있지 못하다. 예방을 실행에 옮길 수 있는 실제적 수단, 예를 들어 사실 조사, 예방적 배치 등을 전혀 포함하지 않고 있다. 조기경보 기능을 할 수 있는 제도적 장치나 역량에 대해서도 구체적인 구상을 제시하지 못하고 있다. 앞서 말한 바와 같이, 이와 같은 내재적 한계는 현재 ARF가 위치하고 있는 상황을 나타내고 있다. 이와 동시에 ARF 회원국들이 예방외교가 구체적으로 실행에 옮겨질 상황을 염두에 두고 있지 못하거나, 아직 이를 검토하기에는 시기적으로 이르다는 인식을 갖고 있음을 시사하고 있다.

한편, 예방외교의 개념과 원칙에 관한 개념서는 예방외교 과정에서 지켜야 할 8가지 원칙을 규정하고 있다.

① 외교적 사안에 관한 것이어야 한다. ARF가 지역안보대화로서 출범할 당시부터 갖고 있는 태생적 속성상 무력사용은 원칙에서 배제하고 있

다. 무력 불사용을 원칙으로 하는 ASEAN의 관행을 준용했다고도 볼
수 있다.

② 비강제성을 띠어야 한다. 이는 위의 외교적 사안에 국한한다는 사항과
도 일맥상통하는 것으로서, 강제 실력행사를 통한 분쟁 또는 갈등의
해결을 지향하지 않음을 밝힌 것이다. 이는 ARF가 유엔이나 유럽안
보협력기구(OSCE)가 추구하는 예방외교의 대상이나 범위보다 협의
의 개념을 지향하고 있음을 나타낸다. 또한 국가주권의 중요성을 강조
하는 일부 회원국들의 의지를 반영한 것이기도 하다.

③ 시의 적절해야 한다는 점이다. 예방외교의 취지 자체가 분쟁이나 갈등
이 일어날 가능성이 있는 요인을 사전에 포착하여 이를 미연에 방지하
는 데 있는 만큼, 적시성의 확보는 필수 불가결하다.

④ 신용과 신뢰가 필요하다. 예방외교가 성공을 거두기 위해서는 분쟁
당사자나 이해 관계자의 신뢰와 이해를 얻지 않으면 안 된다. 문제는
신용과 신뢰를 어떻게 확보하고 증진하느냐는 것이다.

⑤ 협의와 합의에 기초한다. ARF는 출범 당시부터 표결로 의사를 결정
하지 않고 합의제를 적용한다는 점을 밝힌 바 있다. 이는 앞서 이야기
한 ASEAN의 규범과 관행을 기초로 한 것으로 볼 수 있다.

⑥ 자발성을 원칙으로 한다. 이는 ARF가 갖고 있는 독특한 특징이다.
ARF 회원국들의 다양한 정치·경제·사회·문화 배경을 감안하여 각
회원국들이 각국의 사정에 맞게 ARF에 참여하는 정도를 결정하도록
신축성을 부여하고 있다. 처음부터 참가한 회원국들과 나중에 참가한
국가들이 경험과 노하우에 차이가 있고 회의 참가에 필요한 역량에도
우열이 있음을 인정한 데 따른 것이다. 예를 들어, 연례 〈안보전망 보
고서〉도 모든 회원국들이 일률적으로 작성하도록 되어 있는 것이 아
니라, 희망하는 국가만이 작성하도록 되어 있다.

⑦ 국가 사이의 갈등에만 적용한다. 이는 국가 내부에서 발생하는 각종

갈등과 분쟁에는 적용하지 않는다는 점을 명확히 한 것이다. 이는 내정불간섭 원칙과 직결된 문제다. 최근 동티모르 사태에서 본 것처럼 이 지역에서도 국가 내분이 잦아질 것으로 예상되는 점에 비추어 볼 때, ARF가 갖고 있는 한계를 다시금 나타내는 부분이기도 하다.

⑧ 국제법, 그리고 국가들의 관계에서 보편적으로 인정되는 원칙(〈유엔헌장〉, 〈평화공존 5원칙〉과 〈동남아 우호협력조약〉)과 조화를 이룬다. 〈유엔헌장〉과 함께 〈평화공존 5원칙〉과 〈동남아 우호협력조약〉을 국가간의 관계를 규율하는 원칙으로 포함한 것은 중국, ASEAN 국가와 서방국가 사이에 타협의 산물로 해석할 수 있다.

ARF 차원의 예방외교를 논할 때, 의장 역할 강화와 전문가·저명인사 명부를 빼놓을 수 없다. 예방외교의 개념과 원칙에 관한 개념서가 예방외교의 기본적인 방향을 제시한다고 본다면, 의장 역할 강화와 전문가·저명인사 명부는 예방외교를 현 단계에서 실천에 옮길 수 있는 장치 또는 도구로서 그 의미가 있다. 실질적인 측면에서 ARF의 발전은 의장 역할의 강화나 전문가·저명인사의 활동을 통해서 이룩할 수 있다. 먼저 ARF 의장 역할 강화의 주요 내용을 알아보도록 하자.

ARF 의장 역할 강화에 관한 개념서에 따르면 의장의 역할을 크게 주선(good offices)과 회기간 조정역할에 두고 있다. ARF 의장은 의장의 역할을 수행하면서 다음과 같은 분야에 중점적인 노력을 기울이도록 규정하고 있다.

① 신뢰구축을 증진하고
② 규범 수립을 촉진하며
③ 회의가 열리지 않는 기간에 회원국간 정보공유를 위한 매개 역할을 수행하고

④ 회원국들의 합의에 기초하여 회원국들의 협의를 위한 중추 역할을 수
  행하며, 직접적으로 관련 있는 당사자의 사전동의 및 회원국의 합의
  아래 적절한 수준의 임시회의를 소집할 수 있다.

  이와 같은 의장의 역할을 지원하기 위하여 ARF 의장국에게 국내의 인
적 자원을 사용하도록 하고, 다른 회원국들에게도 자원을 제공하도록 권
고하고 있다. 중요한 것은 ARF와 관련된 문제들에서 경험이나 식견이
있는 전문가나 저명인사들을 활용하여 이들이 의장에게 의견을 내도록
한 점이다. 또한 의장이 비공식적으로 유엔을 비롯한 역외 기구 및 비정
부기구의 전문적 견해와 자원을 활용할 수 있도록 하였다.
  다음으로 전문가 · 저명인사 명부 작성에 관해서 간략히 언급하고자
한다. 전문가 · 저명인사 명부는 신뢰구축과 예방외교와 같은 ARF 활동
에 관해 전문적인 지식이나 경험이 있는 전문가와 저명인사를 각 회원국
으로부터 추천받아 이를 명부로 작성하여 활용한다는 계획이다. 전문
가 · 저명인사 등록 규정에 따르면 각 회원국은 본인의 동의 아래 최대 5
명까지 전문가 또는 저명인사를 임명할 수 있다.
  전문가와 저명인사는 전문가적 견해나 권고 의견을 제시할 수 있다.
다만 그러한 의견들은 회원국에 구속력을 갖지 않는 것으로 규정하고 있
다. 또한 이들은 ARF 의장이나 회원국의 요청에 따라 자기 전문 분야를
심도 있게 연구하고 조사할 수 있다. ARF 의장은 분쟁이나 갈등 요인을
예방하기 위해 주선이나 사실 조사를 할 필요가 있을 때, 바로 관련 분야
의 전문가나 저명인사를 사용할 수 있다. 그러한 점에서 이들은 예방외
교를 실행하는 수단으로서 효과적인 역할을 해낼 수 있다.

4. ARF가 예방외교 기능을 본격적으로 발휘할 수 있을 것인가?

지난 제8차 하노이 외무장관회의를 계기로 ARF가 신뢰구축에서 예방외교로 진입하는 단계에 이르렀으나, 아직도 ARF 활동의 중점은 신뢰구축 증진에 있다. 이제부터 예방외교의 개념과 원칙에 관한 개념서에 포함된 내용들을 회원국들이 더욱 신중히 검토하고 이를 실행에 옮기기 위한 방안을 연구할 것으로 예상된다. 출범 이후 7년 만에 예방외교의 문턱에 도달했듯이 앞으로 예방외교가 본격화하고 ARF의 중점이 분쟁과 갈등을 예방하는 조치를 실천하는 데 집중되기까지는 상당한 시일이 걸릴 것으로 보인다.

현 시점에서 ARF가 예방외교의 기능을 얼마만큼 수행할지 살펴보면, ARF가 마주친 문제점과 한계를 알 수 있고 궁극적으로 앞으로의 발전 방향을 가늠해볼 수 있을 것이다.

우선 간단한 예를 하나 들어보자. 2001년 4월 미국과 중국 사이에 발생했던 EP-3 군용기 충돌사건과 같은 사건이 또다시 미국과 중국 사이에 발생하였다고 가정해보자. 이 때, 미·중의 갈등을 해소하는 데 ARF가 적극적인 역할을 할 수 있을 것인가?

이에 대한 대답은 안타깝게도 "NO"라고 할 수밖에 없다. "NO"라고 대답할 수밖에 없는 이유는 ARF가 스스로 규정한 예방외교의 개념과 원칙에 나와 있다. 8개 원칙 가운데는 비강제성과 자발성이 들어 있다. 어느 일방이 이러한 원칙을 이유로 ARF의 개입을 원하지 않는다면, ARF는 정치적인 메시지를 보내는 것 이상의 역할을 하기는 어렵다. 또한 중요한 상황이 발생할 경우, 의장도 직접적인 관련 당사자가 사전 동의하고 모든 회원국들이 동의한 뒤에야 역할을 할 수 있으므로 어느 일방의 명시적 반대가 있는 한, 실현 가능성이 없다.

곧, 예방외교의 개념과 문서에 회원국들이 합의하더라도 실제로

ARF가 분쟁이나 갈등 예방을 위해 주선이나, 조정 역할을 하기까지는 상당한 시간이 필요할 것으로 예상된다. 그리고 예방외교를 본격적으로 수행하기 위해서는 ARF 자체가 상당한 진화 과정을 거쳐야 할 것으로 보인다.

먼저 ARF가 본격적인 예방외교를 구사하는 역내 안보협의체로 발전하는 데 어떠한 한계가 있는지 살펴보도록 하자.

우선 ARF는 정치·경제·문화·종교적으로 매우 다양한 회원국들을 포괄하고 있고, 지리적으로도 동북아시아, 동남아시아, 그리고 서남아시아에 걸쳐 있다. 유럽의 안보협력체, 예를 들어 유럽안보협력기구(OSCE)와 비교할 때, 협의체가 갖는 일체감과 유대감이 상대적으로 미흡하다. 따라서 내부의 단결력 확보보다는 의견이 상반되는 그룹 사이에 조정이나 타협에 역량이 치중되어 발전이 더디다.

또, 아·태 지역은 유럽과는 달리 그동안 대화의 습관이 충분히 축적되어 있지 않아 대화와 협상을 통한 분쟁의 예방이나 해결에 익숙하지 않다. 따라서 이러한 과정이 자국의 이익에 미칠 효용성에 대한 인식보다는 자국의 주권에 피해를 주는 부분에 더욱 민감하게 반응하는 점도 예방외교의 조기 이행을 가로막는 요인이 되고 있다.

아울러 아·태 지역 국가들의 안보 위협에 대한 인식과 공통의 관심사가 서로 다르다는 것도 ARF가 공동으로 대응하는 토대를 마련하기 어려운 이유다. 예를 들어, 동남아국가들이 당면한 안보 위협은 이웃 국가의 침략이나 무력도발보다는 마약, 불법이민, 소형무기 불법거래와 같은 초국가적 범죄의 확산인 반면, 한반도, 중국-대만, 인도-파키스탄에는 여전히 무력 충돌의 위협에서 비롯되는 긴장과 갈등 요인이 남아 있다.

탈냉전의 세계적 조류가 확산되고 있는 현 시점에서도 아·태 지역에는 냉전시대의 유산이 아직도 남아 있다. 한반도, 중국-대만 관계 등을 비롯한 역내 갈등 요인들은 항상 분쟁으로 이어질 가능성을 지니고 있다. 2차 대전 이후 청산되지 않은 영토분쟁들도 여전히 역내 국가 사이에 긴장을 조성하는 요인으로 작용하고 있다.

ARF의 구조적 취약성에서도 그 원인을 찾을 수 있다. ARF는 사무국이 없는 상태에서 운영되고 있다. 의장국을 지원하는 별도의 조직이나 자문그룹도 없는 상황이다. ASEAN 사무국이 각종 회의 결과를 정리하고 관련자료를 ASEAN 웹사이트를 통해 관리하는 것 외에는 항구적으로 자료 보관을 하는 기구가 없다. ARF의 발전을 적극적으로 이끌어내기 위해서는 제도적인 틀이 필요하나, 현재로서는 제도화할 길이 닫혀져 있는 셈이다.

또, 합의를 원칙으로 하는 ASEAN식의 의사결정 방식도 예방외교와 같은 분야의 발전을 더디게 하는 요인으로 작용하고 있다. 출범 당시보다 회원국 숫자도 늘어나고 체제 · 지배 · 이념면에서 다른 점이 많은 국가들이 늘어났기 때문에 의사결정 과정에서 최소공약수를 찾기가 더욱 어렵게 되었다.

ARF를 주도하고 있는 ASEAN의 내부 문제도 주요한 원인의 하나로 꼽을 수 있다. ARF 의장국은 ASEAN 회원국만이 맡을 수 있다. 그러나 출범 당시와 비교하여 현재 ASEAN의 결속력과 지도력은 현저히 약화되었다. 당초 6국에서 출범한 아세안이 미얀마, 베트남, 캄보디아, 라오스 등 비교적 이질적인 4국을 회원국으로 가입시킨 뒤부터는 정치, 안보 분야에서 공동보조를 취하기가 쉽지 않아졌다. 특히 이들 4국이 의장국 수행에 필요한 인적, 물적 자원 측면에서 상당히 부족함에도 의장국을 맡게 됨에 따라, 이 기간 동안에는 ARF의 활동이 상대적으로 주춤해질 가능성이 있다.

ASEAN 국가들이 지난 1997년 외환위기 이후 경제적 어려움에 처해 있고, 정치적으로 변화를 겪고 있는 것도 ASEAN의 지도력 약화를 부채질했다. ASEAN의 지도국가로 인정받아 온 인도네시아가 경제난과 인종·종교분쟁으로 과거와 같은 지도력을 발휘하지 못하고, 지도력 공백을 메꿔줄 만한 국가가 나타나지 않고 있는 점도 문제를 어렵게 만들고 있다. ASEAN은 역내 전체의 평화와 안정을 위해 바깥으로 눈을 돌리기보다는 불안한 내부 살림에 치중해야 하는 상황에 직면해 있다.

이상에서 살펴본 바와 같이, ARF가 본격적으로 예방외교의 기능을 수행하기까지는 넘어야 할 산이 많다. 그러나 이러한 장애요인들이 예방외교 단계로 발전하는 것을 영원히 가로막을 만큼 심각한 것은 아니다. 시간이 흘러도 변화하기 어려운 지리적 여건이나 역사적 유산의 영향은 그대로 유지될 수밖에 없으나, ARF의 발전과 함께 예방외교의 기능도 나란히 증대될 수 있을 것으로 본다. 앞으로 예방외교가 기능을 하는 데 도움을 줄 수 있는 요인을 살펴봄으로써 예방외교의 발전 전망을 조망해보고자 한다.

먼저 세계화의 진전 속에서 역내 국가 사이에 상호의존도가 높아짐에 따라 상대적으로 안보 분야에서 다자협력이 필요하다는 인식도 증대되고 있어, 예방외교의 발전 가능성을 밝게 해주고 있다. 이러한 인식의 확산은 아·태 지역에서도 일어나고 있다. 23개 ARF 회원국들이 예방외교의 개념과 원칙에 관해 합의하였다는 사실도 이를 반증하고 있다.

과거와 같이 상대국 영토를 정복하거나 침략을 꾀하는 경향은 사라졌다. 역내 국가들은 경제 번영을 지속하기 위해, 무력사용 가능성을 줄여나가고 이견과 갈등을 평화적으로 해결하는 틀을 마련하는 데 관심을 쏟고 있다. 블레어(Blair) 미국 태평양 사령관은 아·태 지역 내의 안보공동체 구상을 역설하면서, 앞으로의 과제는 공통된 안보분야의 도전에 대해 지역 차원에서 다자적인 접근방법을 개발하는 것이라고 언급하였다.[13] 지역 차원의 안보협력에 유보적인 태도를 보여온 중국도 최근 들어 다자 안보 협력에 과거보다 전향적인 태도를 보이고 있다.

또 하나 주목할 만한 현상은 내정불간섭 원칙이 서서히 도전을 받고 있다는 점이다. 경제·사회·문화 측면에서 상호의존도가 심화됨에 따라 안보의 불가분성이 증대되고 초국가적으로 협력해야 할 분야가 확대되고 있다. 새로운 위협으로 등장한 마약, 해적, 불법이민, 소형무기 불법거래, 테러리즘 등과 같은 초국가적 범죄의 심각성도 이러한 경향을 가속화시키고 있다.

해적을 예로 들어보자. 해적 문제는 어느 일개 연안국가의 소탕작전만으로는 해결할 수 없다. 주변 연안국 모두가 정보를 공유하고, 공동대응과 합동작전을 하지 않으면 해적행위를 방지할 수 없다. ASEAN 국가들이 1997년 외환위기에 대응하는 과정에서도 내정불간섭 원칙을 유지하는 것이 바람직한지에 대해 의문이 제기된 바 있다. 쑤린(Surin) 태국 외무장관은 ASEAN 국가들이 의견을 개진하는 데 좀더 많은 신축성을 보여야 한다고 강조하고, 필요하다면 ASEAN 전체를 위해 다른 회원국의 정책에 조언도 해야 한다고 언급하였다.[14]

마지막으로 ARF 의장의 역할을 강화해야 한다는 데 전반적인 공감대가 형성되어 있다는 점을 들 수 있다. 의장 역할의 구체적인 방향에 대해서는 좀더 많은 논의가 필요하나, 의장이 과거와는 달리 주선과 조정의 역할을 하기를 기대하는 분위기가 조성된 것은 사실이다. 무엇보다 주목할 만한 것은 의장이 임시회의를 소집할 수 있는 권한을 부여받았다는 점이다. 비록 직접 이해 당사자들의 사전동의를 얻어야 하는 조건이 전제되어 있기는 하나, 의장이 적극적인 역할을 할 수 있는 장치를 마련했다는 점에서 의미가 있다. 또한 의장을 보좌하는 인력 풀로 전문가·저명인사들을 선정함으로써, 앞으로 의장이 전문적인 조언과 권고를 받을 수 있게 되어 그만큼 의장의 역할과 위상이 높아지게 되었다. 이들은 민감한 역내 문제에서 중립적인 조정 역할을 수행할 수 있는 일종의 현인(賢人) 그룹이 될 수 있다는 점에서 중요한 의미를 지닌다.

5. 맺음말

ARF의 발전 단계는 이제 아이가 글을 깨우치고 사고의 단계로 갓 접어든 시기에 비유할 수 있다. 이제 글을 깨우친 아이는 직접, 간접적인 경험과 무한한 지식의 세계를 통해 사고의 폭을 확대해 나간다. 이러한 과정에서 좋은 가르침을 받고 또한 실수와 실패를 반복함으로써 가치관을 정립해 나갈 것이다. 이와 마찬가지로 ARF도 아·태 지역의 정부간 안보협의체로서 점진적으로 예방외교 단계로 발전할 것으로 예상된다.

앞에서 본 것처럼 ARF가 예방외교 기능을 원활히 수행하기까지는 상당한 난관이 예측된다. 그러나 중요한 것은 당면한 한계와 장애요인에 집착하기보다는 작지만 실질적으로 진전을 이룰 수 있는 분야를 발굴하여 예방외교가 가능하도록 여건을 조성하는 것이다.

그러한 점에서 우리는 유엔이 추구하는 예방외교 수단을 면밀히 검토할 필요가 있다. 유엔이 그동안 환경 위협, 핵유출사고 위험, 자연재해, 대규모 인구이동, 기아사태와 질병의 위험 분야에서 취해온 조기경보 체제의 장점과 단점, 그리고 유용성을 조사하여 이를 토대로 ARF가 원용할 수 있는 시스템이 있는지 연구하는 것도 가치가 있을 것이다. 양자관계의 민감성을 극복하는 지혜를 초국가적인 위협에 대한 공동대처에서 찾을 수 있다고 본다. 이를 위해 ARF 의장이 유엔, 유럽안보협력기구(OSCE) 등 역외 기구와 긴밀히 협조하고 이들의 경험과 제도를 전수받고 공동의 협조방안을 강구하는 것도 유익할 것이다.

한편, ARF의 발전을 촉진하기 위해서는 무엇보다 각 회원국의 정치적 의지가 중요하다. 특히 ARF 의장국이 ASEAN 회원국에게만 돌아가는 데서 파생되는 문제점을 타개하고, 비회원국의 참여를 높이기 위한 방안으로 "의장친구"(Friends of Chair) 모임을 설치하거나 ASEAN 회원국과 비회원국이 공동의장직을 수행하는 공동의장제(Co-Chair system)

도입도 검토할 필요가 있다.

이제까지 살펴본 ARF의 발전 노력은 미흡하긴 하지만, 예방외교를 위한 첫걸음을 내딛었다는 점에서 그 의미를 찾을 수 있을 것이다. 이제 ARF는 '예방외교'라는 중간 기착지를 향해 이미 항해를 서서히 시작한 것이다. 한 번 방향을 잡은 배의 뱃머리를 되돌리기는 어렵듯이, 지금부터 '예방외교'에 대한 본격적인 논의가 이루어질 것이며, 부분적인 갈등과 대립이 있을 수는 있겠지만 논의가 중단되지는 않을 것이다.

이러한 과정에서 신뢰구축 증진을 위한 노력도 더욱 활성화될 것이다. 지금까지 ARF 차원에서 성과를 거두었던 신뢰구축조치들 곧, 《국방백서》의 교환, 각국의 군사활동에 대한 자발적 브리핑, 군시설 상호 방문 및 군 고위인사 상호 방문 등의 활동들도 지속적으로 추진, 강화해나갈 것이다.

한반도에 무력 충돌의 위협이 여전히 존재하는 현실에서 ARF를 통한 예방외교와 갈등 해결의 틀은 유용한 해결수단이 될 수 있을 것이다. 한편, ARF는 북한이 유일하게 참여하고 있는 지역안보포럼인 만큼, 북한이 이에 건설적으로 참여하도록 격려하는 한편, ARF의 각종 회의를 통한 남북한 접촉의 증대로 남북한 사이의 신뢰구축에 직접적으로 기여할 수 있을 것이다.

결론적으로 아·태 지역의 평화와 안정의 확보가 우리의 이익과 직결되어 있는 상황에서 예방외교라는 목표를 향해 움직이고 있는 ARF에 참여하는 것은 곧 우리의 국익을 증진하는 하나의 방편이 될 것이다.

주

1) "The Asia Pacific region is experiencing an unprecedented period of peace and prosperity. For the first time in a century or more, the guns are virtually silent. There is a growing trend among the states in the region to enhance dialogue on political and security cooperation. ……The main challenge of the ASEAN Regional Forum(ARF) is to sustain and enhance this peace and prosperity."

2) ASEAN Secretariat, "ASEAN Regional Forum Documents Series 1994~2000" (Jakarta : 2001), p.1.

3) 아세안지역안보포럼의 회원국은 출범 당시 18국(인도네시아, 말레이시아, 싱가포르, 필리핀, 태국, 브루나이 등 ASEAN 6국, 한국, 미국, 일본, 캐나다, 호주, 뉴질랜드, EU 등 ASEAN 대화상대국 7국, 중국, 러시아, 베트남, 라오스, 파푸아뉴기니)이었으며 그 뒤, 캄보디아, 인도, 미얀마, 몽골, 북한이 추가로 가입하여 2001년 12월 현재 회원국 수는 총 23국에 달한다.

4) ASEAN Secretariat, op. cit., p.8.

5) Jeannie Henderson, "Reassessing ASEAN", Adelphi Paper 328(International Institute for Strategic Studies), p.69.

6) Jose T. Almonte, "Ensuring Security the ASEAN Way", Survival, Vol. 30, No. 4 (International Institute for Strategic Studies, Winter 1997~1998), p.81.

7) "Agenda for Peace"에서는 예방외교를 다음과 같이 정의하고 있다. "Preventive diplomacy is action to prevent existing disputes arising between parties, to prevent existing disputes from escalating into conflicts and to limit the spread of the latter when they occur."

8) ASEAN Secretariat, op. cit., p.110

9) Ibid., p.173

10) Ibid., p.148.

11) Linbo Jin, "The Principle of Non-intervention in the Asia Pacific Region : a Chinese Perspective", *Non-Intervention and State Sovereignty in the Asia-Pacific*(Wellington : Center for Strategic Studies), p.54.

12) United Nations, "Agenda for Peace", p.13.

13) Dennis C. Blair and John Hanley Jr., "From Wheels to Webs : Reconstructing Asia-Pacific Security Arrangements", *The Washington Quarterly*(Winter, 2001), p.9.

14) Dr. Surin Pitsuwan, *Thai Foreign Ministry Statement*(July, 1998).

1990년대 동북아 정세와 우리의 대응 │ 이선진

1. 문제 제기

한반도의 지정학적 위치에 비추어, 남북관계를 포함한 한반도 정세는 국제정세와 동북아 정세의 흐름에 매우 민감하게 반응해 왔다. 한국이 이러한 국제정세 변화에 시의 적절하게 대응하느냐 그렇지 못하느냐에 따라 그 결과는 큰 차이를 보이고 있다. 1990년대 중국, 소련을 비롯한 공산주의 국가와 맺은 수교로 상징되는 북방정책의 외교적 성과가 긍정적 결과의 한 예라고 한다면, 1997년 외환위기는 부정적 결과의 한 예가 될 수 있다.

냉전종식 직후 발간된 1991~1992년도 《한국 외교 백서》는 1990년대 국제정세 전망을 이렇게 언급하고 있다. "1990년대 '냉전 이후 시대'에는 동·서 진영간 대결의 종식, 개별국가들간의 국가이익에 중심을 둔 경쟁과 협력, 안보, 군사 중심의 '고위정치'(high politics)보다 경제 중심의 '하위정치'(low politics)가 국제관계의 주요 특징으로 부각될 것이다. 이에 따라 1990년대의 국제질서는 유일 강대국인 미국과 경제대국인 일본, 그리고 통합된 유럽이 중추적인 역할을 담당하는 체제가 될 것으로 전망된다. 소련과 중국은 국내문제 우선 주의에 따라 당분간 대외적 영향력이 약화될 것이다."[1]

한반도 정세와 관련, 우리 정부는 80년대 말 미-소의 신 데탕트 분위기에 맞추어 대북한 〈7·7 선언〉을 발표하였고, 1989년 2월 헝가리를 시작으로, 1992년 8월 중국수교까지 북방정책을 추진하여 큰 성과를 거두었다. 한편, 남북관계에서는 1991년 12월 〈남북 사이의 화해와 불가침 및 교류·협력에 관한 합의서〉를 체결하면서, 단순히 전쟁의 부재라는 "소극적 평화"가 아니라 다방면에서 협력을 제도화하는 "적극적 평화"를 구현할 것이라고 낙관적으로 전망하고 있다.[2]

냉전체제가 종식된 지 10여 년이 지난 지금, 국제정세와 동북아 지역 정세가 위에서 본 것처럼 당초 전망대로 전개되는 점도 있지만 전망과 실제 현실 사이에 상당한 차이점도 있음을 감지할 수 있다. 한반도 정세에도 우여곡절이 있었다. 현 국제정세는 정세의 변화 속도와 불가측성을 실감할 수 있는 전환기적 성격을 띠고 있으며, 냉전종식에도 불구하고 여전히 불안정성을 보이고 있다. 특히 지난 해 일어난 9·11 테러는 앞으로의 국제정세 전개 방향에 불확실성을 더해주고 있다.

이 글에서는 냉전체제 이후 지난 10년 동안 우리 외교가 국제정세 변화에 어떻게 대응해 왔으며 그 특징이 무엇인지를 살펴보고, 나아가 향후 정세 변화에 대비한 우리 외교의 과제를 찾아보는 데 중점을 두고자 한다.

2. 1990년대 국제정세와 우리 외교정책

1) 국제정세 변화

가. 냉전종식과 세계화

미·소 냉전체제가 무너지고 걸프전에서 다국적군이 승리한 이후, 국제질서는 탈냉전, 탈이념을 표방하게 되었다. 이러한 가운데 국제질서는 유일한 초강대국인 미국이 우월한 정치, 군사력을 바탕으로 새로운 국제질서 관리를 주도하고 있으며, 일본, 중국, 러시아, 통합 EU 그리고 지역협력체와 다자회의의 발달로 다극화 현상을 보이는, 이른바 단일다극체제(uni-multipolar system)라는 새로운 형태가 형성되었다. 또, 냉전 구조의 붕괴와 함께 세계화 현상이 나타나서 1994년 우루과이라운드 타결과 지식기반 경제의 발달로 새로운 국제질서의 한 축이 되어 왔다.[3]

이에 따라 냉전 이후 시대에는 자유·인권·민주주의·시장경제를 보편적 가치로 공유하게 되었다. 안보 개념도 군사적 안보뿐만 아니라 정치·경제·사회적 측면을 망라하는 포괄적 안보 개념으로 변해 왔으며, 상대적으로 세계적 규모의 전쟁 위협이 감소되었다는 인식이 팽배해졌다. 무력사용이나 군사적 위협은 과거와 달리 '불량국가'(rogue state) 또는 테러집단을 제어하기 위한 다수 국가의 공동 행동으로 나타나고 있다.[4]

나. 동아시아의 경제적 활력

한편, 이러한 국제정세의 대변혁 속에서 동아시아의 경제적 활력은 냉전체제 종식과 함께 상호 작용하면서 한반도와 그 주변정세에 큰 변화를 불러일으켰다.

동아시아의 경제적 역동성은 1985년 〈플라자협정〉 이후라고 할 수 있다. 이 〈플라자협정〉에 따라 일본의 엔화 가치가 급격히 상승하여, 1985년 1달러당 238엔이던 환율이 1988년에는 120엔 대까지 급격히 조정되었다. 이의 보완책으로 일본 중앙은행은 저금리 정책과 초(超)금융완화 정책을 취함으로서 과잉 유동성을 불러일으켰으며, 자산가격의 급상승으로 이른바 거품경제를 초래했다. 일본의 해외투자는 1980년대부터 본격화되었으나 거품경제와 함께 1980년대 후반 급속적인 신장세를 보인다.

1981～1983년에 연평균 83억 불이던 해외투자가 1986～1989년에는 각 각 223억 불, 333억 불, 470억 불, 675억 불로 늘어난다.

동남아 국가들은 1985년부터 10년 동안 연 6～10퍼센트의 GNP 성장률을 기록하였으며, 이들의 성장은 국내저축이 아닌 해외자본의 유입에 주로 의존한 것이었다.[5] 한편, 아시아 신흥공업경제국(한국, 대만, 홍콩, 싱가포르)은 연 8～10퍼센트의 높은 성장률을 보여, 선진국 가운데 상대적으로 높은 성장세(연 4퍼센트)를 보이고 있는 일본과 함께 동아시아 경제성장을 주도해 나갔다. 그 결과 동아시아의 고도 성장은 세계 경제지도를 크게 바꾸어 놓았다. 일본 경제기획청의 장기전망위원회에 따르면, 2000년도 상품과 서비스 생산의 절반 이상을 아ㆍ태 지역이 차지할 것으로 전망하였다.[6] 이러한 동아시아의 역동성은 "21세기는 아시아ㆍ태평양의 시대"가 될 것이라는 전망을 낳게 하였다.

한편, 중국은 1989년 발생한 천안문사태로 어려운 시기[7]를 맞이하였다. 특히 1992년 초 등소평이 "남순강화"(南巡講話)를 통해 중국의 개혁ㆍ개방은 계속되어야 한다고 행동으로 강변할 시점에 즈음하여 중국은 보수ㆍ개혁 사이의 갈등이 최고조에 달하였다. 그러나 중국은 이를 잘 극복하여 1993년 이후 작년까지 매년 7.1～13.4퍼센트라는 높은 경제성장을 계속하면서 세계 제1의 투자대상국으로 부상하였다. 1996년 11월 중국 사회과학원은 중국이 2020년이 되면 미국 다음가는 제2의 GDP 경제규모를 갖출 것으로 내다보았으며, 당시 세계은행도 비슷한 전망치를 발표하여 국제적인 관심을 모은 바 있다.[8]

다. 경제위기

1997년 동아시아의 외환ㆍ금융위기가 가져온 동아시아 지역에 대한 정치적, 경제적 충격은 우리 모두가 직접 체험한 만큼 긴 설명이 필요 없을 것이다. 한국을 포함하여 동아시아 각국은 아직도 경제위기에서 완전히 벗어나지 못하고 있으며, 국내 정치적으로도 어려움을 겪고 있는 실정이다. 특히 동아시아의 경제적 활력은 사라지고, 동아시아 지역에 대한 국제 정치적인 관심도 자연 낮아지고 있다. 국제 단기 유동성 감시와 규제를 위한 규제방안 등을 논의하기도 하였으나 구체적인 합의에 이르기까지는 많은 난관이 예상되며, 특히 이러한 문제 협의를 위한 구심점과 추진력을 얻지 못하고 있다.

동아시아의 경제적 활력은 냉전체제의 붕괴와 함께 우리의 '북방정책'에 큰 도움을 주었으나, 다른 한편에선 10년 후에 있을 좌절의 씨앗을 잉태하고 있었다. 그 좌절이 바로 1997년 이후 동아시아 경제위기라는 모습으로 나타난다.[9]

2) 한국의 외교정책

위와 같은 1990년대 국제적, 동북아 지역의 정세 변화 속에서 한국은 대외관계와 한반도 문제에서 두 번의 기회와 두 번의 위기를 경험하게 된다. 이를 발생 순서대로 보면, 북방정책의 성공, 북한 핵위기, 외환위기 그리고 2000년 남북정상회담의 실현이다.

가. 북방정책

"북방정책"이란 과거 공산국가들과 관계를 개선하려는 정책을 의미한다. 한국이 1989년 2월 헝가리와 외교관계를 수립한 뒤, 그 다음해 4월까지 폴란드, 유고슬라비아, 체코슬로바키아, 루마니아, 불가리아, 몽고와 수교하였다. 이어 동독, 소련과 수교하고, 남북한이 유엔에 동시가입(1991년 9월)했으며, 1992년 8월 중국과 수교함으로써 북방정책이 일단 완료되었다.

이러한 외교적 성과가 가능했던 요인으로 연세대학교의 안병준 교수는 다음 세 가지를 들고 있다. 먼저, 공산국가들이 개혁과 개방을 진행하고 있는 것이 중요한 공헌을 하였고, 그 다음으로 한국의 경제력이 성장하여 1988년 서울올림픽을 거행한 것도 중요한 계기가 되었으며, 마지막으로 〈7·7 선언〉 이후 한국이 취해 왔던 진취적인 북방정책도 적지 않은 기여를 했다[10]고 분석하고 있다.

노태우 대통령은 대통령에 취임하던 해(1988년) 7월 7일 이른바 〈7·7 선언〉[11]을 통해, 북한이 미·일을 비롯한 서방국가와 접촉하는 데 반대하지 않으며, 호혜와 공존의 원칙에 입각한 남북협력을 강조하였다. 이러한 조치는 당시 중·소의 개방정책 채택에 따른 공산권의 변화 추세를 활용하자는 의도로서, 공산국가들이 한국과 쉽게 접촉할 수 있는 여건을 조성해 주었다. 한국이 당초 "정경분리"(政經分離)를 수용했다가 헝가리와 수교했을 때부터 정경연계(政經連繫)로 정책을 전환한 것도 매우 시의에 알맞은 조치였고", "소련이 선경제 후정치(先經濟 後政治)를 요구한 데 대하여 선정치 후경제(先政治 後經濟)를 주장한 것도 매우 진취적인 태도"였다고 평가하였다.

안교수는 한국의 시의 적절하고 저돌적인 자세가 이러한 성과를 가능하게 하였다고 하면서도, 그 과정에서 국내정치 시각에서 (외교)정책을 공작적(工作的)으로 수립한 점, 정책 결정과정에 조정기능이 결여된 점, 비전문성과 지적 투입(知的 投入)의 결여 등을 문제점으로 지적하였다.[12]

국제정세의 변화와 한국의 북방정책 성과는 결국 북한으로 하여금 유엔에 동시가입(1991년 9월)하고 〈남북기본합의서〉(1991년 12월 서명)에 합의할 수밖에 없도록 하였을 것이다. 당시 한국 외무부는 "남북관계 정상화의 국제화 추세"와 남북 고위급회담의 진전은 "한반도 문제의 한반도화"의 진행으로 보고, 북한이 남북한 평화공존정책으로 전환한다면 1990년대 중반까지는 한반도의 탈냉전화 및 한반도 평화체제의 구축이 가능할 것으로 전망하였다.[13]

현 시점에서 돌이켜보면 이러한 전망이 너무 낙관적이지 않았나 하는 평가도 가능하다. 그러나 북방정책은 한국 현대 외교사에 전환점이 된 하나의 중대 사건이었다. 외교 현장에서 일해온 본인의 개인적인 경험에 비추어 볼 때, 북방정책은 우리나라가 한반도 안정을 확보하는 수단으로서 군사력뿐 아니라 안보외교도 활용하려는 시도를 했다는 점, 또한 북한을 국제 무대에서 지원하려는 노력의 시발점이었다는 점 등 다각적인 각도에서 그 의미를 분석해야 할 것이다. 이러한 북방정책의 시도와 의미는 10년 뒤 김대중 대통령의 햇볕정책으로 강한 추진력을 얻게 되고, 여러 가지 논란에도 불구하고 우리 외교의 기조로 정착되어 가고 있다고 할 수 있다. 그럼에도 사료의 많은 부분이 아직 비밀인 만큼 체계적인 연구가 어려운 점도 있지만, 이 글을 준비하는 과정에서 관련 학술논문을 찾아보면서 이 분야연구가 그동안 매우 빈약했다는 느낌을 받았다.

나. 북한 핵위기(1993년)

북한 핵위기는 국제원자력기구(IAEA)가 핵폐기물 보관시설로 생각되는 영변의 핵시설 두 곳에 대한 특별 사찰을 요구하자 북한이 1993년 3월 IAEA 사찰의 법적 근거인 〈핵확산금지조약〉(NPT) 탈퇴를 선언함으로써 주요 국제 현안문제로 부각되었다. 그 뒤 19개월 동안의 긴 협상을 거쳐 1994년 10월 제네바에서 북·미 사이에 〈기본합의서〉(Agreed Framework)가 타결되었다. 이 〈기본합의서〉는 북한이 경수로 2기를 제공받고, 이 경수로 완공시까지 중유(50만 톤)를 공급받으며, 미국과 관계 개선 등의 보상을 받는 대신, 핵활동의 동결, 플루토늄 생산 능력의 포기와 〈IAEA 안전조치협정〉의 준수를 약속한다는 것이 그 내용이다. 이 〈기본합의서〉에 따라 현재 한반도에너지개발기구(KEDO)가 경수로 건설사업을 추진하고 있다.

그러나 북한 핵문제는 이미 끝난 문제가 아니라 현재도 진행 중인 사안이다. 앞으로 완공시기와 핵 검증문제를 둘러싸고 또다시 위기로 불거질 가능성이 남아 있는 문제이다. 북한 핵 문제의 장래를 조망해 본다는 관점에서 1993년 당시의 핵위기를 재조명해 보면 다음과 같은 세 가지 시사점을 느낄 수 있다.

첫째, 외교 형식 면에서 새로운 양상을 보인 점으로서, 이제까지의 외교 행태에 변화를 일으켰다. 한국을 제외하고 북·미가 직접 협상한 것과, 북한 문제와 관련하여 한·미·일 3국이 공조체제를 구축한 것이 그것이다. 한반도 문제의 "남북 당사자간 해결 원칙"에 변형이 가해졌다고 해석할 수 있다. 그 후 4자회담 제의(1996년), 미사일 문제를 포함한 이른바 대량살상무기(WMD)에 대한 역할분담론(2001년)[14] 등이 제기된다.

둘째, 핵위기와 관련하여 군사력 사용 가능성을 검토했다는 사실이다. 이 부분은 한국과 미국 모두 공식적으로 확인해 주지 않았기 때문에 전모를 알 수는 없으나 그 심각함과 긴박함을 알리는 증언이나 자료는 많이 나오고 있다. 핵위기 당시 미국 국방부장관을 지낸 윌리엄 페리(William Perry)는 당시 미국이 전쟁 발발을 가정하여 군사작전을 치밀하게 준비하고 있었다고 증언했다.[15] 한반도의 불안정한 상황을 일깨워주는 한 예이다.

셋째, 북한이 핵을 개발한 의도가 무엇인지, 현재는 그러한 문제들이 해결되었는지를 생각해봐야 한다. 북한의 의도에 대해서는 여러 가지 분석이 있지만 대체로, 대남 안보 우위 고수, 핵 카드를 활용한 북·미 관계 개선 및 남한에 대한 외교적 열세 만회, 체제유지용 안전장치 확보 등을 들고 있다.[16] 어느 학자는 북한이 미국의 관심을 끌 수 있는 방법은 위기밖에 없었다는 재미있는 관측을 하고 있는데,[17] 이는 현재의 북·미관계에 비추어볼 때 주목할 만한 관측이다.

1999년 12월 페리 전 국방장관은 한반도 문제에 대한 건의서, 이른바 〈페리 보고서〉를 클린턴 대통령에게 제출하였다. 이 보고서를 제출하기 앞서, 전 국방부 차관보를 역임한 아미티지(Richard L. Armitage)가 중심이 되어 작성한 〈아미티지 메모〉(Armitage Memo)가 발표되었다. 〈아미티지 메모〉에서는 1994년 〈제네바합의〉 당시의 가정을 수정하여 새로운 대북한 정책을 수립해야 한다고 주장하였다. 〈제네바합의〉는 첫째, 〈제네바합의〉가 북한의 핵 개발에 종지부를 찍을 것이며 둘째, 북한은 붕괴 직전에 있는 실패한 국가(failed state)로서 '경착륙'(hard landing)을 피해야 하고 셋째, 〈제네바합의〉가 결국 북한을 개방시키고 남북 화해로 유도하여 '연착륙'(soft landing)시킬 수 있다는 가정에서 출발하였다. 그러나 이 모든 가정을 이제 재검토해야 한다면서 특히 북한이 곧 붕괴될 것이라는 가정은 아주 잘못된 것이라고 단정하였다.[18] 〈페리 보고서〉도 이 점에는 동의하고 있다.[19] 즉, 미국은 〈제네바합의〉 당시의 북한 붕괴 가능성을 전제로 한 대북한 정책에서 벗어나야 한다고 권고하고 있다.

다. 한국의 외환위기(1997년)

한국의 위기는 한국이 냉전종식 이후 하위정치(low politics)의 확장, 정보통신 기술의 발달과 우루과이라운드 타결에 따른 세계화의 급속한 확산에 적절히 적응하지 못했기 때문이다. 전문적인 분석은, 대체로 국제금융체제의 불안정성과 국제금융의 투기성이라는 외부 요인과, 한국의 "준비되지 않은 신자유주의로의 정책전환" 및 한국 경제의 구조적 취약성이라는 내부 요인이 겹치면서 비롯된 것으로 보고 있다.[20] 그러나 일본 언론인 시게무라(重村智計)의 시각이 우리들 마음에 훨씬 와 닿는다. 그는 한국(및 일본)이 냉전종식 후 시대적인 개혁 요구에 늦게 대응했기 때문에 위기가 발생했다고 분석하였다. 냉전종식은 사회주의체제의 패배이며, 한국과 일본은 중앙집권제, 강력한 권한을 가진 관료체제, 계속적인 여당 집권 등 사회주의적 요소를 많이 가지고 있어, 새로운 국제질서에서는 진통을 겪을 것으로 예상되었으나 이를 "대안의 불"로 여기고 있었다는 것이다.[21]

외환위기의 대가는 한국이 수십 년 동안 고도 성장으로 이룩한 부를 하루아침에 빼앗아 갔으며, 불과 1년여 전(1996년) OECD에 가입할 당시의 한국인의 자부심과 자존심을 짓밟아버렸다. 한국의 대외관계에 미치는 영향도 매우 컸다. 피해가 컸던 만큼 김대중 정부의 4대 개혁은 당초 추진력을 가질 수 있었다. 그러나 3년 만에 개혁의 추진력이 떨어지고 있다는 비판을 받고 있으며, 특히 대외관계에서도 그 예를 경험하고 있다. 한국은 미, 일과 쌍무투자협정(BIT)을 그리고 몇 나라와 자유무역협정(FTA)을 체결할 계획을 세우고 우선 칠레와 협정을 체결하고자 의욕적으로 추진하였으나 어느 하나 타결하지 못하고 있다.

현 국제경제 상황은 우리를 더욱 불안하게 하고 있다. 국제금융체제는 여전히 불안정한 상황이다. 그러한 가운데 세계 경제의 견인차 역할을 해온 미국과 함께, 일본, EU 경제가 동반 침체되고 있으며, 동아시아 경제는 1997년 경제위기에서 완전히 탈출하지 못한 상황이다. 이와 더불어 최근 아르헨티나, 터키의 경제위기설마저 나돌고 있다.

1990년대에는 안보 개념마저 정치·경제·사회적 측면을 망라하는 포괄적 안보 개념으로 변해 왔다. 이러한 가운데 국가간에는 정치, 군사적 우호관계를 유지하면서, 경제적 측면에서는 경쟁이 가열되는 '경쟁적 공존'의 양상이 나타나고 있다.[22]

이번 미국의 테러 사건에도 불구하고 세계화는 지속될 것이라는 관측이 일반적이며, 뉴라운드(New Round)의 출범, 중국의 WTO 가입이 우리의 경제와 대외 동향에 미칠 영향은 더욱 커질 것으로 예상된다. 1997년 외환위기는 새로운 국제질서가 우리에게 보낸 경고 메시지였다.

라. 햇볕정책(1998)

2000년 6월 남북정상회담은 한반도 평화정착 과정에 일대 획을 긋는 중요한 전환점이다. 남북한의 지도자가 평화와 통일이라는 문제를 놓고 의견을 교환하고, 공동선언을 통해 평화공존의 기틀을 마련하는 한편, 교류와 협력의 틀을 제시한 것은 앞으로 한반도의 평화구축 과정을 앞당기는 데 크게 기여할 것이다. 남북정상회담은 그 자체가 남북관계에서 처음 있는 일이지만 북한의 대외관계에도 큰 변화를 가져왔다. 북한은 미국, 일본, EU, 동남아 국가 등과의 관계를 크게 개선시켰다. 이러한 결과는 우리가 북한을 국제사회에 개방시키려고 일관된 노력을 기울여왔으며, 우리의 우방국들도 햇볕정책을 이해하고 적극 지원했기 때문에 가능했던 것이다. 우리가 과거와 같이 북한의 고립을 추구하거나, 우방국과 북한의 관계 개선에 소극적, 또는 조건적인 태도를 보였다면 그러한 결과가 나오지 않았을 것이다.

햇볕정책은 북한의 변화와 대외개방만이 한반도에 진정한 안정과 평화를 가져올 수 있다는 판단에서 비롯되었다. 2000년 북한은 아시아태평양 지역의 유일한 정부간 안보대화기구인 아세안지역안보포럼에 가입하였다. 이는 우리 우방국들의 대북한 접근(engagement)이 가져온 결과이다.

3. 앞으로 한반도 정세에 영향을 미칠 요인

지난 10년 동안 한국 외교는 탈냉전시대 이후 새로운 국제질서가 정착되는 과정과 함께 변화해 왔다. 앞서 언급하였듯이 한반도의 지정학적 위치와 분단 상황은 국제정세의 흐름에 직접적인 영향을 받을 수밖에 없다. 이러한 현상은 세계화의 진전과 우리나라의 국제적 위상 제고, 그리고 상호의존도의 심화 등에 따라 더욱 두드러지고 있다.

앞으로 우리 외교에 닥칠 과제를 살펴보기 위해서는 한반도 정세에 영향을 미칠 주요 요인을 알아보고 이에 대한 우리의 대응전략을 모색해볼 필요가 있다. 앞으로 한반도 정세에 가장 큰 영향을 미칠 국제 요인들로서, 미국 대외정책의 변화, 중국의 부상과 세계화 진전 등에 관해 살펴보고자 한다.

1) 미국의 대외정책 변화

가. 테러사건 이전 미국의 대외정책 기조

부시 행정부는 2001년 1월 출범 이후 현실적인 시각에서 "미국적 국제주의"를 천명하였다. 이는 클린턴 행정부의 정책과는 다른 특징을 가지는 것으로써 부시 행정부 초기 외교정책의 특징[23]을 간단히 살펴보면, 우선 "힘을 통한 평화"를 강조하고 이를 위해 군사력을 중시하는 외교를 지향하였다.[24] 미국이 힘(power)을 행사하는 것과 이를 행사하기 위한 다른 능력이 모두 중요하며, 미국의 국익이 인도적 이익(humanitarian interests) 또는 국제공동체의 이익(interests of the international community)으로 대체되어서는 안 된다는 것을 강조하였다. 이에 따라 미국의 이익과 일치하지 않는 국제협약이나 다자협약이 갖는 문제점을 지적하고 가입 반대 또는 유보 의사를 표명하였다. 〈교토의정서〉 비준 거부, 〈CTBT 조약〉의 비준 거부, 남아공에서 열린 인종차별철폐회의 보이콧 등을 그 일례로 볼 수 있다.

또한, 동맹관계를 강화한다는 입장을 표방하면서, 국제평화를 위한 미국의 리더십은 유엔과 같은 국제기구를 통하는 것보다는 민주적 가치를 공유하는 동맹국과 협조하여 국제문제를 해결하는 것이 효과적이라고 판단하였다. 이에 따라 동북아 지역에서는 일본과의 동맹관계 강화와 함께, 특히 북한 문제와 관련해서 한국과의 정책 조율을 강조하고 있다.

이와 함께 가장 중요한 특징의 하나는 지정학적 우선 순위에 따른 미국의 선택적 개입을 중시하였다는 점이다. 부시 행정부는 클린턴 행정부와는 달리 범지구적 문제에 대한 적극적 개입을 지양하고, 미국의 전략목표 우선순위를 아·태 지역과 중동 지역 등에서 적대세력 등장에 대비하는 데 두어야 함을 강조하였다. 특히 중국의 부상을 염두에 둔 세력 균형책의 일환으로 우리나라를 비롯, 일본과의 동맹관계를 중시하고 인도, 대만의 전략적 중요성을 강조하였다.[25] 또한 북한, 이란, 이라크 등 이른바 '불량국가'들의 비대칭적 위협을 강조하고 이들 국가들과는 협상보다는 단호한 외교를 강조하였다.

마지막으로 "새로운 전략적 틀"(New Strategic Framework)에 입각한 미사일방어를 우선적으로 추구하였다. "상호확증파괴"(Mutual Assured Destruction) 개념은 더는 억지의 개념이 될 수 없으며, 미국은 불량국가의 미사일 공격 등 새로운 위협에 직면하고 있어, 이들의 공격으로부터 미국 본토와 동맹국을 보호하기 위한 미사일 방어망을 구축해야 한다고 주장하였다.

나. 테러사건 이후 미국의 대외정책 변화

9·11 테러 이후 미국의 대외정책은 조정과 변화의 과정을 거치게 되었다. 우선, 미국은 "테러와의 전쟁"에 최우선순위를 두고 있다.

또, 미국은 반테러 국제연대 강화라는 목표 달성을 위해 "선별적인 다자주의"(a-la-carte Multilateralism)를 추구하고 있다. 즉, 테러와의 전쟁을 수행하는 과정에서 국제사회의 폭넓은 지지와 이해를 확보하기 위해 〈안보리결의〉의 채택, 나토의 틀 활용 등 다자 차원의 지지와 협조를 획득하는 데 큰 비중을 두고 있다. 그러나 반테러 결속을 위한 다자주의의 추구가 여타 주요 국제 현안들에 대한 다자적 접근으로 확대될 가능성은 크지 않을 것으로 보인다.

아울러 군사 안보전략상에 변화가 일어날 가능성이다. 2001년 9월 30일 발표된 미국의 〈국방보고서〉(QDR : Quadrennial Defense Review)[26]는 테러를 포함한 모든 종류의 위협으로부터 미국의 본토를 방어하기 위한 전략에 중점을 두고 있다. 또한, 특정 시나리오를 상정한 "위협에 기초"한 전략에서 다양한 종류의 위협에 대처할 수 있는 "능력 중심의" 전략으로 전환할 계획임을 밝혔다. 그러나, 미사일 방어 계획은 꾸준히 추진할 것으로 보인다.

한편, 앞으로 테러 문제를 근본적으로 해결하기 위해 적극적인 대중동 정책을 추진함으로써 중동평화 정착을 모색할 가능성이 있는 것으로 보인다. 온건 아랍국가들의 협력을 확보하는 동시에 이란 등 역내 주요 국가들과 관계를 개선하는 데도 노력을 기울일 것으로 예상된다. 또한, 지정학적 이해와 관련한 "선택적 개입"에서 벗어나 비대칭적 위협에 좀더 적극적으로 대처할 것으로 전망된다. 특히 테러, 마약, 미사일 확산 등 초국가적 범죄와 비대칭적 위협의 온상이 되고 있는 "실패한 국가" 문제를 해결하는 방안을 모색하는 데 힘을 기울일 것이다. 또, 앞으로 아프간 신정부 수립과 관련한 국가들의 이해관계 조정 및 국제적 연대 지속을 위해 이슬람권 국가들의 반미 감정을 완화하기 위한 노력을 추진하는 등, 당분간 테러와 관련한 다양한 사안에 미국의 개입이 불가피할 것으로 보인다.

다. 미·중·러 사이에 전략적 제휴 모색

이번 테러 사건 이후 국제정세의 가장 큰 특징의 하나는 테러 척결이라는 "공통의 이해"를 중심으로 미국, 러시아, 중국의 이해관계가 어느 정도 합치하는 양상을 보이고 있다는 점이다.

러시아는 체첸 지역을 비롯한 국내 테러분자들의 억제 및 소요방지를 위해서 미국의 반테러 공조에 적극 참여하고 있다. 또한, 2001년 11월

12일에 푸틴 대통령이 방미함으로써 양국은 냉전의 유산을 극복하였고, 상대국을 적 또는 위협으로 간주하지 않는다고 선언함으로써 미·러 관계를 새로 정립하였다. 양국은 테러리즘, 대량살상무기 확산 등을 21세기 새로운 위협으로 인식하고 생화학테러에 대한 별도의 공동성명을 채택하는 등 안보분야에서 협력을 확대하였다.[27] 다만, 미국의 미사일 방어 추진 문제와 맞물려 있는 〈ABM 조약〉의 폐기 또는 수정 문제에서는 구체적인 합의점을 찾지 못하였다.

중국은 테러 사건 직후 탕자센 중국 외교부장이 미국을 방문(2001년 9월 20~21일)하여 국제적 반테러 연대를 위한 미-중 공조체제를 과시하였다. 또한 상해에서 열린 APEC 정상회의에서도 장쩌민 주석과 부시 대통령은 APEC 차원에서 반테러 선언을 채택하는 데 긴밀한 협조자세를 보인 바 있다. 그러나, 중국은 미국의 대아프간 공격에 대해서는, 유엔의 역할과 민간인 살상 반대 등의 원칙을 내세우면서, 제3세계 리더국가로서 입지를 유지하고 이슬람 분리주의 세력을 자극하지 않으려고 유념하고 있다.

따라서, 미·중, 미·러의 반테러 연대를 중심으로 한 협력관계가 기존의 전략적 이해관계를 넘어서 장기간 지속될 수 있을지는 예단하기 어려운 상황이다.

라. 미국의 대한반도 정책 변화 가능성

부시 행정부의 대한반도 정책이 테러 사건의 여파로 말미암아 변화할 것으로는 보이지 않는다. 부시 행정부는 출범 초기부터 한미 동맹관계의 강화를 강조해 왔으며, 특히 대북정책에 관해서는 우리와 긴밀한 협의를 진행해 왔다. 부시 행정부는 지난 상반기 동안 대북정책을 검토하여 전제조건 없이 북한과 대화하겠다는 결론을 내렸고, 2001년 6월 6일 부시 대통령이 이러한 내용을 성명으로 발표하였다. 이번 테러사건 이후에도 부시 행정부는 동아시아 지역을 전략적 중심지로서 강조하고 있으며, 동맹국과의 안보협력을 중시한다는 기조를 계속 유지해나갈 것으로 예상되므로, 한·미 동맹관계에는 큰 영향이 없을 것이다.

한편, 미·중·러 사이에 반테러 연대를 위한 전략적 제휴관계는 한반도 정책에 대한 협력 및 정책 조율을 용이하게 하는 측면도 있을 것으로 기대한다. 다만, 미국의 대외정책의 중점이 당분간 테러와의 전쟁에 맞춰짐에 따라 북한 문제에 대한 관심과 비중이 낮아질 가능성은 있다. 그러나, 동시에 북한은 구체적인 반테러 입장을 표명하여, 이번 테러사건을 계기로 테러 지원국가라는 이미지를 해소하는 기회를 잡을 수도 있다. 실제로 테러 사건 발생 직후, 북한측이 반테러 입장을 일관되게 천명하고 있고, 11월 들어서 테러방지를 위한 2개 협약 가입의사를 밝힌 것은 미국을 의식한 움직임으로 보인다.

2) 중국의 부상

우리와 이웃하고 있는 중국의 부상은 우리에게 급박한 현실 문제로 다가오고 있다. 열흘 전 카타르 도하에서 폐막된 WTO(세계무역기구) 각료회의에서 중국의 WTO 가입이 최종 승인됨에 따라 중국은 명실공히 세계 국제경제 질서에도 중요한 행위자로서 등장하게 되었다. 중국은 1979년 개혁·개방정책으로 방향 전환한 이후 20여 년 동안 연평균 9.8퍼센트의 높은 성장률을 유지해 오고 있다.

세계에서 두 번째이자 개도국 가운데서 가장 중요한 외국인 투자유치국인 중국이 세계 경제질서로 편입됨으로써, 머지않아 국제무역 분야에서는 물론 국제자본 및 금융시장에서도 주요 행위자로 부상하게 될 것이다.

한편, 중국은 정치·안보 면에서도 잠재력을 키워가고 있다. 중국은 아시아의 유일한 공식적인 핵무기 보유국이자 유엔안전보장이사회의 상임이사국이다. 그리하여 1990년대 중반 이후에는 주로 일본 학자들을 중심으로 "중국 위협론"이 계속 제기되고 있다.

이러한 중국의 부상을 두고 각국은 그 대책을 나름대로 고심해 왔다. 미국에서는 1990년대 이후 10년 동안, 중국을 악(evil)으로 보고 봉쇄해야 한다는 주장과, 협력을 통해 중국의 개혁·개방을 지원하여 중국이 자유무역 시장경제와 민주화라는 국제질서에 편입하는 것을 도와야 한다는 개입주의(engagement) 사이에 논쟁이 계속되어 왔다. 부시 행정부의 정책도 선거운동 당시(그리고 미정찰기 추락사건 이전까지)에는 중국을 라이벌, 또는 전략적 경쟁상대(strategic competitor)로 규정하였으나, 9·11 테러 이후 미·중의 협력이 주목받고 있다.

일본과 동남아 각국들도 마찬가지다. 일본은 냉전종식 후 대외관계에서 새로운 방향 모색을 요구하는 목소리가 높아지는 가운데 대중국 관계에서 중요한 변화를 모색했다. 1991년 8월 가이후 도시키(海部俊樹) 총리의 방중을 계기로 1992년 4월 장쩌민 총서기의 방일, 같은 해 10월 일본 천황의 방중, 1993년 12월 양국간 최초의 안보대화에 이르기까지 대중국 관계 발전을 모색했다.

필자 나름대로 분석해 본 결과 1990년대 일본 외교는 "자주외교에 대한 욕구"와 "안보 불안에 대한 우려"로 특징지을 수 있다. 자주외교란 물론 대미의존 외교에서 벗어나는 것을 의미[28]하며, 안보불안이란 이러한 자주외교 추진이 가져올 안보 불안을 어떻게 해소하느냐 하는 문제이다. 안보 불안 해소방안으로 안보 위협의 대상인 중국과 관계를 개선하겠다는 계산이었다. 그러나 9·11 테러 이후 일본의 움직임을 보면, 일본은 지난 10여 년 동안의 경험과 고심 끝에 자주(自主) 대신 대미 안보 의존을 택하기로 하지 않았나 싶다. 1994년 창설된 ARF(ASEAN Regional Forum)도 동남아 국가들의 대중국 대책의 하나였다는 사실은 모두가 주지하고 있는 사실이다.

한편, 중국은 자국의 지속적인 경제발전에 유리한 주변 정세의 안정을 위하여 노력하면서도 대만 문제에 대해서는 강한 자세를 보이는 등 나름대로의 방식으로 국제정세에 대응해 왔다. 중국은 아직도 동북아 지역에서 미국의 영향력 확대, 미국의 지원을 배경으로 한 일본의 군사력 증강 추이, 특히 대만의 움직임 등에 민감한 반응을 보이고 있다.

그러나, 중국은 개혁·개방 정책의 지속을 위해서는 미국과 일본의 투자와 경제협력이 필수적이며, 미국과 일본 또한 급성장하는 중국 시장을 확보할 필요가 있다. 미국과 일본은 안정적인 경제성장을 위해 이 지역의 안정이 긴요한 상황이므로 중국과 원만한 관계를 유지하는 것이 최우선 관심사항일 수밖에 없다. 따라서 미·일·중 사이에 갈등과 협력관계는 상황에 따라 변화할 수도 있으나, 삼국은 견제와 균형, 대화와 협력을 통해 당분간은 공통이해를 갖는 동북아의 안정과 평화를 위해 함께 노력할 것으로 보인다.

이러한 상황에서 한국은 중국의 부상을 어떻게 보아야 할 것인가?

한국에게도 중국의 안정적 발전과 평화 지향적인 대외정책 유지가 매우 중요하다. 우선 북한을 개혁과 개방으로 이끌어내고 한반도의 평화통일을 달성하는 과정에서 중국의 건설적인 역할은 필수 불가결하다. 이미 남북한, 미국, 그리고 중국이 참여한 한반도 평화에 관한 4자회담이 가동되고 있다. 한국은 미국이나, 일본과는 달리 교류와 협력 외에는 다른 선택이 없다. 다만, 다음 두 가지 점은 유의해야 할 것이다.

첫째, 한반도가 미·중의 전략적인 이해상충점이 되지 않도록 해야 한다. 다행히 클린턴 행정부 이후 현 부시 행정부까지 한반도를 둘러싸고 미·중은 공통적인 이해를 보이고 있다.

둘째, 한국은 한·중·일 3국의 협력증대를 위해 적극 노력해야 한다. 중·일의 상호 견제와 경쟁이 동북아 지역에, 특히 한반도에 긴장을 조성

할 가능성이 크므로 3국이 만나는 다자 틀을 통해 그 위험성을 제거하려
는 노력을 해야 한다. 이러한 점에서 매년 ASEAN+3 회담을 계기로
한·중·일 3국 정상회담을 여는 것은 의미가 있다.

한편, 중국의 WTO 가입은 우리에게 기회와 도전을 동시에 제공하고
있다. 수출시장 확대라는 측면과 세계시장에서 중국과 경쟁 심화라는 측
면에서 생각해 볼 수 있다. 중국시장의 개방은 양국간 무역의 확대로 이
어지겠지만, 산업구조와 무역구조상 중국과 경쟁자 위치에 있는 우리는
수출품의 고급화와 고부가가치화에 노력을 기울여야 할 것이다.

3) 세계화 진전

세계화란 무엇인가? 토마스 프리드만(Thomas Friedman)은 그의 저서
《렉서스와 올리브나무》(*The Lexus and the Olive Tree*)[29]에서, 세계화를
베를린 장벽의 붕괴와 함께 냉전체제를 대체해버린 지배적인 국제시스템
으로 보고 있다. 냉전체제가 '베를린 장벽'으로 상징되었다면, 세계화는
'통합' 즉, 시장과 국가와 기술의 가차없는 통합으로 상징되며, 이 모든
것은 인터넷으로 연결된다는 것이다. 따라서 개인, 기업, 국가는 어느 때
보다 세계에 더 가까이 다가설 수 있으며, 세계 또한 개인, 기업, 국가에
더 절실하게 다가설 수 있다는 것이다. 세계화시대를 규정짓는 기술은
컴퓨터화, 소형화, 디지털화, 위성통신 등으로 이들 기술은 세계화시대
를 규정짓는 통합된 가치관까지 창출해낸다고 한다. 또한 냉전시대에는
적과 동지를 구별하는 것이 최대의 문제였던 반면, 세계화시대에는 친구
이건 적이건 모두 경쟁자로 바뀌었으며, 이제 가장 큰 공포는 '급속한 변
화'가 되고 있다. 프리드만은 이러한 세계화 과정이 여기에서 소외되거
나 또는 황폐해진 사람들의 강력한 반발을 야기할 가능성이 있다고 지적
했다.

세계화는 하나의 거대한 물결이며, 누구도 거스를 수 없는 시대의 흐름이 되었다. 우리에게도 이제 세계화는 선택의 문제가 아니라, 얼마만큼 세계화라는 거대한 흐름을 우리의 국익에 맞게 전환하고, 이를 적극적으로 활용하느냐 하는 과제가 되었다. 일례로 우리 주식시장의 등락은 매일매일 뉴욕, 동경의 주가지수에 직접적인 영향을 받고 있다. 9·11 테러 이후 미국 내에 확산된 심리적 불안감과 소비 위축 현상은 여지없이 우리 경제에도 영향을 미치고 있다.

가. 세계화의 부작용

이와 동시에 세계화 과정은 세계화에 참여하는 국가와 소외되는 국가 사이에 소득 격차를 확대시키고, 한편으로는 국가간은 물론, 하나의 국가 내에서도 계층간 소득 배분의 불균형을 심화시키는 부작용을 야기하고 있다. 따라서 "빈곤" 문제는 세계화의 부작용 가운데 가장 중요한 문제로 등장하고 있으며, 이를 해결하기 위한 개도국의 노력과정에서 환경문제, 불평등, 착취 등 인권문제 또한 제기되고 있다.

또한, 세계화시대에는 경제 주체의 다양화로 말미암아 기업, 국제기구, 지방정부, 시민사회, 개인의 국경을 넘어선 활동이 늘어나면서 다양한 초국가적 범죄가 발생하고 있고 테러, 마약, 불법이민, 사기, 위조 등의 다양한 문제들은 전세계적으로 확산되고 있다. 또, 세계화 과정에서 소외된 국가들이 이러한 범죄를 부를 축적하는 수단으로 사용하고 있다. 일례로 지난 9·11 테러 이후 세계의 주목을 받고 있는 아프가니스탄은 세계 최대의 마약 생산지역이다. 아프간과 같은 일명 "실패한 국가"들은 테러, 마약을 비롯한 초국가적 범죄를 배양하는 온상이 되고 있어, 이 같은 문제를 해결하기 위한 국가들의 개입과 협력이 필요하다.

이러한 문제를 해결하고 세계화의 혜택을 더 다양한 국가들이 공평하게 누릴 수 있고, 우리의 정체성을 세계화에 반영하기 위한 협력의 움직임이 전개되고 있다. 이러한 맥락에서 각국의 역사, 문화의 다양성을 고려하는 "인간의 얼굴을 한 세계화"[30]에 대한 논의가 확산되고 있으며, 세계화의 부작용을 최소화하기 위해 국제협력을 요구하는 적극적인 움직임이 대두하고 있다.

나. 한국의 경험

그렇다면 "세계화"라는 새로운 국제질서에서 한국 외교의 과제는 결국 우리의 "안전과 번영"을 어떻게 유지, 발전해 나가느냐 하는 문제일 것이다. 이 두 가지 "안전과 번영"은 경중을 논하기 어려우며, 세계화시대에서는 동전의 앞, 뒤와 같은 것이다. 우리는 전쟁(이후 남북한 군사대치)과 1997년 외환위기를 직접 경험하면서 이미 그 사실을 깨달았다. 특히 "번영"의 문제는 앞에서 살펴본 바와 같이 세계화의 진전과 안보 개념의 변화에 따라 그 비중이 더욱 높아지고 있을 뿐만 아니라, 1990년대 경제위기를 경험한 많은 국가들이 다시 제2의 위기에 직면한 상황을 보면 그 중요성은 말할 필요도 없다.

1997년 외환위기를 겪으면서 우리는 그동안 우리가 유지해온 국가 시스템과 기업의 경영방식이 세계화라는 새로운 흐름에 적합하지 않다는 것을 깨달았다. 더는 과거의 틀과 관행에 안주해서는 안 된다는 것을 인식하게 되었다. 그러나 전 세계에서 경쟁력 우위를 갖추기 위한 시스템으로 전환하려는 노력은 충분치 않았다. 아직도 우리는 세계화의 충격 앞에 두려워하고, 시스템 변혁을 주저하면서, 과거를 희구하는 습관을 완전히 버리지 못하고 있다.

1997년 경제위기를 너무 빨리 넘긴 탓인지, 아니면 50여 년 동안 '안보 우선'이라는 고정관념에 젖어온 탓인지, 세계화가 가져오는 위험성(부작용)에 다시 둔감해진 우리 자신을 보고 내심 놀라고 있다. 이는 관념적인 논쟁만이 아니다. 앞에서 언급한 것처럼 칠레와의 〈자유무역협

정〉(FTA)을 비롯, 타국과의 통상마찰, WTO의 뉴라운드(New Round) 협
상 등 주요 경제·통상문제가 발생할 때, 정치적 타당성이나 경제적 합리
성이 자기 목소리를 내지 못하는 예가 적지 않은 현실을 보면, 불안감을
떨칠 수 없다는 것이 솔직한 소감이다.

4. 한반도 평화기반 구축

한반도 평화기반 구축 문제는 우리 외교의 최대 중점 과제이다. 이는
국제 외교환경이라는 큰 틀 속에서 한반도 상황을 어떻게 조화시키느냐
하는 문제이다. 과거 우리는 통일외교와 안보외교라는 용어에 많이 익숙
해져 있었으나 최근에는 평화기반 구축이라는 용어가 더욱 많이 통용되
고 있다. 실제 김영삼 정부에서는 안보체제 유지와 "20세기 내 통일달
성"을 외교 목표로 정하기도 하였다.[31] 그러나 김대중 대통령은 2000년
3월 9일 독일 베를린 자유대학에서 한 연설에서 "현 단계에서 우리의 당
면 목표는 통일보다는 냉전종식과 평화정착"이라고 말해 정책의 방향을
분명히 제시하였다.[32]

200년 남북정상회담과 6·15 〈남북공동선언〉으로 상징되는 남북관계
의 발전은, 탈냉전의 국제환경 속에서 한반도에서 긴장을 완화하고 평화
를 정착시키는 과정의 본격적인 개시라고 볼 수 있다. 분단 이래 처음 열
린 국방장관회담에서 남북 양측은 군사적 긴장을 완화하며, 항구적이고
공고한 평화를 이룩하여 전쟁의 위험을 제거해야 할 필요성에 의견을 같
이한 바 있다. 이와 함께, 미·일·중·러 등 주변국과 EU를 비롯한 국제
사회가 남북정상회담 이후 북한과 관계를 개선한 것은 한반도에서 냉전
구조를 해체하는 데 긍정적인 영향을 미쳤다고 할 수 있다. 남북정상회
담 이후 남북대화가 다양화되고 정착되는 양상을 보이면서도, 남북대화

는 여전히 정체되고 단절되는 국면도 보였다. 우리에게 당면한 시급한 과제는 남북정상회담으로 마련된 남북 화해협력의 흐름을 한반도 냉전구조의 체제로 연결하는 데 있으며, 궁극적으로 한반도에 평화와 협력을 정착시키는 데 있다.

1) 한반도 내부의 불안 조성 요인과 우리의 대응방향

미국의 한반도 전문가 니콜라스 에버스타트(Nicholas Eberstadt)는, 과거에는 한반도의 지정학적 위치 때문에 주변 강대국들의 이해가 한반도에 분쟁과 불안을 조성하였으나, 이제는 한반도 내부의 불안정이 아·태 지역 강대국들의 안보에 심각한 영향을 미치거나, 아니면 강대국 상호관계에 긴장을 조성할 수도 있다고 분석하고 있다. 그 이유로 한국의 발전, 북한의 대량살상무기(WMD), 남북한 사이의 격차 확대 등 세 가지를 들고 있다.[33]

냉전종식 이후 10여 년 동안의 국제정세와 한반도정세의 흐름에 비추어, 한반도의 긴장이 과거와 달리 한반도 내부에서 비롯될 가능성이 많다고 본 에버스타트의 분석은 타당한 것 같다. 미·일은 물론, 북한의 과거 동맹국이었던 중·러도 한반도정세 안정의 필요성에 공감하고 있는 것으로 보인다. 중·러 모두 한반도 문제로 미국과 대립을 원할 형편이 아니며, 더욱이 양국은 우리와 수교한 이후 실질협력이 크게 늘어나고 있는 상황이어서 한반도에서 긴장이 조성되는 것은 실익이 없을 것이다.

한반도의 긴장이 한반도 내부에서 비롯될 가능성이 많다는 것은, 한반도 문제를 해결하는 데서 그만큼 우리의 주도적인 활동 범위가 넓어졌다는 의미와도 같다. 실제로 에버스타트의 지적대로, 한반도에 긴장이 조성되면 그 결과는 남북한(한반도)에만 국한되지 않고 강대국에도 영향을 미치느니만큼 국제 문제화할 수 있다. 이에 강대국들도 이 분야에서 우리의 역할을 기대하고 있는 것이 분명하다. 김대중 대통령이 햇볕정책으로 한반도 문제에서 미국, 일본을 리드하고, 6·15 남북정상회담을 가능하게 할 수 있었던 것은 이러한 사실을 뒷받침하고 있다.

한반도 문제에서 한국의 주도적인 역할의 범위와 한계 또한 한국이 스스로 정할 일이다. 현재 한국 내에서는 이에 대한 논의가 활발히 이루어지고 있다. 이러한 논의와 관련, 우리가 유의해야 할 두 가지 사항을 지적하고자 한다. 첫째, 북한의 존재에 대한 인식 문제이다. 곧, 북한을 우리가 극복해야 할 대상으로 볼 것인지 아니면 포용의 대상으로 볼 것인지 하는 인식 문제이다. 특히 북한의 식량난 등 경제위기, 북한이 스스로 느끼고 있는 안보위협 및 체제불안 문제와 관련하여, 일부에서는 북한을 공존의 대상으로 받아들여 이러한 문제를 함께 풀어나가야 한다는 인식보다는, 정반대 방향에서 이 문제를 인식하고 있다. 오늘날 미국의 대북정책의 기본방침인 〈페리 보고서〉나 〈아미티지 메모〉 등에서도 북한의 자체적인 붕괴 가능성은 배제하고 있으며, 우리의 햇볕정책 역시 이러한 가능성을 상정하고 있지 않다. 곧, 북한을 봉쇄 또는 말살 대상이 아니라 포용 대상으로 보고 있다. 둘째, 남북한이 할 수 있는 주도적인 역할의 한계를 인식해야 한다. 이제 우리는 남북한 문제를 한반도 문제와 국제적 문제로 분리하여 현명하게 생각할 수 있어야 한다. 강대국들은 국제적 문제에 관한 한 자국의 세계전략 구도에 입각하여 한반도 문제를 바라보고 있다. 우리도 한반도와 관련한 국제적 문제는 국제질서에 부응하면서 동맹국의 이익을 고려하는 방향으로 검토하고 이에 따르는 것이 우리의 국익에 유익할 것이다. 북한의 대량살상무기, 주한미군의 존재 등이 이러한 범주의 문제일 것이다.

2) 한·미동맹

앞에서 언급한 에곤 바르(Egon Bahr)는 서독의 동방정책은 서방과 긴밀한 유대관계를 기반으로 이루어졌다는 점을 강조했다. 서독에 대한 서

방의 신뢰와 서독이 서방 진영과 결속함으로써 누렸던 힘(의지)이 없었
다면 동방정책은 결코 성공할 수 없었을 것이다.

또한 일본의 국제정치학자 오까자끼 히사히꼬(岡崎久彦)는 21세기 일
본의 국가전략에 관한 글에서, 향후 아시아 정세의 특징은 바로 변화의
폭이 너무 크다는 점이라고 지적했다. 즉, 거대해진 중국, 한반도 통일,
러시아의 부흥, 이에 덧붙여 인도 및 ASEAN 변수를 합하면 아시아의 장
래를 예측한다는 것은 매우 어렵다고 보고, 이러한 전환기에 일본이 안
심할 수 있는 것은 미·일동맹이라고 단언하였다.[34] 일본은 냉전 이후
"자주외교와 안보 불안"이라는 명제 아래 대중국, 러시아 접근을 포함,
많은 시도를 하다가 최근에는 미국과의 동맹을 굳건히 할 수밖에 없다는
쪽으로 방향을 잡은 것 같다. 9·11 테러 이후 일본의 적극적인 움직임도
이와 무관하지 않을 것이다.

이러한 독일의 교훈과 일본의 고민은 우리에게 한 가지 사실을 시사하
고 있다. 전환기에 대외정책의 기초는 자국 안보에 대한 자신감에서 비
롯된다는 점이다. 남북한 군사대치 상황에서도 한반도에 평화정착 기반
을 다져나가고, 우리의 역할과 기회를 확대해나갈 수밖에 없다는 점을
감안하면, 한·미동맹을 외교의 기축으로 삼고 있는 우리나라의 외교정
책 기조를 앞으로 상당 기간 그대로 유지해야 할 것이다. 한·미동맹은
군사적인 의미만 있는 것이 아니며, 지역적으로도 결코 한반도에 국한되
는 것만은 아니라는 점도 유의해야 할 것이다.

5. 맺음말

9·11 테러 이후 국제정세에 많은 변화가 예상된다. 2001년 들어 미국
경제는 일본, EU와 함께 동반 하강국면에 들어섰으며 9·11 테러는 세계

경제의 회복을 느리게 할 것으로 보인다. 우리 경제도 미국 경제의 하강과 세계 IT 산업의 침체로 냉각기를 맞고 있다. 한편, 2001년 11월 제6차 남북장관급 회담에서 경험한 바와 같이, 북한은 국제적 테러 정세, 특히 미국 주도의 국제적인 연합 태세와 관련하여 자국의 안보를 매우 심각하게 우려하면서 위축된 모습을 보이고 있다. 우리는 2002년 대통령선거와 지방자치단체장 선거를 치러야 하며, 월드컵 등 중요한 국제대회를 준비해야 한다. 다시 말하면 2002년은 대외관계에서, 특히 한반도 문제를 두고 우리는 많은 과제를 풀어야 하며 외교적인 역량을 시험하는 한 해가 될 것으로 보인다.

주

1) 《한국 외교 백서》 1991년 및 1992년 판, 제1장 국제질서 동향과 우리 외교 정책.

2) 《한국 외교 백서》 1992년 판, p.14.

3) 加藤良三 일본 외무성 外務審議官은 냉전 이후의 국제정세 변화로, ①미국의 유일 초강대국 체제 ②지역통합 및 국제화 추세 ③각종 종족, 민족 분쟁의 발생 ④위협의 다양화(테러, 마약, 에이즈 등) ⑤냉전의 승자인 민주주의의 활력(또는 발전) 문제 ⑥동맹의 의미 변화 등 6개를 지적했다.[《外交 포럼》(일본 : 2001년 9월), p.38]

4) 《한국 외교 백서》 1998년 및 1999년 판, 제1절 국제정세 일반.

5) 백광일·윤영관 편, 《동아시아, 위기의 정치 경제》, 1999, p.413.

6) 牧野昇, 《1990년대의 일본》, 1989, pp.48~49.

7) 천안문 사태 이후 서구 제국들은 중국에 대해 관광, 교역, 투자 등을 포함 광범위한 제재 조치를 취하고, 중국 인권문제를 심각히 제기.

8) 중국 사회과학원(경제연구소) 발표, 〈2020년도 중국 경제 전망〉, 1996년.
   — GDP : 5조 2천억 불 (미국의 60%, 일본의 1.2배 수준)
   — GDP 연평균 성장률 : 1996~2000년 9.3%, 2000~2020년 8.2% 예상
   한편, 1993~1997년 동안 매우 높은 실질 성장률과 외국인 투자유입 현상
   — GDP 성장률 : 13.4%, 11.8%, 10.2%, 9.7%, 8.8%
   — 외국인 투자 : 275억 불, 337억 불, 377억 불, 424억 불, 470억 불

9) 백광일·윤영관 편, 앞의 책, p.419.

10) 안병준, 《탈냉전기의 국제정치와 한반도 통일》, 1993, 제9장 한국의 북방정책.

11) 〈7·7 선언〉의 공식 명칭은 〈민족자존과 통일 번영을 위한 대통령 특별선언〉으로서, ①남
    북간의 상호 왕래 ②이산가족 상봉 ③남북간 교역 ④한국 우방국들의 대북한 비군사적 교
    역에 불반대 ⑤국제 무대에서 남북한의 협력 ⑥북한의 대미, 대일 관계 개선지원 및 한국
    의 대소, 대중 관계 개선 추구 등의 정책을 추진할 것임을 천명하고 있다.

12) 안병준, 앞의 책, 제9장.

13) 《한국 외교 백서》 1991년 판, 제1장 제2절 동북아 및 한반도 정세.

14) 김대중 대통령은 2001년 3월 방미 기간에 상하원 외교위원장 주최 간담회(3월 8일)에서
    모두 발언을 통하여 "미국은 핵, 미사일 등 대량살상무기 문제를 북한과 주도적으로 협의
    해 나가고 한국이 이를 지원하며, 긴장완화와 재래식 군비감축을 포함한 군사적 신뢰구축
    문제는 미국과 긴밀한 사전 협의를 바탕으로 남북한간 협의를 중심으로 추진"한다는 역할
    분담론을 언급했다.

15) 페리 장관은 2001년 6월 16일 "남북정상회담 1주년 기념 제주도 평화 포럼"에서 "코리
    아-쿼바디스?"(Korea-Quo Vadis?)라는 주제의 연설문에서 다음과 같이 발언하였다.
    페리 장관은 2001년 4월 17일 텍사스 대학에서 열린 한국관계 세미나에서도 똑같은 발언
    을 하면서 당시 상황을 상세히 설명하였다. "우리는 1994년 6월 북한문제와 관련하여 위
    기에 처해 있었다. 모두에게 참혹한 재난을 야기했을지도 모르는 군사적 충돌을 준비하는
    과정에 내가 개인적으로 개입되어 있었기 때문에 그 당시 위기상황은 내 기억 속에 영원
    히 각인되어 있다. 사실 내가 국방장관으로 있으면서 미국이 심각한 전쟁 위험에 처해 있
    다고 느낀 것은 그때뿐이었다."

16) 민족통일연구원, 《북한 핵문제와 남북관계》, 1994 ; 이춘근, 《북한 핵의 문제》, 세종연
    구소, 1993.

17) Scott Snyder, "Negotiating on the Edge-North Korean negotiating behaviour"
    (1999), p.70.

18) 아미티지(Richard L. Armitage)는 현 부시 행정부에서 국무부 부장관을 맡아, 한반도 문
    제를 포함하여 대아시아 정책에 중요한 역할을 수행 중이다.

19) 〈페리 보고서〉는 미국의 대북한 정책에 세 가지 전제가 있다고 하면서, "북한이 가진 명
    백한 문제점들이 궁극적으로 북한 체제에 변화를 가져올 것이라는 전망에도 불구하고, 그
    러한 변화가 임박했다는 증거는 없다. 따라서 미국의 대북정책은 북한의 실제 상황에 대응
    하는 것이어야 하며, 미국이 원하는 북한의 상황에 근거해서는 안 된다"고 시사적으로 기
    술하고 있다.

20) 백광일·윤영관 편, 앞의 책, pp.261~321.

21) 重村智計, 이준·유종오 옮김, 《한국만큼 중요한 나라는 없다》, 서해문집, 1998.

22) 《한국 외교 백서》 1997년 판, 제1절 국제정세 일반.

23) Condoleezza Rice, "Promoting National Interest", *Foreign Affairs*(January~
    Feburary).

24) 김성한, 《미국 부시 행정부의 대외정책 방향과 한반도》, 외교안보연구원 정책연구시리

즈, 2001, p.1.

25) Condoleezza Rice, *op. cit.*, p.56.

26) www.defenselink.mil/pubs/qdr2001.pdf.

27) 〈미·러 공동선언문〉[www.whitehouse.gov/news/release/2001/11/print/20011113-4.html]
참조.

28) 일본은 자주외교에 대한 욕구로《No라고 할 수 있는 일본》(石原愼太郎 외 공저, 1989)이
베스트 셀러가 되었으며,《일본 외교청서》도《얼굴 있는 외교》,《일본외교의 독자성》
(1991년 판) 등을 직설적으로 표현하고 있다.

29) Thomas L. Friedman, *The Lexus and the Olive Tree*(New York : First Anchor
Books Edition, April, 2000).

30) 삼성 경제연구소, 〈문명 충돌과 국제질서〉, *CEO Information* 320호, p.4.

31)《한국 외교 백서》1994년 판, 제2절 1993년도 주요정책 목표.

32) 통일 문제는 시한을 정할 경우, 그 실현성은 물론 안보 위험성과 외교적 부담을 초래할 것
임. 과거 서독 브란트(Willy Brandt) 총리의 "동방정책"을 제창한 바르(Egon Bahr)는
2001년 한국 방문 강연시, "독일 통일과정에서 가장 큰 실책은 경제적인 문제가 아니라
심리적인 이유(psychological reasons)에서 비롯되었다. 수백만 명의 동서독 사람들이
상호 방문했고, 동독사람들이 서구의 라디오와 텔레비전을 시청하였음에도, 동서독 사람
들 사이에는 사고에 큰 차이(differences in mentality)가 존재"한다는 사실을 간과하였
다고 증언하였다. 그는 남북통일문제도 장기간에 걸쳐 준비해야 할 문제라고 충고하였다.

33) Eberstadt & R. Ellings ed., "Korea's Future and the Great Powers"(AEI, 2001).
현 단계에서는 한국의 생산력이 러시아에 맞먹을 정도로 한국이 더는 미미한 존재가 아니
며, 북한의 대량살상무기 문제는 강대국에게 직접적인 위협이 될 뿐 아니라 비확산(non-
proliferation)이라는 강대국의 전략을 건드린다는 의미가 있다. 마지막으로 남북한 격차
의 최종 종착역이 어디인지 강대국 모두가 장래에 대한 불안감을 가지고 있다.

34)《中央公論》1999년 7월호, 中央公論新社.

제 4 부

세계화와 다자협력

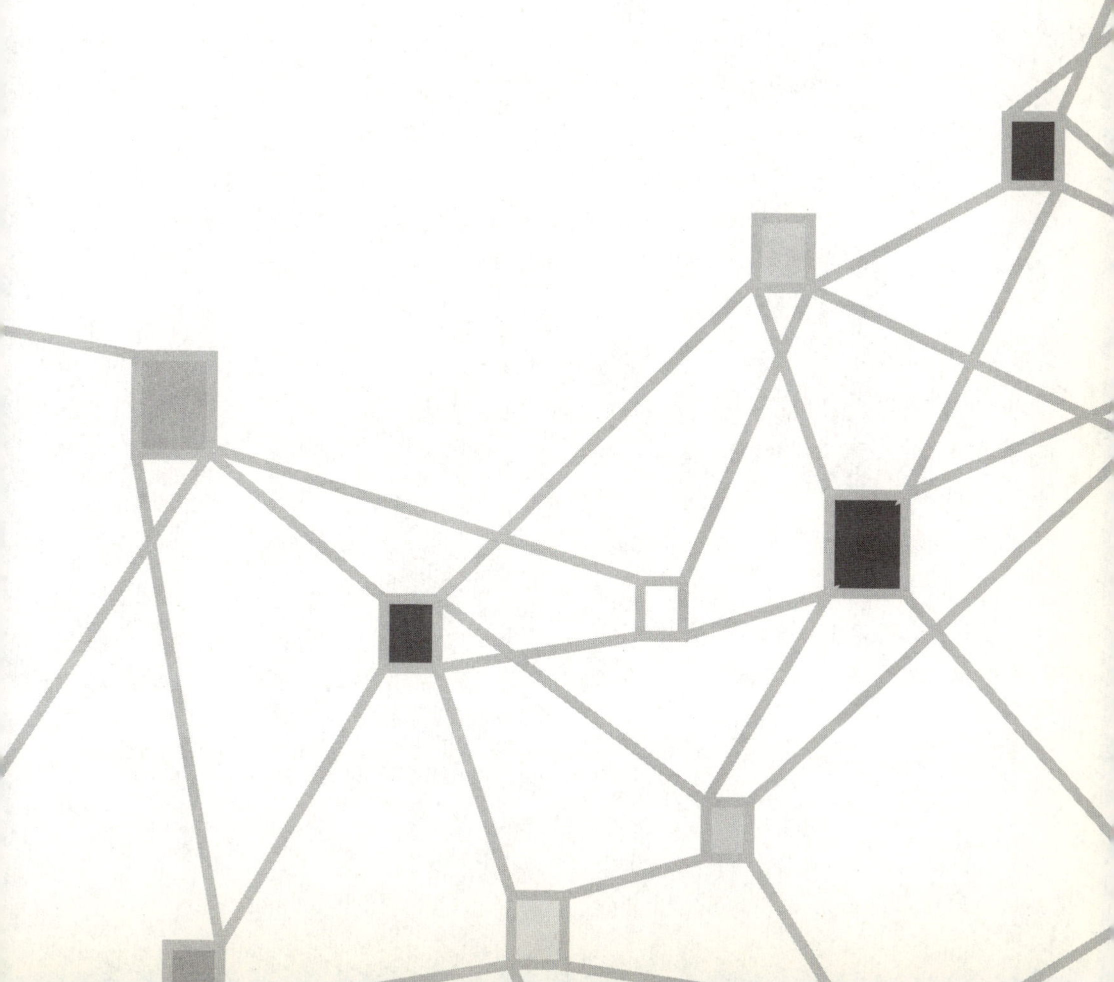

세계화와 세계적 관리

세계적 관리와 NGO

우리 다자외교의 새로운 과제

ASEM 정상회의, 무엇을 남겼는가?

세계화와 세계적 관리 오 준

1. 머리말

새로운 세기를 맞이한 오늘날, 경제분야는 물론이고 정치·사회·문화 모든 분야에서 국제적 또는 국내적으로 가장 많이 거론되는 단어 가운데 하나가 세계화이다. "세계화"는 시대적 흐름을 상징하는 용어로 사용되기도 하고, 국가의 생존전략에 영향을 주는 변수로 거론되기도 하며, 기업의 영업 환경상 고려사항이 되기도 한다. 혹자는 세계화 과정을 통하여 시장경제와 자유민주주의가 전 세계에 확산됨으로써 문명의 발전이 완성되는 지상낙원이 올 것처럼 얘기하는가 하면, 어떤 사람들은 세계화가 제국주의의 부활을 상징하고 빈부격차와 사회 불균형을 촉진한다며 경계, 배척하고 있다.

세계화를 어떠한 맥락에서 논의하던 간에 세계화 현상이 우리에게 주어진 현실임에는 이론의 여지가 없으므로, 여기에 어떻게 대응할 것이냐 하는 문제가 필수적으로 제기된다. 개인이나 국가 차원에서 세계화에 어떻게 대처할 것인지를 논의함과 동시에, 세계화는 지구(globe) 차원에서 일어나는 일이므로 국가들이 공동으로 국제적 수준에서 세계화를 다루어

나가는 문제, 즉 세계적 관리(global governance)[1] 문제를 함께·논의하고
있다.

세계화와 세계적 관리에 관한 논의는 결국 이 시대 국제질서의 변화
추이와도 직결되는 광범위한 문제로서 정부와 학계 모두 큰 관심을 갖고
있다. 이 글에서는 세계화의 의의와 현황을 검토해보고, 세계화가 던져
주는 과제를 세계적 관리라는 측면에서 살펴보면서 이와 연계하여 지역
협력 문제도 간략히 다루어보고자 한다.

2. 세계화의 의의와 현황

1) 세계화의 개념

세계화라는 용어가 여러 가지 다른 맥락에서 때로는 유사하지만 때로
는 상이한 의미로 사용되고 있으므로, 세계화를 어떻게 이해하느냐 하는
것은 단순한 개념정의 차원을 넘어 세계화에 대한 접근방식에 영향을 줄
수 있는 의미 있는 작업이다.

먼저, 최근 국내외 관련기관이나 학자들이 제시한 세계화의 개념 정의
를 살펴보고, 이들에 공통된 요소와 관련 문제들을 좀더 상세히 검토해
보고자 한다.

> "경제적 세계화란…… 세계경제의 통합, 특히 무역과 금융흐름을 통한 통합
> 이 증대되는 것을 말한다. 또, 때로는 경제적 세계화란 용어를 국경을 넘나
> 드는 사람(노동)과 지식(기술)의 움직임으로 정의하기도 한다."[2]

> "경제적 세계화의 가장 보편적이고 핵심적인 의미는…… 최근 수년간 세계의
> 경제활동이 국내에서보다 국제적인 면에서 급증하고 있다는 점을 말하는 것
> 이 분명하다."[3]

"보편적이고 가장 일반적으로 사용되는 세계화란 용어는…… 사상, 규범, 가치 등의 확산 같은 비경제적 요소뿐만 아니라 증대된 자본의 흐름, 기술이전, 상품 및 서비스 교역, 합법적 또는 불법적 노동이동 등의 경제현상을 포함하여 세계를 결속시키는 통합력을 가리킨다."[4]

"세계화란 '세계화한 세계'(the globalized world)라는 도달할 수 없는 목표를 향한 여행이다. 세계화한 경제는 거리도 국경도 경제거래를 막을 수 없는 경제라고 정의할 수 있다."[5]

"세계화란 용어는 아주 다양하고 종종 혼란스러운 방식으로 사용된다. 여기서는 세계화를 수세기 전 유럽에서 시작된 근대화라는 세계적 과정에서 가장 최근에 나타난 질적으로 새로운 단계로 정의한다."[6]

"세계화란 자본, 노동, 상품, 기술, 정보, 이미지, 환경이 주권과 국경의 벽을 넘어서 조직, 교환, 조정되고 있는 현상을 의미한다. 국제화(inter-nationalization)가 세계질서의 기본단위인 국민국가를 바탕으로 이루어지는 정치, 경제, 문화, 교육, 사회적 접촉, 거래, 교환, 교류가 증대하고 있는 현상을 의미한다면, 세계화는 국민국가를 포함하여 초국적행위자 그리고 지방(Locality), 비정부조직(NGOs), 대체정부조직(AGOs), 그리고 개별시민들이 국경을 넘어서 정치, 경제, 문화, 교육, 사회적 접촉, 거래, 교환, 교류를 하고 있는 현상이다."[7]

위에 예를 든 세계화의 정의에서 공통적인 요소들은, 국경을 초월하는 활동(cross-border activities) 영역의 확대와 경제적 통합(economic integration)이라고 할 수 있다.

인류는 역사를 통하여 활동 영역을 계속 넓혀왔다. 특히 경제활동의 관점에서 볼 때, 예를 들어 시장(market)은 촌락 단위에서 지방 단위로, 지방 단위에서 국가 단위로 계속 확대되어 왔다. 근대에 와서 산업혁명과 교통의 발달로 대량생산과 판매가 가능해짐에 따라 경제활동의 영역도 엄청난 속도로 넓어졌다.[8] 이에 따라, 유럽에서 17세기 이후 정착되어 온 민족국가(nation state) 단위의 활동 영역도 점차 그 의미를 상실하게 되었다. 이러한 국경을 뛰어넘는 경제활동은 계속 확대되어 19세기 말에는 정점에 이르렀으며, 일부 학자는 19세기 말의 유럽이 오늘날 국제사회보다 더욱 세계화되었다고 주장하기도 한다.(이 점은 뒤에서 좀더 상세히 검토)

오늘날의 세계화 추세는 1980년대 말 이후 본격화한 것으로 간주되지만, 세계화의 주요 동인이라고 할 수 있는 경제자유화와 교통·통신기술의 진보는 2차대전 이후 지속적으로 진행되어 왔다. 1950년과 비교할 때 1995년의 전 세계 무역고는 약 50배, GDP 대비 무역비중은 3배 성장하였고, 뉴욕-런던간 전화통화료는 200분의 1로 감소하였다.[9] 1980년대 말 냉전종식 이후 일어난 개방과 자유화의 물결은 국가간 화해·협력의 증대, 우루과이라운드 무역협상의 타결, 인터넷 등 통신수단의 혁신 등에 힘입어 세계화를 더욱 가속화시켰다. 이에 따라, 세계의 무역, 투자, 금융 시장은 급속히 통합되고, 자본과 노동력의 이동이 증대되었으며, 다국적 기업의 활동이 더욱 신장되었다. 1988년부터 10년 사이에 전 세계의 GDP 대비 무역 비중은 약 1.5배, 외국인직접투자(FDI) 규모는 약 3.2배, 하루 외환거래량은 약 7.9배 증가하였다.

2) 세계화를 이해하기 위한 질문들

그러면 이와 같은 세계화의 개념과 현황을 더 정확히 이해하기 위하여 세계화와 관련되어 흔히 제기되는 몇 가지 질문에 대한 답을 생각해 보자.

가. 세계화는 새로운 현상인가?

세계화의 주된 내용인 인류활동 영역의 확대와 경제의 통합은 오랜 시간 계속되어 왔다. 현재의 세계화 추세 이전에 세계화가 일차 절정을 이룬 것으로 평가되는 시기는 19세기 말이다. 일부 논평가는 19세기 말과 20세기 초의 유럽이 오늘날보다 세계화가 더 진척되어 있었다고 주장한다. 첫째, 주요 선진국의 현재 GDP 대비 무역 비중이 1차대전 이전과 비교할 때 그다지 높지 않은 점[10] 둘째, 1차대전 이전의 자본시장(특히 장기자본) 개방도가 오히려 현재보다 높았다는 점[11] 셋째, 역사상 인구 이동이 최고점에 달한 때는 1890년대라는 점[12] 등에 비추어 볼 때 현재의 국제사회가 이전보다 더 세계화된 사회는 아니라는 것이다.

그러나, 이러한 주장은 19세기 말과 20세기 말의 주요 선진국간 교류와 통합의 정도를 단순히 수치로 비교한 것으로, 현재 추세로 볼 때 21세기에 들어와 세계경제의 통합이 더욱 가속화되면서 19세기 말의 세계화 수준을 조만간 능가할 가능성이 높다. 또한, 오늘날의 세계화는 19세기의 그것과 비교하여 질적으로 큰 차이가 있다. 우선, 오늘날의 세계화는 20세기 말 혁신적인 통신·교통 기술의 발전이 뒷받침하고 있다는 점이다. 특히 인터넷 등 전자통신 수단에 의한 국제 금융시장의 통합은 과거 어느 때와 비교할 수 없을 정도로 세계경제를 묶어놓고 있고, 여러 국가에서 지식기반 경제(knowledge-based economy)로의 전환이 활발히 이루어지고 있다. 둘째, 오늘날의 세계화는 각국의 경제자유화 정책과 국제적 제도에 기반을 두고 있다는 점이다. 19세기 말에는 주요 선진국이 제국주의적 팽창정책을 추구했지만, 20세기 전반 경쟁적 보호주의 정책으로 경제적 쇠퇴와 전쟁을 경험한 각국은 2차대전 이후 경제개방과 자유화를 지속적으로 추진해 왔다. 또, 이를 뒷받침하기 위하여 IMF, 세계은행, WTO 등을 중심으로 한 각종 국제기구를 발전시켜 왔다. 셋째, 오늘날의 세계화는 경제분야뿐 아니라 정치, 문화, 사상 등 모든 분야에 걸쳐 진행되고 있다는 점이다. 이러한 비경제적 영역의 세계화는 통계에 직접 반영되지 않으나, 일반 시민들의 생활에 미치는 영향이 매우 크며 정보통신의 발달과 함께 그 속도도 아주 빨라지고 있다.

나. 세계화는 민족국가 제도에 어떠한 영향을 미치는가?

1648년 〈베스트팔렌 조약〉 이후 정착되어 온 주권적 민족국가를 기본 단위로 하는 국제체제는 세계화의 영향을 받고 있다. 밖으로는 다국적 기업, 국제기구 등 세계적 행위자(global player), 안으로는 지방정부와 시민사회(NGO) 등의 국경을 넘어선 활동이 증대하고 있어서, 국가는 양 면에서 국가주권을 위협받고 있다.[13] 정부는 정책을 결정하고 이행할 때 이러한 세계적 행위자들의 입장과 이해를 반영하게 되고, 이들과의 협조가 점점 더 중요해지고 있다. 이와 관련하여, 세계화가 이처럼 국가의 정책결정에 영향을 미치는 행위자의 숫자와 영향력을 증대시킴으로써, 결과적으로 정부의 권위주의적 통치를 어렵게 하고 민주주의 확산에 도움을 줄 수 있다는 견해가 제기된다. 반면에, 국민이 책임을 물을 수 없는 세계적 행위자들이 국가 정책결정에 영향력을 행사함으로써 궁극적으로 대의제 민주주의를 저해한다는 주장도 있다.

세계화가 이처럼 국가의 통치행위에 영향을 주는 요소임에는 틀림없으나, 아직까지 민족국가 제도를 약화시킬 정도로 큰 변화를 초래하고 있지는 않은 것으로 보인다. 세계화 과정에 적극적으로 참여하여 다른 나라와 경제적 통합을 추구하고 주권의 일부를 포기하는 국가들도 그러한 결정에서 오는 혜택을 얻기 위한 선택이지, 국가의 의사에 반하여 강요받는 것은 물론 아니다.

마틴 울프(Martin Wolf) 같은 논평가는 세계화로 말미암아 국가가 무능력해지거나 불필요해지는 것이 아님을 전제하고 다음 4가지 주장을 편다.

① 국제경제 통합의 속도와 정도는 결국 국가의 정책이 결정하게 된다.
② 금융 등 주요분야에서 국가들의 세계화 추진 정책은 오히려 1세기 전보다 불완전하다.
③ 국가들은 경제통합의 혜택 때문에 이를 선택한다.

④ 국제경제통합 과정을 통해 좋은 국가와 나쁜 국가 곧, 공익(public goods)을 증진하는 국가와 지도자 등의 사익을 충족시키는 국가간의 구별이 분명해진다.

다. 세계화는 소득 불균형과 경제적 불안정을 초래하는가?

20세기에 세계는 유래 없는 경제성장을 달성하여, 전 세계 1인당 GDP는 100년 동안에 약 5배 증가하였다. 그러나 한편, 부유층과 빈곤층은 소득 성장에 큰 차이를 보여 세계인구의 최부유층 1/4은 같은 기간 6배 성장한 반면, 최빈곤층 1/4은 3배 성장했을 뿐이다.[14]

세계화의 혜택을 강조하는 사람들은 20세기에 이룩한 놀라운 경제성장이 세계화 덕분이라고 평가하지만, 세계화 비판론자들은 빈부격차 증대에 더 큰 관심을 보이고 있다. 즉, 후자들은 선진국 위주의 신자유주의적 경제질서를 비판하면서, 선진국은 세계화로 많은 혜택을 볼 수 있지만 후진국은 피해를 받을 수밖에 없다는 논리를 편다. 이들은 또한 과거 자본주의 발전과정에서 시장의 확대를 위하여 제국적 식민주의가 필요했듯이 오늘날의 세계화도 선진국의 이익을 위하여 추진되고 있다고 주장한다.[15]

세계화 과정이 모든 국가에서 균등하게 진행되지 않고 있는 것은 사실이다. 세계화에 적극 참여하는 국가가 그렇지 않은 국가보다 큰 혜택을 본다는 것은 여러 가지 지수로도 입증된다.[16] 따라서, 세계화가 소득불균형을 초래한다는 주장은 세계화에 참여하는 국가와 세계화에서 소외되는 국가간에 소득 격차가 벌어진다는 의미에서는 설득력을 갖는다. 그러나 한편으로 개발도상국이 섣부르게 세계화를 개발전략으로 시도할 경우, 이에 따르는 비용이 이익보다 높아서 결과적으로 경제성장에 장애를 받는다는 주장도 제기되고 있다. 즉, 경제 개방과 자유화를 통해 고도 성장을 달성한 동아시아 경제가 외부의 위협에 노출되었다는 점을 아시아

금융위기의 원인 가운데 하나로 지적하는 것이 그 한 예이다. 물론 동아시아 국가들이 성장과정에서 경제적 취약성을 자체적으로 시정하지 못했다는 점이 근본적인 문제라고 할 수 있으나, 세계화를 통한 개방과 자유화가 이러한 문제점을 더욱 악화시키고 심각한 결과로 이어지게 했다는 진단도 나름대로 설득력이 있다.

세계화는 국내적으로도 소득분배에 영향을 준다. 세계화로 혜택을 받는 사회계층과 그렇지 못한 계층 사이에 소득 격차가 커지고 따라서 사회적 불균형을 심화시키는 결과가 나타난다. 이는 비단 개발도상국뿐만 아니라 선진국에서도 일어나는 현상이다.[17] 이에 따라 사회안정망(social safety nets)의 중요성이 강조되고 있는 것이다.

3. 세계화가 주는 과제 – 세계적 관리

세계화 과정에 뒤따르는 경제적 불안정성의 증대는, 세계화로 말미암아 세계적 관리(global governance)의 필요성이 높아졌음을 보여주는 하나의 예다. 아시아 금융위기와 같은 사태의 재발을 막기 위해서 국제금융체제를 개혁, 보완하는 방법을 논의하고 있는 것도 바로 그 때문이다.

세계화에 따른 인류의 활동영역 확대와 경제적 통합은 세계 전체를 하나의 단위로 묶는 새로운 시대를 열고 있다. 그러나, 오늘날의 세계에는 실효적인 통치행위를 할 수 있는 세계정부(global government)가 존재하지 않는다. 주권 국가들이 가장 높은 수준의 통합을 달성했다고 할 수 있는 EU를 연방국가인 미국과 비교해 보면, 제일 큰 차이점은 중앙정부의 존재 유무에 있다고 할 수 있다. 중앙정부가 없는 EU 국가들은 지역통합 과정에서 필요한 관리(governance)를 회원국들의 협력과 공조에 기반을 둔 유럽이사회(European Council), 유럽위원회(European

Commission)나 유럽의회(European Parliament)와 같은 제도를 통하여 제공받는다.[18] 따라서 이러한 협력과 제도가 잘 이루어질수록 "좋은 관리"가 가능할 것이다.

세계화시대에 세계적 관리의 중요성은 점점 더 강조되고 있다. 정치·경제·사회·문화 모든 분야에서 국경을 초월하는 다층적인 활동과 교류가 늘어나면서 이들을 세계적 관점에서 다루고 관리해야 할 필요성이 높아지고 있다. 특히 세계화는 앞에서 검토한 것처럼, 경제적 통합의 혜택과 같은 긍정적인 효과만 있는 것이 아니라 국가간 또는 국가 내 소득불균형 심화, 단기자본 이동 등에 따른 경제적 불안정성의 증대 등과 같은 부정적 현상도 함께 초래한다. 또한 국가간에 교류가 활발해짐에 따라 질병, 범죄, 오염물질들도 국경을 넘어 급속히 전파되므로, 환경파괴나 초국가적 범죄와 같은 범세계적 문제에 대한 공동대처와 국가간 협력을 강화해야만 한다.

국제사회는 이미 다수의 정부간 국제기구, 지역협력기구, 비정부간 기구 등을 통해 어느 정도 세계적 관리를 제공하고 있으나, 이들 대부분은 민족국가 체제에서 활동하는 데 익숙해져 있으므로, 세계화시대의 요구에 부응하는 개혁과 변신이 필요하다. 곧, 세계화에 따른 새로운 도전에 대처할 수 있는 광범위하고 신속하면서 효과적인 관리가 필요한 것이다. 예를 들어, AIDS와 같은 질병은 세계화시대가 아니었으면 그처럼 짧은 시간 안에 심각한 상태로 확산되지는 않았을 것이다. 지금은 과거의 국가간 방역협조 수준의 국제적 공조로는 이러한 문제에 효과적으로 대처할 수 없는 것이다. 이와 같이 세계적 관리를 개선하려는 노력의 중심에는 아직도 유일하게 주권을 행사할 수 있는 국가의 역할이 중요하며, 한편 새로이 부각되고 있는 초국가적 행위자들의 역할도 정당한 인정을 받아야 할 것이다.

4. 지역협력과 세계적 관리

냉전이 종식된 후 1990년대에 세계화와 함께 국제적 추세로 주목을
받게 된 또 하나의 현상은 지역협력 또는 지역주의(regionalism)의 확산
이다. 지역협력에서 가장 앞서 있던 EU는 1992년 〈마스트리히트 조약〉
등으로 지역통합의 범위를 경제뿐 아니라 정치·안보 분야로 확대하고
1999년 유로화 출범으로 화폐 통합까지 실현하는 등 통합 수준을 높였
다. 또한, 동남아지역의 협력기구인 ASEAN도 1992년부터 아세안 자유
무역지대(AFTA)를 추진하는 등 협력을 강화하고 있다. 이 같은 기존의
지역협력 이외에도 1990년대에는 세계 각지에서 새로운 지역협력체가
여럿 등장하였다. 1991년 MERCOSUR(남부남미공동시장), 1994년
NAFTA(〈북미자유무역협정〉) 등 특정지역 내 협력체와 함께, 1989년
APEC(아·태 경제협력체), 1996년 ASEM(아시아·유럽 정상회의),
1999년 EALAF(동아시아·라틴아메리카 포럼) 등 광역 내지는 지역간
협력체도 등장하였다.

이러한 지역협력의 확산 움직임은 여러 가지 측면에서 분석, 설명할
수 있겠으나, 여기에서는 세계화·세계적 관리와 연관되는 측면만을 검
토해 보고자 한다. 앞서 언급한 것처럼, 본격적인 세계화 추세에 따라 세
계적 차원의 관리 내지는 다자적 관리(multilateral management)가 중요
성을 더해가고 있다. 그런데, 이를 위하여 "세계협력"이 아닌 "지역협력"
을 강화하고 있는 것은 어떻게 설명할 수 있을까? 또, 국제사회는 오래
전부터 국제문제의 각 분야에서 공통의 문제를 다루고 협력을 추진하기
위한 국제기구들을 발전시켜 왔는데,[19] 이들을 통한 세계적 관리와 새로
운 지역협력의 역할은 어떠한 상관 관계가 있는가?

첫 번째로 생각해 볼 수 있는 답은, 세계화가 불균등하게 진행되고 있
는 국제사회 현실에 비추어볼 때 세계적 관리를 제공하는 데 지역협력이

더 효과적인 수단이 될 수 있다는 것이다. 앞에서도 본 것처럼, 오늘날 세계화는 전 세계에서 고르게 진행되고 있는 것이 아니고 주로 선진경제 권을 중심으로 확산되고 있다. 구체적으로 북미, 유럽, 동아시아의 3대 경제중심이 세계화를 주도하는 지역이라 할 수 있다.[20] 일부 논평가는 이러한 현상을 두고 "끝이 잘린 세계화"(truncated globalization) 또는 "삼극화"(triadization)라는 표현도 사용하고 있다.

따라서, 세계화에 따른 세계적 관리를 위한 협력은 이들 세 지역 국가 사이에서 집중적으로 이루어지는 것이 전 세계 국가(유엔회원국 기준시 189국) 사이에 이루어지는 것보다 효과적이고 효율적일 수 있다. 특히 유 엔을 예로 들면 안전보장이사회를 제외한 모든 기구에서 다수결의 원칙 을 적용하고 있고, 유엔 회원국의 절반 이상이 사실상 세계화에서 소외 된 국가들임을 감안하면 더욱 그러하다. 지역협력체들은 대부분 비공식 성과 합의를 원칙으로 하여, 국가정상을 포함한 고위급이 형식과 결과에 얽매이지 않고 자유롭게 의견을 교환하여 빠른 시간 안에 실질적 성과를 도출해내는 것을 추구하고 있다. 또한 이러한 회합에서 도출된 합의는 조약과 같은 법적 구속력을 갖지는 않지만, 정상들의 정치적 의지를 담 은 합의의 성격을 지니므로 그 이행이 오히려 더 원활할 수도 있다는 장 점도 있다.[21]

둘째로는, 지역협력이 더 완전한 세계적 관리를 추구하는 노력에 도움 이 될 수 있다는 점이다. 어떤 의미에서 보면 지역협력, 특히 EU와 같은 발달된 지역협력체는 세계화의 부분적 실현이라고 할 수 있다. 즉, "지역 적 세계화"와 "지역적 관리"(regional governance)가 이루어지는 것이다. 이러한 지역적 관리의 경험은 세계적 관리를 개선하는 데 유용하게 활용 할 수 있다. 지역통합과정에서 국가들이 공통문제를 해결하는 데 협력한 경험을 결국 세계적 통합과정에도 적용할 수 있기 때문이다. 또, 한 지역 의 지역협력과 통합은 다른 지역에서 유사한 시도를 촉발시키는 효과도 있기 때문에 지역협력을 확산시키고, 궁극적으로 지역통합의 광역화를 달성함으로써 세계화에 기여하고 세계적 관리를 개선할 수 있다.[22] 이러한 의미에서, APEC이 표방하는 개방적 지역주의(open regionalism)가 설득력을 갖는다.

지역협력이 이처럼 세계적 관리에서 중요한 비중을 차지하고 있으나, 그렇다고 해서 세계적 수준의 국제기구와 다자협력의 역할을 대체할 수 있는 것은 아니다. 특히, 세계화 과정에서 약자의 처지에 있는 많은 중소국가들이 배제된 지역협력체들은 세계화의 부정적 영향을 다룰 때 포괄적이고 균형잡힌 역할을 수행하기 어렵다. 19세기 말의 세계화가 20세기 전반의 경쟁적 보호주의와 전쟁으로 이어진 전철을 밟지 않기 위해서는, 세계화에 대한 반발을 신중히 다루어야 한다고 많은 논평가들이 주장하고 있다. 이러한 점을 고려해서라도, 세계적 관리에서 지역협력의 역할은 세계적 다자협력에 상호보완적으로 도움을 주는 방향으로 발전해 나가는 것이 바람직하다.

5. 맺음말

세계화는 인간의 활동 영역이 국경을 넘어 세계로 확대되고 각국의 경제가 통합되어 가는 현상이다. 세계화는 이미 오래 전에 시작되었으며, 특히 19세기 말 유럽에서는 상당한 수준까지 진척되었으나 20세기 전반 다소 후퇴하였다가, 20세기 말 교통·통신기술의 혁신과 냉전종식 후 경제 개방화, 자유화에 힘입어 국제관계를 상징하는 흐름으로 대두하고 있다. 세계화는 여러 가지 혜택과 문제점을 동시에 초래하고 있는데, 국가들이 세계화에 뒤따르는 문제에 공동으로 대처하고 협력하기 위해서는 세계적 관리의 중요성이 높아지고 있다. 세계화와 함께 1990년대 이후 부각되고 있는 지역협력은 이러한 세계적 관리를 효과적으로 제공하고 세계적 관리를 개선하는 데 도움을 줄 수 있다는 의미에서 국제관계에서 차지하는 비중이 커지고 있다.

그러면, 세계화시대에 세계적 관리와 지역협력이라는 명제들이 우리나라에게는 어떠한 의미가 있는가? 우리에게 주어진 선택은 무엇인가? 우리나라는 세계 13위의 경제규모와 무역량을 가지고 있고 무역 의존도가 65퍼센트에 이르는 국가로서, 세계화 과정에 적극적으로 참여하고 대처해야 함은 두 말할 필요도 없다. 대외무역과 투자만을 놓고 보더라도 우리는 이미 세계화의 혜택을 많이 받고 있다고 할 수 있다. 이것은 특히 세계화 과정이 후퇴하여 보호주의와 전제주의(autarky) 성향이 국가들 사이에 높아진다고 가정할 때 우리에게 초래될 불이익을 생각해보면 자명한 일이다. 따라서, 세계화가 더욱 원만히 진행됨으로써 세계화의 혜택을 확대하고 부작용을 최소화할 수 있도록 세계적 관리를 개선, 강화하는 것이 국익에 부합한다. 이를 위하여 우리는 세계적 관리를 제공하는 각종 국제협력과 제도에 적극적으로 참여하고 역할을 확대해 나가야 할 것이다.

특히, 지역협력에서 세계 3대 경제중심에 속하는 우리나라는 효과적인 세계적 관리가 가능하도록 기여할 수 있는 여지가 크다. 이러한 관점에서 우리는 북미와 유럽지역 국가들과 대화와 협력을 강화할 필요가 있으며, 여기에서 APEC, ASEM, ARF 등 지역협력체가 중요한 역할을 할 수 있다. 이와 함께, 우리가 속한 지역에서 "부분적 세계화"와 "지역적 세계화"를 추구하기 위해서는 자연히 동아시아 지역협력이 의미를 갖는다. 동아시아 국가들은 우리와 지리적으로 가까울 뿐 아니라 이들의 대부분이 세계 3극의 한 축인 동아시아 경제중심권에서 핵심적인 역할을 하고 있으므로 우리에게 이중의 중요성을 갖게 되는 것이다.[23]

이 글에서는 세계화의 경제적 측면에 주로 초점을 맞추었으나, 세계화

가 진행될수록 세계화의 정치적 문화적 측면도 우리에게 큰 영향을 줄 것
이 틀림없다. 그러한 측면들은 아직도 안보문제를 해결하지 못하고 있는
동아시아에서 지역협력문제를 다루는 데 중요한 함의를 갖게 되며, 우리
외교 실무자나 학자들이 계속 관심을 가져야 할 문제라고 생각한다.

주

1) governance는 '통치체제', '통치활동', '협력적 통치(협치)', '국정관리' 등으로 해
   석, 번역하고 있으며, 이 글에서는 global governance를 global government(세계 정
   부)와 구별한다는 의미에서 '세계적 관리'라 부르기도 한다.
2) IMF, "Globalization : Threat or Opportunity?", An IMF Issues Brief for
   2001(April 12, 2000). "Economic globalization……refers to the increasing
   integration of economies around the world, particularly through trade and
   financial flows. The term sometimes also refers to the movement of
   people(labor) and knowledge(technology) across international borders."
3) World Bank, "Assessing Globalization", World Bank Briefing Papers(April,
   2000). "The most common or core sense of economic globalizaton…… surely
   refers to the observation that in recent years a quickly rising share of economic
   activity in the world seems to be taking place between people who live in
   different countries(rather than in the same country)."
4) Charles Morrison, "Globalization, Vulnerability and Adjustment", East-West
   Center Senior Policy Seminar(August, 2000). "Globalization, ……in its common
   and most general usage, refers to the integrative forces knitting together a
   global society including economic phenomena such as enhanced capital
   flows, technology transfer, trade in goods and services, and the movement of
   legal and illegal labor, as well as non-economic forces such as the spread of
   ideas, norms, and values."
5) Martin Wolf, "Will the Nation-State Survive Globalization?", Foreign Affairs(Jan~
   Feb., 2001). "Globalization is a journey……toward an unreachable destination
   — 'the globalized world'. A 'globalized' economy could be defined as one in
   which neither distance nor national borders impede economic transactions."
6) Hanns Maull, "Governance in the Age of Globalization : Implications for the
   ASEM Agenda", A CAEC Task Force Report(2000). "The term globalization is

used in very different and, often, rather confusing ways. Here, it is defined as the most recent, qualitatively new phase in a world-wide process of modernization which originated in Europe many centuries ago."

7) 임혁백, 〈세계화와 글로벌 가버넌스―개념적·이론적 논의의 현황〉, 사회과학 연구협의회 주관 "세계화와 글로벌 가버넌스" 세미나, 2000년 12월 1일.

8) 세계경제연구소의 허프바우어(Gary Hufbauer)에 따르면 기원전 백만년에서 기원후 1500년까지 세계 1인당 GDP(1990년 미불화 기준)는 90불에서 140불로만 증가했으나, 이후 400년 동안(1500~1900년) 약 4배 증가하고, 최근 100년 동안(1900~2000년)에는 약 5배의 증가율을 보였다.

9) 왕윤종·장영민, 〈세계화의 도전〉, 대외경제정책연구원 학술회의 발표논문, 2000.

10) 영국의 경우, 1910년에는 44퍼센트였고, 1995년에는 57퍼센트였다.(Martin Wolf, "Will the Nation-State Survive Globazliation?", *Foreign Affairs*(Jan~Feb., 2001)

11) 1870~1913년 영국의 GDP 대비 해외투자액 비율은 평균 4.6퍼센트로서 현재 주요 선진국보다 높은 수치이다.

12) 1890년대 10년 동안 해외인구 유입에 따른 인구증가율은 아르헨티나 26퍼센트, 호주 17퍼센트, 미국 9퍼센트였던 데 비해, 1990년대에는 최고 인구유입국인 미국의 인구증가율(이민에 따른)도 4퍼센트에 불과하다.

13) 임혁백 교수(고려대)는 헤들리 불(Hedley Bull, *Anarchial Society*, 1977)을 인용하여, 오늘날의 국가를 신성 로마제국(교황)과 자치 영주 사이에서 협공을 받았던 중세국가에 비유한 "신중세시대(new medievalism)"라는 표현을 사용하고 있다.

14) 국가별로 볼 때도, World Bank(2000)의 소득불균형 추세 조사에 따르면 부유국과 빈곤국의 격차는 1820년 3 : 1에서 1973년 44 : 1, 1992년 72 : 1로 꾸준히 증가하였다.

15) 칼 마르크스(Karl Marx)는 "세계시장을 창조하려는 경향은 바로 자본 개념의 일부분"이라고 하였다.

16) 예를 들어, 헤리티지 재단(Heritage Foundation)에 따르면 무역·투자 등을 기준으로 경제적 자유가 높은 15국의 평균 1인당 소득이 21,200불인 반면, 자유가 낮은 81국의 평균 소득은 2,800불이다.

17) 전통적 경제이론으로는 무역이 활발해지면 선진국에서는 기술집약적 산업이 성장하고 노동집약적 산업은 쇠퇴하므로 빈부간 소득 격차가 심화되고, 개발도상국에서는 그 반대 현상이 일어나는 것으로 되어 있다.

18) governance를 더 폭넓은 개념으로 보는 시각에서는 EU 안에 국가, 지방, 다국적 행위자 등이 복잡한 네트워크 안에서 상호교류하는 다층적(multilevel) governance 구조를 형성하고 있다고 본다.(임혁백, 앞의 글) 그러나, 좁게 보았을 때 국제사회에서 governance는 프레드 버그스턴(Fred Bergsten) 등이 말하는 다자적 관리(multilateral management)에 가깝다고 하겠다.

19) 현재 국제사회에는 일반적이고 보편적 국제기구인 국제연합(UN) 이외에도 WHO, UNESCO, UNDP, IAEA 등 각 분야별로 약 100여 개의 정부간 기구와 기타 다수의 비정부간 국제기구가 있다.

20) 1999년 기준으로 이들 세 지역의 28국(EU, NAFTA, 동아시아 10국)은 전 세계 GDP의 83퍼센트, 교역량의 76퍼센트를 차지하고 있다.

21) 예를 들어 2000년 서울 ASEM 정상회의에서 몇 달 만에 준비하고 합의한 유라시아 초고속 정보통신망 사업이나 ASEM 장학사업 같은 협력사업을 유엔 산하기구에서 다루었다면 훨씬 더 오랜 시간과 의견 수렴과정이 필요했을 것이다.

22) 그러나 한편, 이러한 가정에 대한 반대주장도 있다. 즉, 바그와티(Bhagwati) 같은 경제학자는 지역주의가 세계무역자유화에 걸림돌로 작용하고 있다고 주장하고, 헌팅턴(Huntington)은 지역적 블록 현상이 "문명간 충돌"로 이어질 가능성을 경고한 바 있다.

23) 우리나라가 만일 우리보다 훨씬 작은 규모의 경제력을 가진 국가들에게 둘러싸여 있었다면 이러한 인근국가들과의 지역협력은 훨씬 제한적인 의의만을 갖게 되었을 것이다.

세계적 관리와 NGO   강경화

1. 머리말

탈냉전시대에 국제사회에서 가장 두드러진 현상 가운데 하나는 전 세계를 대상으로 활동하는 NGO(nongovernmental organizations. 비정부기구)의 급부상이다. 실로 지난 10여 년 동안 국제적으로 두각을 나타낸 NGO들은 그 활동범위와 위상이 크게 증대되면서 국제사회의 모든 현안에서 영향력 있는 위치를 차지하기에 이르렀다.

수적으로만 보더라도 국제적으로 활동하고 있는 NGO들은 막강한 지위를 차지하고 있다. 비영리 단체로서 국제사회 공동의 이익에 기여하는 것으로 평가되어 유엔으로부터 협의지위를 부여받은 단체들만도 2000개 가까이 된다.[1] 또 그 활동영역도 전통적으로 NGO들이 관심을 집중했던 인권, 환경 등의 "하위정치" 분야를 넘어서 안보, 군축 등 "고위정치" 분야로까지 확장되고 있다.

그러나 규모나 영역의 확대보다 더 중요한 것은 NGO들이 새로이 갖게 된 자신감이다. 과거에는 주로 보이지 않는 곳에서, 공공기관의 손이 미치지 않는 곳에서 활동을 하던 NGO들이 이제는 정부와 국제기구들의 의사결정과정에 적극적으로 개입하거나 압력을 행사하고 있고, 때로는 공적인 절차를 뛰어 넘어 국내·지역·국제 연대를 형성하면서 국제사회와 국제관계에 직·간접적으로 영향을 미치고 있다. 요컨대 전통적으로 정부와 정부들의 모임인 IGO(Intergovernmental organizations, 국제기구)가 전담하는 일로 여겨왔던 세계적 관리의 한 몫을 NGO들이 담당하기에 이른 것이다.

세계화의 가속화에 따라 등장한 초국가적 문제들은 NGO들이 세계적 관리에 기여할 수 있는 여지를 더욱 넓히고 있다. 기후변화, 자원고갈, 금융위기의 확산 등 범세계적 대응을 요구하는 문제들의 심각성은 증대하고 있으나, 기본적으로 자국이익을 우선적으로 도모하는 GO들의 각축장인 IGO에서 효과적인 대응을 세우는 것은 근본적인 한계가 있다. 이러한 세계적 관리의 필요와 현실 사이의 틈새는 국가주권, 관료조직의 절차, 외교적 이해관계의 제약을 받지 않는 NGO들이 창의력을 발휘할 수 있는 공간이 된다. 국경 없는 무한경쟁의 시대에는 경쟁과 협력이 병존하는 것이 국제관계의 기본양상이라고 한다면, NGO들은 협력 쪽에 무게를 실어주는 힘이 될 것으로 기대한다.

2. 시대적 배경

국제 NGO 발달사에서 첫 번째 이정표로 기록되는 것은 1839년에 결성된 영국 및 해외 반노예제도협회(British and Foreign Anti-Slavery Society)이다.[2] 19세기 유럽과 미국에서는 이처럼 노예제도 폐지와 평화를 추구하는 다양한 단체들이 각종 국제회의에서 로비활동을 벌였다. 20세기 초에는 노동운동, 상업, 국제법, 교통·통신, 보건분야에서 NGO들이 등장하여 국제연맹(League of Nations) 활동에 참여하였다. 1, 2차대전과 그 사이의 어려웠던 시기에는 시민단체들의 활동이 당연히 위축되었다. 그러나 제2차세계대전 직후 국제연합을 설립하기 위한 샌프란시스코회의에는 42개의 NGO들이 초청되었으며, 이들이 적극적으로 활동한 결과 〈유엔헌장〉에 NGO가 유엔 활동에 참여할 수 있는 여지가 명문화되었다.[3]

1950년대와 60년대에는 동서냉전으로 국제사회가 양극화된 상황에서 NGO 활동이 두각을 나타내지 못했다. 그러나 그 가운데에서도 1961년에 창설된 국제엠네스티(AI : Amnesty International) 같은 단체들은 국경과 체제를 넘어서 인권을 증진하는 활동을 꾸준히 벌여 NGO에 대한 국제사회의 인식을 제고시킴으로써, 1980년대 말, 90년대에 NGO가 국제무대에 본격적으로 등장할 수 있는 기반을 마련하였다.

1) 냉전종식

냉전이 자유민주주의의 승리로 끝나자 서구, 동구, 비동맹권 사이에 이념적 장벽과 반목이 사라졌고, 자유로운 시민들의 의견을 존중하는 민주주의 가치가 세계적으로 확산됐다. 옛 공산권국가들과 냉전의 논리로 정당화되었던 독재체제에서 해방된 나라들에서는 지하에 숨어 있던 시민사회가 본격적으로 활동하기 시작했다. 민주화에 가속이 붙은 개도국에서는 시민사회가 성숙하면서 정부의 투명성과 책임성을 요구하고, 국제무대에서도 정부와는 별도의 독자적인 목소리를 내기 시작했다. 서구 민주주의 국가에서는 안보에 대한 걱정이 줄어들고 삶의 질, 인류애 등 생존의 문제를 초월하는 가치들이 부각되면서, 자신의 안위와 국가적 이익을 초월하여 범인류적인 대의를 위해 일하려는 개인들과 시민단체들이 늘어났다.

이념적 대결이 사라진 국제무대에서도 정부관리, 외교관들이 시민단체와 교류하는 것을 더는 꺼리지 않게 되었으며, 국가적, 국제적 의사결정에서 좀더 개방된 태도를 보여주었다. 특히, 동서대결에서 벗어난 유엔에서는 국가간에 더 다양한 생각의 개진과 화해, 그리고 NGO와의 광범위한 협력관계가 자리잡게 되었다.

또한 철의 장막이 거두어지자, 그 뒤에 가려져 있던 환경, 인권 등 많은 문제들이 국경을 초월하는 문제들임이 더욱 명백해졌다. 나아가 탈냉전시대에 새로이 불붙은 수많은 지역분쟁들은 종족·인종·종교·경제 요인들이 복합적으로 작용하면서 대량 난민·유민 사태를 초래하였다. 이러한 "복합적 위기" 사태에 대응하는 유엔 등 국제기구의 역량은 한정되어 있는 가운데, 현장사정에 밝고 구호활동에 경험이 풍부한 NGO들이 국제사회의 평화유지·강화 활동에서도 두각을 나타내기에 이르렀다.[4]

2) NGO연대의 도구─새로운 통신기술

국제 NGO들의 활동을 활성화한 또 한 가지 주요 요인은 정보통신기술의 발달이다. 국경이 정보의 흐름을 막거나 정부가 정보를 독점, 통제할 수 있는 시대는 지났다. 팩시밀리와 인터넷 등 오늘날의 전자통신수단은 NGO들에게 즉각적이고도 지리적 한계가 없는 통신과 연대, 그리고 홍보 도구가 되었다. 과거에는 민족공동체에서나 볼 수 있었던, 국경과 시간에 얽매이지 않고 목표와 가치를 공유하는 공동체의 형성과 유지가 얼마든지 가능해졌다.

이와 더불어 언론도 NGO의 영향력을 높여주고 있다. 언론이 NGO들, 특히 정부기구의 입장과 대치되거나 새로운 문제를 제기하는 NGO의 활동을 보도하는 것은 기본적으로 갈등과 분쟁을 좋아하는 상업적인 보도매체의 속성 때문이기도 하겠지만, NGO들의 관심사와 활동이 시대와 여론의 흐름을 반영하고 그 가운데서 사회변화의 동력을 읽을 수 있기 때문이라는 분석도 일리가 있다. 오늘날에는 문제가 있는 곳에는 반드시 언론과 NGO가 있고, 그곳에서 펼치는 NGO의 활동은 "준비된 관객"의

호응을 받고 있는 것이다. 이처럼 언론의 각광을 받으면서 NGO의 자리
는 더욱 커지고 있다.

3) 전문성 향상과 재정지원의 확대

NGO들의 전문성 향상과 재정지원 확대도 최근 NGO 활성화에 기여
하고 있다. 국내, 국제 NGO들은 개인, 기업, 정부 그리고 유엔, 세계은행
등의 국제기구로부터 많은 지원을 받고 있다. 국내적으로는 시민의식의
성숙과 경제발전이 NGO에게 재정적 기여를 할 수 있는 계층을 넓혔고,
국제적으로는 각종 지원프로그램에 현지 시민사회의 참여를 높이려는 국
제기구와 주요 공여국들이 NGO에 대한 재정지원을 확대하였다. NGO들
도 회원들의 자발적 기여금만으로 활동하던 초기 단계에서 벗어나, 적극
적으로 외부의 재정지원을 확보하려는 노력을 보이고 있다.

1994년에는 개도국에 지원하던 공적개발원조(ODA) 가운데 10퍼센트
인 80억 불을 NGO를 통해 시원하였다. 이는 같은 해 유엔체제가 사용한
60억 불을 웃도는 것이었으며 1970년의 0.2퍼센트에 비해 크게 증가한
것이다. 같은 해 미국은 대외개발원조의 25퍼센트를 NGO를 통해서 지
출했다.[5] 세계은행, 그리고 국제연합개발계획(UNDP)을 비롯한 유엔의
각종 기구들도 NGO에 대한 지원을 확대하고 있다. 현장경험이 많은
NGO를 통해 지원사업을 하는 것은 비용 대비 효과 면에서도 바람직한
것으로 여겨지고 있어 이러한 추세는 앞으로 계속 확대될 전망이다.
NGO에 대한 사설재단의 지원도 증가하고 있다. 특히 자선활동과 기부
를 격려하는 세금제도와 자원봉사의 전통이 강한 선진국에서는 NGO에
대한 재정지원의 폭이 넓다.[6]

또한 NGO들은 스스로의 시행착오, 국제사회와의 교류, 그리고 다른
단체들의 성공·실패 사례를 배우면서 문제 정의, 행동계획 수립, 여론조
성, 홍보 등에서 점점 더 그 전문성을 높이고 있다.

3. 전환점

이처럼 국제적으로 NGO들이 부상하기까지는 지난 10년 동안 중요한 계기들이 있었다. 그 시초는 1992년 리우(Rio) 환경정상회의와 연계하여 열린 NGO들의 지구 정상회의(earth summit)였다. 이후 유엔이나 다른 국제기구가 주관하는 각종 국제회의가 열리는 곳마다 NGO들이 결집하여 서로 협의하고 회의를 모니터할 뿐 아니라 그 과정에 영향력을 행사하였다. 최근의 대표적인 사례와 이러한 NGO들의 활동이 세계적 관리에 미치는 영향을 짚어보자.

1) 시애틀 전투

NGO들이 국제회의에서 영향력을 발휘한 가장 극적인 사례는 1999년 12월 시애틀(Seattle)에서 전개되었다는 점에는 이론의 여지가 없을 것이다. 세계무역기구(WTO) 뉴라운드 협상을 출범시키기 위해 제3차 WTO 각료회의가 열렸을 때, WTO가 추구하는 자유무역과 세계화에 반대하기 위해 전 세계에서 모여든 4만여 명의 NGO 회원들이 회의장 밖에서 격렬한 시위를 벌여 각료회의 개막식을 지연시켰고, 결국에는 시애틀에서 뉴라운드가 출범하는 것을 무산시켰다.[7] 사실 시애틀의 실패는 각국의 이해가 엇갈려 정부대표단들이 합의를 보지 못했기 때문이지만, NGO들은 자신들의 영향력에 대해 새로운 자신감을 갖게 되었다. 이를 두고《뉴욕 타임스》는 세계 시민사회의 "성인식"(coming out party)이라 일컬었다.

시애틀의 승리에 고무되어 세계화에 반대하는 NGO들은 2000년 1월 다보스 세계경제포럼, 2000년 4월 바르샤바에서 열린 IMF/세계은행 총회, 그리고 2000년 5월 태국 치앙마이에서 개최된 ADB 총회에서도 대규모 시위를 벌였다.[8]

시애틀 전투와 그 후속 시위들은 NGO의 위력을 여실히 보여주었을 뿐 아니라, 세계화의 선과 악에 대한 논의에 심각성과 시급성을 부여했다. 그리고 세계화 저항세력들의 욕구를 수용하고 빈부격차 심화 등 세계화가 가져올 수 있는 부정적 결과에 대응하는 작업도 세계적 관리의 중요한 과제임을 깨닫게 해주었다.

또한 시위에 참가했던 NGO들의 다양한 면모는, NGO들은 모두가 지향하는 공익(public good)을 위해 묵묵히 자발적으로 일하는 선하기만 한, 그래서 많으면 많을수록 좋은 존재라는 단순한 인식을 깨뜨렸다. 그 가운데는 세계주의를 추구하는 세력과 편협한 지역주의를 추구하는 세력들, 자유무역을 옹호하는 단체들과 보호주의를 옹호하는 단체들, 개발보다는 환경을 앞세우는 모임들과 자연보다는 인간의 복지향상을 위한 개발을 추구하는 모임들이 병존하면서, 때로는 서로 협력하고 때로는 상충하고 있다는 것도 깨닫게 해주었다.

2) OECD 〈다자간투자협정〉 협상의 실패

NGO들에게 자신들이 정부들의 노력에 제동을 걸 수 있다는 자신감을 갖게 해준 또 하나의 사례는, OECD에서 〈다자간투자협정〉(Multilateral Agreement on Investment)을 제정하려는 노력이 수포로 돌아간 것이다. 이를 위한 정부간 협상은 1995년에 시작되었는데, 2년 동안의 비공개 협상으로 마련된 협정 초안이 랄프 네이더(Ralph Nader)가 이끄는 퍼블릭 시티즌(Public Citizen)이라는 미국의 소비자보호단체에 유출되어 그 웹사이트에 공개되면서, 즉각 세계 600여 단체들의 강력한 반대에 부딪히게 된 이후로는 협상의 추진력을 유지하지 못하고 결국 98년 12월에 종지부를 찍었다.[9]

이는 NGO들이 관심분야에서 앞선 지식과 비평으로 무장하여 모든 정보통신 수단을 가지고 지켜보고 있는 상황에서는, 정부간 협상이 불투명성을 유지할 수 없음을 여실히 보여주었다. 즉, NGO들의 관심과 참여가, 현안을 해결할 수 있는지 여부를 떠나서 세계적 관리의 투명성과 민주성을 높여줄 수 있음을 보여주었다.

나아가서는 국제사회의 변화를 설명할 때, 이제는 그 초점을 공식 제도에 두기보다는 NGO를 포함하는 모든 행위자들의 사회적, 정치적 역학관계에서 분석해야 함을 보여주었다. 즉, NGO들끼리의 유대, NGO와 정부대표들의 관계, 정부들간의 관계, 그리고 NGO와 일반대중의 관계를 모두 고려해야 비로소 〈다자간투자협정〉 협상이 실패로 돌아간 이유를 완전히 파악할 수 있는 것이다.

3) 대인지뢰금지연대

세 번째는 정반대 경우로서, NGO가 주도하여 국제사회의 관심을 불러일으키고 소수 관심국들을 행동에 나서게 하여 강대국의 반대에도 불구하고 국제사회의 지지 속에 하나의 국제규범을 만든 예다. 바로 1997년 오타와(Ottawa)에서 관련국 대표와 NGO들이 모인 가운데 서명한 〈대인지뢰금지협약〉이[10] 그것이다. 1993년 국제지뢰금지운동(ICBL : International Campaign to Ban Landmines)이 결성된 지 불과 4년여 만의 일이었다.

대인지뢰 사용을 금지하고 불법화하려는 노력은 냉전시대에도 국제적십자위원회(ICRC)를 중심으로 꾸준히 이어져왔다. 냉전시대에는 중립성 유지를 위해 문제를 정치 문제화하는 데 주저했던 ICRC는 냉전이 사라지자 더 적극적으로 이 캠페인에 나설 수 있었으며, 1993년에 ICBL이 결성되는 데 중요한 기여를 했다.[11] 그러나 새로운 원동력은 세계 곳곳에서 대인지뢰의 피해나 참상을 목격하고 피해자들의 구호활동에 자원해온 프랑스의 국제장애단체(Handicap International), 독일의 국제의학협회(Medico International), 영국의 지뢰자문단체(Mine Advisory Group), 미국의 인권감시(Human Rights Watch), 인권의사회(Physicians for Human Rights), 미국재단 베트남참전군인회(VVAF : Vietnam Veterans of America Foundation) 등 소수 NGO들의 연대였다.

이들은 4년이라는 짧은 기간에 세계 60여 국의 천여 개에 달하는 NGO들의 참여를 유도하고, 캐나다, 덴마크, 노르웨이, 오스트리아, 벨기에, 캐나다 등 작지만 국제안보, 국제원조 문제에서 진보적인 태도를 보여온 국가들과 협력하여, 유엔의 틀 밖에서 군축·비확산 분야에서 중요한 협약을 만들어냈다. 그 과정에서 대인지뢰를 생산하고 사용하는 프랑스와 영국, 그리고 독일 등 강대국의 참여를 얻어냈다. 또 전통적인 미디어와 새로운 통신기술을 총동원하여 다각적인 홍보전략을 구사하여, 문제에 대한 논의를 주도하였다. 그리고 그 공헌으로 ICBL은 1997년 노벨평화상을 받았다. 이는 ICBL의 위상을 높여주었을 뿐 아니라, 세계평화증진을 위한 NGO의 적극적인 역할을 국제사회가 공인한 것이었다.[12]

ICBL의 성공은 몇 가지 점에서 의미가 크다. 우선, 이제는 NGO들이 전통적으로 활발히 관여해온 인권, 환경, 개발 등의 분야를 넘어서 안보·군비 분야에서도 NGO들이 영향력을 행사할 수 있음을 보여줌으로써, NGO들의 지평을 크게 넓혔다. 둘째, 그 과정이 유엔의 틀 밖에서 진행되고 NGO가 정부대표와 맞먹는 위치에서 협상에 참여함으로써,[13] 국제규범 제정을 위한 새로운 틀이 얼마든지 가능하며 뜻이 있으면 무엇이든 할 수 있다는 자신감을 NGO들에게 심어주었다. 셋째, 대인지뢰라는 안보 문제를 인도주의 문제로 재규정함으로써, 탈냉전시대에 국제적 논의의 초점을 국가안보 개념에서 "인간안보"라는 새로운 개념으로 옮기는 데 기여했다. 넷째, ICBL이 성공할 수 있었던 데는 캐나다 정부의 역할이 핵심적이었는데, 이는 역으로 정부 입장에서 보면 오늘날처럼 인터넷을 통해 국제적 시민운동(civic activism)의 공간이 무한정 확대된 시대에서는, 작은 나라도 그 관심사를 국제적인 NGO와 연대하여 관철시킬 수 있는 여지가 있음을 보여준 것이다.

4) GO, IGO, NGO의 유대

이러한 일련의 사건들을 두고 NGO 옹호자들은 사회발전의 일차적 책임은 국가 공공기관에게 있다는 기존의 관념이 깨지면서 정부의 권위가 심각한 도전을 받고 있다고 주장하는 반면, 비판론자들은 회의, 의심 심지어는 적개심을 가지고, NGO운동은 기본적으로 반동적이고 엘리트 위주의 움직임으로서 지배계층의 이익과 이데올로기를 대변하고 있다고 폄하하고 있다.[14] 현실은, 극단적 논쟁의 경우 대부분 그렇듯이, 양자의 중간에 있는 것 같다.

NGO가 국제무대에서 중요한 행위자로 등장한 것은 틀림없다. 그 법적, 제도적 실체를 떠나서, NGO는 국제무대에서 상시적이고 보편적이것이 되었다. 그러나 NGO의 성장이 GO나 IGO의 쇠퇴를 의미하는 것은 아니다. 오히려, NGO들은 GO와 IGO의 행동을 부추겨, 이들의 영역을 더욱 확대해 가고 있다는 지적도 있다.[15] 나아가 효율적인 정부와 국제기구가 있어야 NGO의 활동도 효과적으로 이루어질 수 있고, GO와 IGO는 NGO들과 협력하고 역할을 분담하여 정책집행의 효율성을 높이고 있다.[16]

최근 몇 년 동안에는 정부, 국제기구, 기업, NGO 등이 연대하여 각자의 힘만으로는 감당하기 힘든 과제들을 해내는 사례가 늘어가고 있다. 이러한 "세계공공정책 네트워크"(global public policy networks)[17] 가운데서도 가장 모범적인 사업으로는 세계 댐 위원회(WCD : World Commission on Dams)가 자주 거론된다.[18] 전 세계 대규모 댐 공사의 경제적 효율성과 환경영향을 점검하고 댐 건설에 대한 국제적 평가기준을 마련하기 위해서 1998년에 WCD가 세계은행의 후원으로 탄생하였다. 그 과정을 보면 오랜 세월 NGO들이 로비하고 압력을 행사한 뒤에야 IGO와 GO가 마지못해 NGO를 동반자로 받아들이고 있음을 알 수 있다.

그러나 지구촌 시대, 세계시민의식이 자라고 있는 세계화시대는 GO와 IGO가 사고의 틀을 전환하여 더 적극적으로, 더 광범위하게 NGO들과 교류, 협력할 것을 요구하고 있다.

4. 유엔과 NGO

세계화의 가속화와 더불어 세계적 관리에서 다자외교가 차지하는 비중은 점점 더 커지고 있다. 다자외교의 가장 중요한 현장인 유엔에서 NGO의 위상이 변천해온 과정을 살펴보면, NGO 활동은 그 제도적인 틀보다는, 그 결과에 더 큰 의미가 있음을 알 수 있다.

1945년 제정 당시 〈유엔헌장〉 71조는 경제사회이사회(ECOSOC)가 NGO에게 협의지위(consultative status)를 부여할 수 있도록 함으로써, 유엔 출범 당시부터 유엔이 NGO와 제도적 관계를 맺을 수 있는 길을 열어 놓았다.[19] 이후 유엔에서 NGO의 위상은 제도적으로는 근본적으로 변하지 않았으나, 실질적으로는 크게 높아졌다.

NGO의 협의지위를 규정하는 헌장은 1950년에 〈ECOSOC 결의〉로 처음 제정된 후 1968년과 1996년에 두 차례 확대되었으나, 기본 틀이 크게 바뀌지는 않았다. 그러나 법적, 제도적 관계를 떠나, NGO들은 유엔이 하는 모든 일에 깊이 관여하였으며, 상당한 영향력을 행사하기에 이르렀다. 그리하여 1990년대 이후 각종 유엔 문서에는 NGO와 "파트너십"(partnership) 관계가 자주 언급되어 있다. 이는 조언은 할 수 있으나, 의사결정에는 참여하지 못하는 것을 의미하는 "협의지위"의 개념과는 발상이 다르다. 실제로 공식적인 회의나 협상의 이면에서 진행되는 각종 비공식적인 회합에서 NGO들은 정부대표들의 동반자 역할을 수행하고 있다.

1) ECOSOC과 NGO

NGO가 ECOSOC 협의지위를 부여받기 위해서는 〈유엔헌장〉에 명시되어 있는 자격요건을 갖추고 신청절차를 밟아야 한다. 그러나 이는 매우 개방적인 과정이며, 다만 신청하는 단체가 영리를 추구하지 않고, 폭력사용을 옹호하지 않고, 학교, 대학 또는 정당이 될 수 없으며, 인권에 대한 관심이 특정 지역, 국적, 국가에 한정되지 않고 일반적이어야 한다는 제한만 있을 뿐이다.[20] 심사는 ECOSOC 산하 NGO위원회에서 한다. 협의지위 심사과정에서 특정 위원국이 특정 NGO의 협의지위 신청심사를 지연하거나 거부하는 예가 없는 것은 아니지만, 요건을 갖춘 NGO가 거절당하는 경우는 매우 드물다.

협의지위를 획득한 NGO들이 누리는 공식적 권한은 ECOSOC과 산하기구의 모든 회의에 대표를 참석시키는 것, ECOSOC 예비안건을 회람하고 이에 자신의 안을 포함할 수 있는 것, 또한 유엔 문서로서 ECOSOC 회원국들에게 회람되고 출판되는 성명서를 제출할 수 있는 것 등으로 제한되어 있다. 그러나 비공식적으로는 ECOSOC 산하기구들의 협의, 각종 태스크포스에 활발히 참여하고 있다. 일반적으로 의사결정기구가 작을수록, 사안이 전문적일수록, NGO 대표가 경험이 많을수록 회의에 참여하여 영향력을 미칠 수 있는 여지가 많다.[21]

2) 유엔이 주관하는 세계회의에서 NGO의 위상

NGO들은 유엔이 주관하는 각종 세계대회에서도 주변적 위치를 벗어나서 의사결정과정의 중요한 담당자로 등장했다.

1992년 유엔환경회의는 NGO 활동에 대한 국제사회의 인식을 크게 제고시켰다. NGO의 협의지위를 ECOSOC을 넘어 총회 등 전 유엔기구로 확대하자는 여론이 부상하면서, ECOSOC의 〈NGO 헌장〉 개정작업이 시작되었다. 4년 동안 작업한 결과(〈ECOSOC 결의〉1996/208) ECOSOC 협의지위를 국내 NGO에도 부여할 수 있게 하고 로스터(roster)라는 새로운 범주를 만든 것 이외에는 큰 변화가 없었다. 그러나 리우회의 결과는 각종 산하기구에 영향을 미쳐, 1994년 카이로(Cairo) 인구회의 이후 유엔인구기금(UNFPA)은 NGO 자문위원회를 구성하여 카이로 행동계획의 실행을 모니터하는 작업을 하게 했다. 1996년 인간정주회의(Habitat Ⅱ)에서는 그 준비단계에서부터 NGO들이 정부대표와 함께 문서작성과정에 참여하여 수정안을 제출하였다. 이러한 선례들이 반복되면서, 점차 관행이 되어가고 있다.

3) 총회와 안보리에서 NGO의 위치

유엔총회는 NGO에게 공식적인 참여의 길을 열어주려는 일관된 태도를 보이지 못해 왔다. 많은 정부들이 이에 저항하고 있기 때문이다. 그럼에도, NGO들은 총회의 주요 위원회와 부속기구에 비공식적인 참여를 확대해 왔으며, 이를 통해 총회의 논의방향과 결정에 영향력을 행사하고 있다.

1990년에는 ICRC가 국제 NGO로는 처음으로 총회에서 옵서버 지위를 획득했다. 수개월 뒤에는 국제적십자사연맹(IFRCRCS : International Federation of Red Cross and Red Crescent Societies)에게도 옵서버 지위를 부여하였다. 1994년 〈유엔총회결의〉로 NGO에 옵서버 지위를 부여하는 것이 중단되었으나, NGO의 역할에 대한 논의는 지속되어 왔다.

총회에서 NGO에 공식적인 지위를 부여하려는 노력은 회원국들의 반대로 1996년 〈NGO 헌장〉 개정에 반영되지 못했으나, 총회는 1997년 1월에 유엔개혁을 위한 전체작업반(open-ended working group)을 발족시키면서, NGO 참여에 관한 소위원회를 가동시켰다. 소위는 특별한 결과를 도출하지는 못했다. 그러나 현장에서는 중요한 선례들이 만들어지고 있었다. 1997년 2월, 안보리는 중앙아프리카 상황에 대해 옥스팜(Oxfam), 국경 없는 의사회(Medecins sans Frontieres), 대외구제협회(CARE) 등의 NGO 대표들로부터 브리핑을 받았다. 공식적인 의미부여를 피하기 위해서 비공식 회의로 규정하고 안보리 회의장이 아닌 다른 장소에서 회의를 진행하였으나, 이러한 선례가 발전하여 이제는 NGO 대표들이 전임, 현직, 후임 안보리 의장과 정례적인 브리핑 회의를 하기에 이르렀다.[22]

1997년 6월, 리우 환경회의에서 채택한 〈의제 21〉(Agenda 21)의 실천상황을 점검하기 위한 총회 특별회의에서는, 의장직권으로 NGO들이 유엔 역사상 처음으로 본회의 토의에 참여할 수 있었을 뿐 아니라, 최종문서를 협상하는 실무그룹 가운데 한 그룹의 의장직을 NGO 지도자가 맡았다.

그러나 1998년에는 반NGO 분위기가 회원국들 사이에 조성되었다. 인권분야에서 NGO들이 정부대표들에게 지나친 공격성, 적개심을 표출하여 NGO의 유엔참여 확대에 대한 지지가 줄어들었다. 그러면서도 1999년 이후에 열린 일련의 "+5 회의"들을 앞두고,[23] 다양한 준비회의에서 NGO 참여방식에 대한 많은 논란이 있었고, 결국에는 해당 회의 의장에게 문제를 위임하는 방향으로 결론이 내렸다. 이에 따라 2000년 여성회의와 사회개발회의에서는 몇몇 NGO 대표자들이 본회의에서 발언할 수 있었으며, 비공식적인 차원에서는 NGO들의 참여가 더욱더 활발하게 이루어졌다.

요컨대, NGO는 제도적 변화와 상관없이 유엔에서 참여권, 발언권과 실질적 영향력을 지속적으로 증대시켜 왔다. 이제 유엔에서 정부대표와 NGO의 관계는 국회의원과, 시민의 목소리를 관철시키려는 시민단체의 관계에 비유할 수 있을 것이다. 시민단체들의 감시와 압력이 국내 입법 과정에서 주요한 변수가 되었고 국내정치의 투명성과 책임성을 높여줄 것으로 기대되듯이, 국제 NGO들은 유엔을 비롯한 각종 국제기구의 의

사결정에 중요한 영향력을 발휘하면서 세계적 관리의 민주성을 증진시킬
것으로 기대되고 있다.

5. NGO의 다양성과 한계

1) 개념

기술적으로 이야기하면, NGO는 모든 "비정부"(non-governmental)
단체를 지칭한다. 따라서 국제적으로는 정부간 협정에 따라 성립되지 않
은 모든 국제단체라고 할 수 있다. 여기에는 옥스팜 등의 구호단체에서부
터 코카콜라와 같은 다국적 기업과 마피아와 같은 국제 조직범죄집단도
포함될 것이다. 그러나 일반적으로 세계적 관리와 관련해서 논의하는
NGO는 비정부단체일 뿐 아니라 비영리성, 정치적 중립성, 자발성, 독립
성을 특징으로 하는 단체들을 이야기한다. 그리고 일시적인 연대가 아니
라 어느 정도 확립된 조직을 갖추고 국제적인 목적을 위해 꾸준히 일하는
단체들을 의미한다. 유엔에서는 통상 ECOSOC 협의지위 부여 대상이 되
는 단체들을 NGO라 부른다.

NGO와 혼용해서 "시민사회"(civil society) 개념이 흔히 쓰인다. NGO
가 최근에 등장한 말인 반면, "시민사회"라는 말은 고대 그리스 시대부터
사용해 왔다. 당시에는 시민의 자격이 도시국가의 정책결정에 직접 참여
하는 원로들에게 한정되어 있던 만큼, 시민사회는 국가와 동일한 개념으
로 사용되었다. 자본주의와 시장경제가 확산되고 부르주아 계급이 형성
된 18세기 이후에는, 국가와는 별도로 스스로의 이익과 목적을 도모하는
경제적 여력을 가진 시민계층을 지칭했다. 2차대전 이후에는 주로 좌파
적 이론 속에서 동구권, 군사정부 등에서 독재체제의 횡포에 맞서는 독
자적 정치행위의 주체로서 시민사회를 이해하였다.[24] 탈냉전시대에는 민

주적 의식이 높은 시민들이 공권력 집행과 기업활동을 감시하면서 법치
주의를 공고히 하고 공익을 증진시키려는 노력이 사회 곳곳에서 표출되
면서, 그 집합체로서 시민사회를 논의하고 있다.

이처럼 시민사회는 추상적인 개념인 반면, NGO는 구체적인 실체다.
곧, NGO라는 조직화된 물리적 실체를 통해서 시민사회의 다양한 민주
적 열망이 행위로 나타나는 것이다. 그러나 NGO들이 시민사회 전체를
표출하는 것은 아니다. 단체활동 이외에도 상업, 종교, 언론, 정당 등의
활동도 시민사회의 표출로 이해할 수 있다. 이런 의미에서 시민사회는
매우 광범위한 개념이며, 경우에 따라서는 의회도 시민사회의 일부라고
보는 시각도 있다. 따라서 "NGO가 시민사회를 대변한다"는 주장은 단지
부분적으로 맞는 이야기이다.

국내적인 틀에서 NGO와 시민사회의 관계를 보는 시각이 국제적인 차
원에서도 그대로 적용될 수 있는지 짚어볼 필요가 있다. 국내적으로는 시
민사회의 활성화가 NGO들의 등장으로 이어졌다고 볼 수 있다. 그러나
국제적으로는 세계시민사회가 활성화되어서 국제 NGO들을 등장시켰다
고 볼 수는 없다. 세계시민사회는 실체로서 존재한다기보다는 수사적 구
호에 지나지 않는 것이다. 따라서 역으로 NGO들의 국제적 활동이 세계
시민의식이 싹트는 데 양분을 제공하고 있다고 보는 게 타당할 것이다.

2) 다양성

NGO와 더불어, 이윤을 추구하지 않는다는 뜻에서 NPO(non-profit
organization, 비영리단체), 민간분야의 자발적인 참여로 활동한다는 뜻
에서 PVO(private voluntary organization, 민간지원기구), 지역사회의 풀
뿌리 단체라는 뜻에서 CBO(community-based organizations, 지역사회
지원기구)라는 용어도 쓰인다. 세계은행에서는 일반적으로 NPO로서 정
부로부터 독립적인 CBO들을 NGO로 본다.[25] 그러나 NGO들의 양태가

다양해지면서 NPO, PVO, CBO는 점점 더 적용범위가 좁아지고 있다.

연륜이 쌓이면서 NGO들이 전문화, 직업화하고 있는 가운데, 자발적 참여를 평가기준으로 삼기 어렵게 되었다. 많은 경우 NGO들은 사무국과 전임유급요원들을 두고 있으며, 경우에 따라서는 연금제도도 운영하고 있다. 또한 지역사회에 근간을 두지 않은 NGO들도 많다. 오히려 국제엠네스티(Amnesty International), 국제투명성기구(Transparency International), 국제지뢰금지운동(ICBL), 그린피스(Greenpeace) 등 국제적으로 활발한 NGO들은 지역사회 의식보다는 국제적 오리엔테이션을 가진 소수의 엘리트들의 주도로 창설되어 활동하는 단체들이다.

NGO들이 적극적으로 기금모집 사업을 하고 그 재정지원 형태가 다양해지면서 NGO는 비영리적이어야 한다는 잣대도 모호해졌다. 재정지원 형태에 따라 정부지원에 의존하는 정부주도 NGO(GONGO : government-organized NGO), 공적인 지원을 받는 준NGO(QUANGO : quasi-NGO), 원조공여기관의 공어기관주도 NGO(DONGO : donor-organized NGO) 등으로 구분되기도 한다.[26] 이러한 외부의 재정지원이 NGO의 독립성을 저해할 수밖에 없다는 지적이 있다. 그러나 현실적으로 NGO들이 활동하는 데, 특히 빈곤퇴치, 재난구조 등 시급한 서비스를 제공하는 데 정부와 기업의 지원은 필수적이며 NGO의 순수한 자주성은 허상일 뿐이라는 반론도 있다.[27]

틀에 얽매이지 않고 목표달성에 도움이 된다면 새로운 활동양식을 마다하지 않는 NGO들의 유형과 행태는 그야말로 상상력이 허락하는 만큼 다양하다고 할 수 있다. 때로는 그 열의가 지나쳐서 지탄을 받기도 한다.[28] 그러나 일반적으로 세계적 관리에서 NGO들은 집행기능(operational role), 교육기능(educational role), 그리고 옹호기능(advocacy role)을 하는 것으로 볼 수 있다.[29]

NGO들은 다양한 현장에서 필요한 서비스를 집행하는 기능을 한다.

집행기능에 전념하지 않는다 하더라도, 대부분의 NGO들은 어느 정도 집행기능을 행한다. NGO들이 제공하는 서비스는 기술자문 등 정보·지식에서부터 재난구조, 식량지원, 의료사업, 개발지원 등의 가시적인 지원에 이르기까지 모든 봉사분야를 망라한다. NGO의 집행기능에 대한 국제사회의 재정적 지원은 국제기구, 각국 정부, 기업, 개인 독지가 등 다양하다. 지원의 단계를 넘어서 NGO가 직접 사업계약자의 역할을 맡는 경우도 많다.

NGO의 교육적 역할은 특정 문제에 대해 시민들의 의식을 고취하고 교육함으로서, 그들의 활동에 대한 지지기반을 확대하거나 새로운 정책을 채택하는 것을 목적으로 한다. 이를 위해 NGO들은 끊임없이 정보를 수집, 분석하고 전파한다. NGO의 옹호기능은 국제사회의 의제 설정, 그리고 모니터링을 통한 국제기구의 효율성과 투명성 제고를 목적으로 한다. 집행과 교육을 목적으로 하는 NGO들의 대상은 도움을 필요로 하는 집단과 일반대중인 반면, 옹호기능을 하는 NGO들의 대상은 주로 의회, 정부, 국제기구 사무국의 의사결정권자들이다.

일부 학자(Gordenker & Weiss)는 조직, 관할영역, 전략, 성과 등을 기준으로 NGO들을 분류하여 이론화하는 작업을 시도하였다. 이러한 노력은 세계적 관리에서 NGO가 차지하는 위치를 이해하는 데 도움을 줄 것으로 기대된다.

3) 한계

세계적 관리에서 NGO의 역할을 고찰할 때는, NGO의 한계성 역시 분석해야 할 것이다. 이와 관련하여 우선 지적되는 점들이 몇 가지 있다.

첫째, 대표성과 책임성이다. 국내적으로 NGO는 국민이 선출하고 국민에게 위임을 받는 게 아니라, 스스로 자의적인 동기와 목적의식을 가지고 구성하고 활동한다. NGO들이 의식 있는 시민사회를 대변하고 있으며 따라서 민주주의를 증진시킨다는 견해가 일반적으로 받아들여지고 있으나, 앞서 언급했듯이 NGO와 시민사회가 동일한 것은 아니다. 시민사회는 NGO보다는 훨씬 더 광범위하며, 많은 나라의 경우 NGO는 종교집단, 노조, 정당 등 전통적인 집단들에 비해 미미한 존재이다.

국제적으로도 의제 설정에 영향력을 발휘하고 옹호기능을 하고 있는 NGO들은 대개 선진 서방국가에 근간을 둔 단체들이다. 개도국에 뿌리를 둔 NGO들은 이들의 지사로서, 또는 국제기구들의 개발·구조 사업계약자로서 현장에서 집행기능을 주로 담당하고 있다. 이러한 국제 NGO의 남-북 불균형은 유엔에서도 잘 나타나고 있다. 유엔본부와 산하 기구들은 대부분 북미, 유럽의 도시에 위치하고 있고, 이곳에서 일어나는 각종 회의와 이벤트에 참여하는 NGO들은 대부분 북미, 유럽의 NGO들이다.

둘째, NGO의 도덕적 권위를 당연시할 수는 없다. NGO의 가장 큰 무기는 도덕적 권위이지만, 실제로는 이를 상실하거나 망각한 NGO를 종종 볼 수 있다. 더 나아가 본래의 목적의식을 상실하고 자가발전식 생존논리에 의지하거나, 재정적 지원을 받는 과정에서 독립성을 잃어버리는 경우도 있다. 모든 조직화된 집단들이 그렇듯이, NGO도 자기정당화, 부패, 영역싸움, 내부적 갈등 등의 폐단 그리고 그 사회적 문화적 배경에서 완전히 벗어날 수는 없는 것이다.[30] 또한 NGO들이 모두 시대를 앞서가는 범세계적이고 범인류적인 성향을 갖고 있는 것은 아니다. 과거 지향적이고 국수주의적인 NGO들도 많으며, 이들은 특히 사회가 어려울 때 더 큰 목소리를 내려는 경향이 있다.[31]

셋째, NGO가 너무 많이 생겨나면서, 이들 사이의 갈등과 반목으로 말미암아 정부의 역량이 제한되는 현상(demosclerosis)이 문제가 되고 있다.[32] 국내적으로는 사회가 복잡해지고 다양한 목소리들이 제기되는 가운데, 각각 서로 다른 문제와 견해를 가지고 활동하는 NGO들이 정부와 입법부에 상충하는 요구를 하는 경우가 종종 있다. 국제적으로도 그런 경우를 얼마든지 생각할 수 있다. NGO는 많을수록 좋다는 것은 단순한 생각이다. 국내적으로나 국제적으로 NGO들 사이에 상충하는 압력이 심할 경우, 결과는 재정이 튼튼하고, 줄이 잘 닿고, 더 잘 조직화된 편에게 유리할 가능성이 높아지는 것이다. 실제로 NGO의 영향력은 그 취지나 이에 동참하는 회원 수보다는 재정적 능력에 좌우된다는 지적도 있다. 이러한 NGO들 사이의 상충이 심해지면, 중앙전위(central authority)가 없는 세계적 관리에서 NGO들은 오히려 역기능을 할 수도 있다.

6. NGO와 대외정책

국제무대에서 위와 같은 NGO의 부상은 일시적인 현상인가, 아니면 앞으로 국제사회에서 점점 더 확고하게 자리를 잡아갈 것인가? 이에 대한 답은 앞으로의 국제질서를 어떻게 전망하느냐에 달렸다.

이상주의자들은, "만인의 만인에 대한 투쟁"이라는 홉스(Hobbes)의 세계관에 기초하여 국제관계를 국가 사이의 투쟁의 관계로 규정하고 그 투쟁에서 살아남기 위해 필연적으로 국가에게 물리력을 포함한 모든 권한을 위임할 수밖에 없었던 시대는 지나갔다고 보면서, 앞으로 국제관계의 기본 방식은 대결이 아니라 협력이며, 물리력이 아니라 도덕적 권위가 우선하는 평화적인 세계적 관리의 시대가 올 것이고, 국제 NGO는 바로 그러한 과정에서 원동력 내지는 촉진제가 되고 있다고 주장한다.[33] 반대로 현실주의자들은 국제사회가 다시 블록화하여 대립적인 국제질서가 다시 등장할 가능성은 얼마든지 있으며, 그렇게 된다면 공식적인 권한이 없는 NGO들은 설 자리를 잃게 될 것이라고 전망한다.

이 점에서도 현실은 양극의 중간에서 전개될 것으로 보인다. 국가 사이에 대결이 완전히 사라지고 범세계적 시민사회로 통합된 지구촌 시대의 도래는 희망사항에 지나지 않을 듯하다. 오히려 NGO들의 기여로 세계적 관리가 더욱 투명해지고 민주화된다면, 아이러니컬하게도 이는 국제사회에서 법치주의의 강화를 의미하는 것이고, 그 법을 만들고 집행하는 과정에서 NGO들이 아무리 큰 영향력을 발휘한다 하더라도, 결국에는 국제사회에서 확고한 법적 주체성을 갖는 GO와 IGO의 정체가 더욱 확고해질 수도 있다.

반대 시나리오대로 세계가 다시 블록화하려는 움직임이 없지 않으나, 그렇다 하더라도 민주주의와 시장경제가 보편적 가치로 확산되고 경제적 상호의존성이 심화되면서, 새로운 블록들 사이의 대결은 과거 냉전시대의 대결보다는 한결 건전한 것이 될 것으로 전망된다. 그리고 기본적으로 각국에서 민주주의가 꾸준히 강화되고 국제사회로 통합되면서, 간혹 역작용과 예외적인 경우들도 있겠지만 큰 흐름은 시민사회가 꾸준히 성장하고 NGO의 영역이 확대될 것으로 보인다.

요컨대, NGO는 GO와 IGO를 대신할 수는 없으나, GO와 IGO의 감시자, 비판자, 조언자, 협력자, 동반자로서 세계적 관리 과정에서 간과할 수 없는, 때로는 결정적인 영향을 미치는 행위자로서 더욱 활성화될 것이다. 따라서 각종 세계적 관리 사안을 접근할 때 각국 정부는 NGO들을 경원시하기보다는 적극적으로 협력하고 활용하는 방안들을 모색해야 할 것이다. 나아가 대외정책 전반에서 더욱 전향적인 자세로 NGO와 협의, 협력해야 한다.

대외정책은 많은 경우 정보공개가 제한될 수밖에 없어서 NGO들과 협조하기 어렵다. 그러나 모든 분야에서 공공정책의 투명성과 공개성이 높아지고 있는 것이 오늘날 그리고 앞으로의 추세라 할 때, 대외정책과 NGO의 관계를 생각하는 기본방향도 좀더 개방적인 것이 되어야 한다. 그러한 초보적인 사항을 몇 가지 짚어보면서 이 글을 맺고자 한다.

첫째, 가장 단순한 차원에서는 국내 NGO들의 국제적 활동을 지원해야 한다. NGO들의 유엔 협의지위 획득, 국제회의 참가, 연구·조사 활동에 대한 지원제도를 강화할 필요가 있다. 현재 유엔에서 협의지위를 갖고 있는 국내 단체는 10개에 불과하다.[34] 이들도 실질적으로 유엔의 논의에 어느 정도 참여하고 기여하고 있는지는 미지수다. 대부분이 협의지위를 십분 활용하기에는 인적, 재정적 자원이 충분치 않은 것으로 보인다. 협의지위를 획득하려는 동기 자체가 국내적 위상 제고 등 세계적 관리와는 거리가 먼 경우도 많다. 그러나 확실한 문제의식과 능력을 갖춘 NGO에 대해서는 전폭적인 지원을 해야 한다.

둘째, 국제 NGO들의 동향을 포괄적으로 파악하고 있어야 한다. 특히 국제사회의 의제 설정에 결정적 역할을 하고 있는 서구 NGO들의 움직임을 분석하면서 그들이 제기한 새로운 문제들에 대해 더욱 심도 있고 설득력 있게 생각을 정리해야 한다. 이를 위해서라도 국제 NGO들과 연대하고 있는 국내 NGO들과 의사소통 채널을 유지해야 한다.

셋째, NGO들과 대결적인 관계를 지양하고 협조적으로 일하는 방식을 강구해야 한다. 2000년 10월 서울에서 열린 제3차 ASEM 정상회의 때, NGO들과 사전협의와 협조를 통해서 1999년 시애틀에서와 같은 사태를 방지할 수 있었던 경험은 좋은 선례이다. 나아가 NGO들과 생각을 달리할 수밖에 없는 사안들에 대해서는, 장기적으로 상호보완적 역할분담이 이루어질 수도 있다는 시각에서 대처해야 한다. 예를 들어 국제사회의 관심사가 되고 있는 북한의 인권상황에 대해서, 정부 차원에서 할 수 없는 문제제기, 지원사업 등을 NGO들이 하고 있다. 달라이라마(Dalai Lama)의 방한문제에서도 NGO들의 강력한 요구는 결과적으로 정부의 대외적 입지를 강화시켜준 것으로 볼 수 있다.

넷째, 세계적 문제에 깊이 있는 전문지식을 갖춘 NGO들을 상호 배움의 상대로서, 또 시민교육의 도구로서 활용해야 한다. 민주국가의 대외정책은 국민적 지지를 바탕으로 할 때 비로소 결실을 맺을 수 있다. 국제사회의 상호의존성이 커지면서 점점 더 복잡해지고 있는 대외정책에 대한 국민의 지지를 확보하기 위해서라도 NGO들의 사회교육 역할을 최대한으로 활용해야 한다. 특히, 우리나라는 지정학적으로 독특한 위치에 있어, 매우 신중하고 정교한 대외정책과 국제무대에서 입장을 밝힐 때 고도의 전략적 사고가 필요하다. 그러나 이를 국민에게 알리는 일차 정보원인 대중매체는 모든 문제를 단순화하려는 경향이 있다. 따라서 변하고 있는 환경 속에서 우리나라의 지역적, 국제적 위치, 그리고 앞으로 나아갈 방향에 대해 시민사회의 인식과 지지를 심화시킬 필요가 있다. 이를 위한 관련분야 NGO들의 건설적인 역할이 기대된다.

주

1) 2001년 3월 현재 1997개의 NGO들이 ECOSCO 협의 지위를 갖고 있는 것으로 UN 홈페이지에 게재되어 있다. 이보다 훨씬 더 많은 단체들이 유엔 협의지위와 상관없이 국제적으로 활동하고 있다. 국제연합이 발간하는 *Yearbook of International Associations 1996~1997*에 따르면, 국제적으로 활동하는 단체들의 수는 1906년 176개에서, 1992년에 27,190개, 1996년에 38,243개로 크게 늘어났다.

2) Ann M. Florini ed., *The Third Force : The Rise of Transnational Civil Society*(Tokyo : JCIE, 2000), p.9.

3) 외교안보연구원, 《주요국제문제분석 ─ UN-NGO 관계의 현황과 전망》, 1999, p.3.

4) John Mckinlay, "NGOs and military peacekeepers : friends or foes?", *Janes International Defense Review*, Vol. 7(1997), pp.49~53.

5) Thomas G. Weiss & Leon Gordenker ed., *NGOs, the UN and Global Governance*(Lynne Rienner, 1996), p.25.

6) 예컨대 미국에서는 1984년에 이미 기업이 설립한 재단을 제외하고도 2백만 불 이상의 자산을 가지고 연간 20만 불 이상의 기부활동을 하는 민간재단이 5,500개가 넘는 것으로 나타났다. Margaret M. Feczko ed., *The Foundation Directory*(New York : The Foundation Center, 1984.

7) 회의에 공식적으로 등록된 단체들만도 700여 개가 넘으며, 이들은 미국의 미국노동총연맹산업별회의(AFL-CIO)에서 세계열대림운동(The World Rainforest Movement)에 이르기까지 지구시민사회의 모든 관심사를 대표할 만큼 다양한 배경을 가지고 모였다. 그리

고 회의장 밖에서는 스타벅스(Starbucks)와 더 갭(The Gap) 상점 등, 세계화의 상징들을 향해 반세계화 단체들이 무력시위를 벌였다. Mary Kaldor, "Civilizing Globalization? The Implications of the Battle in Seattle", *Millennium : Journal of International Studies*, Vol. 29, No. 1(2000), pp.105~114:

8) 외교안보연구원, 《주요국제문제분석—세계화 저항운동의 동향과 전망》, 2000, p.3.

9) Craig Warkentin & Karen Mingst, "International Institutions, the State, and Global Civil Society in the Age of the World Wide Web", *Global Governance* 6(2000), pp.237~257.

10) 공식 명칭은 "Convention on the Prohibition of the Use, Stockpiling, Production and Transfer of Anti-personnel Mines and on Their Destruction"이다. 2001년 3월 현재, 139국이 서명하였고 111국이 비준하였다.

11) International Committee of the Red Cross, "Anti-Personnel Landmines : A Study of the Military Use and Effectiveness of Anti-Personnel Mines" (Geneva : ICRC, 1996).

12) Motoko Mekata, "Building Partnerships toward a Common Goal : Experiences of the International Campaign to Ban Landmines", in Florini ed., *op. cit.*, pp.143~176.

13) 1996년 10월 캐나다 정부가 주최한 협정타결을 위한 국제전략회의에서 ICBL을 비롯한 몇몇 NGO들은 협상테이블에 앉은 반면, 협약가입 뜻을 밝히지 않은 나라의 정부 대표들은 뒷줄에 앉아 옵서버로 참석했다. 이는 NGO의 새로운 위상을 상징하는 것이기도 했다. Warkentin & Mingst, *op. cit.*, p.248.

14) AAPSS, "NGO's and civil society : unstated contradictions", *Annals of the American Academy* 554(Nov., 1997), pp.8~10.

15) Peter Stoett & Pamela Teitelbaum, "The Hague Appeal for Peace Conference : Reflections on 'civil society' and NGOs", *International Journal*, Vol. LV, No. 1(Winter, 1999~2000), p.42.

16) 방글라데시와 필리핀에서는 전통적으로 NGO의 활동이 활발하다. 그러나, 정부의 무기력함은 이들의 역량이 결집되어 사회발전의 원동력으로 작용하는 데 장애가 되는 것으로 분석된다.

17) Wolfgang H. Reinicke, "The Other World Wide Web : Global Public Policy Networks", *Foreign Policy*(Winter, 1999~2000), pp.44~57.

18) Sanjeev Khagram, "Toward Democratic Governance for Sustainable Development : Transnational Civil Society Organizing around Big Dams", in Florini ed., *op. cit.*, pp.83~114.

19) 〈유엔헌장〉 71조 원문 : "The Economic and Social Council may make suitable arrangements for consultation with non-governmental organizations which are concerned with matters within its competence. Such arrangements may be

made with international organizations and, where appropriate, with national organizations after consultation with the Member of the United Nations concerned."

20) 〈ECOSOC 결의〉 1297 para 17 ; 〈ECOSOC 결의〉 1996/31 para 25.

21) Peter Willetts, "From Consultative Arrangements to Partnership : The Changing Status of NGOs in Diplomacy at the UN", *Global Governance* 6(2000), p.193.

22) Ibid., p.199.

23) "+5 회의"는 1992년 환경회의를 필두로 90년대 전반기에 열렸던 일련의 유엔 세계회의 이후에 각 분야의 진전상황을 점검하기 위해서, 각각의 회의개최 5년 뒤에 열리는 후속회의들을 지칭한다.

24) Thomas Carothers, "Civil Society", *Foreign Policy*(Winter, 1999~2000), pp.18~19.

25) John Clark, "The Role of Non-profit Organizations in Development : the Experience of the World Bank"(The World Bank Group homepage, July, 1999).

26) Weiss & Gordenker ed., *op. cit.*, pp.20~21.

27) Bishwapriya Sanyal, "NGO's Self-Defeating Quest for Autonomy", *Annals of the American Academy* 554(Nov., 1997), p.21.

28) Crocker Snow. Jr., "NGO Overreach : Greenpeace pours oil on troubled waters but can't clean it up", *World Affairs*, Vol 21-2(Summer~Fall, 1997), pp.161~163.

29) Weiss & Gordenker, *op. cit.*, pp.36~40.

30) Snow, *op. cit.*, pp.161~163.

31) 최근 일본의 "새교과서를 만드는 모임"이 좋은 예다.

32) Carothers, *op. cit.*, p.23.

33) Scott Turner, "Global Civil Society, Anarchy and Governance : Assessing an Emerging Paradigm", *Journal of Peace Research*, Vol 35, No. 1(1998), pp.25~42.

34) 포괄적 협의지위 2개 단체 : 한국이웃사랑회, 세계평화여성협회. 특정분야 협의지위 7개 단체 : 밝은사회 국제클럽, 한국환경운동연합, 한국여성단체협의회, 한국여성정치문화연구소, 세계대학총장연합, 경제정의실천시민연합, 여성단체연맹, 민주사회를 위한 변호사 모임.

참고문헌

외교안보연구원, 《주요국제문제분석 — 세계화 저항운동의 동향과 전망》, 2000년 6월.

――――, 《주요국제문제분석 — UN-NGO 관계의 현황과 전망》, 1999년 6월.

AAPSS, "NGOs and civil society : unstated contradictions", *Annals of the American Academy* 554(Nov., 1997).

Carothers, Thomas, "Civil Society", *Foreign Policy*(Winter, 1999~2000).

Clark, John, "The Role of Non-profit Organizations in Development : the Experience of the World Bank"(The World Bank Group homepage, July, 1999).

Feczko, Margaret M. ed., *The Foundation Directory*(New York : The Foundation Center, 1984).

Florini, Ann M. ed., *The Third Force : The Rise of Transnational Civil Society*(Tokyo : JCIE, 2000).

International Committee of the Red Cross, *Anti-Personnel Landmines : A Study of the Military Use and Effectiveness of Anti-Personnel Mines*(Geneva : ICRC, 1996).

Kaldor, Mary, "Civilizing Globalization? The Implications of the Battle in Seattle", *Millennium : Journal of International Studies*, Vol. 29, No. 1(2000).

Mckinlay, John, "NGOs and military peacekeepers : friends or foes?", *Janes International Defense Review*, Vol. 7(1997).

Reinicke, Wolfgang H., "The Other World Wide Web : Global Public Policy Networks", *Foreign Policy*(Winter, 1999~2000).

Sanyal, Bishwapriya, "NGO's Self-Defeating Quest for Autonomy", *Annals of the American Academy 554*(Nov., 1997).

Snow, Crocker Jr., "NGO Overreach : Greenpeace pours oil on troubled waters but can't clean it up", *World Affairs*, Vol. 21-2(Summer~Fall, 1997).

Stoett, Peter & Teitelbaum, Pamela, "The Hague Appeal for Peace Conference : Reflections on 'civil society' and NGOs", *International Journal*, Vol. LV, No. 1(Winter, 1999~2000).

Turner, Scott, "Global Civil Society, Anarchy and Governance : Assessing an Emerging Paradigm", *Journal of Peace Research*, Vol. 35, No. 1(1998).

Union of International Associations, *Yearbook of International Associations*(1996~1997).

Warkentin, Craig & Mingst, Karen, "International Institutions, the State, and Global Civil Society in the Age of the World Wide Web", *Global Governance 6*(2000).

Weiss, Thomas G. & Gordenker, Leon ed., NGOs, the UN and Global Governance, *Lynne Rienner*(1996).

Willetts, Peter, "From Consultative Arrangements to Partnership : The Changing Status of NGOs in Diplomacy at the UN", *Global Governance 6*(2000).

우리 다자외교의 새로운 과제 | 이연수

1. 머리말

오늘날 국제관계는 하루가 다르게 변해가고 있다. 과학기술과 교동, 정보·통신의 혁신적 발전에 힘입어 세계화는 더욱 가속화되고 지구는 점점 더 좁아지고 있다. 국경을 초월한 자본·노동·기술의 이동, 정보통신의 발달에 따라 세계시장은 단일화되어 가고 있고, 국가간에 경제적 상호의존도는 더욱 심화되어 가고 있다. '세계화'는 이와 같은 국제 관계의 변화를 특징적으로 나타내주는 말이다.

경제분야에서 시작된 세계화는 국가간 무한경쟁과 함께 빈부격차의 심화도 야기하고 있으며, 그 영향은 사회·문화 등 다른 분야에까지 파급되고 있다. 세계화는 한편으로는 시장의 확대 등 경제활동 영역을 확대시킴으로써 혜택을 주기도 하지만, 무한경쟁과 빈부격차 심화와 같은 부정적 영향도 초래함으로써 세계적 관리의 필요성을 제기한다. 즉, 환경, 국제범죄, 군축과 비확산 등 한 국가의 노력과 의지만으로는 해결할 수 없는 문제들이 등장함에 따라, 이에 대응하기 위한 세계 차원 또는 지역 차원에서의 관리 노력이 활성화되고 있는 것이다. 또 탈냉전 이후 인권,

민주주의 등 인류보편적 가치의 확산도 세계차원에서 다자협력이 활발히 일어나도록 하고 있다.

이러한 국제관계의 발전과 상황변화는 다자외교를 활성화시키고 있으며, 유엔을 비롯한 각종 국제기구 이외에도 특정문제의 해결을 목적으로 하는 전 세계 차원에서의 다자외교활동, 지역차원에서의 국가간 협력과 협의 포럼 등이 활발히 일어나고 있다. 또한, 국제관계에서 경제·통상 문제의 비중이 커짐에 따라 다자간 경제·통상 문제를 논의하는 각종 회의와 협상은 중요한 다자외교활동의 장으로서 세계 각국의 외교전이 치열하게 전개되는 각축장이 되고 있다. 이에 따라 WTO를 중심으로 한 통상관련 국제규범이 이미 다양하게 확립되어 있고 앞으로도 더 많은 경제·통상관련 국제규범이 제정될 것으로 예상된다.

지역협력의 활성화 추세는 오늘날 국제관계의 또 다른 특징을 보여주고 있다. 1990년대 이후 계속되고 있는 오늘날의 지역협력 추세는 1950년대 유럽에서 나타났던 지역주의[1]와는 달리 범세계적 차원에서 급속히 확산되고 있으며 광역화되는 양상을 보이고 있다. 또 아시아유럽정상회의(ASEM), 동아시아·라틴아메리카 포럼(EALAF), EU-남미 공동시장(MERCOSUR)과 같은 지역간 경제협력 움직임이 나타나고 있으며, 경제·통상뿐 아니라, 정치·사회·문화 등 모든 분야를 포괄하는 협력을 추구하고 있다.

이처럼 지역 국가간 협력, 지역간 협력, 시장 통합 노력 등도 지역 차원에서 다자간 협력 움직임을 유발함에 따라 우리 다자외교에 새로운 과제를 안겨주고 있다. 이러한 문제의식 아래 다자외교와 다자주의의 개념을 알아보고, 유엔이나 국제기구, WTO, OECD 등 다자 경제·통상기구 참여 활동을 간략히 살펴보고, 우리와 직접 관계가 있는 지역협력을 활용하기 위한 방안을 중심으로 다자외교활동의 기본방향을 검토하기로 한다.

2. 다자외교의 이론과 실제

1) 다자외교와 다자주의

다자외교란 한 국가가 다른 한 국가를 상대로 외교활동을 수행하는 양자외교와 비교되는 말로서, 3국 이상의 국가들이 함께 협의나 입장조율, 또는 협력을 통해 어떤 문제를 해결하거나 특정한 목적을 추구해 가는 외교의 한 형태이다.

흔히, 다자외교는 20세기 들어 국제연맹이나 유엔 등 국제기구가 설립되고 제2차세계대전 후 서방의 식민지배에서 독립한 여러 신생국가가 탄생한 이후부터 시작되었다고 생각한다. 그러나 역사적으로 볼 때 다자외교는 여러 국가가 관여했던 전쟁이 끝난 후 패전국의 배상 문제, 약소국의 분할 문제 등 전후 처리를 위해 관계국들 사이에 열렸던 다자회의에서부터 오늘날 국제기구에서의 외교활동, 최근 활성화되고 있는 지역협력과 통합 노력, 범세계적 문제 해결을 위한 국제회의 개최 등 다수 국가가 동시에 참여하는 외교활동을 총칭하여 일컫는 의미로 볼 수 있다.

다자외교는 외양상 다자간 국제회의와 국제기구 참가, 지역협력기구 또는 프로세스 참여 등 다양한 형태로 전개되고는 있으나 회의 진행규칙과 절차, 결정 등이 다자간 합의에 기초한 다자주의)를 토대로 하고 있다는 점에서 공통점이 있다.

다자주의란 로버트 코엔(Robert O. Keohane)에 따르면 "3국 이상의 국가가 정책을 상호 조정해 나가는 관행"(the practice of co-ordinating national policies in groups of three or more states) 을 의미한다.[2] 그러나, 이와 같은 다자주의의 정의는 단순히 명목상의 개념이며, 다자주의의 실질적 개념은 3국 이상의 국가집단이 서로 합의한 어떤 원칙에 기초하여 상호관계를 조율해 나가는 것[3]이 그 요체라고 하는 견해가 일반적이다.

2) 다자주의를 추구하는 이론적 배경

어느 국가가 다자주의를 추구하는 배경과 관련하여, 크게 대별되는 두 가지 이론은 다음과 같다.

현실주의적 국제관계 이론은, 국가가 무정부상태인 국제사회에서 "합리적이고 이기적으로"(in a rational, self-interested way) 행동하며 다른 국가들과 계약관계를 맺는다는 것이다. 목적의식이 분명한 각국은 자기의 목적달성을 위해 필요에 따라 다른 국가들과 다자간 협력을 추구한다는 것이다.[4]

그러나 제도주의적 접근법(Institutional approaches)은, 다자간 협력의 패턴이 이미 국가들 사이에 그리고 국제 시스템에 내재되어 있다고 간주한다. 국제사회에는 언어나 규범과 같이 국가들이 서로 공유하고 있는 요소가 있고, 국가를 어떻게 대표할 것인지 하는 외교적 규칙, 국가주권 개념이 가져온 제반 규칙들이 이미 존재하고 있다는 것이다. 즉, 다자주의는 국제사회의 시스템을 조직화하는 원칙(organizing principle)으로서 이미 존재하고 있다는 것이다.[5]

그러나, 위와 같은 다자주의에 관한 이론 가운데 어느 한 이론만으로 국제사회에서 일어나는 다자주의 현상을 설명할 수는 없다.[6]

국제관계 현실주의자들에 따르면, 강대국들은 자국의 우월적 입지가 여러 나라에 의해 위협받을 수 있는 상황을 선택하지 않고, 양자협상을 통해서만 국익을 확보하고 추구하기 때문에 다자주의는 실패할 수밖에 없다고 주장한다.[7]

또한, 신자유주의자들은 다자주의를 통하여 국가들 사이에 협력을 추진하는 데 많은 장애가 있을 것이라는 점을 지적한다. 다수의 참여국들을 통제하고 관리하기 위한 규칙을 작성하는 어려움, 체제의 비효율성 등 때문에 효과적인 다자협력은 추진하기 어렵다는 것이다.[8]

그러나 이러한 비판들은, 제2차세계대전 후 미국과 같은 강대국도 다
자주의적 규범과 절차를 적극적이고 일관성 있게 지지해 왔으며(물론 그
의도는 여러 가지 해석이 있으나), 소수의 강대국간 협력(minilateralism),
양자 및 지역 차원의 협력을 통해 다수의 중소국가들의 협조를 확보하려
고 노력해 왔다는 점을 상기해 보면 그 설득력이 약해진다.

3) 다자외교의 실제

오늘날 다자외교가 실제로 일어나고 있는 이유는 첫째, 국제관계의 질
적 양적 변화와 시대적 추이 때문이다. 즉, 국가간 관계에서 정치·군사문
제 이외에 경제·통상문제, 환경, 국제범죄, 군축 등의 문제가 국경을 초
월하여 발생하고 영향을 끼치게 되었다. 한 국가의 의지와 노력만으로 해
결할 수 없는 초국가적, 범세계적 문제에 대응하기 위해서는 지역 또는
세계적 차원에서 다수 국가들의 협의와 협력이 필요하게 되었다. 이와 함
께, 냉전종식 이후 민주주의, 인권 등 인류 보편적 가치가 전 세계적으로
확산되고 있는 추세도 다자외교를 활성화시키는 원인이 되고 있다.

둘째, 국제사회에서 주로 중소국가들이 자국의 이익확보나 강대국에
대응하기 위하여 전략적으로 주변국 또는 자신들과 유사한 국가와 연대
하여 다자주의를 추구하기도 한다. 강대국은 양자협상으로 문제를 해결
하려고 하나 약소국은 되도록 다자협상을 활용하거나 국제 규범에 의지
하여 협상을 이끌어가고자 하는 것이다. 또한, 강대국들에게 둘러싸인
국가, 주변 강대국들로부터 중압감을 받고 있는 국가들은, 다자간 대화
나 협력기구 또는 협력 프로세스를 구성하여 유사시에는 자국의 문제를
주변국들과 함께 해결하고자 하는 전략적 필요성 때문에 다자주의와 다
자외교를 활용하는 경우가 많다. 그 예로 싱가포르는, ASEAN 회원국이
면서도 APEC에 참가하고 있고, ASEM과 EALAF 구상을 제창하여 출
범시키는 등 다자외교를 적극 활용하고 있다.

셋째, 오늘날 전 세계적으로 확산되고 있는 지역협력 추세이다. 주변 국가와 협력을 통해 선린우호관계를 구축하여, 주변 정세의 안정을 도모할 뿐만 아니라 자국의 이익을 안정적으로 확보하고 이해관계의 범위를 대외적으로 확대해 나가려는 노력이 활성화되고 있다. 또한, 경제적으로 보완관계에 있는 주변국들 및 이해를 같이하는 국가들이 경제분야에서 협력을 추구하기도 한다. 이와 같은 시도는 국가간에 상호협력을 통해 자국의 경쟁력을 높임으로써 무한경쟁 시대에 살아남기 위한 생존전략이 될 수 있다. 강대국은 시장확보, 자국 영향력의 유지확대 등의 목적으로 지역협력을 활용하는 경우도 있다.

넷째, 국제사회에는 각 분야에서 특정 목적을 위해 설치한 국제기구나 회의가 여럿 있으며, 이와 같은 기구나 회의에서 세계적인 국제규범이 만들어지고 있다. 이러한 규범 형성과정에 참가하여 자국의 이익을 개진하고 반영하지 못하면 그 국가는 관련 분야에서는 계속 손실을 입을 수밖에 없을 것이다. 이러한 국제기구는 점점 더 많이 창설되고 있으며, 그에 따라 다자외교 무대는 계속 증가 추세에 있다.

3. 우리나라의 다자외교

1) 다자외교 현황

우리나라는 1948년 정부수립 이래 꾸준히 각종 다자 국제회의 및 국제기구 활동에 참여해 왔으며 현재에는 유엔을 비롯하여 92개 국제기구와 여러 지역협력기구 및 지역협력 프로세스에 참여하고 있다. 지난 반세기 동안 동·서 냉전 구도 속에서 남북분단 현실 등으로 말미암아 우리 외교는 극히 소수인 일부 강대국과의 양자관계에 지나치게 치중해 왔으며, 다자외교는 유엔에서의 남북간 표 대결에 집중되어 있었다. 따라서,

1980년대 말부터 APEC, ASEAN-PMC(아세안 확대외무장관회의), ARF, ASEM 등에 참여하고 1990년대 초에는 유엔 정회원국으로 가입하면서부터 진정한 의미에서 우리나라의 다자외교가 시작되었다고 볼 수 있다.

이제 동·서 냉전은 종식되었고 2000년 6월 역사적인 남북정상회담 개최를 계기로 한반도에서도 화해·협력 과정이 본격화되고 있다. 또한, 우리의 국력도 과거와는 비교할 수 없을 정도로 커져 경제력 면에서는 1999년도 기준으로 GDP 및 무역량에서 세계 13위를 차지하게 되었으며, 국제사회에 대한 기여도 크게 늘어나 2001년도 우리의 유엔분담금 비율은 세계 13위에 이르게 되었다. 이렇게 달라진 국제정세와 우리의 국제적 위상에 비추어 우리가 처한 제반 여건을 살펴보면서 다자외교 강화 필요성을 검토해 보자.

2) 우리의 다자외교 여건

먼저, 우리의 외교 수행 여건을 돌아보면, 우리나라는 국제사회에서 중견국가(middle power)로 분류할 수 있을 것이다. 우리나라는 국제사회에서 국가의 지위를 결정하는 여러 가지 기준 가운데 인구, 영토 등 그 나라의 크기, 경제력, 군사력, 국가의 전략 및 국민의 의지 등을 기준으로 측정하는 방법에 따라 구분하든지,[9] 얼마만큼 국제 체제의 형성 과정에 역할을 하고 영향을 미칠 수 있느냐[10]에 따라 분류하든지 간에, 어느 경우에도 초강대국이나 강대국에 속하기는 어려운 것이 객관적인 사실이다. 그러나, 우리의 경제력, 군사력, 인구 등 여러 가지 면을 감안하면 국제체제에 충격을 줄 수 있는(system-affecting)[11] 중견국가 역할은 할 수 있을 것이다.

우리가 고려해야 할 또 다른 요소는 지정학적 여건이다. 한반도는 중국, 러시아, 일본에 둘러싸여 있으며, 태평양을 건너 곧바로 미국과 접해 있다. 우리를 이웃하고 있는 이들 주변국들은 국력이나 국제체제 형성에 미치는 영향력 면에서 모두 초강대국 또는 강대국들이다. 이들 국가들에 비해 우리나라는 분명 작은 국가이다. 따라서, 우리나라는 우리가 처한 지정학적인 입지가 변치 않을 것이라는 점을 외교정책을 수립할 때 항상 고려해야 할 것이다.

그 다음, 유념해야 할 요소는 앞서 언급한 지정학적 여건과 문화적 역사적 배경, 일천한 외교적 경험들과도 관계가 있지만, 우리에게는 평상시 우리 입장에 대한 외교적 지지 기반을 형성하고 유사시에 적극 활용할 수 있는 외교적 배후기반(hinterland)이 없다는 점이다. 지리적 인접성, 유사한 국력 및 역사적 문화적 배경, 공통의 언어, 상호 불가분의 경제적 보완성, 공통의 정치·외교 또는 경제적 목표나 철학 등을 배경으로 외교적 배후기반을 구축한 사례는 EU, ASEAN, SAARC(남아시아협력협의체), CIS(독립국가연합), 리우그룹 등에서 찾아볼 수 있다.

3) 다자외교 수행상의 문제점

외교적 여건에서 파생되는 다자외교 수행상의 어려움과 유의해야 할 점은 우선, 남북 분단과 대치라는 특수한 우리의 안보상황이다. 물론, 2000년 6월 이후 남북한 사이에 화해·협력이 진전되고 있으나 아직 우리의 현실은 완전히 달라지지 않고 있다. 우리는 각종 국제회의와 다자 포럼에서 우리의 대북정책에 대한 국제사회의 지지 확보를 최우선 과제로 삼고 추진해 온 것이 사실이며, 이는 우리의 다자외교 수행 과정에서 상당한 제약과 부담이 되었던 것 또한 사실이다. 또한, 〈대인지뢰금지협약〉의 경우와 같이 우리 안보현실 때문에 국제사회의 의미 있는 노력에 적극 동참하지 못한 경우도 있었다.

둘째, 우리의 안보와 경제·통상관계는 현실적으로 미국, 일본, 중국 등 소수의 강대국들에게 지나치게 편중되어 있다. 이와 같이 편중된 관계는 우리가 다자외교를 활성화하고 강화해 외교의 다변화와 외교지평의 확대를 모색하려는 노력에 일정부분 장애가 된 것 또한 사실이다.

셋째, 일반적으로 거의 모든 국가들은 비동맹, 77그룹(G77), EU, ASEAN 같은 외교정책 노선이나 지역적 기반을 토대로 다자주의를 추구하거나 다자회의 또는 협상 등 다자외교를 수행하는데, 우리나라는 속할 수 있는 국가 그룹이나 지역기반이 없다. 외교적 기반이 없어서 우리의 다자외교활동은 제약을 받게 되는데, 우리에게 주어진 여건과 현실의 변화 추이를 감안하면서, 지역협력 또는 국제사회의 인류 보편적 가치신장 노력 등에 적극 참여하여 외교적 배후기반을 구축하려는 노력이 긴요하다.

이러한 어려움과 문제점이 있기 때문에, 다자관계에서의 우리 입장을 양자관계에 적용하거나, 반대로 양자관계에서의 입장을 다자관계에 적용할 경우, 신중해야 할 필요가 있다. 다자관계에서는 그다지 중요하지도 민감하지도 않은 외교 사안도 양자관계에서는 매우 민감하고 중요한 문제가 될 수 있으며, 그 반대의 경우도 있을 수 있다. 따라서, 일관된 입장을 견지하면서도 한편으로는 주어진 상황과 외교수행의 상대에 따라 신축적으로 대처해 나가야 할 것이다.

4) 다자외교의 새로운 과제

가. 정치·안보분야

정치·안보 면에서 우리 외교의 최우선 과제는 한반도에서 항구적 평화와 안정을 확보하고 나아가 평화적 통일을 달성하는 것이다. 이러한 목표를 추구하기 위해서는 한·미 안보동맹을 우리 안보정책의 축으로 하고 미국을 비롯, 일·중·러 등 주변 4강과 각각 양자 차원에서 선린우호관계를 유지해 나가려는 외교적 노력이 최우선적으로 필요할 것이다.

냉전종식 이후 동북아 지역은 비교적 안정을 유지하고 있으며 특히, 2000년 6월에 열린 남북정상회담은 전반적인 동북아 정세의 긍정적 발전에 기여하였으나 다른 한편, 이 지역 정세의 유동성은 점증하고 있다는 평가도 가능하다. 이러한 상황에서 우리는 동북아에서 4강의 정책 변화 가능성과 그 변화가 한반도에 미칠 영향에 항상 주의를 기울여야 하며, 동북아 정세의 유동성을 관리하기 위한 노력을 기울여야 할 것이다.

그러나, 앞서 언급한 바처럼 동북아에서 우리의 입지를 감안할 때 단독으로 역내 정세의 유동성 관리를 추진하는 것은 다소 역부족이다. 따라서, 동북아 지역 국가 사이에 신뢰구축과 함께 예방외교를 논의할 수 있는 안보대화나 안보협력의 틀을 마련하여 이 지역 국가들간에 상호 정책의 투명성과 예측 가능성을 높일 필요가 있다. 아울러, 동북아의 안보를 동남아의 안보와 연계시켜 유사시에 그 파급 효과가 동남아까지 미치게 함으로써, 강대국이 동북아에서 자의적으로 급격한 정책 변화를 모색할 경우, 고려해야 할 요인 및 비용(cost)이 증가하도록 해놓을 필요도 있다.

이와 관련하여, 우선 동북아 다자안보대화 또는 안보협력을 추진하고 아세안지역안보포럼을 활용하여 우리 안보외교의 배후기반을 구축할 필요가 있다.

동북아 다자안보대화와 협력   우리나라는 미국과 양자 차원의 안보동맹 이외에 유엔회원국으로서 유엔의 집단 안보체제에 의존하고 있다. 그러나, 유엔의 집단 안보체제가 원활히 작동하지 않을 경우에 대비해야 할 것이다. 따라서, 이러한 정세의 유동성과 불안정, 강대국들의 정책 변화 가능성을 지역차원의 다자구도 속에 묶어놓으려는 노력이 필요하다. 동북아 지역 국가들의 상호 관계를 고려할 때 이러한 노력을 우리가 주도해 나갈 여지도 있다. 남북한 화해·협력의 진전을 토대로 어느 정도 여건이 성숙된 만큼 현재 "트랙(track) 1.5"로 진행하고 있는 동북아 국가간 협력대화(NEACD)를 "트랙(track) 1"로[12] 발전시켜 나갈 수 있도록 주도적으로 노력하는 것도 의미가 있을 것이다. 이와 동시에 실무차원에서 "소프트 시큐러티 이슈"(soft security issues)[13]를 중심으로 우선 한·중·일 안보대화 또는 협력을 시작할 필요가 있다고 판단되는데, 정례화된 한·중·일 외무 장관회담을 실무적으로 뒷받침한다는 점을 들어 중·일 양국을 설득할 수 있을 것이다. 이러한 점을 감안할 때 동북아 국가간 안보대화와 협력은 우리로서는 중·장기적으로 계속 추진해 나가야 할 과제이다.

ARF   우리는 동북아 국가들과 안보대화를 꾸준히 추진해 나가는 동시에, 현재 신뢰구축, 예방외교, 마약, 이민 문제 등을 다루고 있는 ARF를 발전시키고 활용하여, 안보 측면에서 동북아 지역과 ASEAN을 함께 연계하는 방안을 추진하는 것이 바람직하다. ASEAN 지역에서 안보문제가 발생할 경우 우리가 부담해야 할 비용보다, 동북아 지역에서 안보문제가 발생할 경우 ASEAN 국가들을 끌어들임으로써 우리가 입는 혜택이 더 크고, 동북아 지역에서는 다소 위축될 수밖에 없는 우리 입지가 광역의 동아시아 차원에서는 상대적으로 높아질 수 있다고 볼 때, ASEAN을 우리 안보외교의 뒷마당으로 적극 활용할 수 있는 방안을 계속 강구해야 할 것이다. 장기적으로는 ARF를 유럽의 유럽안보협력기구(OSCE) 형식의 광역 안보대화 포럼이나 기구로 발전시켜 나가는 방안을 검토해 볼 필요가 있다.

나. 경제·통상 분야

경제·통상 분야에서 다자외교의 중요성은 더욱 커진다. 자원이 빈약하고 공산품 수출에 주로 의존하고 있는 우리는 GDP 대비 대외무역 의존도가 약 65퍼센트에 달하며, 따라서 자유시장경제·개방경제체제를 지향하는 것이 우리 국익을 극대화할 수 있는 최선의 길이다. 이와 관련, 미·일·중 등 주요 교역국들과 맺고 있는 통상관계를 원만히 관리해야 하고, 아울러 양자간 투자협정 또는 자유무역협정 체결 추진 등의 전략을 개발해야 할 것이다. 또, WTO와 OECD를 중심으로 다자규범 제정에 주도적으로 참여함으로써[14] 우리의 경제·통상 이익을 반영하고 새로운 다자무역 질서를 형성하는 데 기여해야 할 것이다.[15] 여기서는 WTO와 OECD에서의 우리의 다자외교활동의 바람직한 방향을 알아보고자한다.

WTO와 OECD   우리는 지속적인 무역자유화를 통해 세계 경제성장과 복지향상에 기여할 수 있다는 확신을 가지고 자유무역주의와 다자주의에 입각하여 WTO 활동에 적극 참여해야 할 것이다. 우리나라가 국제 통상규범을 존중하는 국가라는 인식을 무역상대국에 심어주는 것도 필요하기에, 우리의 각종 국내법 및 관행과 제도를 WTO 규범과 일치시키고 "규범에 따른"(rule-based) 통상관계를 유지, 발전시키도록 노력해야 할 것이다. 아울러, 무역상대국의 일방적 조치와 불합리한 제도, 관행에 대해서는 WTO의 분쟁해결 절차를 적극 활용할 필요가 있으며, 새로운 규범을 제정하는 협상 등 다자무역 질서를 형성하는 논의에도 적극 참여해야 하겠다. 이와 함께 우리나라로서는 "도하 개발 의제" 등에서 같은 생각을 가진 국가들과 연대를 모색하고 영향력 증대를 위해 다자주의를 지향하고 활성화할 필요가 있다.

OECD는 세계 경제의 질적 향상을 위해 각종 연구를 시행하고 대안과 새로운 규범을 개발하는 기구이다. 우리는 이 또한 최대한 활용해야 할 것이다. 따라서, OECD에서 벌어지고 있는 추가 무역 및 투자 자유화 추진 논의에 주도적으로 참여하여, OECD 차원에서 규범화하고 이를 다시 WTO를 통해 다자화하는 노력을 전개할 필요가 있다.[16]

다. 지역협력 분야

오늘날 지역협력은 전 세계적으로 확산되고 있는 추세이다. 우리에게 지역협력은 정치·안보, 경제·통상 등 각 분야에서 우리의 외교 지평을 넓히고, 국익을 증진할 수 있는 다자외교의 장을 제공하고 있으므로 이에 적극 참여하고 활용하는 방안을 강구해야 할 것이다.

APEC   개방적 지역주의 원칙을 천명하고 있는 APEC은, 분야별 자유화 조기 추진 및 각국의 개별 실행 계획 개선, 금융위기 대처를 위한 공동정책마련의 필요성 등에 따라 이제 단순한 지역협력체에서 협상체로의 성격변화가 불가피해지고 있다.[17] APEC이 지속적으로 발전하기 위해서는 우선 1990년대에 그 청사진이 제시된 무역·투자 자유화의 조속한 실천이 이행되도록 각국이 합심하여 노력해야 할 것이다. 또한, APEC 역내에는 〈북미자유무역협정〉(NAFTA), 〈아세안자유무역협정〉(AFTA), 〈호주·뉴질랜드간 자유무역협정〉(CER) 등 소지역주의가 존재하고 있으므로, APEC의 활성화를 위해서는 이들 소지역 그룹들의 조화가 필요하다. 우리로서는 현재 경제협력체의 성격만을 갖고 있는 APEC이 장차 정치·안보 성격도 보유할 수 있도록 하는 방안을 검토해 볼 필요가 있다. 미국이 참가하고 있는 APEC이 정치·안보 성격까지 갖출 수 있다면, 우리가 활용할 수 있는 폭은 훨씬 더 다양해질 것이라고 판단되기 때문이다.

ASEM   1990년대 초 아시아의 급속한 경제성장에 따라 아시아와 유럽, 북미는 세계 경제의 3대 축을 이루게 되었다. 아시아와 북미는 APEC으로 연결되어 있고 유럽과 북미는 이미 오래 전부터 대서양을 통한 협력이 활성화되어 왔다. 아시아와 유럽은 상대적으로 교류나 협력이 적었으며 이에 따라 양 지역 사이에 '연결고리'(missing link)를 구축하기 위한 배경에서 출범한 것이 ASEM이다.

2000년 10월 서울에서 열린 제3차 ASEM 정상회의는 ASEM의 장래

비전과 발전방향을 설정하고 실질협력사업을 채택함으로써, 국제사회에서 우리의 외교적 능력을 인정받고 위상을 높이는 계기를 마련해 준 것으로 평가된다. 포괄적인 비공식 협력 프로세스로서 정치·안보·경제·사회·문화 등 각 분야에서 아시아와 유럽의 협력을 추구하는 ASEM은 경제·통상 측면에서는 양 지역 사이에 무역 원활화와 투자 촉진 등에 그 초점을 맞추고 있으나, 이 분야에서 당장 어떤 구체적인 이익을 기대하기보다는 WTO 협상과 관련하여 아시아와 유럽의 공조를 모색하는 데 활용할 수 있을 것이다.

정치·안보 면에서 유럽의 관심과 이해를 아시아에 붙들어놓고, 동시에 유사시 우리가 국제무대에서 활용할 수 있는 외교적 매체라는 사실을 염두에 두면서 참여하는 것이 좋다. 국제사회에서 늘어만가는 EU의 정치적, 외교적 영향력을 감안하여, ASEM에서 정치대화를 강화해 나감으로써 동북아와 한반도에 대한 EU의 관심과 이해관계를 계속 높여가는 것도 중요하다.

동아시아 지역협력　　동아시아 협력체 구상은 1990년대 초 말레이시아의 마하티르 수상이 제의한 동아시아경제회의(EAEC : East Asia Economic Caucus)에서 유래한다. 그럼에도, 동아시아 지역협력이 부진했던 이유는 동아시아 지역협력에 대한 관련국들의 소극적 태도와 역외국들의 반발로 별다른 진전이 없었기 때문이다.[18] 특히, 미국이 자국이 참여하지 않는 동아시아 국가들의 배타적 경제협력 구도에 유보적인 태도를 취했기 때문이다.[19]

그러나 지난 1997년 아시아의 경제위기는 동아시아 국가들의 역내 경제협력을 촉진하고 가속화하는 중요한 계기가 되었다. 또, 동아시아 국가들의 경제적 상호의존도 심화와 역동성의 회복, ASEM 출범을 계기로 동아시아 지역국가들 사이에 정체성 문제가 대두하면서, 동아시아 국가간 경제협력 추진 문제가 다시 제기되고 있으며, 미국도 지난 1990년대 초반처럼 동아시아 국가간 지역협력 추진 움직임을 저지하지는 않고 있다. 그럼에도, 우리는 과거 미국이 자기들이 참여하지 않는 동아시아 국가간 지역협력에 부정적 또는 유보적 입장을 취했음을 감안하여, 미국의 동아시아 정책의 추이 등을 보아가며, 또한 미국과 협의해 가면서 동아시아 국가간 역내 경제협력을 신중히 추진해 나갈 필요가 있다.

현실적으로 동북아 지역의 구성 국가들을 고려하면, 동북아 지역협력체를 당장 추진하는 것은 여건상 어려움이 있다. 동북아 지역은 우리가 우선적으로 지역협력 추진을 생각해 볼 수 있는 지역기반이 될 수 있겠으나 일·중의 대립, 북·일 미수교, 북·미 관계 미정립 등 난제가 많다. 따라서, 우리의 다자 지역협력의 구상은 동북아보다는 동아시아에서 먼저 시작하는 것이 적절하다. 우선 AESAN+3의 틀을 활용하여 동아시아 국가들의 공동체의식을 점차적으로 높이면서, 중·장기적으로 동아시아 국가간 협력을 구체적으로 추진해 나가고, 추후 동북아 지역의 여건이 성숙해지면 그 틀 내에서 동북아지역협력을 추구할 수 있을 것이다. 이와 같은 맥락에서 우리가 동아시아비전그룹(EAVG : East Asia Vision Group)을 제안하고 동아시아연구그룹(EASG : East Asia Study Group) 설치를 주도하고 있는 것은 의미 있는 일이라고 생각한다.

이 밖에도 우리는 동아시아·라틴아메리카 포럼(EALAF : East Asia-Latin America Forum) 참여를 통해 동아시아와 중남미를 연계시켜, 2005년 미주자유무역지대(FTAA) 출범에 대비하고 미주지역의 막대한 시장에 접근할 수 있는 방안을 강구할 필요도 있다. 최근 지역협력은 지역 내 협력에서 지역간 협력으로, 경제·통상 위주의 협력에서 정치, 사회·문화 분야를 포함하는 포괄적 협력으로 발전해 가는 추세이다. 또한, EU나 NAFTA 등과 같이 역내 경제통합이나 시장통합 등 지역 내에서 협력이 내실화하고 심화되어 가는 추세도 나타나고 있다.

우리나라로서는 기존의 APEC, ASEM, EALAF에 적극 참여하고 동아시아 협력 구상을 현실화하는 데도 주도적으로 나설 필요가 있다. 우리와 연고가 있는 다양한 지역협력에 가능한 많이 참여함으로써 안보·경제·통상 등의 분야에서 현재 또는 장래에 기대할 수 있는 가시적 실익을 추구하고 이와 동시에 우리 외교의 배후기반을 중첩적으로 구축하려는 노력이 필요하다.

라. 범세계적 문제

우리 다자외교의 중심은 역시 유엔을 비롯한 각종 국제기구 참여 활동에 있다. 특히, 유엔에서는 다양한 최근 문제들을 다루고 있으며, 이러한 문제의 처리절차나 결과를 규범화하고 있으므로, 유엔 토의에 적극 참여하여 국익을 확보하려는 노력이 필요하다. 예컨대, 국제형사법정 창설문제, 군축문제, 환경문제, 테러문제, 빈곤문제 등을 비롯한 범세계적 문제들이 주로 논의되고 있으며 이러한 문제들은 우리 국익에 직·간접적으로 관련되어 있다. 따라서, 국제규범을 형성하는 포럼으로서 유엔의 기능을 인식해야 한다. 유엔은 또한, 우리의 관심사안에 대한 국제적 지지를 유도, 확산하고 국제사회에서 우리의 입지와 목소리를 높일 수 있는 외교무대라는 점을 최대한 활용해야 할 것이다.

각종 국제기구는 특별한 목적을 갖고 지역 또는 전 세계 차원에서 설치되며, 동일한 문제의식을 가진 국가들이 모여 공통의 목적을 달성하기 위해 함께 노력하게 되는데, 최근에는 정부·비정부 차원에서 특히 범세계적 문제에 관한 기구가 많이 생겨나고 있다. 우리는 이러한 국제기구에 적극 동참하여 우리 국익을 확보하고 위상을 높이며, 우리 인력을 국제기구에 진출시킴으로써 다양한 분야에서 전문화, 국제화된 인적자원을 양성할 수 있을 것이다.

2000년 김대중 대통령의 노벨평화상 수상은 국제사회에서 우리나라가 민주·인권국가로 각인되는 계기를 제공하였다. 우리는 앞으로도 인류 보편적 가치 신장을 위한 국제사회의 노력에 적극 동참해야 할 것이나, 각 문제의 민감성과 해당 국가와의 관계 등을 고려하여, 양자 차원에서 나서기보다는 되도록 유엔 등 관련분야의 다자 틀을 활용하는 것이 적절하리라고 본다. 아울러, 세계 평화와 안정에 기여한다는 취지에서 평화유지군 참여와 함께 군축, 국제범죄, 환경 등 각종 범세계적 문제해결을 위한 국제사회의 다자협력 노력에도 적극 참여함으로써 중견국가로서의 위상을 확립하고, 영향력 확보에도 힘써야 할 것으로 생각한다.

4. 맺음말

동서 냉전기에 우리 외교는 한마디로 대미의존 외교였다. 한·미 안보동맹은 우리안보를 확보할 수 있는 유일한 수단이었으며, 이와 같은 한·미관계는 다른 분야에서도 양국관계의 기본 틀에 지대한 영향을 주고 우리 외교의 재량권과 입지를 제한했던 것이 사실이다. 이제 냉전은 끝나고 우리의 외교 여건도 달라졌다. 중국, 러시아와 수교함으로써 미·일·중·러 4국의 틈새에서 어떻게 우리의 국익을 확보해 나갈 것인가 하는 주변 4국 외교의 중요성과 어려움이 대두하고 있다. 물론, 아직도 우리 안보는 한·미 안보를 기본 축으로 하고 있다. 그러나, 한·미 안보동맹 체제에 대한 나라 안팎의 도전이 증대하고 있는 현실을 감안해야 할 필요가 있다. 중·장기적으로 지역차원에서 다자적 안보협력의 틀을 구축하여, 여러 국가들과 함께 주변 4국의 상호관계 또는 각국의 정책변화 가능성에 공동대응하는 것이 더욱 효과적인 방안이 될 수 있다.

냉전종식 이후 안보 측면에서도 국제기구와 다자간 협의와 협력으로 국지적 분쟁이나 충돌을 해결하려는 다자주의가 활성화되고 있다. 이는 강대국도 자국이 짊어져야 할 정치적 경제적 부담을 덜어주는 실익이 있음을 인식하고 있기 때문이다.

또, 오늘날 국제관계는 날이 갈수록 더욱 복잡, 다양해지고 있으며, 무한경쟁과 상호의존 속에서 각국의 이해 관계는 얽히고 설켜 있다. 환경, 국제범죄, 군축 등 범세계적 문제의 대두, 정보통신 혁명에 힘입어 가속화하고 있는 세계화에 따라 다자외교의 필요성과 중요성에 대한 인식도 높아지고 있다.

우리는 전문가를 양성하여 각종 주요 국제 정치, 경제, 사회 등 각 분야의 다자적인 논의 포럼에 적극 참여하여 우리의 국익을 확보하고 증대하기 위해 노력해야 할 것이며, 범세계적 문제 해결에 동참함으로써 우리의 국제적 위상을 높여야 할 것이다.

최근에는 과거 국가주권의 절대성을 인정하던 시절에는 생각할 수 없었던 정도로, 다자주의가 외교, 안보, 인권, 환경, 경제·통상 등 각 분야에서 국가주권을 제약할 정도로 심화, 발전하고 있다. 물론, 유엔 등 국제기구에서 다수결로 국가주권을 제약하는 경우가 있었으나, EU 통합에서 볼 수 있는 것처럼 이민·재정을 제외한 거의 모든 국내법 관련 분야에서까지 개별국가의 자유의사에 따라 지역 국가간 통합을 진행하고 주권을 제약한 것은, 오늘날 다자주의가 국제관계에서 새로운 삶의 한 양식을 만들어가고 있음을 보여주는 것이다.

우리가 외교정책을 추진할 때, 현실적으로 정치·경제·통상 등 각 분야에서 의존도가 높은 미·일·중·러 등과 양자관계를 원만히 관리하는 일은 매우 중요하다. 그러나, 피할 수 없는 세계화와 다자주의 추세에 뒤따르는 외교적 시련과 도전에 대비하기 위해 우리의 외교적 배후기반을 구축하고, 이를 토대로 양자외교와 다자외교를 상호보완적으로 활용하려는 노력과 지혜가 그 어느 때보다도 절실히 필요하다.

주

1) 1950년 5월 로베르트 슈만(Robert Schuman) 프랑스 외무장관은 유럽 내 석탄 및 철강 산업을 공동 관리하자는 "슈만 플랜"(Schuman Plan)을 제시하였으며, 동 제의에 독일, 이탈리아, 베네룩스 3국이 수락(영국은 거부)함에 따라 1952년 8월 6국간 석탄 철강공동체(ECSC)가 발족되었다. 뒤이어 1957년 3월에는 〈구주경제공동체(EEC) 창설조약〉과 〈구주원자력공동체(EURATOM) 창설 조약〉에 각각 서명하였다.

2) Robert O. Keohane, "Multilateralism : An Agenda for Research", *International Journal*(Autumn, 1990).

3) John Gerard Ruggie, "Multilateralism : the anatomy of an institution", *International Organization*, Vol. 46, No. 3(Summer, 1992).

4) James A. Caporaso, "International relations theory and Multilateralism : the search for foundations", *Ibid.*

5) 제도주의적 접근법을 주장한 학자들로는 마치(James G. March), 올센(Joen P. Olsen), 코엔(Robert O. Kohane), 크래스너(Stephen Krasner) 등이 있다.

6) James A. Caporaso, *op. cit.*

7) Miles Kahler, "Multilateralism with small and large numbers", *International organization*, Vol. 46, No. 3(Summer, 1992).

8) Ibid.

9) Roy S. Cline, *World Power Trends and U.S. Foreing Policy for the 1980s*(Boulder : Westview Press, 1980) ; 최규장 역,《아메리카의 회복─80년대 국력 비교와 세계전략》, 정우사, 1981 참조.

10) Robert O. Keohane, "Lilliputians' Dilemmas : Small states in International politics", *International Organization*, Vol. 23(1969).

11) Ibid.

12) 동북아시아 협력대화(NEACD)는 1993년 7월 샌디에이고에 있는 캘리포니아대학 주관으로 처음 준비회의가 열려 남·북한과 미·중·일·러 정부관리(개인자격)와 관계 전문가, 학자들이 참석했으나, 1993년 10월 샌디에이고에서 열린 회의부터 북한은 참석하지 않고 있다. 일반적으로 "track 1"은 정부관리들이 참가하는 회의, "track 1.5"는 개인 자격의 정부관리와 민간 전문가들이 함께 참석하는 회의, "track 2"는 민간 전문가들이 참석하는 회의를 일컫는다.

13) 일반적으로 국가안보를 위협할 소지가 있는 경제·문화·환경 등 비정치**적** 군사적인 요소를 의미한다.

14) 외교통상부 편,《중장기 통상정책》, 1998.

15) 위의 책.

16) 위의 책.

17) 위의 책.

18) 배긍찬,《동아시아 지역협력 추진 전망》, 외교안보연구원, 2000.

19) 위의 책. 배긍찬은 EAEC 문제와 관련하여 실제로 미국이 일본, 한국 등 자국이 영향력을
행사할 수 있는 국가에 이에 동참하지 말 것을 강력히 촉구했다고 주장한다.

참고문헌

박재영,《국제기구 정치론》, 법문사, 1998.

박치영,《유엔 정치론》, 법문사, 1998.

배긍찬,《동아시아 지역협력 추진전망》, 정책연구 시리즈 99-07, 2000.

윤영관·황병무 외,《국제기구와 한국외교》, 민음사, 1996.

외교통상부,《중장기 통상정책》, 통상교섭본부 통상정책전문팀, 1998.

Donald Barry and Ronald c. Keith ed., *Regionalism, Multilateralism, and the Polities of Global Trade*(Vancouver : UBC press, 1999).

James A. Caporaso, "International relations theory and multilateralism : the search for foundations", *International Organization*, Vol. 46, NO. 3(Summer, 1992).

John Gerard Ruggie, "Multilateralism : the anatomy of an institution", *International Organization*, Vol. 46, NO. 3(Summer, 1992).

Miles Kahler, "Multilateralism with small and large numbers", *International Organization*, Vol. 46(Summer, 1992).

Robert O. Keohne, "Multilateralism : an agenda for research", *International Journal*(Autumn, 1990).

Steve Weber, *Multilateralism : Shaping the postwar balance of power 1945~1961*(Berkeley : Univ. of California, 1991).

William Diebold. Jr. ed., "The History and the Issues", *Bilateralism, Multilateralism, and Canada in U.S. Trade Policy*(Massachusetts : Ballinger, 1988).

Yuri Devuyst, "Toward a Multilateral Competition Policy Regime?", Global Governance, 6(3)(July~September, 2000).

ASEM 정상회의, 무엇을 남겼는가? | 최영진

　다자외교에 일천한 우리나라에서는 재작년까지만 해도 3국의 정상이 한자리에 모인 적이 없었다. 그때까지는 양자 정상회담만 있었을 뿐이다. 그러다가 2001년 10월 ASEM 제3차 정상회의를 서울에서 개최함으로써 26개 정상이 한꺼번에 참가하는 회의를 열게 되었다.

　ASEM과 같은 다자외교의 장은 우리에게 어떤 의미가 있으며, ASEM이 우리에게 제기하는 새로운 도전에 우리 외교는 어떻게 대처하고 있는가? 제3차 ASEM 정상회의에서 우리는 무엇을 얻었고, 우리는 ASEM에 무슨 기여를 하였는가?

　이러한 질문에 답하기 위해 우선 세계 3각 구도에서 ASEM이 갖는 전략적 의미를 고찰하고, ASEM과 다자협력 시대가 우리의 국익에 미치는 영향을 살펴보고자 한다. 그 후에 〈ASEM 헌장〉 채택, 세계화와 ASEM-NGO 관계 정립, 한반도 평화에 관한 〈서울선언〉 등 제3차 ASEM 정상회의를 주최하는 과정에서 논의했던 구체적인 쟁점들을 설명하여, 우리 외교가 다자외교 시대에 어떻게 적응하고, 어떤 역할을 하고 있는지 구체적으로 논의하겠다.

1. ASEM과 세계 3각 구도

ASEM이 무엇인지 알려면 세계의 지경학(地經學) 지도를 머릿속에 그려보면 좋다. 세계의 경제는 지금 3개의 중심축을 가지고 있다. 북미, 유럽, 동아시아가 그것이다. 이 3개 지역은 각기 세계 경제의 약 1/4 안팎을 차지하고 있다. 지정학(地政學)적으로도 이 3개 지역은 전략적으로 가장 민감한 지역이다. 냉전은 본질적으로 유럽과 동아시아에서 전개됐으며, 이 지역에서 이룬 승리에 힘입어 자유세계가 냉전에서 승리하게 된 것이다. 현재의 민주주의와 시장경제의 확산도 이로써 비롯된 것이다. 아직도 미국이 유럽과 동아시아에 각각 10만 명 안팎의 군대를 주둔시키고 있다는 사실은 이 두 지역의 중요성을 상징적으로 보여준다.

이 3개의 중심축이 각자 블록을 형성하여 서로 경쟁하고 있다고 생각해보자. 실제로 10여 년 전 유럽이 단일시장을 형성하자, 세계에서는 유럽이 배타적 요새를 구축하고 있다는 의미에서 "요새화한 유럽"(fortress Europe)이라는 말로 커다란 경계심을 나타낸 바 있다. 또 비슷한 시기에 동아시아경제권(EAEG : East Asia Economic Group)이나 동아시아경제회의(EAEC : East Asia Economic Caucus) 같은 동아시아 협력체 구상이 추진되었을 때도 동아시아 블록이 형성될 가능성을 우려하는 목소리가 컸다. 〈북미자유무역협정〉(NAFTA)이 체결되었을 때도 우려의 목소리가 있었다. 실제로 세계가 세 블록으로 나뉜다면 경쟁과 갈등이 지배하는 세계를 만들어낼 가능성이 크다. 이는 어느 지역, 어느 국가에도 도움이 되지 않는다. 특히 우리와 같은 중견국가에게는 더욱 불리한 상황이 될 것이다.

이러한 상황을 방지하기 위해서는 다자간 세계무역체계(world trading system)를 튼튼히 하는 것과 함께 세 경제 중심축 사이에 연계를 튼튼히 하는 것이 중요하다(개방적 지역주의). 우리가 알다시피 유럽과 북미를 잇는 대서양 양안(兩岸)의 연계(trans-Atlantic linkage)는 정치·문화·군사·경제 모든 면에서 뿌리가 깊다. 또 북미와 동아시아를 잇는 태평양 양안의 연계도 1989년 APEC의 창설과 그 이후의 발전으로 굳건해지고 있다. 그런데 유럽과 동아시아는 가장 오래 전부터 실크로드로 이어져 있었으면서도 세 경제 중심축 가운데 가장 유대가 약하여, 공식 포럼조차 없었다. 이에 착안하여 1996년 창설한 것이 ASEM이다. 즉 동아시아, 유럽, 북미의 3각 구도에서 미연결 고리가 연결된 것이다.

유럽과 동아시아는 ASEM을 통해 각각 추구하는 이익이 있다. 유럽이 계속 발전하려면 동아시아와 직접 연계를 유지하고 강화할 필요가 있다. 동아시아는 최근의 금융위기에도 불구하고, 인구나 경제의 역동성 면에서 세계에서 가장 잠재력이 큰 지역이기 때문이다.

한편, 경제·통상·기술면에서는 아시아가 유럽을 필요로 한다. 또, 다자협력 경험이라는 면에서도 유럽은 배울 것이 많은 상대이다. 유럽과 달리 동아시아에는 역내 문제가 산적해 있다. 영토 문제 같은 전통적인 문제를 해결하려는 노력과 함께 세계화로 말미암은 초국가적 문제를 해결하기 위해서는 역내 협력이 절실히 필요하다. 그런데 동아시아 국가 사이에는 다자협력의 전통이 없다. 유럽은 이미 다자협력 단계를 거쳐 통합의 과정을 밟고 있다. 세계화시대에 유럽은 동아시아가 나아가야 할 방향을 제시하고 있는 것이다.

더욱이 지정학적으로 동북아·아태 편중외교를 탈피하기 힘든 우리에게, ASEM은 유럽이라는 존재를 우리 외교의 지평 안으로 끌어옴으로써 우리 대외관계에 다양성을 제공해 주고 있다. 세계의 전략적 안정이라는 측면에서, ASEM은 세계 3대 경제 중심축 가운데 미연결 고리였던 동아시아와 유럽을 연결함으로써, 현재의 북미 중심 세계에 전략적 다양성을 제공해 주고 있다. 동아시아나 유럽 모두, 전략적인 상호 이익을 북미를 통한 간접 접촉에만 맡겨둘 수는 없다. ASEM 강화가 비단 동아시아와 유럽에만 이익을 주는 것은 아니다. 세계에 다양성과 선택을 풍부하게 해주는 것이다. 유일 초강대국이 모든 것을 지배하고 결정하는 것은 초강대국 자신을 포함하여 어느 나라에게도 바람직하지 않다.

2. ASEM과 다자협력, 우리의 국익

ASEM 정상회의를 앞두고 이 커다란 행사를 치르면서 실질적으로 우리가 얻을 것이 무엇인지 많은 의문이 제기되었다. 세계화 이전의 세계, 즉 고전적인 국가 사이에 동맹, 조약체결이라는 가시적인 성과가 양자 정상회담의 결과로 도출되는 데 익숙해져 있는 우리에게, 다자협력이라는 새로운 차원의 외교방식은 대단히 생소했기 때문이다. 사실 세계화라는 것은 국가간의 관계가 제국주의시대의 침략과 점령에서 벗어나 상호의존적으로 된다는 것을 의미한다. 영토와 자원을 선점하기 위한 "각축"의 시대가 가고, 교역과 지적자원 그리고 초국가적 문제를 둘러싼 "경쟁과 협력"의 시대가 왔다. 이러한 상호의존의 세계화시대에는 다자협력이 새로운 외교수단으로 부상하게 된다.

ASEM이 없다고 가정해보자. 더 나아가 유엔, WTO, APEC, ASEAN+3, ARF 등 모든 다자외교가 없다고 가정해보자. 그렇다면, 동북아의 상황은 19세기 말과 비슷해질 것이다. 우리는 미·일·중·러를 모두 일 대 일로 양자 차원에서 대해야 한다. 이런 나라들은 우리에게 당연히 고압적인 자세를 보일 것이다. 역사적으로 약소국은 강대국에게 실제로 그런 대접을 받아왔다.

물론 우리는 지금 든든한 미국을 동맹국으로 가지고 있다. 그러나, 유럽의 역사에서 보듯이 동맹은 영원한 것이 아니다. 유럽 각국은 수백 년 동안 동맹국을 바꿔가며 수많은 전쟁을 치르고 급기야 1·2차 세계대전을 겪었다. 유럽은 이러한 시행착오를 거쳐 결국은 세력균형을 이루기 위해 양자동맹 외교에서 다자협력으로 시야를 돌림으로써 비로소 유럽의 전쟁과 평화문제를 해결해 가고 있으며, 다른 한편으로는 전쟁의 원인이 되는 경제 문제를 지역통합으로 해결해 가고 있다.

앞서 서두에 언급했듯이 동북아는 현재와 미래의 가능성 면에서 모두 세계에서 가장 역동성이 큰 지역이다. 이는 한편으로는 무질서의 가능성이 크다는 뜻도 된다. 장기적으로 이 지역에서 안정을 구축하는 최선의 길은 양자관계의 선의(善意)에만 의지할 것이 아니라, 다자관계의 망으로 서로를 묶는 길이다. 더구나 세계 4대 강국에 둘러싸인 중견국가인 우리는 그러한 필요가 어느 나라보다 절실하다.

아시아에서 지정학적으로 우리와 비슷한 상황에 있는 나라가 싱가포르이다. 싱가포르의 놀라운 경제발전은 우리가 익히 알고 있다. 싱가포르는 이미 많은 선진국의 국민소득을 능가하고 있다. 그러나 우리는 싱가포르가 아시아 다자외교의 주역이라는 사실은 잘 모르고 있다. 싱가포르도 상대적으로 큰 국가에 둘러싸여 있다. 싱가포르가 착안한 것이 바로 다자외교다. ASEM을 제창한 것도 싱가포르이고, APEC의 사무국도 싱가포르에 있고, 2001년 ASEAN+3 정상회의도 싱가포르에서 열렸다. 이런 다자외교, 다자적인 망을 통하여, 싱가포르는 주변 국가로부터 받는 중압감에서 슬기롭게 벗어나고 있다.

우리는 "4강 외교"라는 말을 귀가 아프도록 들어 왔다. 그만큼 안보, 경제면에서 4강 외교가 압도적으로 중요하기 때문이다. 그러나 주변 4국과 직접 하는 외교만이 4강 외교가 아니다. 다자의 망 속에 이들 4강을 묶는 것도 4강 외교의 한 단면이다. "유럽에게는 너무 크고, 세계에게는 너무 작다"는 "독일의 문제"를 해결한 것도 독일을 다자의 망으로 묶는 데서 비롯되었다. 그래서 역사적으로 라이벌이었던, 영·불·독 사이에는 이제 양자문제가 아닌 나토, EU 등 다자관계가 주 의제로 등장하고 있다.

실제로 우리와 주변 4국의 외교에서도 이제는 유엔, WTO, ASEM,

APEC, ASEAN+3, ARF 등 다자적 의제가 주요 의제 가운데 하나로 등장하고 있다. 우리는 갈 길이 멀기는 하지만 이 길을 가야 한다.

미일 동맹이 일본의 군국주의와 핵무장 가능성을 억누르고 있다고도 한다. 그러나 미일 동맹이 영구한 것은 아니다. 미일 동맹도 중요하지만 일본을 다자구도 속에 묶어놓아야 한다. 중국은 역사적으로 동아시아의 안정화 세력으로 작용하여 왔다. 이것은 불간섭주의라는 뿌리 깊은 중국 문화에서도 기인하지만 중국이 팽창정책을 펼 수 있는 경제력과 물리적 힘을 갖추지 못했기 때문이기도 하다. 그러나 수십 년 안에 중국은 팽창을 뒷받침할 수 있는 경제력, 물리적 힘을 갖게 될 것이라는 예측이 지배적이다. 중국 대외정책의 기조가 바뀔 가능성을 다자의 틀 속에서 소화해 내야 한다. 러시아는 내부문제로 여력이 없다. 그러나 막강한 군사력과 그 거대한 잠재력이 다자의 틀 속에 묶일 때 주변 국가에게 좀더 확실한 평화를 보장할 수 있다. 또 미국이 언제까지나 초강대국으로 남아 있으리라는, 한·일과 동맹관계를 영원히 유지한다는 보장도 없다. 전통적인 고립주의의 뿌리는 깊고, 역할분담론도 제기되고 있다. 미국도 다자구도 속에서 역할을 높임으로써 양자동맹체제를 유지하는 데서 오는 부담을 줄일 수 있도록 해야 한다. 이것은 양자동맹을 더 오래 지속할 수 있는 길이기도 하다. ASEM은 바로 이러한 다자외교의 중요한 한 가지 수단이다.

이번 ASEM 정상회의 주최국으로서 우리는 정상회의를 비롯하여, 각료회의와 고위실무회의를 주재하고, 채택된 문서에 대한 합의를 이끌어내는 최종 책임을 수행하였다. 또 수많은 인원을 동원하여, 행정, 의전, 경호를 담당하였다. 국민들은 행사의 성공을 위하여 교통 등 많은 불편을 감수하며 협조하였다. 왜 이러한 책임과 희생이 따라야 하는지 하는 의문이 제기되었다. 이러한 모든 일은 고전적 외교에만 익숙한 생각으로는 이해하기 힘들지만, 세계화의 국제질서 속에서 다자협력을 통해 우리의 국익을 신장하기 위한 일이라는 인식을 가지면 좀더 쉽게 이해할 수 있다.

　　세계화의 신질서 속에서 다자협력이 중요하다는 것은 빈번한 정상외교로도 증명된다. 박정희 대통령 시대까지만 해도 한 나라의 대통령은 국외여행을 거의 하지 않고 나라를 통치할 수 있었다. 사실 박대통령은 통치 후반기에는 거의 국외여행을 하지 않았다. 그 이후 전두환, 노태우 두 대통령 시대에도 우리가 회원국인 정례 다자 정상회의가 하나도 없어, 그러한 목적으로 국외여행을 하지 않아도 되었다. 그러나 이제는 그것이 가능하지 않다. 2000년만 해도 우리 대통령이 직접 참석하는 다자 정상외교만 네 차례나 있었다. 또한 그것을 준비하기 위한 외무, 경제, 재무장관회의가 정상회의 못지않게 빈번히 열린다. 다자 정상회의는 단순히 다자협력을 위해서만 활용하는 것은 아니다. 바빠진 세상에서, 이제는 다자회의를 기회 삼아 양자회담을 하는 빈도가 점점 많아지고 있다. 우리도 다자회의를 기회 삼아 미 · 일 · 중 · 러 등 중요한 정상들을 만나 양자 정상회담을 개최하고 있다.

　　다행히도 우리는 다자협력 무대에서 중요한 역할을 할 수 있는 아주 유리한 위치에 있다. 우리가 여러 가지 면에서 교량역할을 할 수 있기 때문이다. 전 세계가 경제적으로 발전하고 있다지만, 사실 따지고 보면 후진국에서 선진국으로 발돋움하고 있는 나라는 그리 많지 않다. 유감스럽게도 선진국은 대대로 선진국이었고, 후진국은 대대로 후진국으로 남아 있는 경우가 대부분이다. 우리나라는 후진국에서 중진국으로 발돋움하였고, 이제 선진국으로 도약하려 하고 있다. 이는 경제발전이나 인권, 민주주의 발전에서 모두 그러하다. 이러한 경제, 민주주의의 발전으로 우리는 선진국과 후진국의 교량역할을 할 수 있게 되었다. 또, 국가 규모와 지정학적 위치도 다자외교에서 우리에게 대단히 유리한 입지를 제공하고 있다. 이러한 규모와 지정학적 위치는 제국주의시대에는 해양세력과 대륙세력의 틈바구니에서 많은 희생을 강요당하는 약점이었으나, 세계화-상호의존의 시대에는 능동적 교량역할을 하게 해주는 강점으로 변하고 있다.

3. ASEM의 헌장, ⟨AECF 2000⟩ 채택

지금까지 세계의 전략적 안정이라는 관점에서 ASEM이 어떤 의미가 있는지, 그리고 ASEM을 비롯한 다자협력이 우리 국익과 어떤 연관이 있는지를 살펴보았다. ASEM과 같은 다자외교의 장은 우리에게 새로운 기회를 부여한다. 그러나, 그와 동시에 다자외교는 우리에게 전인미답의 길이므로 여러 가지 도전이 존재하고, 이는 우리 외교의 새로운 과제가 되고 있다. 지금부터는 지난 제3차 ASEM 정상회의 주최 과정에서 논의했던 구체적인 사안들을 우리가 어떻게 해결하였는지 살펴보고, 앞으로 ASEM이라는 장에서 우리가 해결해 가야 할 과제들을 생각해 보도록 하겠다.

앞서 언급한 다자외교에서 우리의 유리한 입지, 즉 교량역할의 가치는 ASEM 정상회의를 준비하고 치르면서 실제로 증명되었다. ASEM의 헌장 격인 ⟨2000 아시아·유럽 협력체제⟩(AECF 2000 : Asia-Europe Cooperation Framework 2000)를 만들고 채택하는 과정이 그러하였고, ASEM에서 여러 차례 있었던 세계화에 관한 논의, 그리고 이를 둘러싼 NGO와의 관계설정에서도 그러하였다.

ASEM 정상회의를 개최한다는 것은 곧 의장 역할 수행이라는 영예와 책임을 동시에 부여한다. 고위관리회의(SOM : Senior Officials' Meeting), 외무장관회의, 그리고 정상회의에서 모두 의장 역할을 수행하였다. 이러한 역할을 수행하면서 우리는 우리의 외교력을 과시할 수 있지만, 행사뿐만 아니라 정책 사항에서도 실패하거나 합의를 이루어내지 못하면 이유가 무엇인지 간에 이는 모두 결국 의장국의 책임으로 돌아가게 된다. 실제로 민주주의의 창달과 내정불간섭이라는 두 가지 원칙 사이에서의 갈등은 거의 1년 넘게 ASEM을 마비시킨 사안이다. 이를 해결하기 위해 가장 노심초사한 나라는 바로 의장국인 우리나라다.

유럽국가들이 ASEM의 비전으로서 인권과 민주주의를 ⟨AECF 2000⟩

에 반드시 포함시켜야 한다고 강력하게 주장한 반면, 아시아 일부 국가들은 이는 내정간섭이 될 수 있다면서 오히려 내정불간섭이 ASEM의 중요한 행동원칙으로 포함되어야 한다고 강하게 반대하였다. 그리하여 여러 차례에 걸친 고위관리회의는 전혀 진전을 보지 못하고 있었다. 리스본에서 열린 고위관리회의에서는 유럽과 아시아 일부 국가가 공개적으로 격렬한 논쟁을 벌였고, 그 결과 ASEM에 대한 회의론까지 나돌 정도였다.

토론과정에서 유럽측은 유럽 문화에 내재해 있는 능동적이고 외향적인 성격 때문에 민주주의와 인권을 더욱더 적극적으로 변호하였고, 반대로 수동적이고 내향적인 가치를 중시하는 문화를 가지고 있는 아시아 국가들은 이러한 것들을 유럽의 "간섭"으로 보고, 유럽의 적극적인 포교 입장(proselytism)을 이해하기 힘들다는 반응을 보였다. 격렬한 논쟁의 현장에 있는 것은 결코 유쾌한 경험이 아니었지만, 논쟁의 너머에 있는 문화와 전통의 차이를 발견하는 것은 아주 흥미로운 경험이었다.

민주주의 대 내정불간섭의 문제는 하나의 경향이 되었다. NGO가 ASEM에서 하는 역할, 회원국 확대 지침, 비회원국의 ASEM 참여문제 그리고 ASEM에서 논의할 수 있는 문제에 대해서도 유럽은 자유로운 논의를 주장한 반면, 아시아 일부 국가들은 의제선정 과정에서 사전에 합의를 볼 것을 주장하였다. 결국 ASEM은 외형상 유럽 대 아시아라는 지역협력의 성격이 있지만, 실제 내부에서는 자유주의적인(liberal) 국가들과 보수주의적인(conservative) 국가들의 역학관계가 사실상 ASEM을 끌고 나가는 원동력이 되고 있다.

이러한 ASEM의 역학관계에서 우리는 양쪽의 생각을 모두 이해하고 그 사이에서 유연성을 가질 수 있는 편리한 위치에 서 있다. 위에서 말한 교량역할을 ASEM이 실제로 입증한 것이다. 유럽이 민주주의, 인권, NGO 역할의 강화를 주장하는 것을 이해하면서, 동시에 일부 아시아 국가들이 이를 불편해 하고 꺼려하는 것 또한 이해할 수 있는 위치에 우리나라가 서게 된 것이다. 수십 년 동안 인권과 민주주의의 창달을 위해 우리 국민이 노력하고, 투쟁하고, 희생한 덕을 국제무대에서 누리고 있는 것이다. 그러나 서울 ASEM 정상회의가 다가오면서 우리는 ASEM 내의 자유주의적 국가와 보수주의적 국가의 갈등을 바라만 보고 있을 수는 없었다. 위에서 말한 대로 합의를 이루지 못할 경우 이유 여하를 막론하고 그것은 주로 주최국, 의장국의 책임으로 남게 되기 때문이다.

우리는 이 문제를 해결하기 위해 유사한 사례를 찾아보았다. 〈유엔헌장〉, 〈인권규약〉, 최근의 〈바르샤바 선언〉에 이르기까지 각종 유사한 선언 등을 섭렵한 결과, 우리는 이들이 인권, 민주주의와 내정불간섭 두 가지 개념을 모두 포함하고 있는 것을 발견하고, 결국 〈AECF 2000〉에도 두 가지 개념을 모두 포함시킬 수밖에 없다는 결론에 도달하였다. 우리는 이러한 사례를 제시하고 자유주의적 국가들과 보수수의적 국가들에게 두 가지 개념을 모두 포함하는 데 합의할 것을 종용하였다. 이러한 과정에서 모든 ASEM 회원국들의 양보와 타협 정신이 주효했지만, 우리와 비슷한 처지에 있는 일본의 기여가 큰 역할을 하였다. 결국 민주주의, 인권, 법의 지배는 〈AECF 2000〉의 앞 부분에 ASEM의 비전으로 수록하는 것으로 합의하였고, 내정불간섭 원칙은 비전 파트 뒤에 ASEM의 행동원칙으로 포함하는 데 합의하였다. 정상회의를 한달 앞둔 마지막 서울 고위관리회의에서였다. 이와 함께 나머지 문제들도 위와 유사한 타협과 양보로 합의를 보게 되었다.

〈AECF 2000〉을 협상하는 과정에서 두 가지 주요한 메커니즘을 활용하였는데, 이는 문제를 풀어나가는 데 아주 유용하였다. 하나는 부대표회의(Deputies' Meeting)다. 고위관리회의는 차관보 내지 차관급으로 구성되어 있고, 부대표회의는 심의관 내지 국장급으로 구성되어 있다. 우리는 AECF 문서를 고위관리 전체회의에서 계속 협의하는 것보다는 우선 부대표회의에서 다루도록 하여 문제들의 대부분을 걸러내고 중요한 문제가 남으면 그때 고위관리회의에서 다루도록 하자는 제안을 하였다. 시간도 절약하고 또 부대표들에게는 좀더 유연한 자세를 기대할 수 있다는 판단에서였다. 〈AECF 2000〉과 〈의장성명〉(Chiarman's Statement) 두 가지 문서 모두 밤늦게까지 속개한 부대표회의에서 거의 기초를 마련했다. 일반적으로 국제회의에서 공개적인 문안 작업은 순간의 생각이나 감정이나 불필요한 자아(ego)가 개입하여 갈등을 빚어냄으로서 많은 시간을 낭비하는 일이 비일비재하다. ASEM에서 부대표회의는 아주 유용하였고, 고위관리회의는 많은 시간을 절약할 수 있었다. 물론 우리측 부대표가 부대표회의에서 의장 역할을 훌륭히 수행한 데 힘입었음은 물론이다.

다른 하나의 메커니즘은 "의장 친구" 모임이다. 이는 관련된 문안에 실질적인 관심이 있는 나라 대표와 의장이 모여 합의를 도출하여 전체회의에 보고함으로써 회의진행을 원활하게 하자는 것이다. 특히 회의 실질 결과를 반영하는 〈의장성명〉 문안 작업에서는 이러한 방식이 아주 효과적이어서 상당히 많은 문제를 해결하는 데 도움이 되었다. 예를 들면 동티모르 문제를 언급하는 구절을 〈의장성명〉에 포함시켜야 하는데, 아시아에서는 인도네시아가 유럽에서는 포르투갈이 핵심적 이해관계를 가지고 있고, 다른 나라들은 대략 이 두 나라가 합의하는 문안에 동의할 준비가 되어 있는 사안이다. 이 경우 이 문안을 전체회의에서 토론하는 것보다는 포르투갈과 인도네시아를 "의장 친구"로 하여, 의장의 중재로 막간을 이용하여 3자가 긴밀히 협의하는 것이 합의를 이루어내는 데 훨씬 효과적이다.

그러나 마지막 제반 방안과 거듭된 토론에서도 해결되지 않은 문제는, 주고 받기식의 타협을 일단 떠나 문제의 본질로 되돌아가 객관성과 옳고 그름이라는 커다란 원칙에 입각하여 해결하는 방안을 택하게 된다. 이러한 문제를 다룰 때는 그동안 의장으로서 쌓아온 회원국들의 신뢰가 결정적 역할을 하게 된다. 이러한 제반 방안과 메커니즘을 동원하여 우리는 의장국으로서 ASEM 정상회의의 3대 문서인 〈AECF 2000〉, 〈의장성명〉, 〈한반도 평화에 관한 서울선언〉에 대한 합의를 이끌어낼 수 있었다. ASEM과 NGO의 관계를 설정하는 데도 의장국에 대한 회원국들의 신뢰가 결정적인 역할을 하였다.

4. 세계화와 ASEM-NGO 관계 설정

제2차 런던정상회의가 열릴 즈음에는 동아시아 경제위기가 최대 문제로 등장하였다. 그러던 것이 제3차 서울정상회의 무렵에는 세계화 문제가 가장 큰 문제가 되었다. 시애틀에서 WTO회의가 NGO들의 격렬한 반세계화 운동으로 무산된 이후, 워싱턴의 IMF/세계은행회의와 체코의 세계은행회의 때도 격렬한 세계화 반대시위가 있었다. 서울 ASEM 정상회의 때도 국내의 NGO들이 세계화 반대시위를 계획하고 있었다. 왜 세계화가 문제가 되고 있는 것일까? 실제로 ASEM 정상회의까지 이르는 ASEM 관련회의에서도 세계화 문제가 빈번히 논의되었다.

세계화를 우려하는 측은 WTO, IMF, 세계은행 등 이른바 세계적 관리에 앞장서고 있는 공공 국제기구들이 "규제장치 없는 경제의 세계화"를 추구함으로써, 빈곤층을 양산하고 특권층을 더욱 두텁게 하는 데 기여하고 있다고 주장한다. 이른바 정보격차(digital divide) 이론도 이러한 우려를 뒷받침하고 있다. 일리가 있는 입장일지 모른다. 그러나 세계화가 과연 부정적인 현상이며, 또 반대한다고 막거나 해결할 수 있는 문제일까? 세계화를 긍정적으로 보는 측은 세계화는 책이나 산업혁명처럼 인류에게 많은 가능성을 열어주는 긍정적인 현상이라고 주장한다. 15세기부터 본격적으로 퍼지기 시작한 책은 르네상스에 박차를 가하였고, 16~17세기 종교개혁과 18세기 합리주의 계몽운동에 결정적인 기여를 하였다. 그리고 18세기의 산업혁명이 인류에게 가져다준 질적, 양적인 혜택과 변화는 가히 혁명적이다.

세계화는 성격상 산업혁명에 좀더 가깝다. 특히 오늘날의 NGO처럼 이에 반대하는 격렬한 운동이 있었다는 점도 그러하다. 이른바 러다이트운동(Luddite movement, 1811~1817)이 그것이다. 러다이트운동은 영국 직물공업지대에서 있었던 기계파괴운동이다. 정체불명의 지도자 러드(Ludd)라는 인물의 이름에서 따온 것인데 실제 인물이 아니고, 비밀조직에서 만들어낸 가공의 인물이라는 설이 유력하다. 야간에 복면을 하고 무장훈련과 기계 파괴활동을 하였다. 당시엔 산업혁명뿐 아니라, 나폴레옹전쟁으로 경제불황이 닥쳤고 이는 물가상승, 고용감소와 실업증가로 이어졌다. 노동자들은 실업과 생활고를 기계의 탓으로 돌리고 있었다. 수공업 숙련공들이 중심이 되어 산업자본가와 정부에 대항하였는데, 민중에게 커다란 반향을 불러일으켰다. 그러나 정부의 탄압과 사회, 경제정세의 호전으로 진압되었고 일부 잔존 세력은 의회 개혁운동으로 전환하였다.

비슷한 운동에 푸자드 운동(Poujadism)이 있다. 프랑스에서 1953년에 서적문구상을 하던 푸자드가 중소상공업자와 농민의 불만을 등에 업고 현대 산업사회에 반기를 든 운동을 일컫는다. 푸자드는 전국 운동을 결성하여 근대화에서 소외된 계층과 후진 지역의 불만을 흡수하여 세금납부 거부운동을 전개하였다. 1954~1956년 선거에서는 12퍼센트를 득표하여 일약 국정무대에 나섰으나 1958년 이후 쇠퇴하였다. 현재 NGO를 중심으로 한 반세계화 운동은 일단 러다이트나 푸자디스트(Pudjadists)처럼 새로운 시대에 대한 우려나 무력감의 표출인 것으로 보인다.

문제는 세계화가 선택의 여지가 없는 현실로 우리에게 다가오고 있다는 데 있다. 그러므로 우리가 할 일은 세계화에 대항하여 싸우는 것이 아니라 세계화를 어떻게 관리할 것인지에 대한 답을 모색하는 데 있다. 그런데 그것이 간단치가 않다. 누구도 세계화를 감독하고 있지 않기 때문이다. 산업혁명 때와는 달리 국가가 해결사 역할을 할 수 없기 때문이다. 세계적인 현상은 세계적 관리로 해결해야 하는데 초국가적인 권력(supranational power)을 가진 실체가 없고, 그 전망도 보이지 않기 때문이다.

관리 대상은 세계화에 적응하지 못하는 개인이나 나라가 된다. 개인 문제의 해결은 현재처럼 결국 사회보장제도에 의존할 수 있을지 모른다. 세계화 적응에 실패한 나라들은 더욱 복잡하다. 세계화란 국가들의 관계에서는 곧 상호의존을 의미한다. 상호의존 덕분에 세계화에 성공한 나라들 사이에는 전쟁의 가능성이 사라지고 있다.

과거 제국주의시대처럼 영토나 자원의 쟁탈이 필요 없어진 시대에는 전쟁으로 얻을 이익이 없기 때문이다. 긴밀히 상호의존으로 얽힌 나라들 사이에는 전쟁이 물리적으로 불가능하기도 하다. 이는 세계화의 긍정적인 측면이다. 문제는 세계화에 실패한 나라들인데, 현재의 추세로 볼 때, 전략적으로 중요한 위치에 있는 나라들의 경우에는 코소보, 보스니아나 동티모르의 사례에서 보듯이 이웃나라들이 개입하여 해결하는 양상을 보이고 있다 그러나 전략적 이익이 없는 나라들은 아프리카의 경우에서 보듯이 국제사회의 관심을 끌지 못하고 국민들이 많은 고생을 하고 있는 실정이다.

그러나 세계화가 우리에게 던지고 있는 가장 심각한 도전은 세계화에 따라 발생하고 있는 새로운 문제들일지도 모른다. 이른바 초국가적 문제이다. 국제투기자본 문제로 요약할 수 있는 국제유동성 문제, 정보격차, 무기밀매, 마약, 테러, 불법이민, 그리고 환경문제가 그것이다. 이런 초국가적 문제들을 해결하기 위해서는 초국가적 관리가 필요하고, 이를 위해서는 관리체계를 구축해야 한다. 그런데 외계인이 침입하거나, 혹성이 지구로 접근하는 경우를 빼놓고는 국가들이 주권을 양보하여 초국가적 권위를 가진 관리체계에 동의할 가능성은 현재로서는 없어 보인다. 그렇다면 당장은 국가간의 다자협력에 기대를 거는 수밖에 없다. 그런데 근대 민족국가는 그 태동부터가 초국가적 문제를 해결하는 데는 적합지 않다.

국가가 초국가적 문제를 해결하는 데 제 역할을 못하면 점점 NGO의 도전을 받게 될 것이다. 21세기는 NGO의 시대라는 말이 있다. 세계화로 복잡다단해진 시대에 정부와 관료의 힘만으로는 다양한 문제를 파악하고 대처할 수 없다는 것이다. 그리고 세계화는 필연적으로 정부의 힘을 약화시키고 개인의 역할을 강화시키고 있다. 또, 세계화시대에 대처하기 위해서는 아래에서부터의 개혁에 더 많은 비중을 둘 수밖에 없다. 장기적으로 이들의 세계화 반대운동이 과거 산업혁명시기에 자본주의와 대립했던 사회주의, 공산주의나 전체주의 같은 이념적 운동으로 발전하게 될지는 예측하기 힘들다. 그러나 현 단계에서는 어쨌든 세계화의 무심한 무자비성을 연화하는 역할을 할 것으로 기대된다. 결국 21세기에는 국가와 NGO의 상호작용에 의하여 그럭저럭 관리구조가 구체화될 것으로 보인다.

이상이 세계화 및 NGO와 관련하여 ASEM, ARF 등의 다자포럼에서 논의하고 있는 내용들이다. ASEM과 NGO의 관계는 ASEM 정상회의가 열리기 몇 달 전 ASEM 고위관리회의 의장에게 보낸 편지로 검토가 시작되었다. NGO가 서울정상회의를 계기로 결성한 ASEM 2000 민간포럼(ASEM 2000 People's Forum)은 ASEM과의 공식관계 설정을 요청하고, 정상회의 기간 동안 각국정상이 모인 자리에서 자신들의 생각을 개진할 기회를 줄 것을 요청하였다. ASEM 고위관리회의에서는 여러 차례 논의 끝에 이러한 요청을 거절하기로 합의하였다. 실제로 제2차 런던정상회의 때도 유사한 요청이 있었으나 받아들여지지 않았다. 그러나 NGO 측과 아무런 대화도 하지 않을 것인지에 대해서는 견해가 엇갈렸다. 위에서 언급한 자유주의적인 국가들은 NGO와 적절한 형식의 대화를 나눌 것을 주장하였고, 아시아의 보수적인 국가들은 일체의 접촉을 갖는 데 반대하였다. 결국은 의장국인 우리의 주도적 노력과 일본의 도움으로 타협이 이루어졌다. 그것은 고위관리회의 의장이 개별자격(individual capacity)으로 NGO 대표를 만나도록 하자는 것과 그 만남에 다른 나라 고위관리회의 대표가 참여할 수 있도록 하자는 것이었다. 그리하여 ASEM과 NGO의 역사적인 첫 만남이 이루어졌다. 정상회의 개최 이틀 전 ASEM 고위관리회의 의장이 참여를 원하는 10국 고위관리회의 대표가 동석한 가운데 ASEM 2000 민간포럼측 인사 11명(유럽과 아시아 각국의 NGO 대표)과 공식대화를 나누었다.

ASEM-NGO 회의에서는 세 가지 사항을 중점 논의하였다. 세계화에 대한 정의, 이에 대한 대처방안, 그리고 NGO와 ASEM이 서로 상대방에게 바라는 점이 그것이다. 우선 세계화의 정의에 대해서는 NGO측은 세계화의 부정적인 측면에 초점을 맞추고, 세계화를 반대하며, 세계화로 소외되고 고통을 받는 계층에게 많은 관심을 베풀어야 한다고 주장했다. 이에 대해 ASEM은 세계화에 부정적인 측면이 있는 것은 인정하나, 세계화는 인류의 미래를 밝게 해주고, 생활기준을 향상시켜 줄 긍정적인 측면이 강하므로, ASEM으로서는 두 가지 측면을 모두 고려하되, 세계화는 계절의 변화와 같아서 반대한다고 되는 것이 아닌 21세기의 현실이므로, 세계화를 전반적으로 긍정적인 힘(positive force)으로 만들어나가는 것이 중요하다고 설명하였다.

대처방안은 당연히 세계화를 어떻게 정의하느냐에 따라 결정되는 것으로, NGO측은 소외계층에 관한 프로그램과 프로젝트에 중점을 둘 것을 주문하였고, ASEM은 정보격차에 관한 프로그램, 세계화에 관한 ASEM 국제원탁회의 개최(이 두 가지 모두 우리나라가 주창하여 ASEM의 활동으로 채택되었다) 등을 예로 들어 세계화의 부정적인 측면에 신경을 쓰고 있으나, 세계화의 긍정적인 측면을 강화하는 프로그램이나 프로젝트가 많다고 설명하였다.

그리고 마지막으로 상대편에 대한 메시지로서, NGO측은 민간포럼이 무책임한 가두 데모만을 생각하고 결성된 모임이 아니라 세계화를 고민하고 대처방안을 찾고자 하는 모임임을 ASEM 전체모임에서 전해줄 것을 요청하였다. ASEM측은 ASEM이 무조건 세계화나 신자유주의를 신장하고자 결성된 포럼이 아니며, ASEM도 NGO처럼 세계화의 부정적인 측면에 충분한 주의를 기울이고 있음을 ASEM 2000 민간포럼 전체에 전해줄 것을 요청하였다.

결국 이러한 대화 노력에 힘입어(물론 우리의 행정, 경호 측면의 준비가 주된 역할을 하였지만) ASEM 정상회의는 시애틀, 워싱턴, 프라하의 전철을 밟지 않고 차질 없이 진행될 수 있었다. 나중에 들은 이야기지만 NGO 내부에서도 격렬한 시위를 주장하는 측과, ASEM과 대화를 시작하였으며 긍정적인 평가를 내릴 만하니 앞으로의 관계를 위해서도 격렬한 시위는 바람직하지 못하다는 측이 첨예한 논쟁을 벌였다고 한다. ASEM 내부에서는 NGO측과 나눈 대화를 긍정적으로 평가하였고, 제4차 덴마크 정상회의를 계기로 더욱 활성화할 필요가 있다는 의견이 많이 개진되었다.

5. 〈서울선언〉 채택

역사적인 6월 남북정상회담과 그 이전에 있었던 〈베를린선언〉 등은 ASEM 정상회의에서 한반도 문제가 각광을 받는 계기가 되었다. 우리측은 10월 정상회의를 계기로 한반도 문제에 대한 특별선언을 채택하도록 하자는 원칙을 정하고, ASEM 차원의 교섭에 들어갔다. 한편에서는 특별선언을 한반도 문제로 할 것인지, 또 ASEM 회원국들이 모두 지지해 줄 것인지 논란이 없었던 것은 아니지만, 의장국으로서의 특혜도 있는 것이고, 새 밀레니엄 첫 해에 서울에서 열리는 회의에서 한반도 문제에 대한 특별선언을 채택하는 것은 명분도 있기 때문에 충분히 가능하다고 보았다.

의장국의 위치를 십분 활용하여 우리측은 마지막 순간까지 공개토론을 하지 않고(26국이 모인 ASEM에서 중요한 문제는 반드시 공개토론과 합의를 거쳐 결정된다) 의장국이 주도적으로 〈서울선언〉(후에 〈한반도 평화에 관한 서울선언〉이라는 공식 명칭을 부여하기로 결정했다)을 준비하여 양자 차원에서만 계속 협의해 나가는 것이 좋겠다는 결론에 도달하였다. 공개협의를 할 경우 〈서울선언〉 내용과 자구에 대하여 각국이 자신의 입장을 천명할 기회가 불필요하게 많아지며, 일단 공개적으로 생각을 밝히면 스스로 거기에 묶여 양보가 어려워져, 결국은 〈서울선언〉이 많은 우여곡절을 겪게 될 위험이 있어, 이를 피하자는 것이었다. 이런 생각에 모든 회원국이 동의하여, 〈서울선언〉은 정상회의가 개최되기 직전에 열린 고위관리회의와 외무장관회의에만 공식 상정되었고, 그 전까지는 모두 막후에서 수많은 양자 접촉을 거쳐 문안조정 작업이 이루어졌다.

서울정상회의에서 〈서울선언〉을 특별선언으로 채택하자는 방침은 2000년 4월경 의견이 모아졌고, 문안의 초안과 명칭 〈한반도 평화에 관한 서울선언〉은 6월 남북정상회의 직후 결정됐다. ASEM 회원 각국의 의견을 수렴하며 여러 차례 수정안을 돌렸다. 내용을 좀더 심도 있고 간명하게 하여 효과를 크게 하자는 제안, 표현상의 개선 제안 등 여러 가지 유용한 제안이 많았다. 내용면에서는, 우리가 희망한 남북정상회담에 대한 지지, 남북 접촉과 교류의 확대 등 〈남북공동선언〉의 이행 촉구, 한반도 평화정착에 대한 지원 등에 대해서는 일찌감치 모든 회원국의 지지를 받을 수 있었다. 그러나 북한의 대량살상무기, 인권문제 그리고 북한을 국제사회로 끌어들이는 과정에서 ASEM이 해야 할 역할과 책임에 대해서는 다양한 의견이 제시되었다.

이에 우리는 포괄적 접근에 중점을 두는 입장으로 대처하였다. 상호의존의 새로운 국제질서에 한반도를 편입시켜 평화를 확보하는 길은, 극도로 고립되어 있는 북한을 국제사회와 상호의존하도록 하는 것이다. 이에는 인도적 지원, 교류확대, 인권, 경제협력, 대량살상무기와 재래식 군비 등 많은 핵심사항이 포함된다. 궁극적으로 이러한 문제를 해결해야 북한이 점점 외부사회와 상호의존할 수 있고, 그만큼 한반도에 평화가 확고해지는 것이다. 이 문제에 핵심적 이해를 가지고 있는 우리에게는 포괄적이고 전략적인 접근이 중요하다. 그러나 미국, 일본, EU, 중국은 한반도 문제의 우선 순위에서 우리와 생각이 다를 수 있다. 예를 들면 미국으로서는 대량살상무기의 해결이, 일본으로서는 평화와 함께 대량살상무기 해결이, 중국으로서는 한반도에서의 질서유지가 최우선 순위가 될 것이며, EU는 그들의 외교정책에서 중요한 요소인 인권이나 민주주의를 지금 당장 북한에게 요구할 '여유'를 부릴 수 있다.

그러나 가장 포괄적이고 전략적이고 핵심적인 이해를 가지고 있는 우리로서는 미국이나, 일본, 중국 또는 EU처럼 어느 한 분야에 중점을 둘 여유가 없다. 북한이 끝내 고립으로 남아 있는 한, 우리에게 위험이 가중될 것이기 때문이다. 다행인 점은 과거 제국주의, 식민주의시대처럼 북한이 '경쟁' 대상이 아니라, '협력'해야 하는 대상이기 때문에 이러한 다양한 우선 순위가 오히려 '역할을 분담'하게 할 수 있다는 것이다. 나아가 이러한 역할분담은 북한을 국제사회로 이끌어내 당면한 여러 가지 문제를 해결하는 데 효과적일 수 있다. 실제로 〈서울선언〉 협상 과정에서 이러한 점이 증명되었다. 최종형태의 〈서울선언〉에서 보는 것처럼, 우리가 원하는 바의 본질을 살려가면서 여러 나라의 적절한 양보와 타협을 이끌어내는 데 성공했다. 우리가 아는 것처럼 ASEM 이전과 이후에 G8, ARF, 유엔, APEC, ASEAN+3 등 국제회의에서 여러 형태의 한반도 평화지지 선언을 채택하였다. 형태는 다양했지만 그 본질은 모두 우리가 원하는 포괄적이고 전략적인 대북 개입을 근간으로 하고 있다는 점이, 바로 북한문제의 해결이 '경쟁'이 아닌 '협력'의 범주에 든다는 것을 보여준다.

ASEM 정상회의 열흘 전에 김대중 대통령의 노벨평화상 수상 소식이 알려지면서 〈서울선언〉에 대한 각국의 지지를 쉽게 얻어낼 수 있었다. 실제로 각국 정상들은 정치분야 회의에서 거의 모든 발언을 노벨상 수상과 남북정상회담에 대한 축하 언급으로 시작하였다. 이러한 분위기는 〈서울선언〉의 타결을 쉽게 하였을 뿐 아니라, EU 회원국 가운데 여러 나라가 북한과의 수교원칙을 천명하도록 하는 데 크게 기여한 것으로 보인다. 10월 18일 저녁 〈한반도 평화에 관한 서울선언〉 문안이 최종 합의된 시점에서, 우리는 〈서울선언〉은 북한을 국제사회로 끌어들이는 데 주목적이 있고, 그런 만큼 북한이 언론을 통해 〈서울선언〉이 채택된 사실과 선언의 내용을 알게 되는 것보다는, 미리 알려주는 편이 좋겠다는 제안을 하여 모두의 동의를 받았다. 그 날 저녁 우리는 뉴욕의 유엔 대표부를 통해 〈서울선언〉의 채택 배경과 문안을 북측에 전달하였다.

6. ASEM, 앞으로의 과제

이번 서울정상회의에서는 신규회원국 가입지침을 합의하였고, 〈AECF 2000〉에 포함시켰다. ASEM이 1996년 태국에서 출범한 이후 러시아, 대양주, 서남아, 중앙아, 동구의 20여 국이 직간접으로 가입 희망 의사를 밝혔다. 러시아는 서울정상회의 기간에 푸틴 대통령 명의로 편지를 보내 공식적으로 가입희망 의사를 밝힌 바 있다. 북한의 경우 가입신청 또는 서울정상회의 참석 가능성을 시사하는 많은 국내외 언론 보도가 있었지만, 가입희망 의사를 밝힌 바 없고, ASEM 차원에서 이 문제를 논의한 적도 없다. 그러나 이번 ASEM의 헌장 격인 〈AECF 2000〉에 ASEM 활동을 비회원국에 개방하기로 하는 구절을 포함시킴으로써, 북한이 ASEM 활동에 참여할 수 있는 길이 열렸고, 북한은 ASEM 가입 준비단계를 밟아나갈 수 있게 되었다.

신규회원국 가입지침 가운데 가장 중요한 것이 두 단계 가입원칙이다. 곧, 신규회원국은 아시아 또는 유럽의 지지를 받은 후 전체 ASEM의 지지를 받는 두 단계를 거쳐야 한다. 이러한 원칙은 ASEM이 사실상 지역 대 지역의 협력체라는 특성 때문이다. 실제로 ASEM에서는 아시아 국가와 유럽국가가 각각 사전회의를 갖고 지역의 입장을 조정하는 경우가 허다하다. 이를 위해 각 지역이 2국의 조정국을 선정하도록 되어 있다. 유럽은 EU의 의장국(매 6개월)과 EU 집행위가 조정국 역할을 하며, 아시아는 ASEAN 의장국(매 1년)과, 동북아의 한·중·일 3국이 윤번제로 2년씩 조정국 역할을 하기로 합의하였다.

이러한 원칙과 구조는 앞으로 신규회원국 가입과 ASEM의 발전 방향에서 시사하는 바가 크다. 즉, 러시아는 아시아, 유럽 가운데 어느 지역으로 가입할 것인가? 유럽국가로 가입한다면 러시아는 EU에 속하지 않는 유일한 유럽 회원국이 된다. 또 아시아 국가로 가입한다면 ASEAN에 속하기보다는 동북아 그룹에 속할 가능성이 많아 보인다. 그 경우 한·중·일·러가 모이게 된다. 그렇게 되면 동북아에 커다란 전략적 이해를 가지고 있고, 군대를 10만 가까이 주둔시키고 있는 미국은 어떻게 될 것인가? ASEM이 세계 주요국가를 모두 포함하는데 미국만 빠질 수 있겠는가? 반면 미국이 포함되는 ASEM을 과연 ASEM이라고 할 수 있겠는가? 또 오세아니아 국가는 지리적으로 ASEAN에 가깝다. 그러나 ASEAN 국가가 아니다. 그렇다면 이들 국가는 동북아 그룹에 속하여 ASEM에 가입할 것인가?

이러한 ASEM 확대 문제는 현재 진행되고 있는 EAC(East Asia

Community, 동아시아 공동체) 구상과 맞물려 세계 3각 구도에 커다란 영향을 미칠 소지가 있다. 현재 ASEAN+3 정상회의가 정례화하고 있다. 그 구성국은 ASEM의 아시아 구성국과 별반 차이가 없다. 그래서 EAC 구상이 탄력을 받고 있는 것이다. EAC는 개방적 지역주의(open regionalism)가 생명이다. 그런데 회원자격을 역내 국가에 개방하지 않는다면 개방적 지역주의라는 것이 무엇을 의미하는가? 위에서 ASEM의 실질 역학관계는 아시아 대 유럽이 아니라 자유주의적 국가 대 보수주의적 국가라고 설명한 바 있다. 아시아에선 새로운 회원국 편입이 어떤 경향을 확산시킬 것인가? 그리고 이는 ASEM의 진로에 어떤 영향을 미칠 것인가? 역으로 ASEM 신규회원국 확대가 EAC 개념의 발전에 어떤 영향을 미칠 것인가? 또 유럽은 이번 니스 정상회의의 결과로 신규회원국(1차 대상 6국, 2차 대상 6국과 터키를 합하여 모두 13국이다)이 생길 경우 이들을 모두 ASEM에 가입시키려 할 것인가? 그럴 경우 현재 유럽 16, 아시아 10으로 이미 수적으로 불균형한 ASEM에 어떤 영향을 미치게 될까?

이번 정상회의에서는 앞으로 토론 방식을 바꾸기로 결정하였다. 현재 정상회의는 정치, 경제, 사회문화 3개 분야—이 3개 분야는 ASEM의 3대 협력분야를 구성하고 있고, 구체적으로 어떠한 협력을 해나갈 것인지는 〈AECF 2000〉에 반영되어 있다—로 진행된다. 분야별로 다룰 의제는 고위관리회의에서 각료회의를 거쳐 예시의제가 정해지는데, 서울정상회의에서는 한 분야에서 5개 정도의 의제를 다루도록 건의하였다. 그러나 2시간 동안에 26국 정상이 그 많은 의제를 심도 있게 토의한다는 것은 현실적으로 어렵기 때문에 토론방식을 개정하기로 결정한 것이다. 정상들은 제4차 코펜하겐 정상회의부터는 주제를 1~2개로 국한하고 유럽과 아시아에서 한 나라씩 발제 발언을 한 이후 이에 대한 실질적 토의를 할 수 있도록, 그 방안을 외무장관회의와 고위관리회의에서 검토, 건의하도록 하였다. 따라서 제4차 정상회의부터는 새로운 방식의 정상회의가 진행될 전망이다.

또 다른 결정사항은 현재 2년에 한 번 개최되는 정상회의가 없는 해에 열리도록 되어 있는 외무장관회의 등 각료회의를 매년 열도록 한 것이다. 이는 ASEM을 더욱 활성화하자는 의도에서 비롯된 것이다. 위에서 언급한 ASEM의 전략적 의의를 부각하는 데 도움이 될 것은 물론이고, 이번에 새로 채택한 16개의 신규사업을 본격적인 궤도에 올려놓는 데도 도움이 될 것으로 보인다. ASEM 사업(ASEM initiatives)은 런던에서 8개를 채택하였으나 서울에서는 16개를 채택하였다.

고무적인 사실은 이번에 새로 채택한 신규사업들이 모두 아시아와 유럽국가의 공동제안에 기초하고 있다는 사실이다. 즉 우리가 처음 제안한 유라시아 초고속 통신망사업은 한국, EU, 프랑스가 공동제안국이고, ASEM 장학사업은 한국, 프랑스, 싱가포르가 공동제안국이며, 세계화에 관한 국제원탁회의는 한국, 스웨덴이 공동제안국이다. 그러나 협의체인 ASEM은 일반국민들이 기대하는 눈에 띄는 결정이나 극적인 행동을 취하기는 어렵다. 따라서 우리는 앞으로 ASEM 사업들을 효율적으로 시행하여 일반국민들이 실감할 수 있는 성과를 보여줄 수 있도록 노력해야 한다. 그러나 더욱 중요한 것은 ASEM이 지니고 있는 지정경제학적 가치와 다자협력이 우리에게 제공하는 유용성을 깊이 인식하고 더 긴 안목에서 전략적으로 접근해 나가는 것이다.